天才を考察する

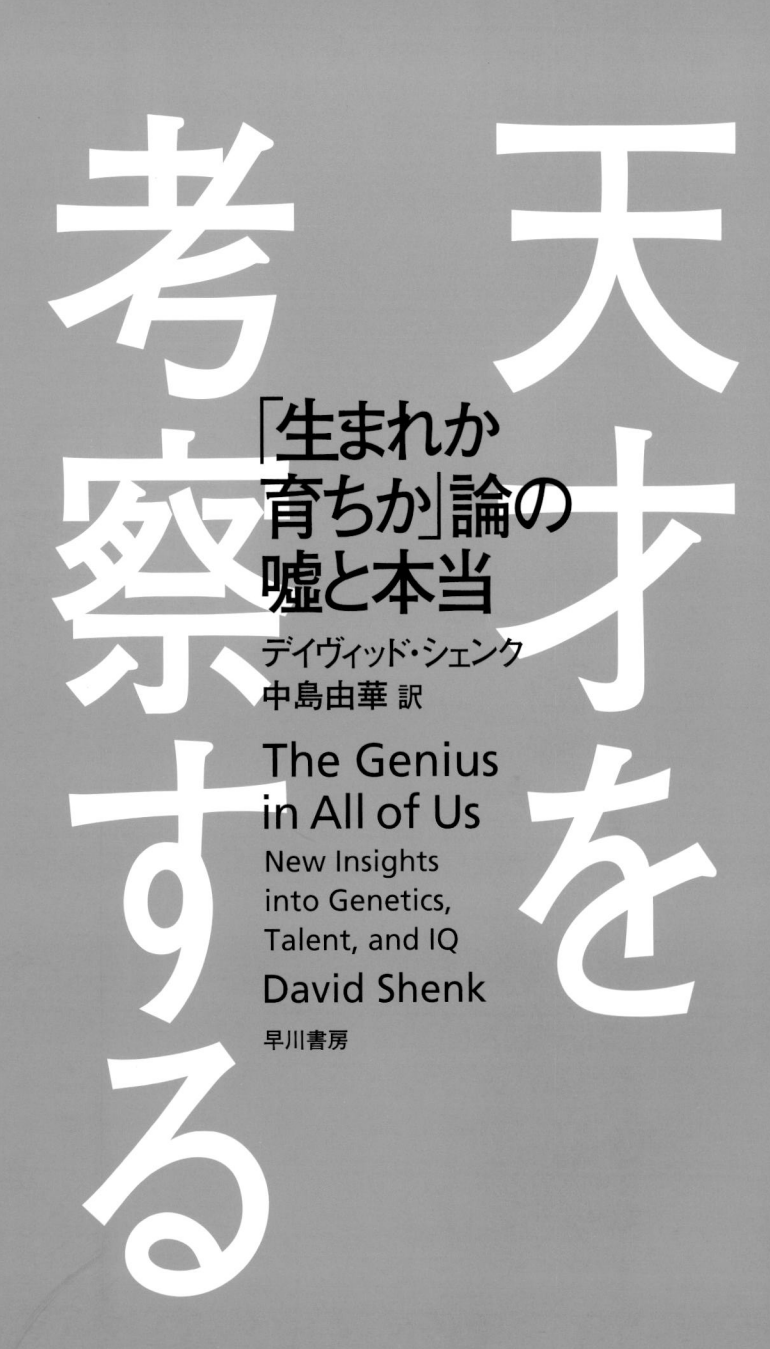

「生まれか育ちか」論の嘘と本当

デイヴィッド・シェンク
中島由華 訳

The Genius in All of Us

New Insights into Genetics, Talent, and IQ

David Shenk

早川書房

天才を考察する

——「生まれか育ちか」論の嘘と本当

本書はふたつの部分に分かれ、それぞれのページ数はほぼ同じである。

まず「主張」篇では、注釈をほとんど用いずに、本書がおもに主張するところを読み物ふうのスタイルで述べる。

つぎの「根拠」篇では、注釈としては例外的に多くのページを割き、裏づけになる資料や文献を挙げ、主張をより明確に、より詳細に提示する。

THE GENIUS IN ALL OF US

New Insights into Genetics, Talent, and IQ

by

David Shenk

Translated by
Yuka Nakajima
First published 2012 in Japan by
Hayakawa Publishing, Inc.
This book is published in Japan by
arrangement with
Doubleday
an imprint of The Knopf Doubleday Publishing Group
a division of Random House, Inc.
through The English Agency (Japan) Ltd.

両親に捧げる

われわれのあるべきすがたに照らせば、いまのわれわれは半分眠っているにすぎない。われわれの火は抑えられている。〔ストーブの〕通風が止められているのだ。われわれは自分の肉体的資質と精神的資質のほんの一部を使っているにすぎない……。概して言えば、人間はそれぞれの限界よりもずっと狭い範囲のなかで生きている。

――ウィリアム・ジェイムズ

目次

主張

序章　〝ザ・キッド〟　13

第1部　生来の才能という神話

第1章　遺伝子2・0　25
遺伝子の本当の働き
これまで教えられてきたのとは異なって、遺伝子はそれ自体で身体や性格の特徴を決定するわけではない。環境とのさかんな相互作用によってその人をつくり、その後もずっとみがきをかけつづける。

第2章　知能はものではなく、プロセスである　47

知能は、受胎のとき、あるいは子宮のなかで組みこまれる素質ではなく、遺伝子と環境の相互作用で発達する技能の集合である。知能の高さが生まれたときから決まっている人はいない。知能（およびＩＱスコア）は伸ばすことができる。自分の本当の潜在知能を余さず活用している成人はきわめて少ない。

第3章　「生来の才能」の終焉（そして、才能の本当の源）　68

知能と同じく、才能もまた生まれつきの天分ではなく、受胎の瞬間からいくつもの技能が見た目にはわからないほど少しずつ発達し、増大した結果である。誰もが異なる部分を持って生まれ、なかには生まれたときから何らかの作業に優位性を持っている人もいる。だが、遺伝的に成功者になるべく生まれついた人はひとりもいない。また、生物学的に成功者になることが不可能である人はほとんどいない。

第4章　双生児の似ているところ、似ていないところ　91

一卵性双生児には、しばしば驚くほど似たところがあるが、それは遺伝子とはまったく関係ない。ときには意外なほど違ったところも見つかる（しばしば見過ごされる）。われわれの興味を掻き立てる双生児は、遺伝子と環境の相互作用の所産である。この点は見逃されている。というのも、「遺伝率」の研究がひどく間違って解釈されているからだ。じつは、双生児の研究では遺伝子の直接の影響について一パーセントも証明されていない。また、個々の潜在的可能性については何もわかっていない。

第5章　早咲き、遅咲き　105

子供のころは神童だったが大人になって凡人になったとか、子供のころはぱっとしなかったが大人になって大きな業績を成し遂げたなどという例がある。人生のある段階で際立った能力を発揮させるものは何なのかを理解すれば、才能とは何かについての重要な洞察を得られる。

第6章　白人はジャンプできないか？　123

民族性、遺伝子、文化、成功

スポーツ分野での成功を民族および地域ごとにまとめれば、隠れた遺伝的優位性を疑いたくなる。実際には、そういう優位性は考えられているよりもずっとわずかで、まったく隠れているわけでもない。

第2部　天才を育成する

第7章　天才になるには（あるいは、たんに偉大な人間になるには）　139

従来の「生まれか育ちか」の理論によれば、自分の思う方向に人生を運ぶことには、遺伝子（生まれ）と自分の決断（育ち）というふたつの要素がかかわっている。じつは、遺伝子はわれわれが思うよりも制御可能である。そして、環境はわれわれが思うほど制御可能ではない。

第8章　そのやり方が子供をだめにする（または発奮を促す）　155

子育ては重要である。わが子の成功を後押しするために親ができることは数多くある。また、用心して避けるべき、接し方の重大な誤りというものもある。

第9章　優秀さを求める文化　172

すぐれた人材の育成は、遺伝子や親だけの仕事ではない。個人の成功の後押しは、社会の義務でもある。どんな文化も、そこに所属する人びとの最高の能力を引き出す価値観をはぐくむよう努めるべきなのだ。

第10章　遺伝子2・1――遺伝子も〝改良〟できる!?　185

われわれは昔から、ライフスタイルが遺伝に変化をもたらすことはないと理解してきた。ところが、そうとは言いきれないことが判明した……。

エピローグ　テッド・ウィリアムズ・フィールド　195

謝辞　197

訳者あとがき　201

根拠

主張

われわれひとりひとりの才能や知能は、それぞれの遺伝子によってあらかじめ決められているわけではない。むしろ、時間とともに発達する。遺伝子の違いはたしかに重要な役割を演じるが、遺伝子だけが複雑な特徴を決めるのではない。じつは、遺伝子と環境は相互に作用するのであって、その動的プロセスに対しては、自分で完全にコントロールすることはできないものの、大いに影響を及ぼすことができる。まったく同じ潜在能力を持つ人はこの世にふたりといない。一方で、じっさいに自分の本当の限界を突きつめる人はほとんどいない。大まかに言えば、ものごとを達成しようとするときに限界を設けるものとは、親から受け継いだ遺伝子の質ではなく、すでに持っているものを活用しきれていない本人の至らなさなのだ。

序章　〝ザ・キッド〟

野球界にレジェンドとして語り継がれるテッド・ウィリアムズはたぐいまれな名選手で、当時もっとも「生まれつきの才能のある〔gifted〕」打者であると広く考えられていた。「私は、シャイブ・パークの外野席で、彼がホームランを打つのを見た」と、一九六〇年にジョン・アップダイクが『ニューヨーカー』誌に書いている。「球は一塁手の頭上をまっすぐに飛び、フェンスを越えてもまだ上昇していた。その軌道を見ると、どの選手の打球とも質が異なるように思えた」

世間一般のイメージでは、ウィリアムズは人間界に降り立った神だった。動体視力、たくましい体、けたはずれの直感力など、生来の身体能力に恵まれた「超人」である。「テッドには生まれつきの才能があった」と、野球殿堂入りしている元名二塁手のボビー・ドアーは語っている。「あのころの選手のなかでも抜群の力を持っていた」とくに、ウィリアムズの視力はレーザー光線並みだと言われた。投手の指先から離れたときの球の回転を見て、瞬時にコースを判断できた。「テッド・ウィリアムズはこの世の誰よりも球筋をよく見きわめられる」とタイ・カッブも話している。

しかし、奇跡のような能力に恵まれたことについて、ウィリアムズ自身は「ばかばかしい」と語った。目覚ましい活躍は、野球のために努力を重ねた結果にすぎない、と。「練習、練習、練習。それがああいう能力を引き出した」と本人は説明している。「ものがよく見えたのは、それだけ真剣だったからだ……並はずれた視力ではなく、「並はずれた」鍛錬のおかげだった」

本当に？　ならば、まったくの凡人でも、努力を重ねれば輝かしい偉業を達成できるのだろうか？　訓練や努力の大切さは誰でも知っているが、じっさい、ある程度の努力をすれば、ぱっとしない打者や冴えないバスケットボール選手も、タイガー・ウッズの豪快なスイングや、マイケル・ジョーダンの無重力空間に浮いているかのようなジャンプを手に入れられる？　ごく平凡な頭脳の持ち主でも、科学者のアインシュタインや画家のマティスのように、途方もないことに好奇心を抱いたり、思いも寄らないビジョンを描いたりできるようになる？

世間一般の考えによれば、その答えはノーである。つまり、生まれつき何らかの能力に恵まれた人もいれば、そうでない人もいる。とびきりの才能や知能は、いわばヒトの遺伝子プールに散らばる希少な宝石である。われわれは、せいぜいそういう宝石を探し当て、磨きあげることしかできない——そして、凡人であるその他大勢の能力には、あらかじめ限界が設けられていることを認めなければいけない。

ところがテッド・ウィリアムズの場合、才能は自然にあらわれるものだなどと、周囲の誰からも教わらなかったようだ。少年時代の彼は、日なたに咲く花とは異なって、自分の能力がひとりでに開花するのを黙って待ってはいなかった。ただひたすらに、野球界最高の打者になりたい、ぜひともそうなるべきだと思いこみ、その目的にふさわしい猛練習をした。「彼はボールを打ってばかりいた」と、ある幼なじみは語っている。「いつもバットを手にしていた……こうと決めたら、かならず実行した。そうでなければ、その理由を突きとめようとした」

彼がサンディエゴでの少年時代に住んでいた小ぢんまりした家の二ブロックほど先に、ノース・パークというグラウンドがあった。友人たちの話では、そのグラウンドでウィリアムズは、来る日も来る日も、目を覚ましているあいだずっとボールを打った。何年もそんな毎日を送ったのだ。強打をくりかえすのでボールの皮がぼろぼろに擦り切れ、ささくれたバットを何時間も振りつづけるので指のまめがつぶれ、手首に血が滴った。労働者階級の家庭に育った彼は、余分な小遣いなどなかったので、昼食代として渡された金を級友たちにやって球拾いをさせ、自分は打つことに専念した。六歳か七歳のころには、ノース・パークで朝から晩までバットを振りつづけ、グラウンドの照明が消えるころに歩いて帰宅し、鏡の前で、丸めた新聞紙を使って素振りをくりかえしたあと、ようやく床についた。毎日、そのくりかえしだった。友人たちによれば、彼はチームで野球をしたい一心で学校に通っていた。野球シーズンの終了後、他の子供たちがバスケットボールやフットボールなどに乗りかえても、ウィリアムズだけは野球漬けだった。他の少年たちが女の子とデートをするようになっても、彼はノース・パークでボールを打ちつづけた。視力を高める目的で、目を交互に覆いながら街を歩いた。目に悪いと聞いたので、映画館には行かなかった。「最高の打者になるために、ありとあらゆる努力をした」とウィリアムズは振り返る。「いまにして思えば……あの没頭ぶりは現実離れしていた」

つまり、彼はひたむきに、一心不乱に、けたはずれの努力を続けたのだ。「彼は自分の決めたことに専心しつづけた」と、高校時代の監督ウォズ・コールドウェルは言う。

テッド・ウィリアムズにとって、偉大であることは「もの」ではなく「プロセス」だった。プロ選手になってからも相変わらずだった。彼がマイナーリーグのサンディエゴ・パドレスに入団した年、監督のフランク・シェレンバックはあることに気づいた。この新入りは、朝いちばんに練習場にあらわれ、夜誰もいなくなるまで帰らなかった。それから、もっと妙なこともあった。毎試合後、ウィリアムズはシェレンバックに許可を得て、試合で使ったボールを持ち帰ったのだ。

「ボールをどうするんだ」と、ある日とうとうシェレンバックはウィリアムズに尋ねた。「近所の子供たちに売るのか」

「いいえ、監督」とウィリアムズは言った。「夕食のあと、少しばかり打撃練習をしているんです」

朝から夕暮れまで厳しい練習に汗を流していることを知っていたから、シェレンバックはその返事をにわかには信じられなかった。疑心半分、好奇心半分で、彼は「[ある夜に]夕食後、車でウィリアムズの住まいのほうへ行ってみた。彼の自宅の近所にグラウンドがあって、見るとたしかに奴《ザ・キッド》が、ぼろぼろのボール二個をつぎつぎと打ちこんでいた。テッドは[本]塁に見立てた石のわきに立っていた。ひとりの少年が投手、あとの五、六人が球拾いを務めていた。[ついさっき]与えたボールなのに、もう縫い目が裂けていた」

プロ選手のなかでも、ウィリアムズは突出して熱心で、ときおり厄介なほどだった。「彼はチームメートや対戦チームの選手と打撃術について延々と話しあった」と、ジム・プライムとビル・ノウリンによるウィリアムズの伝記には書かれている。「試合で大活躍した打者――ホーンズビー、カップなど——をつかまえては、技術について根掘り葉掘り質問した」

投手のことも同じ熱意をもって研究した。「［しばらくすると］投手は［打者の］弱点を見きわめる」と、パドレスでウィリアムズの同僚だったセドリック・ダーストが語っている。「ウィリアムズの場合は違った……逆に、テッドが投手のやり方を見きわめた。テッドが初めて［トニー・］フレイタスの投球を見たときのことだ。ベンチに隣りあって座っていた私に、テッドはこう言った。『あいつは俺に打てる速球をよこさない。速球をわざと外してカーブを打たせようとする。カウントを不利にしてからカーブを投げるんだ』すると、まさにそのとおりになった」

プロセス。ノース・パークで粘り強く練習に励んだ一〇年と、マイナーリーグでなかなかの活躍をした四年を経て、一九三九年にメジャーリーグに進出したウィリアムズは、爆発的な打撃力を見せつけ、その能力をさらに高めていった。そして一九四一年、ボストン・レッドソックスでの三年めの年には、メジャーリーガーのなかで唯一——二十世紀のメジャーリーガーとしては最後に——シーズン打率が四割を超えた。

その翌年の一九四二年、テッド・ウィリアムズは徴兵され、海軍航空隊に入隊した。入隊時の身体検査で、彼の視力はいいほうだったが、ふつうの範囲を出なかった。

＊＊＊

二十世紀、バイオリンの世界にとんでもない事態が起こった。見る見るうちに演奏の技術が高まり、より速い演奏が可能になっていったのだ。

現代のわれわれにそれがわかるのは、不変の指標があるからだ。たとえば、いきいきとして弾むようなパガニーニの「バイオリン協奏曲第一番」や、バッハの「バイオリンのためのパルティータ第二番」の終曲——演奏時間が一四分に及ぶ、難易度のきわめて高い作品——である。いずれも十八世紀には演奏がほぼ不可能だと考えられていたが、現在ではバイオリンを学ぶ学生たちでも弾きこなせる。

これはどうしてだろう？　さらに、陸上選手や水泳選手はより速く、チェス選手やテニス選手はより巧みになっている。人間が、たとえば一一日ごとに新しい世代が生まれるミバエならば、理由として遺伝子や進化を挙げたくなるかもしれない。だが、遺伝子や進化はそういう働きを持たないのだ。

これには単純な、なるほどと思える説明がある。そこに含まれる意味合いは、家庭生活や社会の根本にかかわってくる重大なものだ。つまり、ある人びとは他よりも熱心に——また、他よりも利口に——訓練している。何かをうまくできるのは、うまくなる方法を見つけたからなのだ。

才能はものではなく、プロセスである。

従来、才能については異なる見方がなされてきた。「彼は生来の才能に恵まれている」「優秀な遺伝子」「生まれもった能力」「生まれつきの〔俊足／シュート上手／話し上手／画家〕」などの言い方をするわれわれの文化では、才能はめったにない遺伝的資質で、一部の人びとが所有する「もの」だと考えられている。この見解は、知能指数〔ＩＱ〕検査などの「知能」検査に具体的な形となってあらわれている。学校のカリキュラムの軸にもなっている。さらに、ジャーナリストや何人もの科学者にさえ肯定されている。この「遺伝子＝才能」説は、人間性の理解の中心部分をなしている。また、われわれがＤＮＡと進化について教わってきたことに一致する。つまり、「遺伝子はわれわれをつくる青写真である。遺伝子が異なれば、異なる人間、異なる能力が生まれる」。だからこそ、マイケル・ジョーダン、ビル・クリントン、オジー・オズボーン、それにあなたといった、バラエティに富んだ個性がこの世に出現するというわけだ。

　ところが、世間にはびこる誤解と紛らわしい比喩表現のせいで長いあいだ流布してきたこの「才能は遺伝による」という考え方は、じつはまったくの的外れだったことが判明した。近年、数々の科学的証拠をもとに、従来のものとは異なる理論が唱えられている。才能は希少なものではなく、表面にあらわれていないにしても、そこかしこに豊富に存在するというのだ。この理論によれば、才能や知能は、化石燃料のように恒久的に不足しているわけではなく、風力のようにふんだんに潜在している。問題は、われわれの遺伝的資質が不十分であることではなく、われわれがすでに持っているはずの能力が活用されていないことだ。

　とはいえ、ひとりひとりの遺伝子に有利や不利につながる重要な違いはないと言いたいわけではない。もちろん違いはあって、だからこそ大きく異なる結果が生じる。だが、最新の科学的研究によって示されるところでは、われわれの大半は自分の真の限界を知らず、学術用語で言う「非顕在的可能性」を用いようとすらしていない。また、証拠から判断して、人類についてもっと楽観視してもいいと考えられる。「具体化していない遺伝的可能性がどれほど存在するかを知るすべはない」と、コーネル大学の発達心理学者スティーヴン・セシが記している。だから、遺伝的な下層階級の存在を主張することは（一部にそういう主張もあるのだ）、論理的に不可能である。何も達成していない人びとのほとんどは、自分のＤＮＡに縛られているのではなく、潜在能力を活用できていないと言える。

　この新しい考え方の枠組《パラダイム》は、「生まれ〔nature〕」から「育ち〔nurture〕」へのたんなる転換を告げているのではない。じつは、「生まれか育ちか」の構図の破綻《はたん》を明らかにし、われわれが自分という人間になる過程についての再考を求めている。そこで、本書はまず、遺伝子の働きについてのはっとするような新説を説明したうえで、最近にわかった、才能と知能をつくる基本要素についてくわしく考察する。そうすることで、新しい構図が浮かびあがる。つまり、個人として、家族として、さらには才能をはぐくむ社会としてのわれわれが――完全に制御することは無理であるにしても――影響を及ぼすことのできる、心躍るような発達のプロセスである。その一方で、この新しい枠組《パラダイム》は、基本的には希望をもたらすものだが、われわれ全員が取り組むべき、悩ましい道徳上の問題をつくりだしてもいる。

　The Genius in All of Us〔あらゆる人びとの内なる天才〕という本書の題名〔原題〕は挑発的なので、誤った印象を与えやすいのではないだろうか。そこで、誤解の種になりそうなものを取りのぞいておこう。筆者は、誰でも天才になれると主張しているわけではない（それに、天才がひしめく世の中など必要ないだろう）。誰でもまったく同じ潜在能力を秘めていると言っているのでもない。また、われわれの現在および未来のすがたには、遺伝子も、遺伝子の違いも、たいした影響を及ぼさないと言っているのでもない。

　筆者のじっさいの主張はつぎのとおりである。経験によって自分の本当の潜在能力を突きとめた人はほとんどいないこと。始めたばかりのものごとがうまくいかない場合に、それを生まれつきの限界であると勘違いする人がたいへん多いこと。そして、遺伝子の影響自体、あらかじめ決められているのではなく、つねに進行する動的プロセスであること。クローンでさえまったく同じ潜在能力を秘めているわけではない。というのも、遺伝子がどう発現するかは、環境からの働きかけしだいで決まるのだ。「あらゆる人びとの内なる天才」とは、われわれの遺伝子に埋もれている輝かしい能力のことではない。じつは、ヒトゲノムの構造そのものを指している。その構造には、われわれが周囲の環境に順応する仕組みと、自分自身への要求に合わせて変化する仕組みが備わっている。おごらず、くさらず、並はずれた決意をもって取り組むならば、どんな子供でも——どんな年齢でも——素晴らしい成功をめざす資格を持っているのだ。

第1部　生来の才能という神話

第1章　遺伝子2・0

遺伝子の本当の働き

これまで教えられてきたのとは異なって、遺伝子はそれ自体で身体や性格の特徴を決定するわけではない。環境とのさかんな相互作用によってその人をつくり、その後もずっとみがきをかけつづける。

川のほとりの歴史ある町に太陽が昇りはじめ、大学病院の五階の窓から新生児の産声《うぶごえ》が響きわたる。寝不足の新米パパと新米ママはわが娘をしっかり抱き、その顔をじっと眺める。彼らは親になった実感をまだ持てず、将来を不安に思っている。この子がもっと成長したら、顔かたちは誰に似るだろう？　どんな子になる？　長所や短所は？　世界を変えるのか、世間をどうにか渡っていくだけなのか？　走るのが速いとか、新しいアイデアを絵にするとか、仲間うちで人気者になるとか、大勢の前で歌をうたうとか、何かの才能を発揮するだろうか？

それは時間が経過しなければわからない。親としては、この時点で最終的な結果を知らなくてもいい——だが、わが子に何をしてやれるかを知る必要がある。生まれてまもない娘の性格や能力は、あらかじめどの程度まで決まっているのだろう？　今後どうにかできる部分はあるのか？　親によって加えられる要素は？　避けるべき手法は？

希望、期待、心配の入りまじる日々が始まる……。

トニー・ソプラノ　思えば、私が悪いんです。

メルフィ女医　どうしてあなたが悪いの？

トニー・ソプラノ　あいつの血のなかに、このみじめなクソ野郎がいる。この私のろくでもない、どうしようもない、お粗末きわまりない遺伝子が、息子に入りこんでいる。私から息子への贈り物ってわけですよ〔米国のドラマ『ソプラノズ』より〕。

遺伝子を理解していない人は、遺伝子を怖がるかもしれない。一九九四年、心理学者のリチャード・ハーンスタインと政策アナリストのチャールズ・マレーは、ベストセラーになった共著『ベル・カーブ〔*The Bell Curve*〕』のなかで、社会の階層化がいっそう進み、「認識的エリート」——最高の遺伝子の持ち主——と認識的／遺伝子的下層階級との隔絶がひどくなる一方であるとした。彼らいわく、「遺伝的分割」である。彼らのメッセージは誤解しようがないほど明確だ。

皮肉なことに、アメリカで国民生活の「環境」事情が均一化されるにつれ、遺伝子の違いによって知能の違いが決定されるようになっている……。すべてを考えあわせれば、アメリカ経済における成功および失敗と、それにともなうさまざまな事柄に関して、受け継いだ遺伝子の重要性がいっそう高まっている。

じつに恐ろしい話である——だが、ありがたいことに間違っている。彼らはいくつかの調査結果を誤って解釈し、知能はおよそ六割が遺伝子によって決まると確信するに至った。だが、遺伝子はそういう働きをしない。「どの遺伝因子も環境から切り離して考えることはできない」と、遺伝子と進化の研究の世界的権威であるマギル大学のマイケル・ミーニーは言う。「また、どの環境因子もゲノムと関連せずに作用することはない。〔特徴を〕発現させるのは遺伝子と環境の相互作用のみである」ハーンスタインとマレーは、ある空論上の筋書きにしがみついていたうえ、遺伝子の働きに関する世間の誤解に足をとられ、分析を誤ったようだ。われわれ全員が教えられてきたところでは、たとえば瞳の色などの単純な特徴と同じく、知能などの複雑な特徴もまた両親のＤＮＡから直接に受け継がれる。この見解は大衆向けのメディアによって説得力が高められている。たとえば、『ＵＳＡトゥデイ』紙はつい最近、遺伝をつぎのように説明した。

> 遺伝子構造をたとえて言えば、受胎のときに配られたカードでできるポーカーの手である。一家族のなかで、受胎のたびにカードが切られ、新しい手がつくられる。たとえば、兄のボビーは赤ん坊のころ寝つきがよく、小学生になったいまでは行儀よくふるまい、数学が大好きであるら

しいのに、弟のビリーは赤ん坊のころしょっちゅうぐずり、幼稚園に通うようになったいまでは聞かん坊で、悪ガキたちのリーダーになっている。こういう例も、カードのたとえによって一部を説明できる。

遺伝子は命令する。遺伝子は指図する。遺伝子は決定する。われわれがどのようにわれわれになるかに関するこの説明は、一〇〇年以上ものあいだ広く受け入れられていた。グレゴール・メンデルは、一八五〇年代から一八六〇年代にかけて行なった有名なエンドウマメの交配実験により、種《たね》の形や花の色などの基本的な形質は、「遺伝因子〔heritable factor〕」（「遺伝子〔gene〕という言葉がつくられる前にメンデルが用いた用語）を通じて次世代へじかに受け継がれることを示した。その後、メンデルは八年かけて二万八〇〇〇本の植物を使用し、遺伝子の存在を証明した――それにより、遺伝子はそれのみでわれわれの本質を決定することが明らかになったように思えた。そして、二十世紀初頭の遺伝学者たちはそうであると決めつけてしまった。

この概念はいまだに信じられている。「遺伝子はお膳立てをする」と『USAトゥデイ』紙も断言している。たしかに環境もわれわれの生命に影響するが、もっとも重要なのは遺伝子であって、ひとりひとりの潜在能力の上限と下限は遺伝子によって決まるというのだ。「あなたのお兄さんの素晴らしい歌声はどこから来たの？」「あなたはどうしてそんなに背が高いの？」「私はどうしてダンスが下手なの？」「彼女はどうして計算に強いの？」

「遺伝子がその理由」であると、われわれは考える。

そして、『ベル・カーブ』の著者たちもそう考えた。彼らは知らないようだが、この二十数年に、メンデル説はすっかり改められている。いまや、これまでのことはすべて忘れ、遺伝子の理解をまったく新たにする必要があると考える科学者も少なくないのだ。

先駆的なその科学者たちは、遺伝学者、神経科学者、認知心理学者などが緩やかにつながったグループで、彼らの一部は発達システム論者を自称している。筆者は彼らを「相互作用論者」と呼ぶ。というのも、彼らが遺伝子と環境の動的な相互作用を重視しているからだ。相互作用論者の見解は、そのすべてが受け入れられているわけではなく、発見したことの含意を余さずあぶりだすのに四苦八苦している。その点については、彼ら自身も率直に認めている。だが、この含意には広範囲に及ぶ影響力があること、それによって定説が一変することは、すでに明らかであるように思われる。

相互作用論を理解するには、遺伝について知っているつもりのことをすべて忘れる必要がある。「遺伝子のみを因子とする一般の概念は、妥当ではない」と、遺伝学者のエバ・ヤブロンカとマリオン・ラムは明言する。「遺伝子は、自律的単位として見ることができない――つねに同じ効果を生みだす一本のＤＮＡだと考えてはいけない。ある一本のＤＮＡが何を生みだすにしても、何を、どこで、いつ生みだすかは、他のＤＮＡ塩基配列と環境に依存すると考えられる」

メンデルはエンドウマメの交配実験のときに気づかなかったが、遺伝子はいつも同じ口調で同じセリフを言うロボット俳優とは異なる。じっさいには周囲のものと作用しあい、語りかける相手に応じてセリフを変えるのである。

この事実によって、瞳の色、親指の長さ、計算の速さなどの細かい特徴をあらかじめ指定する青写

MONO
1-2
15
3-4
20
30

真という、長いこと使われてきた遺伝子にまつわる比喩表現は、完全に打ち消される。いまや、もっと実際に則った比喩表現があるのだ。遺伝子は、完成した青写真というよりも――二万二〇〇〇個のすべてが*――ボリュームつまみと電源スイッチである。体の細胞ひとつひとつの内部に巨大なコントロールボードがあると想像すればいい。

　これらのボリュームつまみと電源スイッチの多くは、他の遺伝子や環境からのほんの少しの働きかけによって、いつでもアップ・ダウン、あるいはオン・オフする可能性がある。事実、つまみが捻《ひね》られ、スイッチが切りかえられることはしょっちゅうだ。それは、母親の胎内に宿ったときから息を引きとる瞬間までずっと続くことになる。この遺伝子と環境の相互作用のプロセスは、ある特徴をいつ、どのように発現させるかの変更不可能な命令を下すのではなく、ひとりひとりに異なる発達の道をたどらせるものだ。

　相互作用論者はそのプロセスを「G《ジー》 ×《・バイ・》 E《イー》」と呼ぶ。「遺伝子〔gene〕かける環境〔environment〕」を短縮した呼び名である。このG×Eは、あらゆる遺伝現象の理解にもっとも重要な概念になっている。この概念によれば、遺伝子は、瞳の色から知能までのあらゆる特徴の形成に大きな影響を及ぼすが、ある特徴をどう発現させるかを厳密に命令することはめったにない。遺伝子は、受胎の瞬間から、内外からのさまざまな刺激――栄養、ホルモン、感覚入力、身体的活動および知能的活動、他の遺伝子――に反応し、それらと相互作用して、ひとりひとりの独特な環境に合わせ、独特な、カ

＊　じっさいの遺伝子の推定数には幅がある。

スタムメイドのヒト・マシンをつくりあげる。遺伝子はたしかに重要だし、遺伝子の違いは結果的に個々の特徴の違いにつながるが、結局のところ、われわれひとりひとりが動的システムであり、発達する生物なのだ。

この新しいG×E（遺伝子かける環境）という動的モデルは、静的モデルである従来のG＋E《ジー・プラス・イー》（遺伝子たす環境）とはまったく異なる。これまでの定説では、まず遺伝子が舞台をととのえる。遺伝子によって配られたカードで最初の手がつくられたあと、われわれはようやく環境の影響を付け加えることができるようになるわけだ。

しかし、新しいG×Eモデルでは、相互作用がすべての発端になる。遺伝子が基盤をつくり、そのあとで環境が影響を及ぼすのではない。遺伝子が環境に合わせて自らを表現するのだ。受胎の瞬間から、われわれの構成物はすべてこのプロセスの結果である。われわれは特徴を遺伝子からじかに受け継ぐのではなく、遺伝子と環境の相互作用という動的プロセスを通じて特徴を育てる。G×Eの世界でも遺伝子の違いはきわめて重要である。だが、遺伝子が単独でわれわれの特徴を決めるわけではない。

じっさい、青い目も茶色い髪も、両親の遺伝子から受け継ぐわけではない――つまり、直接に受け継ぐわけではないということだ。

われわれはメンデルの遺伝の法則を叩きこまれているから、こんなことを聞かされれば突拍子もない話だと思うかもしれない。だがじつは、現実はもっと複雑である――エンドウマメにしてもそうだ。多くの科学者は、ずっと前からこの込み入った真実を理解していたが、一般大衆への説明に苦慮して

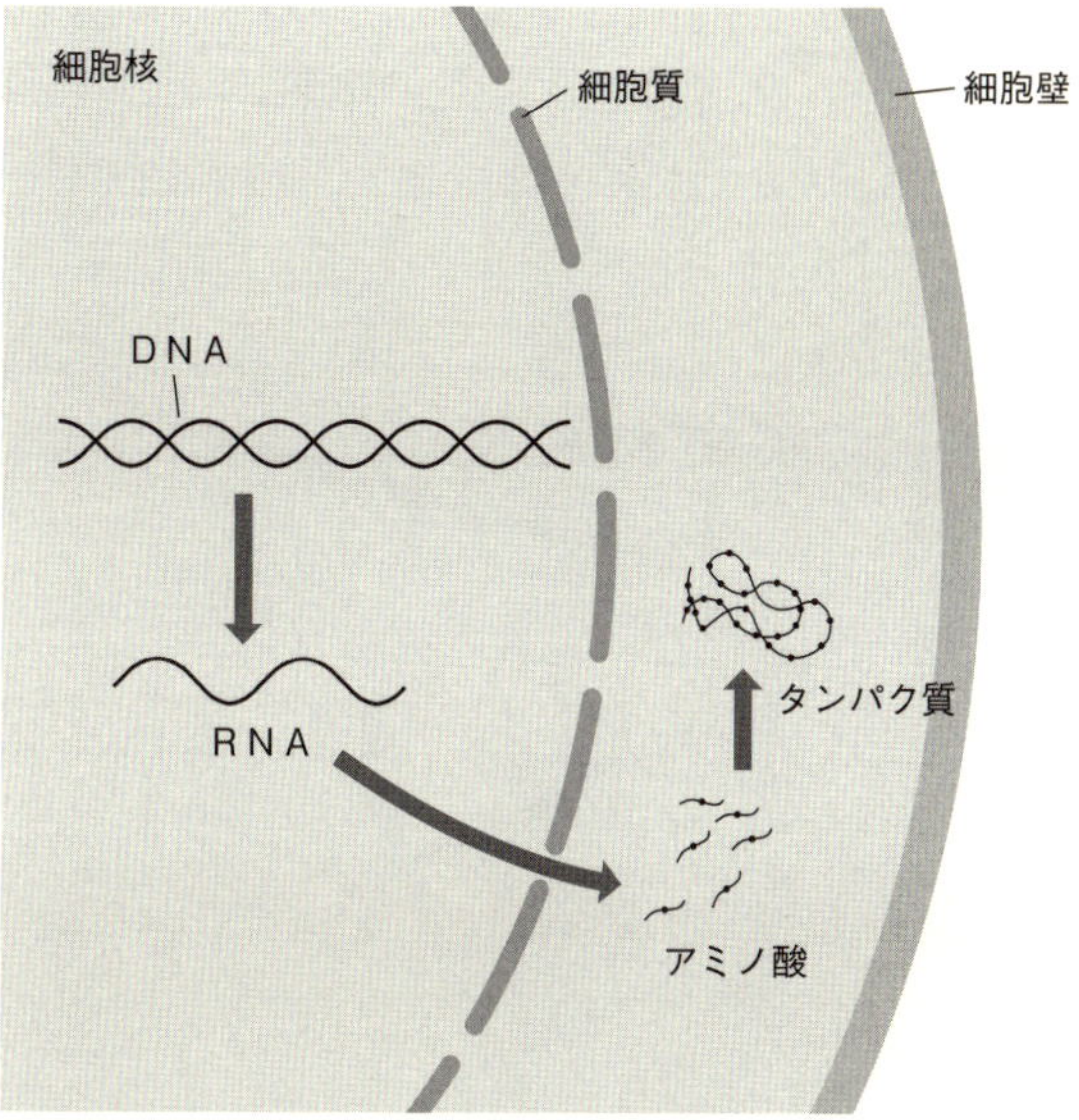

図A

きた。たしかに、これは単純な遺伝子決定論にくらべて説明が困難である。

＊＊＊

遺伝子をもっと十分に理解するために、まずは一歩後戻りし、遺伝子のじっさいの働きについて明快にしておく必要がある。

遺伝子はタンパク質の生成を命令する。

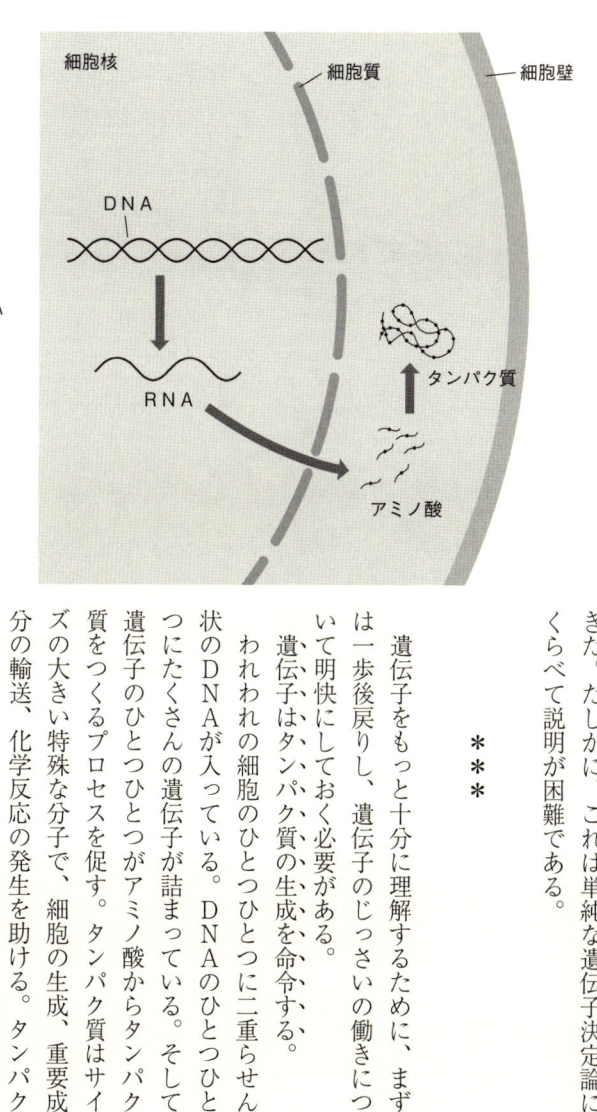

われわれの細胞のひとつひとつに二重らせん状のＤＮＡが入っている。ＤＮＡのひとつひとつにたくさんの遺伝子が詰まっている。そして、遺伝子のひとつひとつがアミノ酸からタンパク質をつくるプロセスを促す。タンパク質はサイズの大きい特殊な分子で、細胞の生成、重要成分の輸送、化学反応の発生を助ける。タンパク質にはたくさんの種類があって、筋繊維や眼球のコラーゲンからヘモグロビンまで、ありとあ

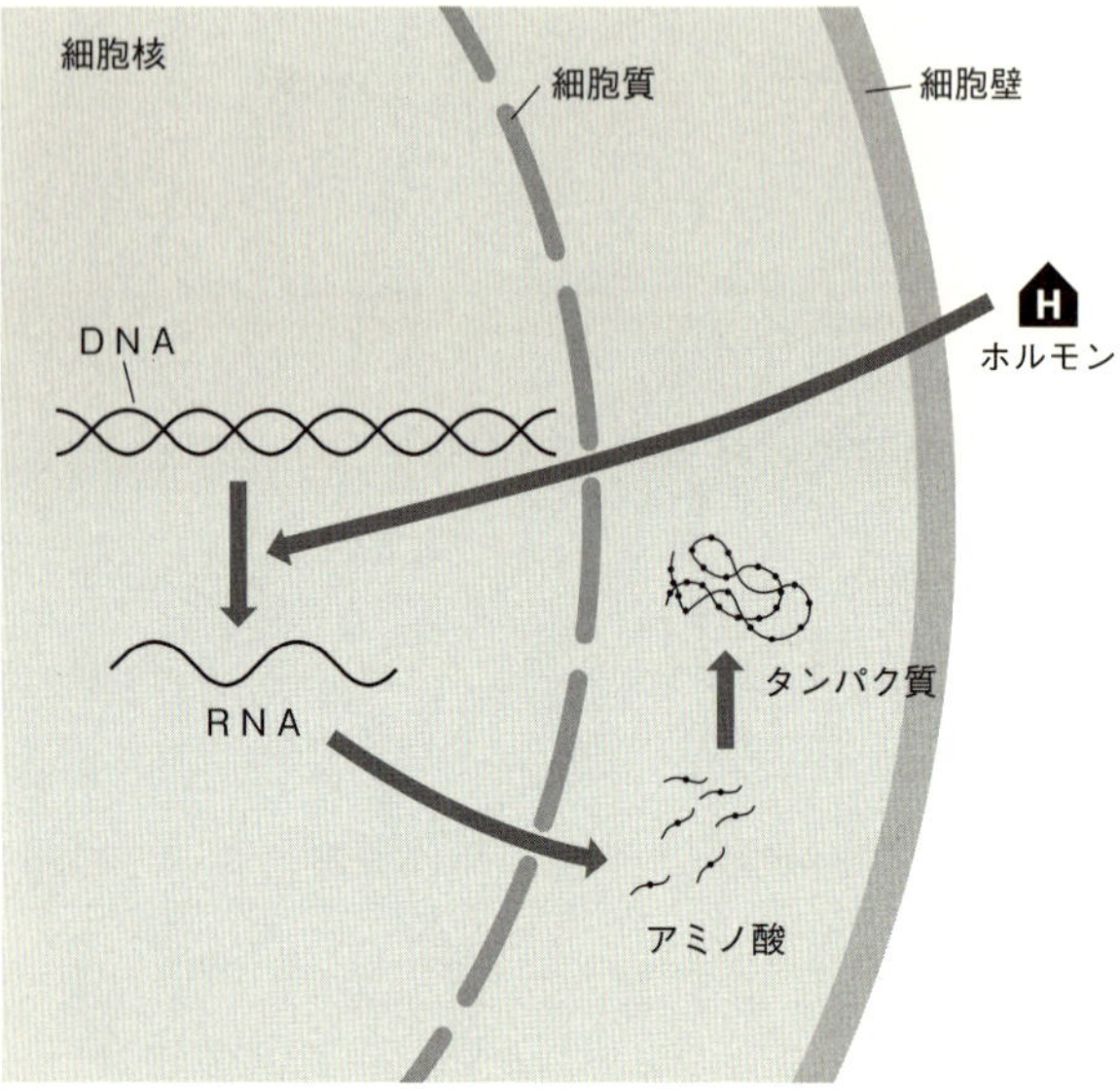

図B

らゆるものの素材をつくる。われわれはタンパク質のかたまりなのだ。

遺伝子は、さまざまなタンパク質の形成について指示を発し、タンパク質の組み立てのプロセス（前ページ図Ａ）の指揮をとる。

ただし……タンパク質の組み立てに影響を及ぼすのは遺伝子だけではない。じつは、遺伝子による指示そのものが別の何かに影響を受けている。遺伝子は、環境刺激、栄養、ホルモン、神経衝撃、他の遺伝子の働きかけによって、活性化したり不活性化したりしている（図Ｂ）。

だから、あらゆる脳細胞、毛髪細胞、心臓細胞は、本人のＤＮＡをすべて内包していながら、それぞれが特別な働きをする。また、遺伝子のわずかな違いから大きな違いが生じる理由は、これによって説明できる。つまり、人間がひとりひとり異なるのは、遺伝子の比較的わずかな違いばかりが原因ではない。われわれの生きる一瞬一瞬が、遺伝子発現にさかんに影響を及ぼしているのだ。

ケーキ作りのプロセスになぞらえてG×Eの概念を説明しているのが、ケンブリッジ大学の生物学者パトリック・ベイトソンである。一〇〇人がほぼ同じ材料を使ってつくりはじめても、できあがったケーキは一〇〇通りになる。材料のごくわずかな違いは、かならず結果に違いをもたらす一方で、その違いを前もって決定しているわけではない。現実に結果としてあらわれる違いは、プロセスから生じる。「発達は化学作用である」とベイトソンは言う。「そして、最終結果を材料に帰してすますことはできない」

それと同じく、ある遺伝子が存在するからといって、ある種の、もしくはある数のタンパク質が自動的につくられるわけではない。まず、あらゆる遺伝子は、タンパク質の組み立てを開始するにあたり、活性化――スイッチオン、すなわち「発現」――される必要がある。

さらに、遺伝学の分野で最近わかったことだが、一部の遺伝子――その数は、現時点では不明である――は可変性を持っている。場合によっては、同じ遺伝子が、いつ、どのように活性化されたかによって、異なる種類のタンパク質をつくることがあるのだ。

これらを考えあわせれば、ほとんどの遺伝子はそれのみで何らかの特徴を直接につくることなどできない。むしろ遺伝子は、発達のプロセスに積極的に関与するとともに、柔軟に変化する構造を持っている。遺伝子を消極的な指示マニュアルだと言いあらわす人びとは、遺伝の仕組みの美しさとパワーを矮小化しているに等しい。

それでは、私が母親と同じ茶色い目と、父親と同じ赤い髪を持っているのは、いったいどうしてだろう？

実際のところ、瞳の色、髪の色、皮膚の色を初めとする多くの基本的な身体的特徴は、メンデルの法則に近いプロセスをたどる。つまり、特定の遺伝子が、多くの場合は決まった結果をもたらすのだ。だが、見た目に惑わされてはいけない。単純にメンデルの法則に則って発現した結果であっても、そこに遺伝子と環境の相互作用がなかったわけではない。パトリック・ベイトソンはこう述べる。「瞳の色にしても、関連遺伝子が「唯一の」原因であると考えるのは誤りであって、他のあらゆる遺伝子および環境構成要素がかかわってくる」じっさい、ジョンズ・ホプキンズ大学の遺伝学者で、臨床遺伝学の父とも呼ばれるヴィクター・マキュージックは、一部には「青い目の両親から茶色い目の子供が生まれる例もある」と警告している。この現象は、劣性遺伝では説明できない。だが、遺伝子と環境の相互作用を用いれば説明できるのだ。

身体バランス、性格、言語能力などのもっと複雑な特徴をつくるプロセスには、メンデル説よりも遺伝子と環境の相互作用説のほうがずっとよくあてはまる。

単一の遺伝子の変異がハンチントン病などの病気を引き起こす例はどうなのか？

単一遺伝子病はたしかにあって、先進国では疾病《しっぺい》負担のおよそ五パーセントを占めている。だが、そういう病気があるからといって、問題のない遺伝子の働きについて誤った印象を持ってはいけない。「ワイヤーが切れれば、自動車は動かなくなるかもしれない」とパトリック・ベイトソンは説明する。「だが、ワイヤーのみが自動車を動かすわけではない」同様に、遺伝子の欠陥が一連の問題を引き起こすとしても、その遺伝子が健全でさえあれば正常な機能を得られるわけではない。

遺伝子と環境の相互作用はきわめて複雑で、一般の人びとに理解できるよう説明するのは非常に厄介である。遺伝子の従来の（誤った）概念とは異なって、単純で、ただちにピンと来るというわけにいかないのだ。その点からすれば、相互作用論者にパトリック・ベイトソンがいるのは幸運である。かつて英国王立協会副会長（生物学部門）を務めたベイトソンは、遺伝の仕組みをわかりやすく解説する第一人者であるが、その名前には象徴的な意味で、ある因縁が秘められている。約一〇〇年前、彼の祖父のいとこである著名な遺伝学者ウィリアム・ベイトソンは、「遺伝学〔genetics〕」という造語を編み出し、遺伝子はさまざまな形質を直接につくる情報をすべて含んだ小包であるという単純な概念を世に伝えることに努めていた。そして、その三世代目にあたるパトリック・ベイトソンが、広く普及しているその概念を刷新しようとしているのだ。

「遺伝子にはタンパク質のアミノ酸配列の情報がコードされている」とベイトソンは言う。「それだけである。神経系統や行動パターンの情報はコードされていない」

つまりは、遺伝子がかかわるのは形質の情報を処理する数段階前であるということだ。誰かがスミス・アンド・ウェッソン社製の拳銃で撃たれたからといって、鉄鉱石から銑鉄を抽出する——銑鉄はそのあと鋼鉄にされ、さまざまな型に流しこまれて、できあがった部品がスミス・アンド・ウェッソンの拳銃として組み立てられる——溶鉱所の経営者に殺人の容疑をかける者はいない。同様に、どの遺伝子も、視力の高低や、脚の長短や、愛想の良し悪しなどの明らかな原因であるとは言えない。むしろ、遺伝子はプロセスの初めから終わりまでに重要な役割を演じる、と言うべきだ。遺伝子の持つ情報は、細胞内にある別の関連物質によって翻訳され、細胞外からのさまざまな種類の信号によって影響される。そしてある種類のタンパク質がつくられると、それがさまざまな細胞や組織になって、最終的にわれわれになる。遺伝子から数段階のプロセスを経て形質がつくられるまでの距離は、その形質の複雑さによって変わる。形質が複雑であればあるほど、遺伝子はそれをつくる直接の指示から遠ざかる。このプロセスは本人が生きているあいだずっと続く。

　身長を例にとって考えれば、遺伝子と環境の相互作用の理解がぐんと深まるかもしれない。われわれのほとんどは、身長は多かれ少なかれ遺伝によって決まると考えている。だが、事実はもっと興味深い。少し前にあった驚くべき実例を紹介すれば、発達が動的プロセスであることを理解する助けになるだろう。一九五七年、スタンフォード大学医科大学院の研究者ウィリアム・ウォルター・グルーリックは、同じ時期にアメリカ・カリフォルニア州で育った日本人の子供と日本で育った日本人の子供の身長を計測し、比較した。すると、栄養事情や医療事情が日本よりもずっとよかったカリフォルニア州の子供は、平均身長がなんと五インチ〔一二・七センチ〕も高かった。遺伝子プールは同じだが環境は異なったとき、身長に大きな差が生じたのである。当時グルーリックは気づかなかったが、これは、遺伝子の本当の働きを示す完璧な実例だった。遺伝子は、あらかじめ決まった外形、あるいは体つきをつくるよう指示を発するのではなく、外部の世界とさかんに相互作用し、その場その場で唯一無二の結果を生みだすのである。

　じつは、身長の遺伝子発現には幅広い種類の環境要素が影響するとわかっている。そういう環境要素には、たとえば下痢やはしか、それに数ある栄養素のひとつの欠乏なども含まれる。二十一世紀の欧米の文化では、あとの世代になるほど身長が高くなるのは自然な進化であると考えられがちだが、人間の身長は、食べもの、気候、病気の変化に応じ、時代のときどきに大きく変動してきた。じつに意外なことだが、身長を専門にする研究者が断言するところでは、生物学上、他に比較して高身長になること、あるいは低身長になることが決まっている民族集団は、ほとんど存在しない。いくつかの例外はあるものの、『ニューヨーカー』誌の記者バーカード・ビルガーによれば、「概して、どの民族も等しく高身長になる可能性を持つ……メキシコ人にしても、すらりと背の高い体形になってしかるべきなのだ。しかし、たいてい、栄養価に乏しい食事や病気によってそれを妨げられるので、われわれはメキシコ人が低身長になるべく生まれついていると考えてしまう」

生まれつき小柄。生まれつき賢い。生まれつきの音楽家。生まれつきのバスケットボール選手。ある特徴を生まれもつという考えは魅力的で、われわれの誰もがこういう言い方をしたことがあるだろう。だが、遺伝現象のカーテンのうしろをそっと覗けば、たいてい、真実はまったく異なるとわかる。

遺伝子と環境の相互作用の仕組みについては、もう一つ驚くべき実例があって、偶然にも、グルーリックが日本人の身長を調査した年の翌年に見つかった。一九五八年冬、マニトバ大学の心理学の若い研究者ロッド・クーパーとジョン・ズーベクは、ネズミの知能について「生まれか育ちか」を調べる実験方法を考案した。まず、二通りの系統から生まれたばかりの子ネズミを選びだす。代々、迷路を通り抜けるテストで好成績を上げてきた「利口」ネズミの系統と、同じテストをうまくできず、平均失敗率が四割以上にのぼっていた「愚鈍」ネズミの系統である。

その二つの系統の子ネズミをまったく異なる三つの環境で飼育した。

豊かな環境　鮮やかな色彩を用いて模様を描いた箱のなかに、刺激の強いおもちゃをたくさん置いた。渡り板、鏡、ぶらんこ、すべり台、鈴など。

ふつうの環境　ごくふつうの箱のなかに、運動神経と感覚神経を刺激するおもちゃを少しだけ置いた。

制限された環境　基本的に、えさ入れと水入れを置いただけのネズミのスラム。身体や知能を刺激するおもちゃなどはまったくない。

概して、実験結果はなんなく予測できるように思われた。二通りの系統のネズミのそれぞれは、豊かな環境で育てば知能が少し高くなり、制限された環境で育てば知能が少し低くなる、と。ふたりの研究者はこんなグラフ（次ページ上）を思い描いていた。

ところが、実際の結果はこうなった（次ページ下）。

最終的に得られたデータは衝撃的なものだった。ふつうの環境では、利口ネズミは一貫して愚鈍ネズミよりも好成績を上げた。だが、それ以外のふたつの環境では、いずれのネズミの成績もたいして変わらなかった。制限された環境で育った利口ネズミは、同じ環境で育った愚鈍ネズミとほぼ同数の失敗をした（グラフ上のA点）。要するに、制限された環境で育った場合、両方のネズミが同じくらい愚鈍になると考えられた。「遺伝的な」違いは消えてしまったのだ。

豊かな環境でも同じことが起こった。ここでも利口ネズミの失敗の数は愚鈍ネズミと似たようなものだった（グラフ上のB点——統計学的に考えれば、その差はなきに等しい）。興奮と刺激に富んだ

予想された結果

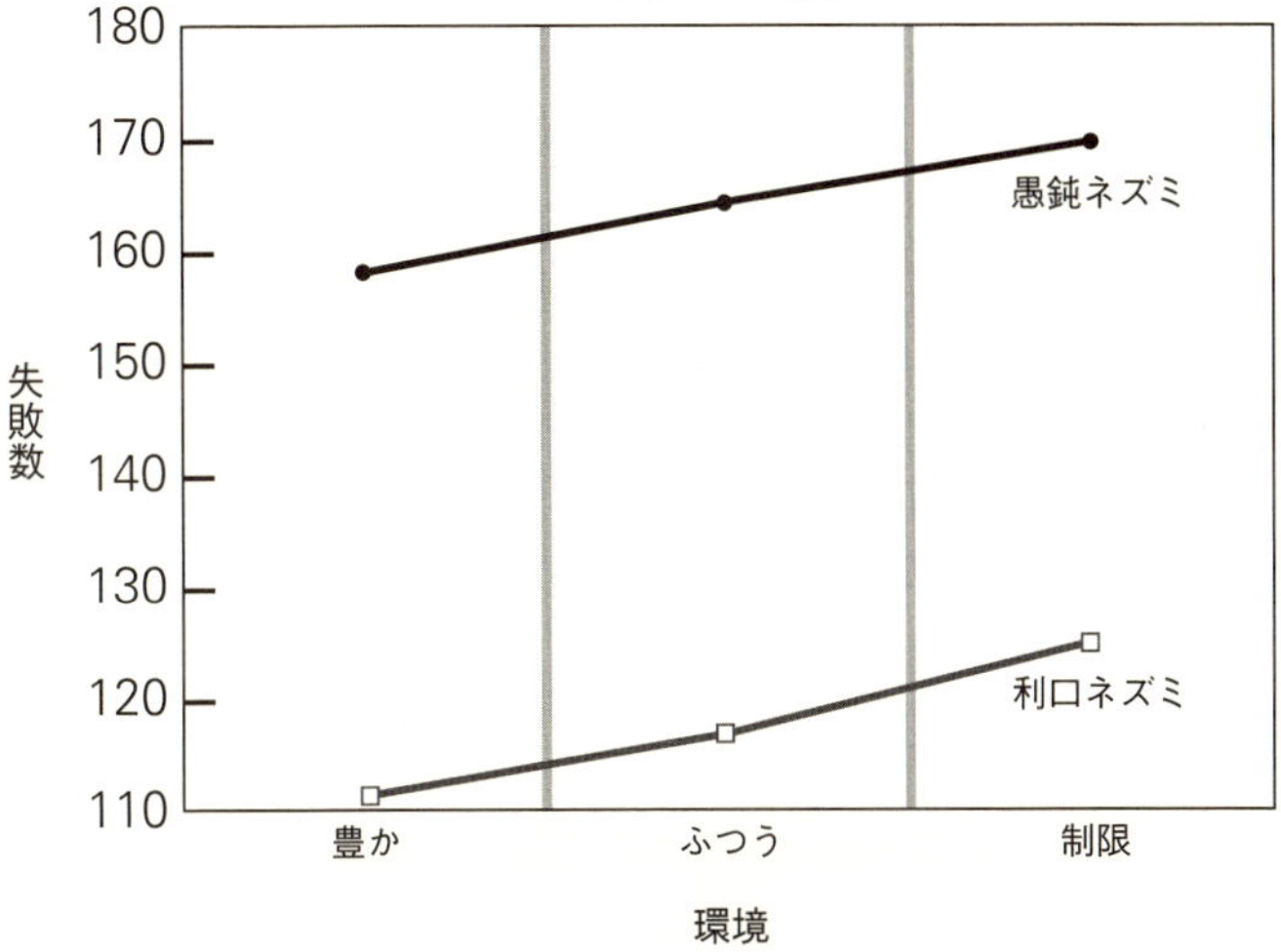

実際の結果

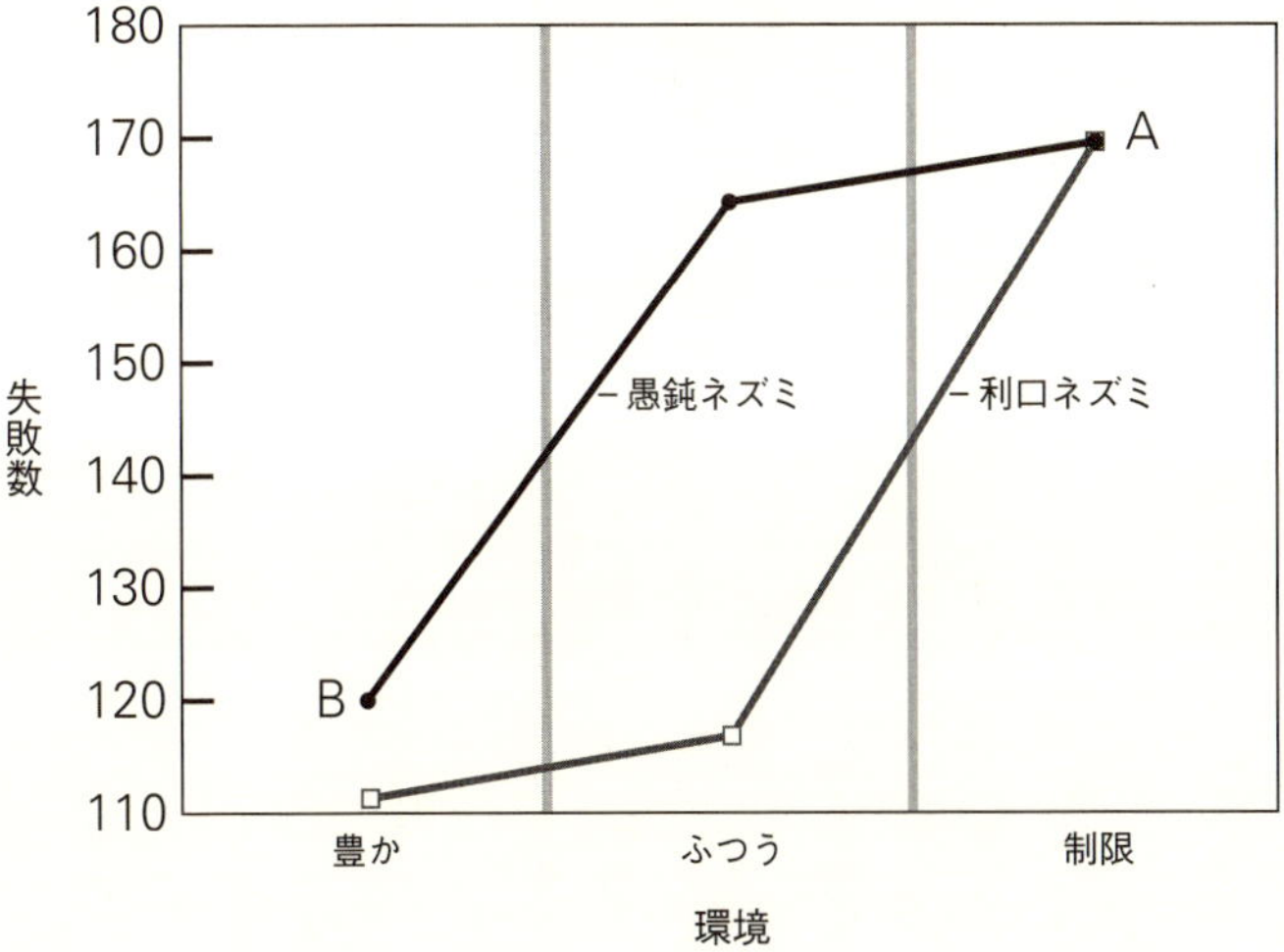

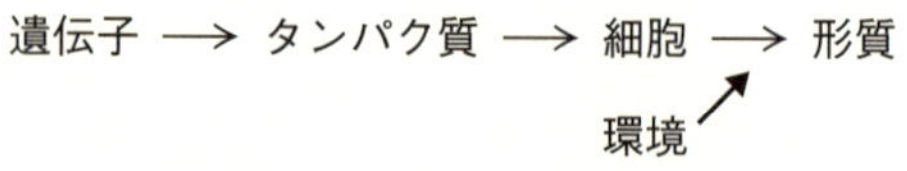

遺伝子がタンパク質の生成を促し、タンパク質が細胞の機能を導き、細胞の機能が外界から何らかの働きかけを受けて形質をつくる。

遺伝子、タンパク質、環境信号（行動と感情を含む）はつねに相互に働きかける。この相互作用のプロセスによってタンパク質の生成に影響が及ぼされ、タンパク質によって細胞機能がみちびかれ、細胞機能によって形質がつくられる。

環境で育った場合、両方のネズミが同じくらい利口になるらしかった。ここでも「遺伝的な」違いは消えてしまった。

　当時、クーパーとズーベクはこの結果をどう考えていいかわからず、途方に暮れてしまった。だがじつは、もともとの「遺伝的な」違いは純粋に遺伝的なものではなかった。正確には、それぞれの系統の、与えられた環境でのG×Eの発達によって変化する相関的要素だったのだ。そして、豊かな環境と制限された環境の両方で、二つの遺伝的系統は事前に考えられていたよりもずっと似ていることが判明した。

　それから数十年間に、クーパーとズーベクの研究は、ペンシルヴェニア州立大学の発達遺伝学者ジェラルド・マクラーンによれば、「遺伝子と環境の相互作用を示唆する古典的実例」であるとみなされるようになった。多くの科学者がそれに同意している。

　その数十年間に同じような実例がいくつも示されたことで、遺伝子の働きについて考えを改めざるを得ない状況になっていった。生物学者自身もまさかと思うような事実がいくつも明らかになった。

●ウミガメとクロコダイルは、卵のときの周囲の気温によって生まれる子の性別が決まる。

●バッタ〔grasshopper〕は、生まれた直後は体色が黄色いが、ある年齢で黒っぽい（高温によって焼けた）環境にさらされると、黒っぽくなる。

●イナゴ〔locust〕は、密集した環境で生まれ育つと、そうでない場合にくらべて筋肉がよく発達する（移動に適した体格になる）。

　これらを初めとする多くの実例において、環境Aで生まれる生物と環境Bで生まれる生物とでは種類がまったく異なるかのように見えた。形質がこれほど変化するとは、遺伝子は形質を直接に決定すると考える旧来のG＋E説を信じる人びとには、とうてい理解できなかった。新たにわかった事実から、遺伝子の働きについての新たな説明が必要になった。

　一九七二年、ハーヴァード大学の生物学者リチャード・レウォンティンは、同僚たちにG×Eをよく理解してもらうため、わかりやすい説明を試みた。旧来のG＋Eは一方通行の加法列であらわすことができた（前ページ上）。

　G×Eはもっとずっと動的なプロセスで、あらゆる段階で何らかの働きかけがあり、それが他のあらゆる働きかけに影響を及ぼすものだった（前ページ下）。

　影響の方向をあらわす矢印が、後者では双方向になっていることに注目してほしい。「生物学者は理解しはじめている。遺伝子あるいは環境のいずれかが変われば、結果としてあらわれる行動が劇的に異なってくる」と説明するのは、ニューヨーク市立大学の進化生態学者マッシモ・ピグリウッチである。「重要なのは、原因を生まれか育ちかに分けるのではなく、遺伝子と環境は弁証法的に相互作用し、生体の外形と行動をつくると認めることである」

皮肉にも、われわれはこれまで生まれか育ちかの区別に躍起になっていたが、じつはまったく逆のことをする必要がある。つまり、生まれと育ちがどのように相互作用するかを正確に理解する努力をしなければいけないのだ。数ある遺伝子のうちどの遺伝子のスイッチが入れられるのか。ひとつひとつの細胞の機能に――また、生体の形質に――いつ、どんな頻度で、どんな順番で違いがもたらされるのか。

パトリック・ベイトソンはこう説明する。「動物の個体はさまざまに発達する可能性を持って生まれてくる。ジュークボックスのようなもので、たくさんの曲を演奏することが可能な状態なのだ。だが、生きていくうちに一曲だけを演奏するようになる。演奏する曲を選択するのはその個体が生育する［環境］である」

つまり、われわれの気質、知能、才能は、受胎の瞬間から発達プロセスの影響のもとに置かれる。われわれは、遺伝子だけの力では、利口、愚鈍、生意気、慇懃《いんぎん》、陰気、陽気、音楽家、音痴、運動家、運動音痴、読書家、無気力などの特徴を持つことがない。これらは動的システムの複雑な相互作用によって生まれる。われわれは毎日、さまざまな方法で、どの遺伝子を活性化するかの決定にかかわっている。生命と遺伝子は相互に作用しあっているのだ。

G×Eの動的モデルはありとあらゆるところで重要な役割を演じている——気分、キャラクター、健康、ライフスタイル、社会生活や職業生活。何を考え、何を食べ、誰と結婚し、どのように眠りにつくのか。一〇〇年前には当を得ているように思えた常套句、「生まれか育ちか」は、今日《こんにち》ではまったく意味をなさない。というのも、生まれと育ちのそれぞれが独立して影響を及ぼすことはないのだ。遺伝子と環境は、単語と文字、自動車と部品などと同じく、分けて考えることができない。この点をわれわれの言語と思考に叩きこんでおかなければ、才能と知能の新しい世界を受け入れることも、理解することすらもできないのである。

　われわれは「生まれか育ちか」を「動的発達」に置きかえる必要がある。

タイガー・ウッズは、ゴルフ史上でも一、二を争うほど安定したストロークやしたたかな競争心を、どのように身につけたのだろう。動的発達である。レオナルド・ダ・ヴィンチは、どのように唯一無二の芸術家、エンジニア、発明家、解剖学者、植物学者になったのだろう。動的発達である。たんにＩＱの高い少年だったリチャード・ファインマンは、どのように二十世紀を代表する思索者のひとりになったのだろう。動的発達である。

　動的発達は、われわれの才能、ライフスタイル、健康についての新しい枠組《パラダイム》である。その考え方によれば、遺伝子はあらゆる部分に影響を及ぼすが、何かを厳密に決定することはほとんどない。だからわれわれは、自分自身に関するあらゆることについて、また自分はどこから来てどこへ行くのかについて、再考せざるを得ない。この枠組《パラダイム》が約束するのは、人生をじっさいに制御するのは不可能であるにせよ、われわれが人生に大きなインパクトを与える力を持っているということだ。動的発達は、ヒトの生物学的な構造がさまざまな曲を演奏できるジュークボックスとなぜ同じなのかを示す鍵である。ヒトにはこういう人生を送りなさい、という指示があらかじめ組みこまれているのではなく、さまざまな人生を送りうる能力が備わっている。遺伝子によって凡人になることを運命づけられている人はいないのだ。

動的発達は、二十世紀屈指の画期的な発想だった。そして、現在もそうである。大学病院でわが子を迎えた新米パパと新米ママが、生まれてまもない娘にとっての動的発達の意味をいったん理解すれば、そのことが彼らの生活、育児、さらには選挙投票にまで影響してくるだろう。

第2章　知能はものではなく、プロセスである

知能は、受胎のとき、あるいは子宮のなかで組みこまれる素質ではなく、遺伝子と環境の相互作用で発達する技能の集合である。知能の高さが生まれたときから決まっている人はいない。知能（およびIQスコア）は伸ばすことができる。自分の本当の潜在知能を余さず活用している成人はきわめて少ない。

知能の量は定まっていて、増やすことは不可能であるという主張が［一部に］存在する。このとんでもない悲観論に対し、われわれは異議を申し立て、行動を起こさなければいけない。

——アルフレッド・ビネー、IQ検査の創始者、一九〇九年

タクシー運転手にとってロンドンは悪夢のような場所である。一五〇〇年以上かけて無秩序に発展した、途方もなく広い、複雑に入り組んだ都会のジャングルなのだ。マンハッタンやバルセロナのよ

うに碁盤目状に整然と建設されたのではなく、古代ローマ人、バイキング、サクソン人、ノルマン人、デーン人、イングランド人の集落が、もともとあった集落に重なったり、その周囲を取りまいたりし、つぎはぎ細工のように広がった。現在では、チャリング・クロス駅を中心にする半径一〇キロ弱のなかに約二万五〇〇〇本の道路が走り、さまざまな角度をつくって合流し、分岐し、公園、記念建造物、商店、住宅に突きあたっている。営業免許取得のため、ロンドンのタクシー運転手はこういう道路のすべてを隅々まで知りつくす必要がある——百科事典並に豊富にたくわえたロンドンの道路情報のことを、業界では誇りをもって「蘊蓄《ザ・ナレッジ》」と呼ぶ。

しかしありがたいことに、苦労はしても、いったん覚えてしまえば、「蘊蓄」は文字どおり運転手の頭脳に刻みこまれる。そのことを発見したのは、イギリスの神経学者エリナー・マグワイアである。一九九九年、彼女の率いる研究チームはロンドンのタクシー運転手とそれ以外の被験者の脳をＭＲＩ撮影し、比較した。すると、空間認識をつかさどる海馬後部が、熟練したタクシー運転手のほうがずっと大きかった。この発見自体は何かの証明にはならない。理論上、生まれつき海馬後部が大きければ生まれつき空間認識に長《た》けていて、それゆえにタクシー運転手を職業にする可能性が高くなるとも言えるのだった。だが、マグワイアの研究の画期的なところは、海馬後部の大きさと運転手の経験のレベルとを関連づけた点である。つまり、運転手の経歴が長ければ長いほど、海馬後部が大きかったのだ。ここから強く示唆されるのは、空間認識の作業によって運転手の脳に変化が生じるということだ。マグワイアは劇的な調子でこう締めくくっている。「これらのデータが示唆するのは、海馬の灰白質における変化の獲得である」

さらに、最近にバイオリニスト、点字読者、瞑想者、回復期の脳卒中患者を被験者にする研究調査が行なわれているが、それらの結論もまったく同じだった。特定の経験に応じ、脳の特定の部分が自らを構築しなおすのである。「大脳皮質は環境変化に応じて自らを再構築するいちじるしい能力を有する」と、ハーヴァード大学の精神医学者レオン・アイゼンバーグの論文にも記されている。

これこそ「可塑性《かそせい》」である。つまり、あらゆる人間の脳に備わった、自分の求めるとおりに変化していく能力のことだ。とはいえ、出生時に持っている潜在能力はみな同じではなく、当然それぞれに異なる。しかし、可塑性はあらゆる能力が固定されてはいないことを請けあう。じっさい、可塑性があるために、どんな人も、どんな年齢でも、自分の知能の真の限界を見定めることは実質的に不可能なのだ。

＊＊＊

自分はどこまで賢くなれるだろう？　知能的にどんなことができるだろう？　この数十年というもの、心理学者はこれらの疑問に対する、信頼できる回答手段があると考えていた。それはスタンフォード＝ビネー式知能検査、すなわちＩＱ検査である。これは言語と記憶、視覚・空間認知、微細運動〔手と指を使った細かい運動〕、知覚の能力を測定するさまざまな検査を組み合わせたもので、考案者のルイス・ターマンに言わせれば、人の「本来の天分」、すなわち生来の知能を明らかにする手段だった。

知能を測定する心理学的手法によって、才能の生来の差異が普遍的現象であることは、反論の余地なく立証されている。

ルイス・ターマン、『天才の遺伝学的研究〔*Genetic Studies of Genius*〕』、一九二五年

スタンフォード大学の優秀な研究員だった心理学者のターマンは、すでに確立していたある運動の一端を担うことになった。それは、生得の資産である知能は遺伝子によって受け継がれ、出生時のまま一生変わらないという考えを基盤にする運動で、その支持者たちは、ひとりひとりの知能のレベルを明らかにすれば、社会で適切な居場所を見つける助けになって、社会がもっと効率よく営まれるようになると考えた。その運動の創始者は、十九世紀半ばのイギリスの生物学者チャールズ・ダーウィンの遠縁にあたる、同じく生物学者のフランシス・ゴルトンだった。一八五九年にダーウィンが『種の起源』を発表すると、すぐにゴルトンは自然選択のさらなる定義を試み、人間の知能の差異は生物学的遺伝の問題にほかならないと主張した――本人はこれを「身体的能力の遺伝〔hereditary transmission of physical gifts〕」と呼んだ。

　ゴルトンは、親戚のダーウィンのように慎重な科学者かたぎの人物ではなかったが、心の底から真実であると信じたことを力強く弁護した。一八六九年には著書『遺伝的天才〔*Hereditary Genius*〕』を発表し、才気があって成功している人は、たんに生物学的にすぐれた性質に「生まれついた」のであると主張した。一八七四年、彼は「生まれと育ち」（生まれつきのほうが重要であることを示唆す

る比喩表現として）という言い方を初めて用いた。一八八三年には「優生学」という新しい学問を開き、生物学的に優秀な人びとの生殖活動を促進し、劣等な人びとのそれを抑制する計画に乗り出した。それもこれも、自然選択は遺伝のみによって進行し、環境はたんなる傍観者にすぎないという、自らの確信の延長上に行なわれたことである。じっさい、遺伝子決定論の概念の下地をつくったのは、ダーウィンではなくゴルトンだった。

　ところがその数十年後、ゴルトンの支持者たちは深刻な問題に行きあたった。遺伝によって受け継がれる生まれつきの知能がどこに宿るのかを突き止められなかったのだ。じつのところ、生まれつきの知能の定義について意見が一致していなかった。知能とは、筋の通った推論の能力だろうか？　空間を視覚的にとらえる能力？　数学的な抽象化の能力？　身体の運動を制御する能力？　じっさい、イギリスの心理学者で統計学者のチャールズ・スピアマンはこう嘆いた。「『知能』［という言葉］はたんなる音声になっている。あまりにも多くの意味を背負わされ、とうとうあらゆる意味を失った」

　一九〇四年、スピアマンがこの問題について彼なりの解決策を提示した。まず、さまざまな知的能力の中心に「一般能力〔general intelligence〕」（*g*）が存在するとした。そしてこの*g*は、直接に測定することは不可能だった――今日《こんにち》に至っても不可能である――が、スピアマンの主張によれば、さまざまな種類の検査の相関関係を利用して、統計学的に検出できた。彼の言う「単純な」数式はつぎのとおりである。

ＩＱスコアの分布

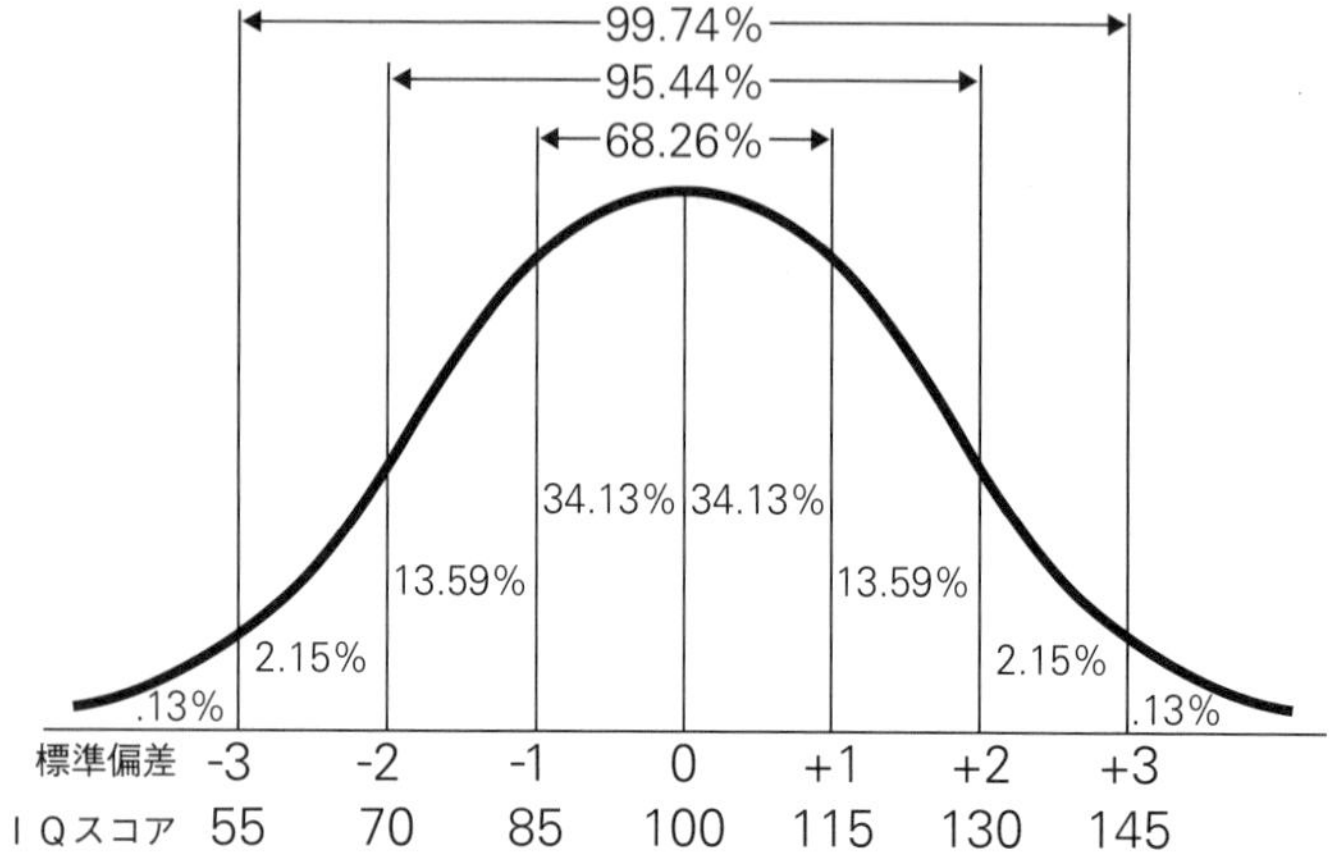

ＩＱスコアは各年齢集団における学力の相対的な位置づけを測る尺度である。スコアは100を中心に山型に分布するので、各年齢集団の半数が平均を上回り、残りの半数が平均を下回ることになる。スコアが115であれば、それを上回るのは全体の約16パーセント、70であれば、約98パーセントである。

$$\left(r_{pq} = \frac{r'_{pq} - r_{pv} \cdot r_{qv}}{\sqrt{(1-r^2_{pv})(1-r^2_{qv})}} \right)$$

スピアマンは、学業評価、教師による主観評価、仲間による「常識」評価の相関関係を確立した。そして、この相関関係によって、知的能力の中核をなす、生来の思考能力の存在が証明されると主張した。「*g*はふつう先天的に決定される。訓練によって背を高くすることが不可能であるのと同様に、訓練によって*g*のレベルを上げることは不可能である」

一九一六年、スタンフォード大学のルイス・ターマンは、スタンフォード＝ビネー知能検査（フランスの心理学者アルフレッド・ビネーが以前に考案した検査法をターマンが手直ししたもの）を用いて事実上gに相当するものを割り出し、この検査法こそ生まれつきの知能を測定する理想的なツールであると言いきった。一部にはターマンの主張が大げさであることをただちに看破した人びともいたが、*ほとんどはIQを大いに歓迎した。米陸軍はすぐにこの検査法を徴兵に利用するようになり、教育機関もそれに続いた。明快で、整然と分類することを可能にするIQは、社会、教育、ビジネスの効率化を求めるアメリカ人にはぴったりだった。

　残念なことに、この能力主義的な趨勢には根深い人種差別主義という急所があった。疑わしい証拠をもとに、白人のプロテスタントのほうが生物学的に優秀であるとされ、それが黒人、ユダヤ人、カトリックなどを実業界、学術界、政府要職から排除する言い訳として用いられるようになった。一九二〇年代前半、エドワード・リー・ソーンダイクが全国知能検査（現在のSAT＝大学進学適性試験のような試験）を考案した。熱心な優生学者だったソーンダイクは、一般大衆に高等教育をほどこすことがいかに無益で、社会的生産性に反するかを大学理事会に納得させようとした。「知能レベルで上位五パーセント、あるいは上位一パーセントのすぐれた人材に運命を託せば、世の中はもっと改善される」興味深いことに、それからわずか数年後、SATの開発者であるプリンストン大学の心理学

＊『ニュー・リパブリック』誌の編集者ウォルター・リップマンが一九二二年にこう記している。「受胎時から幼稚園に通う年齢までのあらゆる体験のデータをいっさい示さず、［ターマンらは］……遺伝によって受け継いだ知能を測定できると吹聴している。明らかに、これは調査によって導かれた結論ではない。信じる意志によって植えつけられたものである」

者カール・ブリガムは、自らそのＳＡＴを否定し、あらゆる知能検査は「科学史上もっとも輝かしい誤謬に」基づいているとした。「すなわち、訓練あるいは学校教育について考慮せず、生来の知能のみを測定するのである」

　公然の人種差別を別にして、ＩＱ検査などの知能検査の本当の悲劇は、昔もいまも、それらが発するメッセージにある。高スコアの生徒たちを含むありとあらゆる人びとに向けられるそのメッセージは、つぎのとおりである。「あなたの知能は自分で勝ちえたのではなく、与えられたのである」ターマンのＩＱ試験は、われわれの大半が感じている根源的な恐怖に、容易につけいった。つまり、われわれには生まれつき、深く、速く思考する能力をあるレベルに抑える、内なる閂《かんぬき》が備わっているのではないかという不安に乗じたのだ。これはとんでもないことである。基本的に、ＩＱは集団を分類するツールにすぎないのだ。

　ＩＱスコアは、検査されることがらにその人がどれほど熟達しているかを客観的にあらわす数値ではない。たんに、本人以外の全体に比較してどれほど熟達しているかを示す目安なのだ。ある集団内でのランクづけのツールにすぎないので、かつてルイス・ターマンらが、ＩＱ検査の結果によって「精神薄弱」に分類される人びとを社会から排除し、ＩＱが一〇〇未満である人びとを権威ある立場から追放するよう推奨したのは、とりわけ残念なことである。ＩＱが一〇〇未満であれば価値が低いと決めつけるのは、絶対的価値と相対的価値を取りちがえた所業である。たとえば、オレンジが一〇〇個あるとき、そのうち五〇個はけっして美味にならないと言いきるようなものだ。

　ＩＱは、たしかにある面では実用的だった。学力の比較を規格化したものなので、学校単位、州単位、さらには全国単位で生徒の学力をくらべるには、非常に便利だったのだ。あらゆる学校の校長や理事たちは、自校の生徒の学力が全国平均にくらべてどのレベルにあるかを知りたがった。また、こういう試験は学力を幅広く測定するので、ある受験者がその他にくらべ、将来どの程度まで伸びるかを大まかに予測するには十分だった。

　しかし、学力を測定することと、能力を正確に見きわめることとは大きく異なる。大部分の子供が今後どれほど伸びるかを予測することと、ひとりの子供が現在どれほどできるかを断言することとは、まるで違うのだ。イギリスのエクセター大学の教授マイケル・ハウは、「安定は不変であるという意味ではない」と指摘している。事実、正しい方向に努力すればＩＱはかなり大きく変化する。コーネル大学のスティーヴン・セシによれば、「ＩＱは、家庭環境の変化（Clarke, 1976; Svendsen, 1982）、仕事環境の変化（Kohn, 1981）、歴史環境の変化（Flynn, 1987）、育児方法の変化（Baumrind, 1967; Dornbusch, 1987）、そして何より学校教育のレベルの変更によって、結果的に大きく変わる可能性がある」。

　一九三二年、心理学者のマンデル・シャーマンとコーラ・Ｂ・キーは、ＩＱスコアが共同体の孤立の度合いと反比例することを発見した。文化的に孤立すればするほどスコアが低くなるのだ。たとえば、ヴァージニア州の辺鄙《へんぴ》な谷間の町コルビンは、成人のほとんどが無教養で、新聞、ラジオ、学校へのアクセスもままならない土地だったが、住民の六歳児のＩＱを調査したところ、その数値は全国平均に近かった。ところが、その子供たちは成長するにしたがってＩＱが低くなった——学校教育も異文化になじむ体験も不十分だったために、ついには全国平均を下回ったのである（たとえばイギリスの運河船上で生活する子供たち、いわゆるカナルボート・チルドレンなど、文化的に孤立した地域や集団の子供たちにも、まったく同じ現象が見られた）。だから、彼らはこう結論せざるを得なかった。「子供は環境が要求する分だけ発達する」

　子供は環境が要求する分だけ発達する。一九八一年、ニュージーランドを拠点にする心理学者のジェイムズ・フリンは、まさにこの言葉どおりであることを発見した。一〇〇年以上にわたって測定された生のＩＱスコアを比較したところ、その数値が少しずつ上昇していた。見かけ上、数年おきに以前よりも賢い受験者集団があらわれていた。つまり、一九八〇年代の十二歳のＩＱは一九七〇年代の十二歳よりも高く、一九七〇年代の十二歳のＩＱは一九六〇年代の十二歳よりも高かった。あとの時代になるにつれてＩＱが高くなったのだ。この傾向はある地域や文化にかぎったことではなかった。また、時代間のスコアの差は小さくなかった。平均すれば、ＩＱスコアは一〇年ごとに三ポイント上昇していた。二世代で一八ポイントにのぼるのだから、これはたいへんな違いである。

　この違いはあまりにも大きく、理解しがたいほどだった。二十世紀後半の平均値を一〇〇とすれば、一九〇〇年の平均値は六〇ほどだったのだ。このことから、ひどくばかばかしい結論が引き出された。「われわれの先祖の大半は知能が遅れていた」というのだ。知能指数が徐々に上昇する現象、いわゆる「フリン効果」に対しては、心理学の認知研究の分野から疑いの声が上がった。どう考えても、人間は一〇〇年足らずのあいだに飛躍的に賢くなったとは言えない。もっと別の理由があるはずだった。

　フリンは、ＩＱスコアが上昇しているのは特定の分野にかぎられることに目をとめ、そこから重要なヒントを得た。現代の子供たちの成績は、一般知識や数学では昔の子供たちとあまり変わらなかった。ところが、抽象的論理の分野では、フリンによれば「困惑するほど大きく」進歩していた。時代をさかのぼるほど、仮言や直観的問題に苦心しているようすがあった。どうしてだろう？　それは、世の中がもっと単純だった一〇〇年前には、現代のわれわれの頭に入っている基本的な抽象概念は、ほとんど知られていなかったからだ。「一九〇〇年におけるわれわれの先祖［の知能］は、日常の現実のみに向けられていた」とフリンは説明する。「われわれが彼らと異なるのは、抽象概念、論理、仮説を用いることができる点である……。一九五〇年代以降、われわれは、以前に学んだルールに縛られず、問題をただちに解くことに巧みになった」

十九世紀の人びとの頭のなかに存在しなかった抽象概念の例には、自然選択説（一八六四年に初めて提唱された）、対照群の概念（一八七五年）、無作為標本抽出の概念（一八七七年）などがある。一〇〇年前のアメリカでは、科学的な方法論自体、ほとんどの人になじみのないものだった。一般大衆にとって、抽象的に思考する条件がととのっていなかったのだ。

言いかえれば、ＩＱスコアの劇的な上昇のきっかけは、原因不明の遺伝子変異でもなければ、摩訶不思議な働きをする栄養素でもなく、フリンの言う「前科学的な操作的思考からポスト科学的なそれへの［文化の］移行」だった。二十世紀になると、基本的な科学法則が少しずつ大衆の意識に入りこみ、われわれの世の中を変えていった。この変化は、フリンによれば、「人間の心の解放にほかならない」のだった。

科学的世界観は、それに付随する語彙、分類法、そして具体的な指示物からの論理および仮説の分離とともに、脱工業化時代の人びとの心に浸透しはじめている。そのことが大学レベルの大衆教育に道を開き、高度な知的集団の出現につながっている。その存在ぬきには現在のわれわれの文明を想像することすらできない。

おそらく、フリンの報告でもっとも衝撃的なのは、今日のＩＱテスト受験者の九八パーセントが一九〇〇年の受験者の平均よりも高いスコアをとっているという事実だろう。その意味はとてつもなく大きい。つまり、われわれの社会的言説と学校教育の改善により、わずか一〇〇年のあいだに、ほとんど全員の測定可能な知能が飛躍的に向上したのである。

もはや、知能は不変であるなどとは言えない。現在、たいていの人は年齢を重ねても相対的知能の順位が変わらない傾向にあるとはいえ、つぎのことが判明している。

●そもそも、ひとりひとりの順位を確定するのは生物学的な構造ではない（社会的要素、学術的要素、経済的要素の関与がくわしく報告されている）。
●どの人もずっと最初の順位のままであることはない。
●あらゆる人間（また、社会全体）は、環境がそれを要求すれば、もっと賢くなれる。

先天的知能説を唱える人びとはこれらをけっして認めず、ＩＱスコアが安定していることこそ、知能の序列が生まれたときから生物学的に決まっている証拠であると主張しつづける。素晴らしい能力に恵まれた一握りの人びとはむろん成功をつかむが、その対極にいる人びとは現代社会の足手まといになる、と。「知能の分布の下半分に属する生徒の学力を上げようとしても、それには限りがある」と、二〇〇七年にチャールズ・マレーが『ウォールストリート・ジャーナル』紙の特別記事面に書いている。「上限がある……。［IQが一〇〇をやや下回る少年の場合、成績の］向上を期待することはできる。だが、単語をたくさん教えて語彙を増やしたり、スピーチの特訓をしたりしても、新たな展望を切り開いてやることはできない。説明の複雑さが一定のレベルを超えてしまえば、少年の力ではついていけない……。［少年には］それだけの賢さがないのだ」「最高の条件を備えた最高の学校でも、知能の限界によって定められた学力の限界を打ち破ることはできない」と、マレーはずばりと言いきっている。

ところが、現在進められているさまざまな研究で、この見解とはまったく異なる、もっと流動的で、もっと希望の持てる知能の実像が浮き彫りになっている。

＊＊＊

一九八〇年代半ば、カンザス大学の心理学者ベティ・ハートとトッド・リズリーは、アメリカの低所得者層の子供向けのプログラム「ヘッドスタート」に大きな欠陥があることに気づいた。このプログラムは、低所得者の家庭の子供たちを貧困から遠ざけるため、ひいては犯罪から遠ざけるために計画された。対象になる子供がごく幼いころに介入しはじめ、運営はまずまずうまくいき、資金はたっぷりある——年間七〇億ドル——にもかかわらず、子供の学力向上にたいした効果を挙げていない。調査によれば、三歳から四歳までの子供の読み書きと語彙の能力については好ましい影響が「小から中程度」にとどまり、数学関連の能力については何の影響も見られない。

ハートとリズリーの見るところ、プログラムの構造のみならず、実施時期にも問題があった。子供がもっと幼いうちから介入する必要があったのだ。貧しい家庭の子供は、プログラムの開始年齢である三歳から四歳までに、どういうわけか知能的にお決まりのコースをたどりはじめていた。ハートとリズリーはその理由と経緯を調べることにした。これほど早い段階で子供の発達を妨げるものは何なのか、突きとめようとしたのだ。つまずきの原因は、劣った遺伝子か、荒れた環境か、それともほかの何かだろうか？

ふたりは画期的な（そして、綿密な）手法を編みだした。三年以上かけて、社会経済的なレベルが（1）生活保護受給世帯（2）労働者世帯（3）専門職世帯の三つに分かれる四二世帯で、幼児に対していくつの単語が発話されたかを調べた。そして、その結果を表にした。

すると、驚くほどの違いがあった。専門職世帯の子供が一時間に耳にする単語の数は、生活保護受給世帯の子供にくらべ、平均して一五〇〇語以上多かった。つまり、年間に約八〇〇万語、四歳の時点では約三二〇〇万語もの開きが出ることになった。さらに、発話の口調や単語の複雑さにも、両者のあいだにかなりの差があった。

数値をまとめたところ、早期に音声言語に触れた経験と後日の学力には、直接の関連があるとわかった。「データから明らかになった差異に、われわれは非常に驚いた」と、ハートとリズリーは共同執筆した『意味のある違い〔*Meaningful Differences*〕』に記している。「もっとも印象深かったのは、世帯ごと、子供ごとに大きな違いがある点と、三歳までに累積される経験がきわめて重要である点だ」

予想にたがわず、心理学界はこのことに興味を抱くと同時に、慎重な構えを示した。一九九五年、アメリカ心理学会タスクフォースはこう記した。「このような相関関係は環境因子および（あるいは、環境因子のかわりに）遺伝子の媒介によるものかもしれない」この、「のかわりに」の部分に注目してほしい。一九九五年の時点でも、第一線の心理学者のなかには、裕福な家庭の子供は知能の高い親の遺伝子を受け継いだだけなのではないかとか、音声言語はたんなる遺伝の結果であって、何かの原因ではないのではないかなどと考える人びともいた。

現在では、われわれの知見はもっと進んだものになっている。遺伝因子は、環境因子「のかわりに」作用するのではなく、環境因子と相互に作用する。つまり、G×Eである。たしかに遺伝子の違いはある。だが、その違いはわれわれを抑えつける拘束具ではない。バンジージャンプのゴムロープのように伸縮性があるのだ。親からの話しかけなどのプラスの環境因子が見つかった以上、それが本当の相関関係でない可能性を云々するひまがあるなら、その環境因子が遺伝子にもたらす影響、さらには人生にもたらす影響を積極的に活用するべきだろう。

現在わかっているプラスの環境因子の一部を挙げる。

●子供がごく幼いうちからたびたび話しかける。

この環境因子はハートとリズリーの議論の余地のない調査によって発見され、ノースカロライナ大学の幼児教育プログラムによって裏づけられた。このプログラムは子供に出生直後から豊かな環境を提供するもので、これに参加した子供たちは対照群に比較して大きな進歩を示している。

●子供がごく幼いうちから本を読み聞かせる。

二〇〇三年に行なわれた全国規模の調査で、親の教養のレベルに関係なく、親が子供に本を読み聞かせることにはプラスの影響があると報告された。二〇〇六年、同じような調査が行なわれ、本の読み聞かせに関して同じことが判明した。新しいほうの調査は、人種、民族、階級、性別、出生順、早期教育、母親の教養、母親の言語能力、母親の温かみによる影響を除外して実施されている。

●養育と励まし。

ハートとリズリーの発見では、平均して、専門職世帯の子供が出生後四年間に受ける励ましのフィードバックは、叱責のフィードバックよりも五六万回多かった。労働階級世帯の子供の場合、励ましのフィードバックのほうが一〇万回多いだけだった。生活保護受給世帯の子供の場合、叱責のフィードバックのほうが一二万五〇〇〇回多かった。

●大きな期待を寄せる。

シャーマンとキーの一九三二年の研究で、「子供は環境が要求するとおりに発達する」と判明している。

●失敗を受け入れる。

いまや、コーチ、ＣＥＯ、教師、親、心理学者は、自分の責任下にある者たちを限界およびその先へ駆り立てることの重要性を理解するようになっている。つまずきがあっても、生まれもった限界の兆候だなどとは考えず、学習の機会だとみなすべきである。

●「成長志向」を促す。

スタンフォード大学の心理学者キャロル・ドウェックは、能力は出生時から変わらないのではなく伸ばすことが可能であると考える重要性について研究し、名声を得た。多くの研究で、能力は高められると考えるほど成功の可能性が大きくなることが示されている（ドウェックについては第5章でくわしく取りあげる）。

こういう環境因子の価値を認識する一方で、遺伝子の重要性を無視してはいけない。G×Eという新しい考え方では、環境の影響を認めることは遺伝子の重要性を認めることに等しいのだ。本の読み聞かせは遺伝子を発現させる。話しかけは遺伝子を発現させる。助言を与えることは遺伝子を発現させる。

G×Eでは、知能はものではなくプロセスである。学校で初めから成績のいい子供がいるのはどうしてだろう？　子供のころ早く言葉を話しはじめ、早く成果を挙げていたうえ、成人してから創造的成功、経済的成功を収める人がいるのはどうして？　それは、誕生したその日から、そうなるべく訓練を積んでいるからなのだ。

＊＊＊

ジェイムズ・フリンがフリン効果を、ハートとリズリーが話しかけの効果を発見したのと同じころに、ニューヨーク市立大学の研究員である心理学者シルヴィア・スクリブナーは、それらとはずいぶん毛色の異なる（だが、それほど衝動的ではない）現象に出くわした。「牛乳容器の数学」とでも呼ぶべきその不思議な現象は、メリーランド州ボルティモアの牛乳工場で粛々と進んでいた。一パイント〔約四七三ミリリットル〕入りの牛乳容器をケースに詰める教養のない労働者たちが、作業中にとてつもない計算能力を発揮していたのだ。間違いなく工場内でもっとも学のない作業員たちが、ためらいも、話し合いもなく、かがんだり歩いたりする頻度を最小限にし、さまざまな注文品のうちのどれを、どの順序で詰めるかを決定していく。たとえば、以下のとおりである。

> 全乳を六本、二パーセント低脂肪乳を一二本、脱脂乳とバター乳をそれぞれ三本という注文があった場合、ベテラン作業員は、空のケースを持ってきて注文通りの牛乳を用意するのではなく、すでに二パーセント低脂肪乳が半分と全乳が三分の一入っている二四本入りケースを選びだした。これならば、全乳を二本引き、脱脂乳とバター乳を三本ずつ足せばいい。かがむ回数はたった三回ですむ。

さらに、注文品の本数が一ケースに入る本数で割りきれない場合には、注文品の異なる数学的表現を入れ替えることができる。これは、基数の異なる数系を入れ替えるのと同等の離れ業である。

この例において発揮される数学力と精神的努力は途方もなく大きいものだが、低賃金の作業員たちは一日中、それを発揮しつづけていたわけである。「作業員たちは計算によって身体的努力がもっとも少なくなる解をはじきだした。『節約』できる動作が（全作業の合計およそ五〇〇単位のうちの）たった一単位である場合でも」とスクリブナーは説明している。

こういう能力はＩＱスコアや数学の試験や学校の成績にはあらわれない。従来のどんな学力試験を受けさせてみても、こういう労働者たちは知能が低いことになる。それでも、同じ牛乳工場で働く高学歴のホワイトカラー労働者たちがときおりケース詰め作業に加わると、ＩＱの低いベテラン作業員の手際のよさにはとうていかなわないのである。

アメリカから地球を半周したところに位置するケニアのキスムで、イェール大学の心理学者ロバート・スターンバーグもそれとまったく同じ現象に遭遇した。二〇〇一年、ルオ族の学童たちの知能を調べていたときのことだ。彼は、まずその地域でとれる薬草についての知識を測定し、それから西洋のカリキュラムに沿って試験をした。意外にも、スターンバーグはふたつの結果の相関関係が「きわめて低い」ことを発見した。「その土地に関する暗黙知が豊富である子供ほど、学校で実施される語彙試験の成績がよくなかった。その逆もまた同じことだった」

どういうわけだろう——そして、どんな試験をすれば真の知能を測定できるのだろう？

じつのところ、読者にとって、これらの調査結果は予想もしないショックを受けるほどのものではないだろう。学校での優等生を意味する「スクール・スマート」に対する、世渡りに長《た》けていることを意味する「ストリート・スマート」という概念について、われわれの誰もがよく知っているのだ。
しかし、ボルティモアの牛乳工場の作業員とキスムの学童の例は、従来の知能の定義に固執する心理学者たちに重大な難問を突きつけた。ロバート・スターンバーグは、同じような調査結果――ユピック・エスキモーの子供たち、カラハリ砂漠のクン・サン族の狩猟民、ブラジルのストリートの若者たち、アメリカの競馬の予想屋、カリフォルニア州の生鮮食品店の客などの、非凡な、知能検査では見きわめられない場合もある知的能力の報告――がつぎつぎ発表されるのを見、専門知識とＩＱの数値のあいだに相関関係がなかったことから、知能の定義を一新する必要があると考えた。

　さらに、もう一つの厄介な問題に目をとめた彼は、その考えをいっそう強めることになった。その問題というのは、「知能」検査とＳＡＴⅡなどのいわゆる学力試験との区別が徐々にあいまいになっていたことだ。スターンバーグは懸命に比較を試みたが、そうすればするほど、両者のあいだの違いは把握することが困難だった。彼の結論によれば、知能検査と学力試験は、いずれも達成の程度――つまり、受験者がその時点で身につけている能力を測定するものだった。

　これらのことから、スターンバーグ――知能研究の第一人者――は、一般大衆の前に立ちはだかる、知能の真の理解の妨げになっている壁を打ち破ることにした。

　二〇〇五年、彼はつぎのように重々しく宣言した。「知能とは、発達するさまざまな能力の集合である」

　言いかえれば、知能は固定されていない。知能は普遍的ではない。知能はものではない。知能はいま、まさに展開しつづけている動的プロセスなのだ。この発見は、かつてミハイ・チクセントミハイの研究チームが実施した研究の結果にも一致している。彼らの結論では、「学業成績がきわめて優秀である者は、かならずしも他者より『賢く』生まれついたわけではなく、他者よりよく勉強し、自己修養に励んだのである」。

われわれは、人間の知能を測るのは、テーブルの長さを測るようなものだと錯覚してしまうことがある。だがじつは、どちらかといえば五歳児の体重を測ることに似ている。測定した数値は今日だけのものだ。明日になればどれだけ増えているだろう？　だいたいにおいて、それは当人しだい、そしてわれわれしだいなのだ。

第3章　「生来の才能」の終焉（そして、才能の本当の源）

知能と同じく、才能もまた生まれつきの天分ではなく、受胎の瞬間からいくつもの技能が見た目にはわからないほど少しずつ発達し、増大した結果である。誰もが異なる部分を持って生まれ、なかには生まれたときから何らかの作業に優位性を持っている人もいる。だが、遺伝的に成功者になるべく生まれついた人はひとりもいない。また、生物学的に成功者になることが不可能である人はほとんどいない。

一九八〇年、スウェーデンの若い心理学者アンダース・エリクソンは、認知心理学のパイオニアである偉大な学者、ウィリアム・チェイスとの共同研究にいそしんでいた。ペンシルヴェニア州ピッツバーグのカーネギーメロン大学で、チャンキングの意味に関する研究に協力してもらっていたのだ。チャンキングとは人間が駆使する記憶のテクニックで、複数の細かいデータをひとつの記憶にまとめる作業のことである。たとえば電話番号を覚えるとき、脳はそれを一〇個の独立した数字としてではなく、三つのチャンク＝かたまりとして記憶する。五一三 - 六七三 - 八七六四。関連のない一〇個のアイテムを順番どおりに記憶することはほぼ不可能である。だが、三個程度ならば問題なく記憶できる。同じことは、単語、音楽、チェスの手など、あらゆる記号群に当てはまる。すぐれた頭脳の持ち主は、生のデータをよりたくさん記憶するのではない。より速くパターンを認識し、より効率よくチャンクをつくるのだ。

　チャンキングの概念によって脳の働きの理解に大きな進展がもたらされた。そこでエリクソンとチェイスは、短期記憶の限界とその限界を回避する方法をさらに研究することにした。長期記憶の容量は無限であるらしいのに、新しい記憶は哀れなほど脆い。健康な成人の場合、順番に並んだ関連のないアイテムを平均して三、四個までしか覚えられない。エリクソンとチェイスによれば、この限界があるために「情報処理および問題解決の能力は厳しく制約される」。

　しかし、明らかな例外がある――一握りの記憶の達人たち（情報を記憶しやすく簡略化した〝記憶術〟を駆使する〝記憶術者〟）は関連のない莫大な情報を記憶できるのだ。エリクソンとチェイスは、こういう抜群の記憶力の持ち主がそのように生まれついているのか、あるいは何らかの方法でその非凡な能力を身につけたのかを知りたいと考えた。そして、その答えを出すため、一風変わった、大がかりな実験に取り組んだ。

　つまり、記憶術者を一からつくろうとしたのである。

　短期記憶について、練習すればジャグリングの技能が向上するように、訓練すれば処理できる情報量が増えるのだろうか？　それを突きとめる方法がひとつあった。エリクソンとチェイスは、その画期的な実験を行なうにあたって、ある平凡な学生に協力してもらった。イニシャルをS・Fというその学生は、知能検査でも短期記憶検査でもごくふつうの成績だった。標準的なレベルの記憶力を持っていたのだ。そして訓練が始まった。それはくたくたに疲れるような内容だった。週に三回から五回行なわれる一時間のセッションで、被験者はまず無作為に並べられた数字を毎秒一個の速さで読み聞かされた。2……5……3……5……4……9……。ときおり休止が入ると、そこまでの数列を順番どおりに言うことになっていた。「正しい順番で言えれば、つぎに数字をひとつ増やした数列を読み聞かせた。数字をひとつ減らす場合もあった」2……5……3……5……4……9……7……。セッションの最後に、S・Fはその日に読み聞かされた数字をできるだけ思い出して言うよう求められた。2……5……3……5……4……9……7……6……。

　さぼったり別の大学に移ったりせず、S・Fはまじめに実験室に通った。じっさい、二年以上、ほとんどの平日に顔を出した。実験に協力した時間は週二五〇時間以上にのぼった。どうしてだろう？おそらく結果が出ていたからである。実験開始からほどなくして、短期記憶の能力が向上しはじめた。たった数回のセッションで、記憶していられる数字の数が七個から一〇個になり、それから数十時間の訓練ののち、なんと二〇個に増えた。短期記憶の通常の限界は、このときすでに打ち破られていた。だが、それで終わりではなかった。数字の数が三〇、四〇、五〇、六〇、七〇、そしてついに八〇個を超えたとき、実験は終了となった。

　左のグラフはS・Fの進歩の度合いをあらわしている。

セッション終了の時点で、S・Fに何らかの限界に達した兆候は見られなかった。エリクソンとチ

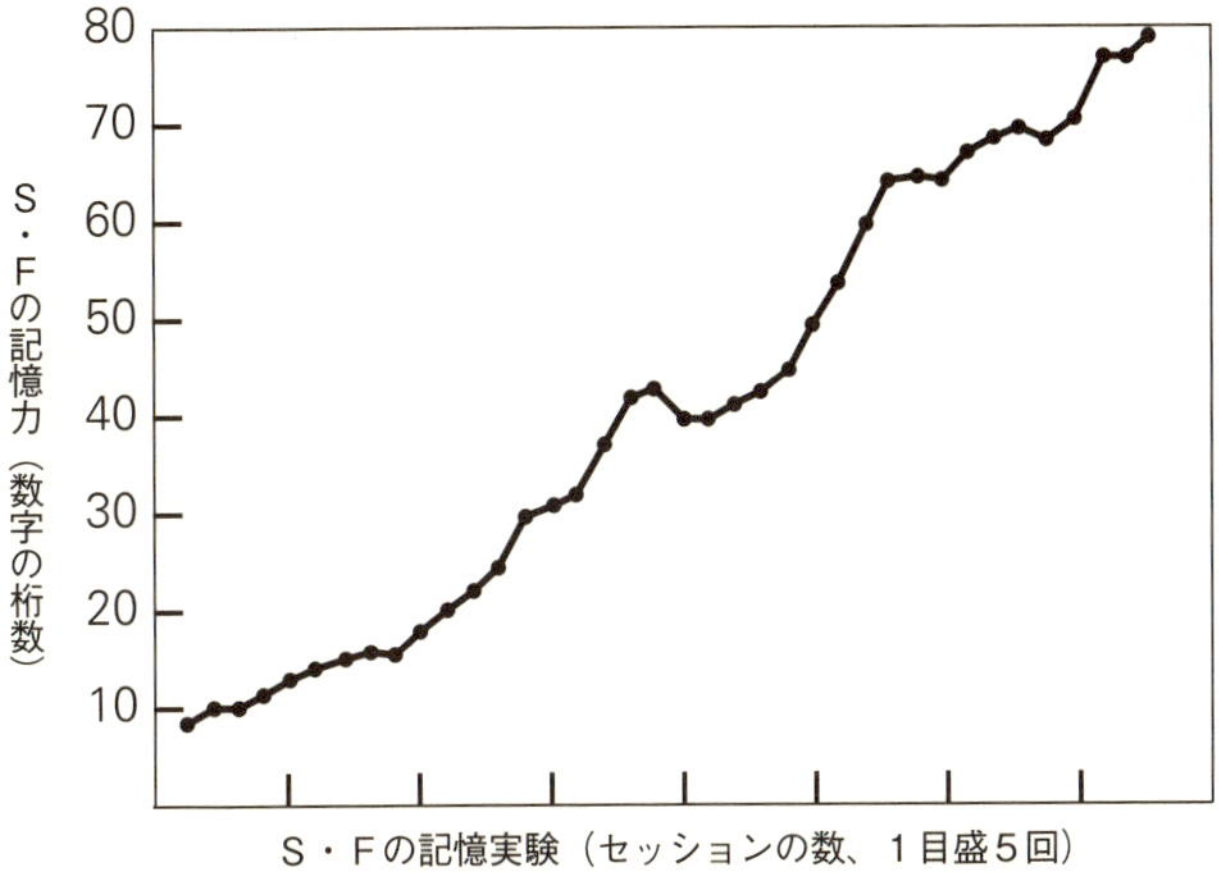

エイスはこう結論した。「訓練により、記憶力の限界はなくなると思われる」

どうしてそうなるのだろう？　S・Fへの聞き取り調査を通じ、エリクソンとチェイスは、隠れていた生来の記憶力があらわれたわけでもなければ、何らかの原因で短期記憶の脳回路が変容したわけでもないと知った。じつは、彼はたんに、自分の——そして、われわれ全員の——生まれもった限界を回避する、巧みな方法を採用しただけだった。

つまり、こういうことである。

偶然にも、S・Fは陸上競技の選手だった。最初のうちは無作為に並べられた数字をできるだけ覚えようと無駄な努力をしたが、やがて関連のない三つないし四つの数字をレースの記録時間に置きかえれば——たとえば、5-2-3-4という順番に並んだ数字は五分二三・四秒と考えれば——容易に思い出せることに気づいた。

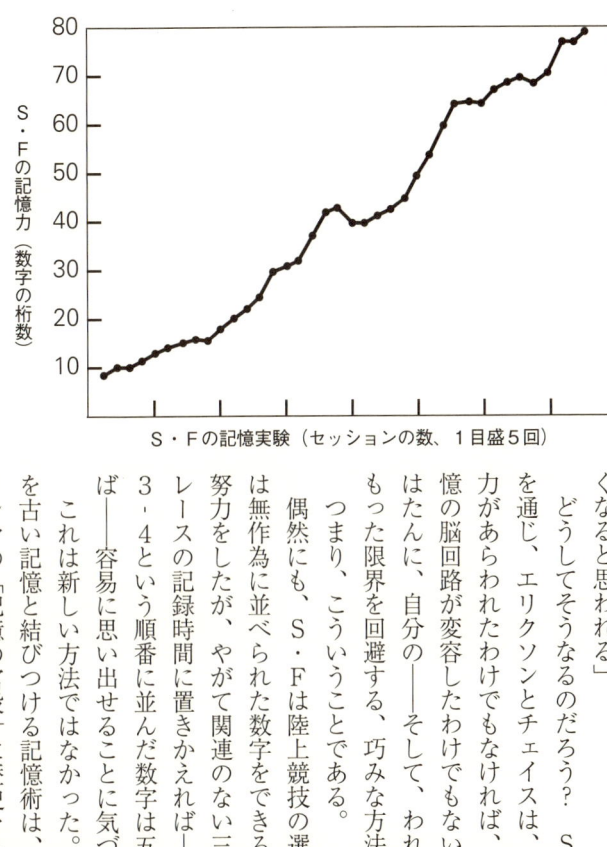

これは新しい方法ではなかった。関連のない情報の断片を古い記憶と結びつける記憶術は、紀元前四世紀の古代ギリシャの「記憶の宮殿」に歴史をさかのぼる。秘訣は、新

しい情報をすでに頭に入っている何らかのシステマチックな事柄、あるいはイメージに割り当てることだ。たとえば学級担任の教師ならば、生徒ひとりひとりの顔と名前を頭のなかで自宅の部屋に「配置する」。ルーカスをダイニングルームに、オスカーを食料貯蔵室に、マルコムを台所のシンクのわきに。この記憶術の利点は、エリクソンとチェイスの論文によれば、「短期記憶の負担を軽くすることである。というのも、長期記憶にすでに存在するコードとの関連づけを通じて想起を成し遂げられるからだ」。Ｓ・Ｆは、これまでに世にあらわれた優秀な記憶術者たちもそうだが、自分の生まれもった記憶の限界を変容させたわけではなかった。たんに、新しい記憶を形成する方法を変え、それまでとは異なる、制限のより少ない記憶システムを用いただけだった。

　しかし、Ｓ・Ｆがじっさいに短期記憶の容量を増やしたわけではないことを、学者たちはどのように確かめたのだろう？　答えは簡単である。数字のセッションの合間に、彼らは無作為に並べたアルファベットを使ったテストも実施していた。Ｕ……Ｑ……Ｂ……Ｙ……Ｄ……Ｘ……。このテストをするたび、Ｓ・Ｆの記憶力はふだんの状態に戻った。情報を簡略化したり関連づけしたりすることがなければ、短期記憶はふたたび凡人並になってしまうのだ。

　エリクソンとチェイスがこの実験結果を権威ある科学雑誌『サイエンス』に発表すると、それがくりかえし検証され、つぎのような結論になった。

> これらのデータから……長期にわたる訓練によって短期記憶の容量を増大することは不可能である。むしろ、長期記憶との関連づけを利用した記憶術を用いることで記憶できるものの量は増

大する。適切な記憶方式と回復機構を用いれば、訓練による記憶力の向上には限界がないと思われる。

これは二重の教訓だった。記憶力に関しては、生物学的な構造から逃れられない——そして、逃れようとする必要もない。大量の新しい情報を記憶するために必要なのは、正しい方法を用いることと、正しい量の訓練を集中的に行なうことで、いずれも通常の活動の可能な人間ならば理論上誰でも入手可能なツールである。

こうして、アンダース・エリクソンの非凡な才能をめぐる壮大な旅は始まった。彼はすぐにある疑問を持った。自分の発見の重要性は幾何学やチェスなどといった頭のパズルという範疇に限ったものではないのではないか、と。彼の発見は、チェロの演奏、バスケットボールのシュート、絵画の作成、酒の醸造、ＣＴ画像診断など、リアルタイムのデータ処理能力が重要で、それが本人の知識や経験に依存する技能について、あることを示唆していた。エリクソンは、初めのうちは確信を持てなかったが、いまだ解明されていない才能および天才の領域に踏みこむには、自分の発見こそ鍵になるのではないかと考えるようになった。

そして、彼は正しかった。

＊＊＊

真にみごとな技量や才覚というものは本質的にわけのわからないところがあって、畏敬の念を掻き立てると同時に、威嚇的ですらある。一〇歳の少女、五嶋《ごとう》みどりが驚くほど優美に、また繊細にパガニーニのソーレ・カデンツァを弾きこなすとき、それを聴く者はどれほど圧倒された気分になるだろう？　驚嘆したあとで、つい自分自身と比較してしまう――同じ弓を手にとり、同じバイオリンの同じ弦をこすっても、キーキーと耳障りな音が出るだけで、聴衆は耳をふさいで逃げ出すに違いない、と。

それと同じく、デイヴィッド・ベッカムが弧を描くシュートを放ってみごとゴールを決めるとか、マイケル・ジョーダンが空中にふわりと跳んで強烈なダンクを叩きこむとか、タイガー・ウッズがあの小さいゴルフボールを打ち、三二五ヤード先にあるホールの数センチ横にぴたりとつけるなどといった場面を目撃する人は、高揚感を覚える一方で、意気消沈してしまう。これほどの離れ業《わざ》をやってのける人びとは、そこらにいる一般人とは種類が違う、と。

これをグレートネス・ギャップと呼ぼう。つまり、並はずれた成功者とたんなる凡人とのあいだには、埋まることのない、どこまでも深い溝があるという感覚である。自分とは違って、あの人は何かを持っている。あのように生まれついている。生来の才能に恵まれている。

われわれの文化にはこういう仮定が織りこまれている。「才能〔talent〕」をオックスフォード英語辞典で引くと「天分。生来の能力」と説明されていて、その出典は『マタイによる福音書』に記された才能についてのたとえ話である。「才能のある〔gifted〕」「才能のある状態〔giftedness〕」という言い方は十七世紀から使われている。現在の定義での「天才〔genius〕」が使われはじめたのは十八世紀末のことだ。

　近世以降、才能は生まれつきであるという概念をいっそう強める、物議をかもすような論説がいくつも出現している。

●「詩人と音楽家はそのように生まれつく」と詩人のクリスティアン・フリードリヒ・シューバルトは一七八五年に言いきった。
●「音楽の才能は、生まれたときに与えられる、説明のつかない自然の贈り物である」と作曲家のペーター・リヒテンタールは一八二六年に主張した。
●「若い芸術家君、『天才とは何か』などと尋ねることはない」とジャン＝ジャック・ルソーは一七六八年に述べた。「きみが天才ならば、自分でそれを感じとるだろう。そうでないならば、きみにはけっしてわからないのだ」

　二十世紀に入ると、生まれつきの才能がどこから来るかについて、神ではなく遺伝子の恩恵であると考えられるようになった。だが、才能の基本的な概念はおおむね変わらなかった。たぐいまれな能力はとびきり幸運な人びとだけが授かるものだと考えられていた。

　ところが、フリードリヒ・ニーチェはその考えに異議を唱えた。一八七八年の著書『人間的、あまりに人間的』のなかで、偉大さとはあるプロセスに浸りきっているさまであり、偉大な芸術家とは倦《う》まず弛《たゆ》まずそのプロセスに参加する者であるとした。

芸術家は、ひらめき、いわゆるインスピレーションが……恩寵の光として天から差しこむものであると信じられることを利とする。じっさい、すぐれた芸術家、あるいは思想家の想像力は、良いもの、平凡なもの、悪いものを絶えず生みだすが、鍛えられ、鋭くとぎすまされた彼らの判断力は、捨て、選びだし、つなぎあわせる……。偉大な芸術家と思想家はひとり残らずたいへんな働き者［であって］、創作ばかりではなく、捨て、ふるい分け、つくりかえ、整えることにも根気よくあたる。

その具体例として、ニーチェはベートーヴェンのスケッチブックを引用している。そこには、この大作曲家がメロディの断片をあれこれ試作し、修正するプロセスに時間をかけ、苦心を重ねたことが明かされている。ちょうど、化学者が薬品の調合をさまざまに変え、ひっきりなしにビーカーに注ぎ入れるようなものである。

ベートーヴェンは、たった一つのフレーズのために六〇回から七〇回の試作をくりかえすこともあった。「私は、何度もつくりかえ、捨て、再度試したのち、ようやく満足する」と、本人が友人に語ったことがある。「そうしてようやく、頭のなかで休止、長さ、高さ、深さに取りかかる」

残念なことに、ニーチェのニュアンスある文章もベートーヴェンの正直な告白も、一般大衆の理解を得られなかった。それどころか、もっと単純で、もっと心をそそる才能の概念が世間に広まっていった。以来、うかつにも生物学者、心理学者、教育者、それにメディアまでが、こぞってその概念に加勢している。その概念の三つの基本要素はつぎのとおりである。

1　神童および「サヴァン」という説明のつかない現象。

モーツァルトや五嶋みどりは幼少のころから出どころのわからない、目覚ましい才能を持っていた。

2　遺伝子は青写真であるという通念。

これは才能の出どころについての単純な、説得力ある説明で、最近になるまでおおむね反論がなされなかった。

3　そのほかに説得力のある説明がないこと。

科学者からは決定的な反証が出ていないし、文筆家からは代替になる巧みな比喩表現が示されていない。

これら三つの要素によって、「生まれつきの才能」は希有な能力の説明として唯一、世間の納得を得られるものとなった。心理学者や教育者のなかには、才能について論じるとき、手っ取り早くこの説明を用いてしまう人びとが少なくなかった。

しかし、アンダース・エリクソンはそうしなかった。

一九八〇年の記憶実験のあとは、才能に関する従来の定説はもはや意味をなさないと思われた。エリクソンは遺伝学者ではなく、当時の遺伝子＝青写真説がどこまで破綻《はたん》しているのか本当のところを知るすべを持たなかったが、従来の定説を公然と無視し、ラディカルでまったく新しい、画期的な才能の概念を世に示した。つまり、才能は、原因ではなく結果であり、プロセスをつくるのではなくプロセスの最終結果であるとした。それが真実ならば、さまざまな物質的、あるいは創造的領域における素晴らしい成果は、従来の才能の概念が示唆していたよりも、手中にできる可能性がもっとずっと大きいと考えられた。

それから三〇年以上、エリクソンは同僚たちとともにそのことを確認するため、それまでほぼ停滞していた研究分野を活性化させ、記憶、認知、訓練、根気、筋反応、指導、革新、態度、失敗への反応などのできるかぎり多様な角度から、卓越した能力について考察した。研究対象は、ゴルファー、看護師、タイピスト、体操選手、バイオリニスト、チェスプレイヤー、バスケットボール選手、コンピューター・プログラマーだった。

さらに、才能や天才にかかわる歴史上のさまざまな神話を吟味し、よく知られる俗説を解剖して、何らかの明快な教訓を引き出せるかどうかを探った。才能にまつわる数々の伝説のなかでも際立っていたのが、言うまでもない、神童ヴォルフガング・モーツァルトのエピソードだった。彼は、三歳のとき巧みに楽器を演奏することができ、五歳のときすぐれた作曲家になっていたと言われている。周囲の人びとをあっと言わせる音楽の才能はどこからともなく出現したとされ、父親は「ザルツブルクが神から賜わった奇跡」だと言って息子を売りこんだという。

モーツァルトの真実はもっと興味深く、それほど謎めいてはいない。幼いころの偉業は——たしかに深い印象を与えるが——ふつうとは異なる成長過程を考えれば納得できるものだ。そして、後年の非の打ちどころのない天才ぶりは、プロセスの力を世に宣伝する、このうえない広告である。

モーツァルトはほぼ誕生直後から音楽漬けで、ふつうの子供とはまったく異なる育ち方をした。オーストリア出身の父親レオポルト・モーツァルトは野心ある演奏家で、作曲家でもあったほか、音楽教育理論家として『バイオリン教程』と題する教本を出版し、名前を広く知られていた。父親自身、かつては偉大な作曲家になることを夢見ていた。だが、親になってからは果たせなかった夢を子供たちに託そうとした。おそらくその理由には、彼自身のキャリアが頭打ちになっていたこともある。彼はザルツブルクの宮廷楽団の副楽長だったが、もうそれ以上出世する見込みがなかった。

他に類のない状況のもと、音楽界に足跡を残すことを心から願っていたレオポルトは、まだヴォルフガングが生まれる前に、一家で音楽活動を始めようと考え、まずは娘のナンネルに稽古をつけた。レオポルトの教育方法は、一部にイタリアの音楽家ジュゼッペ・タルティーニを踏襲し、繊細なテクニックを含んでいた。

> ［レオポルトは］左手をなめらかに動かし、正しい音程で弾くために、いわゆる「ジェミニアーニ・グリップ」を採用した……指は動かすときまで定位置に置くよう指導した――これによってレガートをより効果的にすることができた……右肘および右手は自由に動かすことを重視し、弓を持った手を低く構えるよう強く主張する一方、バイオリンをE弦側に傾けるよう指導した――これによって手首をより自由に動かすことができた。

当時のヨーロッパで、宮廷作曲家としてのレオポルト・モーツァルトは傑出した存在ではなかった。

だが、音楽教育家としては数百年先を行っていた。彼のテクニック重視の教育方法や早期の音楽教育への意欲は、のちに鈴木鎮一《しんいち》を初めとする二十世紀の音楽教育家たちに広く取りいれられた。だが、十八世紀の時点ではこういうことが非常に珍しかった。モーツァルト一家のように、家族で気持ちをひとつにし、道をきわめ、野心をかなえようとした例は、ほかにほとんどなかった。家庭で最高の英才教育を受け、途方もない量の稽古をしたおかげで、ナンネル・モーツァルトはたった数年でピアノとバイオリンの名演奏家になった――正しくは、その年齢にしては名演奏家だった（神童というのは、創造面では大人のレベルに至らないが、技術面では熟練者であるというのが一般的である。われわれが彼らに感嘆するのは、神童とその他の子供たちを比較するからであって、彼らが同じ分野の第一線で活躍する大人に比肩するからではない）。

　そして、ヴォルフガングである。ナンネルの四歳半下の彼は、姉とまったく同じものを手にすることができた――ただし、もっと早い時期から、もっと高い集中力をもって。幼児のころ兄姉のひたむきな情熱を取りこんで自分のものにする子供の例はよくあるが、彼もまたそうだった。物心ついたころから、ハープシコードを練習する姉の隣に腰かけ、演奏するまねをしていた。最初はその程度のことだった。だが、やがて音感が発達したことや、好奇心が強かったことや、家族からたっぷりと与えられる実際的な知識のおかげで、飛躍的な成長を遂げたのである。

　幼いヴォルフガングが楽器演奏に夢中になると、父親はそんな息子のようすに夢中になった――そして、ナンネルのときよりもずっと熱心に稽古をつけてやるようになった。レオポルトは、あからさまに娘よりも息子のほうに目をかけたばかりか、息子が将来いい就職先に恵まれるよう、少しばかり公務を離れて鍛えてやろうと考え、思いきって職を替えることにした。それは非現実的な夢などではなかった。熟考した末のこの決断には、経済的に理にかなった二つの意味があった。まず、ヴォルフガングはまだ幼かったので、世間の目を引き、金を集められると思われた。つぎに、ヴォルフガングは男の子なので、音楽家としての未来がより開かれていた。その点、十八世紀のヨーロッパでは、女性であるナンネルには厳しい制約があったのだ。

三歳のときから、ヴォルフガングは上達するよう家族全員にはっぱをかけられ、多くの指導と鞭撻を受けて、毎日欠かさず稽古をした。一家の誇り、一家の収入源として期待されていた彼は、みごとそれに応えた。六歳から八歳のころ、ロンドンからマンハイムまでの各地を訪れて演奏を披露すると、パトロンの貴族たちから喝采され、多くの報酬を獲得した。彼は、稽古してきたメヌエットを弾くこともあれば、初見でエチュードを弾くこともあった。クラビーアの鍵盤を分厚い布で覆って弾くこともあれば、何らかのテーマを与えられ、即興曲をつくって弾くこともあった。

それでも、姉もそうだったが、幼いモーツァルトの腕は大人の名演奏家には及ばなかった。その年齢にしては非常にすぐれていたが、熟練した大人ほどではなかったのだ。貴族たちを魅了した神童モーツァルトは、当時はその音楽的能力のおかげで希有な存在だった。だが今日《こんにち》、スズキ・メソードを初めとする厳密な音楽教育方法のもとに学ぶ多くの子供たちは、子供時代のモーツァルトと同じくらい巧みに演奏できる――なかには、もっと上手な子供もいるほどだ。スズキ・メソードなどの子供中心の徹底的な強化プログラムでは、子供のこういう素晴らしい達成を、親も教師もそのままの事実として受けとめる。それは、幼少期から音楽に触れていたこと、特別な指導を受けたこと、練習を重ねたこと、家族に支援されたこと、高い意欲をもって学んだことの総合的な結果なのだ。スフレをふんわりと焼くときのように、これらの成分はきちんと量をはかってからタイミングよく、うまいこと混ぜあわせる必要がある。失敗する可能性は、ほぼあらゆる段階に存在する。そのプロセスはまったく予想不可能で、完全に制御することはできない。

どんな人でも、どんな年齢でも、他人の人生に豊かさや美しさを与えられるのは立派なことである。だが、子供が際立った技量を示したとき、大人の判断の目はつい曇りがちになる。それが、神経科学者で音楽学者のダニエル・J・レヴィティンの言う「才能の堂々巡り」につながる。「われわれがあの人には才能があると口にするときには、あの人は生まれつき素質に恵まれているという意味でそう言っている。だが結局、われわれはその人がいちじるしい成功を遂げたあと、その言葉を遡及的に使っているにすぎない」

レヴィティンの言うとおりである。「才能」という言葉にははなはだしい曖昧さがまとわりついていて、それを使用する誰にとっても、問題をひどく混乱させてしまう。「才能〔talent〕」という言葉は、たとえば自分の子供が持っているある活動への興味にも、親の目から見た子供の将来性にも、自分の子供の向上しつつある技能にも、自分の子供がどういうわけか持っている、同年代の子供たちを上回る能力にも使うことができる。言語の厳密な運用がきわめて重視され、「美味」をあらわす単語が二五個以上、「ばかげている」をあらわす単語が一三個以上ある文化において、そういう曖昧さがあるという事実からわかるのは、われわれの人生に強く働きかける「才能」の理解に、人によって大きなずれが存在することだ。愛を別にすれば、才能は人間社会でもっとも重要な無形物かもしれない。才能とは言語上のまぼろしなのだ。

しかし、この無形物を有形物にできるとしたら？　三〇年以上前から、アンダース・エリクソンの研究チームはまさにそのことをめざしている。すぐれた科学者の手法に似ているが、彼らは運動、知能、芸術の分野で成し遂げられた偉業を、測定可能な小さい構成物に分解し、劣等と優等、優等と最優等を分けるものを突きとめようとした。その目的のため、彼らは大勢の人びとに対して聞き取り調査を実施し、それを録音し、作表し、精査してきた。また、目の動き、筋反応、呼吸、スイング、ストローク、トルク、心機能、脳の白質と灰白質、記憶について記録してきた。人びとが技能を高める過程、あるいは高めない過程を、何年もかけて観察してきたのだ。そして、いまやひとつの図式が浮かびあがっている――完全であるとは言いがたいが、プロセスを知る第一歩のためには十分に鮮明で、向上を促進するごく小さい「可動部」をじっさいに見ることも可能である。素晴らしい業績をめざして前進する人びとのために、明らかになっているいくつかのテーマを挙げる。

1　訓練は身体に変化をもたらす。

研究のなかで、ある分野の技能のレベルが目覚ましく向上した人の筋肉、神経、心臓、肺、脳について、さまざまな物理的変化（訓練に対する直接の反応として生じたもの）が報告されている。

2　技能は限定的である。

ある技能に秀でている人は、思いがけず別の技能に秀でているということがない。チェスのチャンピオンは、チェスの手の複雑なパターンを何百通りも記憶できるが、チェス以外で発揮される記憶力はふつうのレベルである。身体の変化と知能の変化は、ある特定の技能の要求に対する超限定的な反応である。

3　脳は筋肉を動かす。

アスリートの場合でも、脳の変化はきわめて大きいと考えられる。それにともない、正確な作業知識の増加、意識的分析から直感的思考への移行（時間とエネルギーの節約）、リアルタイムな修正をつねに可能にする、精密な自己監視メカニズムの発達が引き起こされる。

4　訓練方法はきわめて重要である。

ふつうの訓練では技能のレベルを保つだけであり、もっと上げるには不十分である。レベルを上げるために必要な変化を心身にもたらすには、特別な訓練をしなければならない。

5　短期的に集中するよりも、長期的に継続するほうが効果的である。

長いあいだにいくつもの重要な変化が生じる。生理学上、一夜にして優秀になることは不可能である。

全般に、ここに挙げた4と5のふたつ――訓練方法と訓練時間――は時代や場所にかかわらずきわめて重要である。スクラブルやダーツのプレーヤーにしても、サッカー選手やバイオリニストにしても、最上級者はひとりでする研究と訓練に長い時間を費やすばかりではなく、エリクソンが「集中的訓練」と呼ぶ首尾一貫した（持続的な）準備方法を用いることがわかっている。一九九三年に『サイコロジカル・レビュー』誌上で初めてその概念を発表した集中的訓練とは、たんなるハードワークではなく、継続的な技能向上の手法である。「集中的訓練はきわめて特殊な活動形態で、たんなる経験や、頭を使わずにする訓練とは大きく異なる」とエリクソンは説明する。「仲間と一緒に和気あいあいと取り組むのとは異なって、集中的訓練は本質的に楽しいものではない……。たんに既得の技能を実践したり反復したりするのではなく、現時点のレベルを超える試みをくりかえすのであって、失敗することもしばしばである。それゆえに、高い目標に向かって努力する者は、特定の面を向上させることに集中するため、特定の仲介メカニズムの変化と洗練化につながる訓練活動に取り組む。それには、適否に応じて問題を解決し、改善を継続することが必要になる」

言いかえれば、それは否応のない訓練、忍耐のいる訓練、自分が考える成功のレベルを徐々に引き上げながらする訓練である。

じっさい、集中的訓練はどのようにして技能を向上させるのだろうか。簡単に言えば、われわれの筋肉と脳領域はわれわれの要求に応じて変わっていく。エリクソンによれば、「あるタイプの訓練活動に熱意をもって頻繁に打ちこめば、生理的な緊張が引き起こされ、それによって生化学的な変化が生じ、その刺激のために細胞の成長と転換が促されるとともに、生理系統および脳の適応が進む」。

エリナー・マグワイアが一九九九年に実施した、ロンドンのタクシー運転手の脳をＣＴスキャンで撮影し、比較した実験を思い出してほしい。このとき判明したのは、空間認知をつかさどる脳の領域が肥大していたことである。その他のあらゆる作業にも同じことが言える。それぞれの作業に対応する脳領域がしかるべく適応するのだ。

集中的訓練の効果を得るには、真剣に、ひたむきに要求しつづける必要がある。チェス、サッカー、ゴルフなどを数多くプレーするだけでは不十分だ。優秀な教師に教わるだけでも不十分だし、心からうまくなりたいと願うだけでも不十分である。集中的訓練には、現時点の能力にけっして満足しない態度が必要になる。つねに自己を批判し、病的なほどの不安にさいなまれながら、情熱をもって自分の能力の先へ行こうとする。じっさい、日々落胆し、失敗することが望ましい。転ぶたびに立ち上がって埃を払い、くりかえしトライするのである。

　そのうえで、生活が一変するほど多くの時間を費やすことも必要になる。もっと上達するために、日々苦しい努力を続けるのだ。長期的には、非常に満足できる結果が得られる。だが短期的には、明けても暮れても、面白みのない作業をしたり、多大な犠牲を払ったりすることになる。さまざまな調査からエリクソンが発見したところでは、楽しんでプレーすることが多い者と、上達のために歯を食いしばって努力する者のあいだには、明らかな差異が見られた。

　アマチュア歌手は自己実現のため、あるいはリラックスして楽しむためにレッスンするが、プロ歌手はレッスンのあいだ集中し、自分の力量を高めることに専念する。チェスの熟達に関する調査を実施したチャーネスらの研究チーム（1996, 2005）は、ひとりでチェスの勉強をする時間の長さがトーナメントの成績に反映されることを発見した……。このような、ひとりでする集中的訓練の特異な効果は、二〇〇四年、ダフィらの研究チームのダーツ投げの実験でも報告されている。また、ウォードらの研究チームの最近の研究（2004）で、ユース世代のエリートのサッカー選手は、もっと技術の低いサッカー選手にくらべ、娯楽性のある活動に従事する時間が少なく、集中的訓練に従事する時間が多いと判明している。

倦まず弛まず、熱意をもって真面目に努力しているのに、たいして上達しない人がいるのはどうしてだろう。魔法のようにスパークする遺伝子の作用に欠けているのだろうか？　エリクソンらの研究によれば、けっしてそうではない。「スポーツ分野の卓越した能力を遺伝によって獲得できるかどうかに関して、過去の文献で挙げられている証拠を慎重に再吟味したところ、何らかの遺伝的制限によって健康な者のエリートレベルへの到達が阻害されることに関して、再現可能な証拠は見つからなかった（当然ながら、体格に関する証拠は除く）」

じつは、遺伝子ではなくプロセスに何らかの欠陥があるのだ。訓練の方式もしくは強度、手法、考え方、あるいは失敗への対応に、ひとつあるいはそれ以上、まずい点がある。

もちろん、遺伝子もかかわっている。遺伝子は活性化することでプロセスを押しすすめる要素の一つになる。「比較的安楽な領域に安住せず、長期にわたって連続的に身体的活動に取り組むことで、一部の生理システムの細胞に異常な状態がもたらされる……。このような生化学的状態に誘発され、細胞のＤＮＡに大量にある不活性な遺伝子の一部が活性化する。すると、活性化した遺伝子は身体の再構成および適応変化を引き起こす生化学系を刺激し、〝スイッチをオン〟する」とエリクソンは説明する。

チェスなどの知的活動、あるいは創造的活動を長期にわたって継続した場合にも同じことが起こる。ロンドンのタクシー運転手もその一例で、脳は、その主が要求する知能向上のレベルに合わせ、物理的に変化するのだ。

　これらのことは、エリクソンの一九八〇年の記憶実験から得られた二重の教訓のいい援護になる。生物学的な構造からは逃れられない。そして、逃れようとする必要もない。何かの達人になるためには、資質、メンタリティ、戦略、忍耐、時間を正しく組み合わせて用いなければならない。これらは、通常の活動ができる人間ならば、理論上誰でも入手できるツールである。もちろん、だからといって、誰もが同じ資質と可能性を持てるわけではないし、誰もがどの分野でも達人になれるわけではない。生物学的な違いや環境の違いも、有利な要素や不利な要素もたくさんある。だが、才能はプロセスであることが明白になっている現在、才能は遺伝するという単純きわまりない考え方は、もはやお笑い草である。才能、あるいは成功について、遺伝子などのもって生まれた何かのおかげだと考えるのは、まったく合理的ではない。本当にわれわれの誰もがもって生まれた何かとは、われわれの生物学的構造に組みこまれた可《か》塑《そ》性《せい》と、途方もない応答性である。つまり、G×Eの動力なのだ。

　このプロセスが機能するまでには途方もない時間が必要になる。毎日数時間の集中的訓練だけではなく、それを何年も、数千時間に及ぶほど続けなければいけない。興味深いことに、別々に行なわれた複数の研究から、まったく同じ数値が引き出されている。結論を言えば、分野を問わず、本当に傑出した技量を手に入れようとするならば、一〇年間に一万時間以上（一日平均三時間）の訓練時間を費やさなければ、それはおぼつかない。研究者たちは、ひときわすぐれた技量を持つピアニストから希有な洞察力を備えた物理学者までのさまざまな熟達者について調査しているが、訓練時間が目安の一万時間に達しないうちに傑出した技量を示しはじめた例は、なかなか見つからないようだ。[*]

じっさい、昔からの通説とは異なって、モーツァルトの偉業はこの新たな洞察にぴったりと合致する。子供のころ早熟だったとはいえ、大人並の音楽家ではなかったモーツァルトの作曲家としての才能は、時間の経過とともにゆっくり、着実に育っていった。「みんな誤解していますが、僕の技巧は簡単に身についたわけではありません」と、この点についてモーツァルト自身が父親宛の手紙にしたためている。「僕ほど作曲のために時間をかけ、熟考を重ねた者はいませんよ」

アマデウスがほんの幼いころに作曲を試みたことには感嘆させられる。だが、彼の子供時代の作品はたいしたものではない。じっさい、最初期の作品は他の作曲家の模倣にすぎなかった。十一歳から十六歳までに作曲した七つのピアノ協奏曲は「独創的なところがまったくない」と、テンプル大学のロバート・ワイスバーグが述べている。「おそらく、モーツァルトの作品と呼ぶべきではない」基本的に、このころのモーツァルトは他人の作品をピアノなどの楽器向けに編曲していたのである。

およそ一〇年以上のあいだに、モーツァルトは多様なモチーフとスタイルを貪欲に取りこみ、独自の音楽表現をみがいていった。評論家によれば、モーツァルトが交響曲第一番の一〇年後に書いた交響曲第二九番こそ、真に傑作と呼べる最初の曲である。また、ピアノ協奏曲の名曲とされる最初の作

＊　この一万時間現象はこのところメディアに注目され、歪められ、誤ったかたちで世間に伝わっている。どういうわけか、一万時間以上を訓練に費やせば、誰もがどの分野でも熟達者になれると理解されているのだ。この分野を専門にする研究者にそういう主張をしている者はひとりもいない。エリクソンらは約一万時間の集中的訓練が並はずれた成功の必要条件のひとつであるらしいことを認めたにすぎない。

品は、彼が二十一歳のときに書いた第九番『ジュノム』であるという。これは彼が二七一番めに完成させた作品だ。オペラの名作と呼べる最初の作品『イドメネオ』はその三年後のものだが、彼のオペラ作品のなかでは一三番めに書かれている。少年時代の彼についてもっとも注目すべき点は、作品の質ではなく、驚くほどの多作ぶりである。そのおかげで、質は——時間の経過とともに——徐々に上がっていった。モーツァルトの作品を年代順に並べれば、後年になるにつれて独創性と重要性がはっきりと増し、一般に彼の最高傑作であると言われる、三十二歳のときに書かれた最後の三つの交響曲でもっとも大きくなっている。

これほどの高みに到達する可能性を秘めた者が、モーツァルトのほかに存在するのだろうか。従来の生まれか育ちかの考え方によれば、ほとんどいない。だが、G×Eと、アンダース・エリクソンの研究によって得られた明白な、心躍るような教訓によれば、その答えは誰にもわからない。われわれは、自分で試してみなければ自分の限界を把握しないし、できない。どんな分野であれ、自分が生まれもった本当の限界を見つけるには、長いこと時間をかけて真剣に追求しなければならない。

さあ、あなたの限界はどこにあるだろう?

第4章　双生児の似ているところ、似ていないところ

一卵性双生児には、しばしば驚くほど似たところがあるが、それは遺伝子とはまったく関係ない。ときには意外なほど違ったところも見つかる（しばしば見過ごされる）。われわれの興味を掻き立てる双生児は、遺伝子と環境の相互作用の所産である。この点は見逃されている。というのも、「遺伝率」の研究がひどく間違って解釈されているからだ。じつは、双生児の研究では遺伝子の直接の影響について一パーセントも証明されていない。また、個々の潜在的可能性については何もわかっていない。

ボストン・レッドソックスで一九シーズンを過ごし、ファンを大いに魅了したテッド・ウィリアムズは、一九六〇年九月二十八日、四十二歳で引退した。ひとつには、その日が記念日だということもあった。一九四一年のその日、〝ザ・キッド〟はダブルヘッダーの二試合で八打席四安打を記録し、シーズン打率を前代未聞の四割六厘に上げたのだった。それから二〇年たち、最後の出場試合の八回、

最後の打席で、首のこわばりなど体のあちこちに故障を抱えながらも、彼はフェンウェイ・パークのバッターボックスに立ち、しっかりとしたスイングでボールをセンタースタンドに叩きこんだ。ホームランだ。レッドソックスはその試合に五対四で勝利した。

今後、彼のような打者はあらわれるだろうか？　二〇〇二年にウィリアムズが八十三歳で亡くなると、その息子のジョン・ヘンリーは、父親が持っていたような天才的能力をこの世でもう一度見るためには、父親の完璧なレプリカ、すなわちクローンをつくるしかないと思いこんだ。「いまから五〇年以内にまた父さんに会えるとしたら、おもしろいじゃないか」と、ジョン・ヘンリーは母親違いの妹ボビー＝ジョーに話した。「父さんのＤＮＡを売れば、世界中に小さなテッド・ウィリアムズが大勢あらわれることになる」ジョン・ヘンリーはボビー＝ジョーの反対を押しきり、アリゾナ州スコッツデールにある、人体の冷凍保存を行なっているラボに父親の遺体を持ちこみ、華氏マイナス三二一度の保存器で無期限に冷凍保存するよう依頼した。「テッド・ウィリアムズは唯一無二の存在です」と、このニュースを伝えるスポーツ専門チャンネルＥＳＰＮのリポーターはいたずらっぽく言った。

「――いまのところは」

完璧な複製。専門外の者でさえ、テッド・ウィリアムズのあの体の捻《ひね》りやスイングの再現はまったく不可能だと直感的にわかった。遺伝子のことはさておき、ウィリアムズは――われわれと同じく――日々を生き、選択し、失敗し、友達づきあいを楽しみ、つらい時期を乗りこえ、思い出をつむいだ。だがクローンは、ウィリアムズとは異なる失敗をし、異なる思い出をつむぐ。彼とはまったく異なる人生を歩むのである。

それに、Ｇ×Ｅの景観もまるで異なるはずである――本人とは異なる遺伝子と環境の相互作用は数かぎりなくあるだろう。これこそクローンについて語られていない重大な真実である。Ｇ×Ｅが発揮する駆動力の程度によって、オリジナルと複製のあいだに大きな違いが生じることになる。ヒツジのドリー以降、世間ではクローンが成体の完璧な複製であるかのように論じられている。だが、Ｇ×Ｅがあるのだから、そうはならない。

たとえば、猫のレインボーとそのクローンのＣｃ（「カーボンコピー」の頭文字にちなんだ名前）の例がある。二〇〇一年、レインボーからペットでは世界初となるクローンが誕生した。クローン猫のＣｃはテキサスＡ＆Ｍ大学の遺伝学者のチームによってつくられ、検査によって核ＤＮＡがレインボーとまったく同じであることが確認された。ところが、カーボンコピーのように瓜ふたつというわけにはいかなかった。まず、外見がまったく異なる。毛色も（レインボーは茶、黒、白の典型的な三毛猫だが、Ｃｃは白と灰色）体形も（レインボーはぽっちゃりと太り、Ｃｃはすらりと痩せている）違うのだ。

さらに、直接観察した人びとによれば、性格もそれぞれである。レインボーは静かでおとなしく、Ｃｃは好奇心旺盛で遊び好きだという。年齢差を考慮したとしても、遺伝子操作によるクローンは完璧な複製には程遠いことが明らかだ。「もちろん、大切な飼い猫のクローンをつくることは可能である」と、ＡＰ通信社の記者のクリステン・ヘイズは結論している。「だが複製は、行動も、外見すらも、オリジナルに似るとはかぎらない」

その点は、ヒトクローン技術を専門にする思慮深い分析家たちも理解するようになっている。「同一の遺伝子が同一の人間をつくることはない。一卵性双生児を知っていれば、それがよくわかるだろう」と、レイ・ハーバート、ジェフリー・シェラー、トレイシー・ワトソンが『ＵＳニューズ＆ワールド・レポート』誌に書いている。「じっさい、双生児のほうがクローンよりも似た部分が多いだろう。その理由には、少なくとも胎内で同じ環境を共有すること、たいてい同じ家庭で育つことなどがある……。あらゆる証拠から示されるのは、その二者［クローン］がかなり異なる性格を持つことだ」

　このように明確に理解されているにもかかわらず、相変わらず多くのメディアが従来の「才能は遺伝する」という考え方に基づく型どおりの反応を見せている。ＥＳＰＮは、テッド・ウィリアムズの冷凍保存の件を報道したとき、生物学者のリー・シルバー博士の談話を紹介した。ウィリアムズのクローンならば誰よりも優秀な脚力を持つようになる可能性はある、と。「理論上、ひときわすぐれた人間をつくることは可能です」と、シルバーは語った。さらに、遺伝子がもたらす特別な能力を余さず活用できないとしても、ウィリアムズのクローンならば「メジャーリーグの平均的な選手くらいにはなれるのではないか」と説明した。

　このように紛らわしいレトリックを用いる学者がいまだにいる以上、一般の人びとに遺伝子をもっとよく理解してもらおうとしても、難しいのではないだろうか。実質的に、新聞や雑誌に掲載されている記事の一言一句が、われわれの基本的な属性は遺伝子によって決まるという通念の後押しをしている。テッド・ウィリアムズはすぐれた野球遺伝子の持ち主で、アイザック・スターンはすぐれた音楽遺伝子の持ち主で、あなたは——そう、平凡遺伝子の持ち主です。受け入れましょう。

こういう思い込みをいっそう助長したのが、一卵性双生児の再会を伝える、びっくりするような報道である。最初は、双子のジムたちの一件だった。

一九七九年二月、オハイオ州南西部に住むジム・ルイスという三十九歳の男性が、幼いころに生き別れになった双子の兄弟ジム・スプリンガーを探しあて、再会を果たした。顔を合わせたふたりは、鏡を見ているような錯覚におちいった。見た目も話し方も同じだったうえ、それまでの人生も気味の悪いほどよく似ていた。ふたりともリンダという女性と結婚し、離婚したのちベティという女性と再婚した。ふたりとも育ての親が養子にしたラリーという弟がいて、子供時代にトーイという名前の犬を飼っていた。最初に生まれた子供の名前は、それぞれジェイムズ・アラン・ルイスとジェイムズ・アレン・スプリンガーといった。好きなビールの銘柄はミラー・ライト、いつも吸うたばこはセーラム。大工仕事と機械製図を趣味にし、爪を噛む癖があり、偏頭痛をわずらい、それぞれの暮らす町でパートタイムの保安官を務めていた。ふたりとも学校に通っているころは数学が好きで、スペリングが嫌いだった。愛車の型と色が同じだった。オハイオ州の同じ地域に住み、お互い知らずにフロリダ州の同じビーチで休暇を過ごしていた。ふたりとも身長六インチ〔約一八〇センチ〕、体重約一八〇ポンド〔約八二キロ〕だった。

あらゆる一卵性双生児と同じく、ふたりのジムは胎内でひとつの卵子から分かれた胎児たちだった。シングルマザーだった母親は生まれた双子を養子に出したので、彼らは生後四週間で別々の養父母に引き取られた。そして、偶然にも養父母から同じ名前をつけられた。一方のジムは八歳のとき一卵性双生児の兄弟がいることを教えられた。もう一方のジムは再会するまでそのことを知らなかった。

ある記者がこの件を聞きつけ、『ミネアポリス・トリビューン』紙に記事を書いた。それがミネソタ大学の心理学者トーマス・ブチャードの目にとまった。夢中になったブチャードは、調査のためにふたりのジムを大学に呼び寄せた。後日、彼はこう述懐している。「最初はひとつの事例研究のつもりだった。［ところが］マスコミの注目を浴びた。『ピープル』誌の記事にもなった。ふたりはテレビ番組『ジョニー・カーソン・ショー』に出演した。誰もが彼らに夢中になった。そこで、研究費を申請することにした」申請がぶじに認められると、別々に育てられた双子がもっとあらわれた。一年以内に、ブチャードらの研究チームはふたりのジムのほか一五組の双生児を調査した。また、同様の研究が世界各地でさかんに行なわれた。

それは、チャールズ・ダーウィンにとって大きな謎だった。「何よりも好奇心をそそるのは、双生児の類似および相違である」と彼は書いている。ある一卵性双生児はよく似ているが、別の一卵性双生児はあまり似ていないという事例は、なぜ生じるのだろう？　別々に育てられた双子のおかげで、それを突きとめるまたとない機会が訪れた、とブチャードのような心理学者たちは考えた。ダーウィン進化論者の夢が、生まれと育ちとを見分けることに向けられたのだ。彼らの手法は、別々に育てられた一卵性双生児の類似点／相違点の割合を、やはり別々に育てられた二卵性双生児のそれと比較するというものだった。一卵性双生児はＤＮＡ一致の確率が一〇〇パーセント、二卵性双生児は平均五〇パーセント（ふつうの兄弟姉妹の場合と同じ）であると考えられたので、ふたつの集団を比較すれば、ひとつのはっきりした統計学上の数値を計算によって弾き出すことができる。

その最終結果であるわけのわからない統計的な推定値は、残念なことに「遺伝率」と呼ばれた。

この「遺伝率」という数値は、「看板に偽りあり」以外の何物でもない。この名称の意味するところは「遺伝性」という言葉には少しも関係がないのだ。こういう無責任な命名がなされた結果、科学記者もわれわれ一般大衆も、双生児の研究とそれによって証明された事実について大きな勘違いをした。無理からぬことだが、ブチャードらの研究チームが発表したデータを見て、記者たちは色めき立った。そのデータはつぎに挙げることがらを証明しているように見えた。

知能のおよそ六〇パーセントは遺伝子で決まる。
性格のおよそ六〇パーセントは遺伝子で決まる。
運動技能のおよそ四〇から六六パーセントは遺伝子で決まる。
創造性のおよそ二一パーセントは遺伝子で決まる。

びっくりするようなこの統計は、ふたりのジムを初めとする双生児たちの興味深い逸話とあいまって、メディアや科学者を圧倒した。残念なことに（予見できたが）「遺伝率」と「遺伝性」は一般大衆の語彙のなかで取り違えられるようになり、やがておかしな具合に単純化された論説が発表されるようになった。たとえば、以下のような記事である。

「性格は遺伝するので……」（ニューヨーク・タイムズ紙）
「いくつかの重要な意味において……犯罪者はつくられるのではなく、生まれるのだ」（ＡＰ通

信）

「『遺伝をうまく逃れること』による男性の貞操のコントロール」（ドラッジ・レポート）

一九九七年、受賞歴のあるジャーナリストのローレンス・ライトは、著書『双生児〔*Twins*〕』のなかで、彼自身やその他の人びとから見たブチャードの輝かしい業績への称賛を記した。そして、フランシス・ゴルトンなどの遺伝子決定論者は最初から正しかったとまで言いきった。

「遺伝の概念は二十世紀を通じて紆余曲折した」と彼は書いている。「だが、この二十世紀末に有力になっている人間の性質に関する見解は、多くの意味で、初期の見解によく似ている……。環境は人生の結果を左右しないし、人生を生きている人の内的性質の原因にならない。双生児を用いた実験によってある要点が証明された。つまり、われわれはわれわれになるのではなく、われわれとして生まれるのである」

なんと、ブチャードを信頼したライトを初めとする記者たちは、悪気はなかったとはいえ、ひどい思い違いをしていた。「遺伝率」の本当の意味も、遺伝子と環境の相互作用の重要性も理解していなかった彼らは、遺伝子の直接の影響を大げさに吹聴した。たしかに、双生児の研究によって、遺伝子は重要な要素であり、絶えず影響を及ぼしていることが――明確に――証明されていた。世界各国の研究者たちが同じ実験をしたところ、その発見の基本的なところを確認できた。一卵性双生児は、知能、性格などのあらゆる点で、二卵性双生児にくらべて一致するところが多かった。そのため、あらゆる人間はまっさらな石板の状態で生まれ、環境によってすべてを形づくられるという昔からの説は否定されることとなった。

まっさらな石板説はおしまい。遺伝子の違いこそ重要なのだ。

しかし、遺伝子の影響がどのようなものかについて、多くの人びとが容易に——また、危険なほどに——誤解してしまう。「遺伝率」という言葉をそのままとらえれば、遺伝子は直接に作用する強い力を持っていて、本人の加減する余地がほとんどないという印象である。この言葉をとおして状況を眺めれば、双生児の研究によって、個々の人びとの知能の六〇パーセントが「遺伝的」であることが明白になったように思える。つまり、知能の六〇パーセントが遺伝子によって決められ、残りの四〇パーセントは環境によって形づくられる、と。表面的には、知能の多くの部分が遺伝子に左右されることが証明されたように見える。逃れるすべはないというわけだ。

だがじつは、双生児の研究によって示唆されるのはそういうことではない。

双生児の研究によって報告されているのは、統計的に検出できる遺伝的影響が、平均して六〇パーセントであるということだ。研究チームによって、この数値はもっと多かったり、ずっと少なかったりする。二〇〇三年、貧困世帯のみを対象にして調査を実施したヴァージニア大学の心理学者エリック・タークハイマーは、遺伝によって決まる知能の割合は六〇パーセントでもなければ四〇パーセントでも二〇パーセントでもなく、〇に近いことを発見した。知能への遺伝的影響に定まった分量が存在しないことがきっぱりと示されたのだ。タークハイマーはこう記している。「これらの発見が示すところでは、［G＋Eの］モデルは単純にすぎるので、ヒトの発達における遺伝子と実環境の動的な相互作用を説明することができない」

実験群によって数値がまちまちである理由は何だろう？　つまり、統計とはそういうものなのだ。実験群はそれぞれに異なる。遺伝率をテーマにするどの研究も、特定の時間の特定の場所を切りとったスナップショットであって、測定された限定的なデータ（およびその測定方法）のみを反映する。

　しかし、もっと重要なことがある。これらの数値が当てはまるのは集団のみであり、個人には適合しないのだ。マット・リドレーの説明によれば、遺伝率は「母集団平均であり、個人には無意味である。ハーミアのほうがヘレナよりも遺伝的知能が多い、などと言うことは不可能だ。たとえば、『身長の遺伝率は九〇パーセントである』と言うときには、身長の九〇パーセントが遺伝子によって、残りの一〇パーセントが食べものによって決まるという意味ではない。ある標本における分散は、九〇パーセントを遺伝子に、一〇パーセントを環境に帰すことができるという意味なのだ。個人における身長の遺伝率は存在しない」

　この場合、集団と個人は昼と夜ほど異なる。マラソン選手が本人を除く一万人の選手のタイムを平均しても、自分のタイムを算出することはできない。平均寿命がわかったところで、自分の人生が何年続くかはわからない。全国平均をもとにして考えても、自分が子供を何人持てるかを予見することは不可能だ。平均は平均にすぎない――ある面では非常に便利でも、別の面では無用になる。遺伝子の重要性を知っていることは有益だが、双生児の研究では個人や個人の可能性について何も証明されていない事実に気づくことも、それに劣らず重要である。集団平均は個人能力の指標にはけっしてならない。

　言いかえれば、双生児の研究そのものには何の問題もない。その研究に「遺伝率」という言葉をくっつけることに問題があるのだ。パトリック・ベイトソンに言わせれば、それは「遺伝的影響と環境的影響はそれぞれに独立していて相互作用しない、などというとんでもない仮定につながる。この仮定は明らかに誤りである」。結局のところ、遺伝率という推定値は、「生まれか育ちか」の議論をいかにも精密化したように装ってはいるが、じつは実態のない統計である。母集団から何かを検知するとしても、その何かはじっさいの生物学的な構造には存在しない。言ってみれば、『リア王』の傑作さの何パーセントが形容詞由来のものか、計算するようなものだ。はっきりした数値を推定するいい方法があるからといって、その数値に一部の人びとが望むような意味があるわけではない。

　それでは、ダーウィンの疑問についてはどうだろう？　一卵性双生児同士がよく似ている場合もあれば、まったく似ていない場合もある理由は？　遺伝率という誤った概念はさておいて、発達生物学者と心理学者は、これらの双生児の例を、現実に即してつぎのように考察している。

1　初期G×Eの共有。

一卵性双生児同士にたくさんの類似点が見られるのは、遺伝子を共有するのみならず、初期環境をも共有するからだ。ゆえに、胎内にいるあいだ、遺伝子と環境の相互作用を共有する。

2　文化環境の共有。

　一卵性双生児同士の比較では、生物学的な構造を共有していることばかりが注目される。必然的に看過されているのが、数多くの文化的特徴を共有している点だ。年齢、性別、民族性がまったく同じであるほか、たいていは社会的、経済的、文化的経験のかなりの部分が同じであるか、よく似ている。

「これらの要素の作用により、離れて育った双生児同士の類似性はいっそう高まる」と、心理学者のジェイ・ジョゼフは説明する。

文化的影響を共有していることが、どれほどの作用を及ぼすのだろう? それについて実験を行なうことにした心理学者のW・J・ワイアットは、お互いに関係がなく、知り合いでもない大学生五〇人を集め、年齢と性別のみに基づいて二人一組に分けた。この二五組のうちの一組が、驚くほどの類似性を示した。ふたりともバプテスト派の信者で、看護師をめざし、バレーボールとテニスに打ちこみ、英語と数学が好きで、速記がひどく苦手で、休暇にはよく史跡を訪れていたのだ。非常に限定的なこの研究のポイントは、特定の環境の影響について確定的な結論を引き出すことではなく、目に見えない類似環境の影響力に注意を向けることの重要性である。

3　隠れた相違点。

統計学では「多重エンドポイント問題」と呼んでいるが、ある主張に適合するデータを拾いだし、適合しないデータを都合よく捨ててしまうという、おちいりやすい罠がある。双子のジムたちには小さい類似点がたくさんあったが、小さい相違点は(言及されなかったものの)その何倍もあった。「統計では、推論を誤ってしまう可能性が無限にある」とスタンフォード大学の統計学者パーシ・ダイアコニスは言う。「都合のいいものだけを選びとる。たとえば、娘が母親のことを『私とは正反対だ』と言っても、第三者は『うーん、そうかな』と言うかもしれない」

『ニューヨーク・タイムズ』紙の科学記者のナタリー・アンジェはこう付け加える。「一般大衆はあまり聞きたがらない事実だが、双生児同士には一致しない部分が数多くある。テレビプロデューサーが別々に育てられた一卵性双生児のドキュメンタリー番組を企画したものの、ふたりの個性が大きく異なるとわかったため――ひとりは話し好きで外交的、もうひとりは内気で臆病だった――説得力がないという理由でお蔵入りにした例を、私はふたつ知っている」

4　同調と強調。

双生児同士は深いきずなで結ばれていると感じ、子供のころから一緒に育っていればお互いの異なる部分にこだわる場合が多いかもしれないが、離ればなれで育ったのち大人になって再会すれば、無理からぬことだが、似たところを探して喜ぶものである。研究者たちは被験者たちが意識的・無意識的に同調しないよう気づかうものだが、スーザン・ファーバーの一九八一年の著書『別々に育てられた一卵性双生児〔*Identical Twins Reared Apart*〕』に、研究者が「出生時に引き離された」もしくは「別々に育てられた」と記述している双生児一二一組を対象に再調査を行なった結果が記されている。それによれば、じっさいに出生直後に引き離されたうえ、調査のとき初めて再会した双生児は、たった三組だった。ミネソタ大学による調査について改めて調べたところ、対象になった双生児の平均年齢が四十歳であるのに対し、離ればなれだった期間の平均年数は三〇年であるとわかった――つまり、聞き取り調査に応じる前に、平均して一〇年の交流期間があったのだ。

これらすべてを考えあわせれば、ジム・ルイスとジム・スプリンガーという三十九歳の男性ふたりが、九カ月のあいだ同じ胎内で育ち、生後一カ月と少しまで同じ病院にいて、一一〇キロほどの距離を挟んだ、労働者階級の多いふたつの町で（息子をジム、ラリーと名づけるほどには好みのよく似た

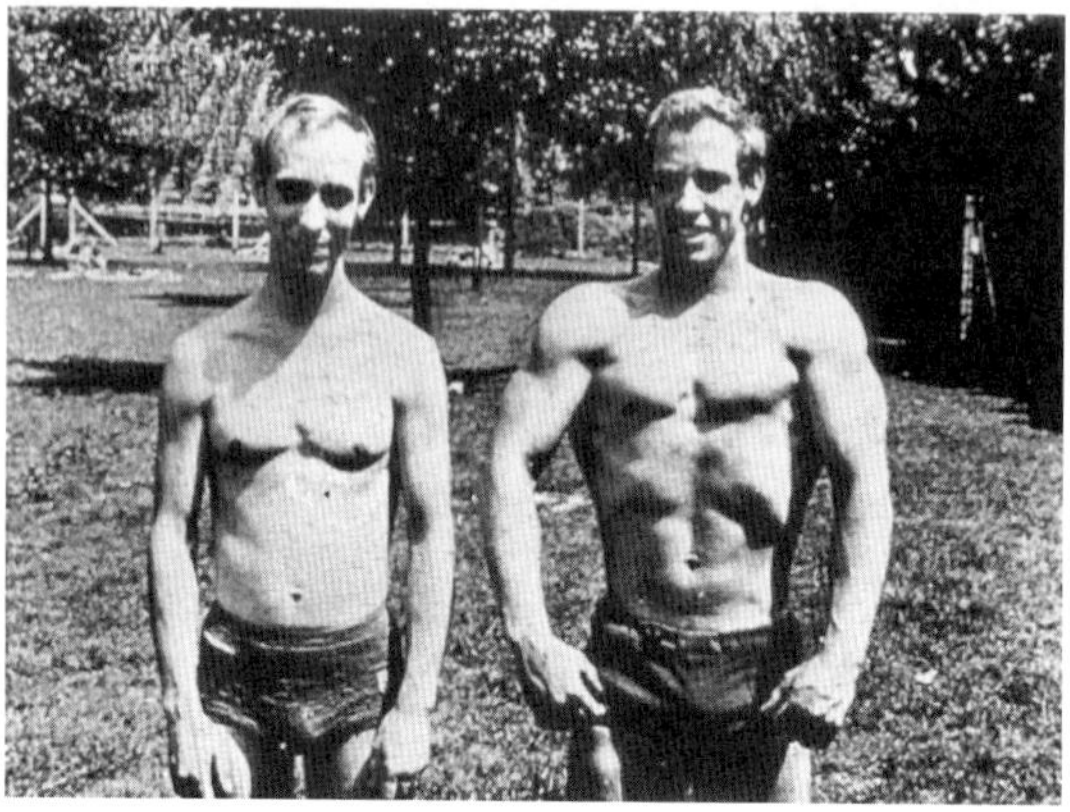

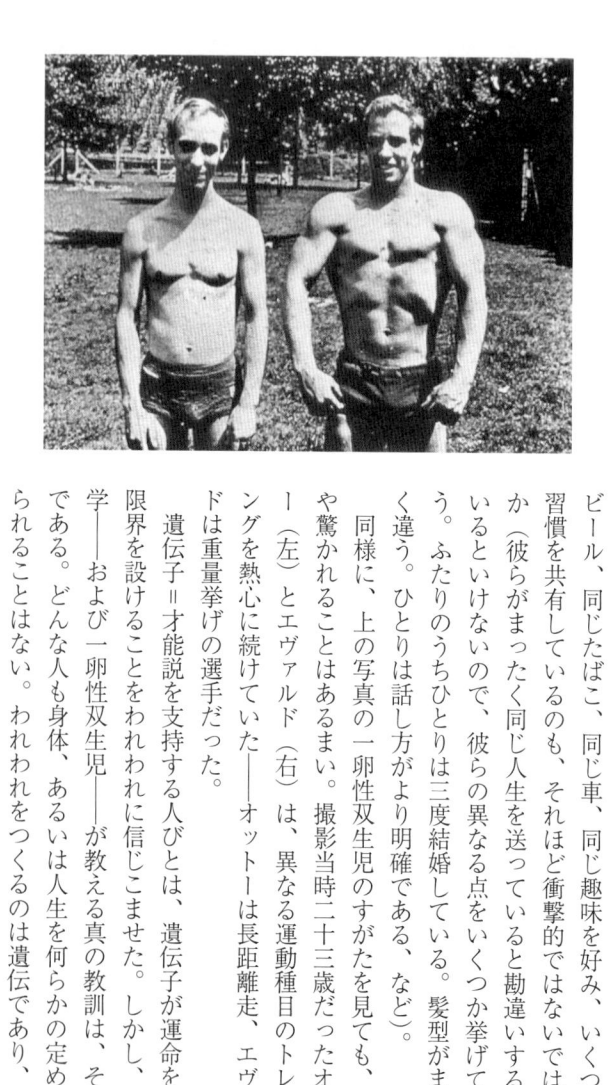

それぞれの両親に）育てられたのだから、成長したのち同じビール、同じたばこ、同じ車、同じ趣味を好み、いくつかの習慣を共有しているのも、それほど衝撃的ではないではないか（彼らがまったく同じ人生を送っていると勘違いする人がいるといけないので、彼らの異なる点をいくつか挙げてみよう。ふたりのうちひとりは三度結婚している。髪型がまったく違う。ひとりは話し方がより明確である、など）。

同様に、上の写真の一卵性双生児のすがたを見ても、よもや驚かれることはあるまい。撮影当時二十三歳だったオットー（左）とエヴァルド（右）は、異なる運動種目のトレーニングを熱心に続けていた――オットーは長距離走、エヴァルドは重量挙げの選手だった。

遺伝子＝才能説を支持する人びとは、遺伝子が運命を決め、限界を設けることをわれわれに信じこませた。しかし、遺伝学――および一卵性双生児――が教える真の教訓は、その逆である。どんな人も身体、あるいは人生を何らかの定めに縛られることはない。われわれをつくるのは遺伝であり、環境なのだ。

第5章　早咲き、遅咲き

子供のころは神童だったが大人になって凡人になったとか、子供のころはぱっとしなかったが大人になって大きな業績を成し遂げたなどという例がある。人生のある段階で際立った能力を発揮させるものは何なのかを理解すれば、才能とは何かについての重要な洞察を得られる。

全盛期のマイケル・ジョーダンは、バスケットリングめがけて跳びあがると、滞空時間があまりにも長いので、無重力状態に見えるほどだった。それは「ハングタイム」といった——ジョーダンが空中に浮いて前方に飛びだし、舌を出し、宙を蹴り、ボールを鮮やかに叩きこむまでの一、二秒のことである。そのあと、彼はそっと地上に降りるのだった。彼はそれだけを得意技にするわけではなかった。長いあいだ、ムーブ、シュート、パス、ディフェンス、ダンクがどの選手よりも巧みで、超人のオーラすら漂わせていた。引退する直前、ジョーダンはシカゴ・ブルズの監督フィル・ジャクソンに引退の意向を打ち明けた。すると、監督はいつもの彼らしからぬ言葉をかけた。「マイケル、純然たる才能はじつに希有なものだ。それを持つ恩恵にあずかったならば、もう使わないと決める前に時間をかけて考えなければいけない」

しかし、その疑いようのない「純然たる才能」はどこから来たのだろう？　興味深いことに、子供のころのジョーダンにはその片鱗すら見えなかった。少年時代の彼はジョーダン家でもっともスポーツが得意だったわけではなく（兄のラリーのほうがすぐれていた）、勤勉でもなかった（五人きょうだいで一番の怠け者だった）。また、機械に興味があるわけでもなかった（ジョーダン家には機械に強い者が多かった）。「マイケル・ジョーダンが一種の天才だったとしても、少年時代にはその兆候がほとんど見えなかった」とデイヴィッド・ハルバースタムが彼の伝記『ジョーダン』に記している。高校二年生のとき友人のロイ・スミスと一緒に学校のバスケットボール・チームの夏のキャンプに参加したが、その後もメンバーには入れなかった。だが、スミスは入ったのだ。

一方、チェロの名演奏家のヨーヨー・マは非常に幼いころに頭角をあらわした。三歳でピアノ教師をうならせ、五歳でバッハの難しいチェロ曲を弾きこなし、七歳でレナード・バーンスタインとジョン・F・ケネディ大統領の前で演奏を披露した。伝説的なチェロ奏者のパブロ・カザルスは、まだ幼いヨーヨーの演奏を初めて聴いたとき、彼を「ワンダーボーイ」と呼んだ。

能力が表にあらわれる時期が人によってこれほど異なるのは、いったいどうしてだろう？　よく、人は才能を持っているか持っていないかのいずれかだ、などと言われる。もしそれが本当ならば、才能はそれを持っている人の体内で、目に見えないエネルギーの川のように、いつでも流れつづけていることになる。だが現実は、人間わざとは思えない偉業を成し遂げた人びとでも、それぞれの能力をそれぞれの年齢で開花させている——事実、研究によって判明しているが、子供のころ神童だったのに、大人になって凡人になった例はいくつもある。ヨーヨー・マのように幼少期から天才的才能を発揮しつづける人はきわめて少なく、神童があとあと大成しなかった例はごまんとある。それに、子供のころ目立った活躍をしなかったが、成人後に際立った能力を発揮しはじめた例も、たいへん多い。たとえば、コペルニクス、レンブラント、バッハ、ニュートン、カント、ダ・ヴィンチ、アインシュタインなどの偉人たちもそうだ。

このように、成功者たちがそれぞれに人生のまったく異なる段階で才能を発揮しはじめていることを説明できるのは、ひとつの理論——才能はプロセスである——のみである。あらゆる人がその人だけの生物学的な構造を持っているが、生物学的な運命があらかじめ決まっている人はいない。パトリック・ベイトソンが言うように、誰もが「はっきりと異なるさまざまな方法をもって発達する」可能性を秘めている。自分の潜在的可能性を見つけるには、水をやり、愛情を注ぎ、根気よく、長い時間をかける必要がある。

残念ながら、才能について研究する学者のなかには、原因を生まれと育ちに分けることを主張する人びとがいまだにいる。彼らは、才能をもたらすのは相互作用（G×E）ではなく加算（G＋E）であるとみなし、能力の核の部分は生まれつき備わっていて、不変であると考えている——しかし、現代の科学によってはっきり指し示されているのは、むしろ相互作用的な力学である。

生まれつきの才能のはっきりした証拠に見えるものが目の前にあれば、従来の考え方を捨てることは困難だろう。神童がいま存在すること、あるいは過去に存在したことは、疑いもない事実である。

十八世紀のイギリスの法学者ジェレミー・ベンサムは三歳でラテン語を学びはじめ、十二歳でオックスフォード大学に入学した。数学者のジョン・フォン・ノイマンは六歳のとき頭のなかで八桁の割算ができた。ハンガリーのユディット・ポルガールは十五歳でチェスのグランドマスターになった。カナダ・シアトルのアドーラ・スビタクは五歳で小説を書きはじめ、七歳で本を出版した。この数百年に、数学、音楽、言語、空間的知能、視覚芸術の分野でたぐいまれな能力を発揮する子供たちの信頼できる記録がいくつも残されている。

こういう神童たちの並はずれた能力はどこから来るのだろう？　それらはたいていごく早い時期にあらわれ（親はしばしば「どこからともなく」と表現する）、思わず引きこまれるほどみごとなので、この大いなる謎を前にした親や研究者の多くは、つい単純な答えを出してしまう。つまり、生まれつきだと考えるのだ。一九九〇年代、アンダース・エリクソンらの研究チームは、昔からあるこの考えに対抗するべく、才能形成のプロセスを部分的に明らかにし、新しい「高能力の科学」を裏づけた。しかし、それまでの定説を覆すエリクソンのデータに、他の研究者たちは抵抗した。ボストン・カレッジのエレン・ウィナーは二〇〇〇年にこう反論を寄せた。「エリクソンの研究はハードワークの重要性を論証しているが、生来の能力の担う役割を排除していない……。［われわれの］結論では、集中的訓練は専門的知識の獲得に必須だが、それだけでは不十分である」特別な「生来的才能」がなければいけない、というのが彼女の主張だった。

「必須だが、不十分である」という批評がエリクソンに対する共通した反応となった。もはや意味をなさない生まれつきの才能の概念にしがみつく専門家は多かった。こういう批評をする彼らには、トレーニングと生物学的構造を相互にからみあったひとつの駆動力としてとらえる、まったく新しいモデルの可能性が見えていなかった。

　ウィナーの主張の中心にはふたつの信念があった。

１　並はずれた能力の一部は、発達可能になる時期よりも早くあらわれる。

２　才能のある子供には、ウィナーの言う「非定型的脳構造」の証拠が見られる。この脳構造は「遺伝、胎内環境、あるいは出生直後のトラウマの結果である」。

　第一の意見は、昔からよく主張されている、生まれつきの才能という枠組を支持する言説である。才能は、発達するようすが目に見えないので、たんにずっと存在しているに違いないというわけだ。だが、すでに判明している事実に照らしても、この意見は正しいと言えるだろうか？　前述のとおり、思考態度、栄養、育児、仲間、メディア文化、時間、集中、動機のいずれもが能力の発達に深くかかわることは、研究によって確定的になっている。これらの要素はすべて人生の第一日（あるいはもっと前）から作用しはじめる。ハートとリズリーの発話研究を考えても、人生初期の体験によって幼児のたどる道筋に劇的な影響がもたらされることは十分に理解できる。また、幼児期の音楽体験によってそれと同じ影響がもたらされることも確実である。チェスプレイヤーの場合もそうだ。タクシー運転手の脳と同じく、幼児の脳は要求に応じて変化する。そのプロセスは非常にゆっくりと進行し、外から観察することは不可能である。水分が蒸発して雨雲になるのと同じくらいゆっくりした速度で、たくさんの小さい出来事が道筋をととのえ、ある方向への発達がじわじわと進むのだ。

ウィナーの第二の意見について言えば、たしかに並はずれた能力の持ち主のなかには、脳にはっきりとした生理学的な違いが見られる人びともいる。たとえば、ウィナーの指摘によれば、数学や音楽の「才能に恵まれた」人は、ふつうの人ならば左脳の領域に属する作業を、左脳と右脳の両方を使って行なう傾向にある。また、そういう芸術家、発明家、音楽家は、言語障害を持っている人の割合が通常よりも高い傾向にある。しかし、だからといってその生理学的な違いが生まれつき備わっていたと言えるだろうか？　じつは、ウィナーが挙げている、考えうる三つの因子――遺伝、胎内環境、出生直後のトラウマ――は、発達の推進役を務めることが判明している。「遺伝」のじっさいの意味が「遺伝子発現」であることや、胎内環境と出生後の体験の両方が発達に深くかかわることを考えれば、「生まれつき」などという考えはたちまち霧散するはずである。さらに、ウィナーは考えうる因子を三つに限定しているが、その点について筋の通った理由を述べていない。出生直後のトラウマを含めているのに、乳幼児期の体験を省いているのは、いったいどういうわけだろう？

キム・ピーク（「本物のレインマン」）のような、ごく稀にあらわれるサヴァンと呼ばれる人びとの存在は、生まれたときから変化しない能力ではなく、発達の持つ動的側面を、よりはっきりと裏づける。ピークは重度の認知障害を抱えていて、シャツのボタンを自分でとめられず、ＩＱスコアが非常に低いのだが、何千冊もの本の一字一句を記憶している。存命中のサヴァンのなかには重度の障害とともにけたはずれの能力を持つ人びとが一〇〇人ほどいると推定されるが、ピークはそのひとりである。自閉症を抱えるダニエル・タメットもそうで、円周率を二万二五一四桁まで暗記し、九カ国語を話すことができたほか、わずか九日間でアイスランド語を習得した。レスリー・レムケは、十二歳まで自力で立てず、十五歳まで歩けなかった――だが、十六歳のある夜、チャイコフスキーのピアノ協奏曲第一番をテレビでたった一度聴いただけで、その最初から終わりまでを演奏できるようになった。アロンゾ・クレモンズは、子供のころ頭部を負傷して以来、自分で食事をすることも、靴ひもを結ぶこともできないが、ほんのつかのま目にするだけで、動物の影像をごく細かい部分まで精密につくれる。

ウィスコンシン大学の精神医学者ダロルド・トレファートは、彼自身が命名した「サヴァン症候群」の研究の世界的な第一人者だが、この症候群について、より普遍的な現象が極端になったものであると指摘している。彼の概算では、自閉症を抱える人のおよそ一〇人にひとりはサヴァンである。彼の説明によれば、左脳がひどい損傷を受けたとき、右脳（音楽や芸術などをつかさどる）がそれを必死に補おうとすることでサヴァン症候群があらわれるという。

注意しなければいけないのは、損傷によって能力がつくられるのではなく、能力発達の機会がもたらされることだ。トレファートによれば、この点は「脳には可塑性《かそせい》があるという概念、脳には別領域代用能力があるという概念の後押しとなる」。

じっさい、トレファートはこんな疑問を持つようになった。「われわれひとりひとりが小さいレインマンを抱えているのではないだろうか？」

けたはずれの能力を示すサヴァンの場合、どうやら、通常とは異なる脳回路の驚くべき結合

〔にともない〕、強迫的な集中および反復の特性と、家族、世話人、教師のおびただしい激励および支援〔が見られる〕。それと同じ可能性の一部、言わば小さいレインマンが、われわれひとりひとりの内部に存在するだろうか？　私は存在すると考える。

同じ意見を持つサヴァン研究者は、ほかにもいる。二〇〇三年、シドニー大学のアラン・W・スナイダーらの研究チームは、磁気パルスを使って健康な被験者の左前頭葉を一時的に機能不全にしたところ、サヴァンのような傾向が一時的にあらわれた。たとえば、動物をより精密に描写したり、原稿をより正確に校正したりといったことだ。脳の一部を遮断することで、突如として偉大な芸術家や才気煥発な思想家になるわけではなかった。じっさいには、思考や観察の方法が変わり、対象の意味や理解ではなく、対象の細部に集中が向けられるようになった。スナイダーらによれば、別の手段を用いてもそういう効果を得られる。「脳障害や磁気による刺激以外に、認知様相の変更、あるいは脳波支援フィードバックを用いることでサヴァンのような技能を獲得できる。〔オリヴァー・〕サックスという人物がこの見解の裏づけになる。彼は、アンフェタミンの影響下にあるあいだにかぎり、写真のように精密な絵を描くことができた。古代の（サヴァンの作品のような）洞窟壁画は、メスカリンに誘発された認知様相によるものとされている」

刺激を受けることで、ごくふつうの脳が並はずれた能力を発揮するようになるのだ。

＊＊＊

おそらく、長期にわたる才能の研究でもっとも興味深いのは、ＩＱの発案者で、筋金入りの先天的知能論者であるルイス・ターマンによるものだ（第2章でも触れている）。一九二〇年代前半、ターマンはずば抜けた能力を持つ子供たちを長期にわたって大々的に調査し、これを露骨に「天才遺伝子研究」と呼んだ。その論点は、目立って優秀な子供はエリート遺伝子に恵まれ、その働きのおかげで終生、成功者でいられるというものだった。それを証明するため、彼はカリフォルニア州内の学校に通う一五〇〇人近い子供たちを「例外的優等者」として追跡しはじめた。ところが、その子供たちは成長するにつれてそれほど例外的ではなくなった。成人したのち、アメリカ人の平均にくらべれば健康で出世していたが、天才とか、際立った成功者などと呼べる者はほとんどいなかった。ノーベル賞受賞者もいなかった——一方、子供のころターマンに調査対象者の資格がないと判断された者のうちふたりが受賞した。世界的な音楽家になった者もいなかった——ところが、やはり子供のころターマンに資格がないと判断された者のうちふたりがそうなった。アイザック・スターンとユーディ・メニューインである。神童を対象にしたターマンの大規模な調査は、概して期待はずれの結果に終わったのだ。

　とりわけ期待を裏切ったのが、ターマンの調査対象者の上位五パーセントの集団——つまり、ＩＱスコアが一八〇以上だった子供たちである。「どうしても、ＩＱが一八〇を超える被験者たちに関しては、思ったよりも成功していないという印象を受ける」と、タフト大学のデイヴィッド・ヘンリー・フェルドマンがこの長期的研究について一九八四年に結論している。「もっと輝かしい成功を収めていたはずだという失望感がある」
その数年後、フェルドマンは彼自身が進めていた調査を終えた。その対象者は、音楽、芸術、チェス、数学の分野で飛び抜けた能力を発揮している六人の神童たちだった。彼らのなかに成人してから際立った成功を収めた者はいなかった。エレン・ウィナーも独自に調査し、同じような結果を得た。その報告によれば、「才能に恵まれた子供たちは、神童と呼ばれるほど傑出した者でさえ、成人後には創造面ですぐれた能力を発揮しない場合が多い」。

どうしてだろう?

第一に、スキルセットの種類がまるで異なる。ひときわすぐれた子供になるのに必要な属性は、成功した大人になるのに必要な属性とは異なるので、成熟すれば自動的にひときわすぐれた大人になれるわけではない。「ＩＱの高い六歳児は、頭のなかで三桁の掛け算ができたり、代数方程式を解くことができたりすれば、称賛される」とウィナーは説明する。「だが、青少年期になると、数学上の未解決問題を解く新しい方法を考案したり、新しい問題や領域を見つけて研究したりする必要がある。でなければ、数学の世界で名をなすことはできない……。それは、美術の世界でも音楽の世界でも同じことである。神童は技術が完璧であれば称賛されるが、いつかその先へ進まなければ世間に忘れられてしまう」

第二に、もっと興味深い理由がある。子供のころ優秀だった人は、自分の成功体験からくる心理状態に行く手を阻まれることがしばしばだ。ある作業に技術的に熟達していることで周囲に称賛されながら成長すると、居心地のいい領域の外へ出るのを自然と嫌うようになる。リスクを冒し、つねに限界の先へ突き進もうとするパターンをとるのではなく、新しい挑戦、つまずき、失敗をひどく恐れるようになるのだ。皮肉にも、そのせいで大人になって大成するために必要な要素を遠ざけてしまう。「神童は専門的技術に閉じこもる［ことがある］」とエレン・ウィナーは述べる。「とくに、自分のすることが公開され、称賛されている者には大きな問題である。たとえば、音楽演奏や絵画制作にすぐれ、『若き天才』として世間に騒がれている者たちだ……。［技術的な］専門性から離れ、創造性を発揮するうえで必要なリスクを冒すことは困難になる」

　こういうことの根底には、ある重大な現実がある。つまり、才能のある子供とその親は、その子供がまだ乳幼児のころには、技能の発達に気づいていないことが多い。これは無理もない話である——子供自身は幼いのでそういうことに気づかないし、目に留まるか留まらないかの微妙な発達のプロセスに親がいちいち目を配っていれば、奇妙に思われたり、過度の執着だなどと言われたりしかねない。だが、そのせいで誤った思い込みにおちいることがある。才能をプロセスだと考えることができず、数々の技能は生まれつきの才能であると結論する場合があるのだ。幼児のころのヨーヨー・マは、調子外れの音にどうやって気づくのかと母親のマリナに訊かれ、「ママ、わからない」と答えた。「ただ、わかるんだ」ヨーヨーの尋常でない能力の本当の源は、いったい何だったのだろう？　マリナは、回想録には遺伝のおかげだと書いている——一方で、ヨーヨーが誕生直後から頻繁に音楽に触れていたことをくわしく述べている。マリナはオペラ歌手、夫のシャオシュンは音楽教師で、作曲家で指揮者でもあった。ふたりは若いころパリに移住して音楽を勉強し、演奏家、作曲家、教師として活動した。母国中国での安泰と地位を捨て、フランスで移民として貧しい生活を送ったマ家は、何よりも音楽漬けの毎日を過ごした。パリの二部屋しかない狭いアパートメントは、つぎのような状態だった。

母親と子供たちは一方の部屋で眠った。もう一方の部屋はもっと狭い寝室で、父親のシャオシュンが使った。驚いたことに、彼はこの寝室に、ピアノ、子供用の弦楽器、自分用の寝椅子を無理やり詰めこんでいた。子供たちのために細かく気を配って用意した、貴重な手書きの教本や楽譜は、古い衣装箪笥に押しこまれたり、ピアノの上に積みあげられたりしていた。いたるところに彼が何かを書きつけた紙がぎっしり詰まっていた。

昼間は音楽学校で学び、夕方は生徒に教えていたシャオシュンは、昔から大きな夢を持っていた。児童オーケストラを作ることである。レオポルト・モーツァルトと同じく、彼はとくに子供のための音楽教育方法を苦心してつくりあげ、それを活用したいという熱意を持っていた。ヨーヨーの姉のヨウチョンは（ナンネル・モーツァルトと同じく）ごく幼いころにピアノとバイオリンの勉強を始めた。ヨーヨーが誕生したのはそのころだった。ヨーヨーが三歳でピアノの勉強を始めたころ、姉はすでに天才少女の片鱗を見せていた。「ゆりかごにいるときから、ヨーヨーは音楽の世界に囲まれていた」と母親は述懐する。「レコードで、あるいは父親や姉の演奏で、何百という選りすぐりのクラシック曲を耳にした。そして、バッハやモーツァルトを頭に刻みこんだ」

頭に刻みこんだ。神経科学者や音楽心理学者によれば、これは文字どおりの真実である。現在わかっていることだが、音楽は脳のさまざまな部分の神経を刺激して活性化させる。また、意識して音楽に耳を傾ければ記憶痕跡がいくつも重なって形成され、その後のあらゆる音楽的記憶の記号化を助ける。「側頭葉後部にあるメロディの『計算センター』は、われわれが音楽を聴くときには音程と音高の違いに注意を向け、楽曲の移調の認識に必要になる旋律的価値の、音高にかかわらない雛型をつくる」と、マギル大学のダニエル・レヴィティンは説明する。さらにレヴィティンは、カリフォルニア大学サンディエゴ校のダイアナ・ドイッチュなどと同じく、どんな人も生まれたときから絶対音感を持っているが、それが活性化されるのは、ごく幼いころに音の刷り込みがなされた場合のみであると考えている。

　神経機構のほか、ヨーヨー・マの人生には心理的なものも強力に作用していた。その助けによって、考えうるかぎりの若い年齢で、音楽家としての強迫観念めいた堅固な意志が形づくられたのだ。ヨーヨーは父親と姉を尊敬していて、ふたりを感心させることを心底望んでいた。非常に早いうちから、厳しい父親――息子が二歳のとき「この子を音楽家にする」と誓っていた――の指導に対し、称賛、義務、断固たる態度をもって応じていた。ヨーヨーは姉の練習時間に部屋の前をうろつき、求められれば姉の演奏を音符のひとつひとつに至るまで批評した。ときには、教わったとおりに演奏するのを拒否することもあった。また、ここまでできれば及第と言われたレベルを上回る演奏を聴かせることもあった。

　ヨーヨーは、楽器選びにも自分の意見をとおしたがった。「バイオリンの音は嫌いだ」と、彼は四歳のとき父親に告げた。「大きい楽器がいい」

「大きい楽器を弾くようになれば、もうバイオリンには戻れない」とシャオシュンは四歳の息子に厳しく言いきかせた。「一カ月もしないうちに気が変わったら、承知しないぞ」

「大きい楽器がいい」とヨーヨーは言い張った。「絶対に気が変わったりしない」

じっさい、気が変わったりはしなかった。いまにして思えば、子供時代の彼には素晴らしい業績を成し遂げるのに必要だとわかっている要素がすべて備わっていた。ほんの幼いころから音楽をつかさどる部分が集中して訓練されてきた脳、世界一流の音楽的指導、たぐいまれな成功者になるカギであることが研究者たちによって普遍的に認められている、本人の強烈な願望。つまり、エレン・ウィナーが「熟達欲」と呼ぶ、けっしてあきらめない強い意志と関心である。それらを持った子供は、エリクソンの言う集中的訓練に、早くから飛びこむことになる。


一般に、大成する人びとは並はずれた衝動に突き動かされている。オリンピック選手からノーベル賞受賞者まで、長く任期を務めるアメリカ連邦上院議員から寡黙な名誉詩人まで、それがなければ大きな成功は成し遂げられない。問題は、このどこまでも強い気持ちが、人によって異なる年齢で出現するのはなぜか、そして、まったく出現しない場合があるのはなぜかだ。ルイス・ターマンの言うようにたんなる遺伝子の問題ならば、ターマンが天才遺伝子研究のとき想像した人生のパターンがあらわれるはずだ。しかし、強い向上心は複雑にもつれた実世界の力学によって発達し、魂に定着する。そのときの年齢、あるいは状況は人によって異なる。とんでもない逆境から這い上がりたい、復讐がわりに自分を高めたい、自分の愛する、あるいは恐れる親兄弟に自分の力を証明したいなど、人それぞれなのだ。強い向上心をつくる潜在的な要素については完全には解明されておらず、簡単に再現することはできない。しかし、そのメカニズムをもっと理解すること、あるいはそこから得られる教訓をじっさいに生かすことを、試してみてもいいのではないか。

マイケル・ジョーダンは子供のころから負けず嫌いだったようだ（兄のラリーと一緒に育ったので、しょっちゅう負けてばかりだった）が、技能の向上のためなら何でもするという気概は、一〇年生のとき一軍チームに入れなかったことで、ようやく表にあらわれた。友人のロイ・スミスの話では、このとき彼の競争心に火がついた。レイニー高校のコーチのロン・コーリーは、ジョーダンを初めて見たときのことをよく憶えている。その年の二軍の試合の終盤だった。「コートには漫然と走っている選手が九人いた。だが、ひとりだけ全力でプレーしている少年がいた。それを見た私は、彼のいるチームが一ポイント負けていて、残り時間があと二分なのだと思った。そこでスコアボードを見ると、彼のチームは二〇ポイント負けていて、時間はあと一分だった。それがマイケルだった」

その後のバスケットボール人生で、ジョーダンは誰よりも激しく練習し、試合をした。デイヴィッド・ハルバースタムはこう記している。「トップクラスのアスリートは誰もが非常に意欲的である。［ノース・］カロライナ［大学］のチームに名を連ねるには、自分の家の近所で、自分の通う高校で、さらには自分の通う高校の所属するカンファレンスでいちばん熱心にプレーしてきた選手である必要があるが、そういう選手のなかでもジョーダンは、さらに意欲的であることを自ら証明してみせた」忠誠と献身が求められることで知られる大学プログラムで、ジョーダンはけたはずれの激しさを見せ、カロライナのコーチのディーン・スミスをうならせた。じっさい、その激しさは日を追うごとに高まった。二年次にチームに戻ってきたとき、彼がいっそうの自信と熱意に満ちていることは誰の目にも明らかだった。ハルバースタムによれば、彼は「遊びの試合でも、驚くほど高い意識をもってプレーした。監督やコーチが見ていないそういう試合では、選手たちは自分の得意なことに頼りがちになる。自分の長所をいっそう強化し、もともと弱い部分に頼ることを避けるのだ。だがジョーダンの場合、不得意なプレーをしょっちゅう用い、強化を試みた。これも、最高のプレーヤーになりたいという願望のあらわれだった」。スミスコーチは、一対一の練習でも五対五の練習でも、ジョーダンがかならず勝つことに気づいた。そこで、ハンデをつけることにした。ジョーダンのチームに力量の劣る選手ばかりを入れ、勝つためには彼が余計に頑張らなければならないようにしたのだ。おかげで、彼はさらに力をつけたようだ。三年次の終わりには、教えてやれることはもう何もないと悟ったスミスが、大学チームをやめてＮＢＡのチームに入るようジョーダンに勧めた。

成熟してから大成した人びとに共通する特徴は、人生のある時点で、進歩のプロセスのどこまでを自分で制御できるのかを悟っていることだ。このことは、スタンフォード大学の心理学者キャロル・ドウェックが一九九〇年代に実施した、小学生を対象にした一連の調査でも確認されている。その中心となる実験でドウェックは（当時コロンビア大学で教鞭をとっていた）、七年生の生徒四〇〇人に比較的容易なパズルをやらせたあと、彼らを無作為にふたつのグループに分けた。第一グループの生徒たちは、「あなたはもともと頭がいいからよくできた！」と、生まれつきの能力を褒められた。第二グループの生徒たちは、「あなたは一生懸命に努力したからよくできた！」と、本人の努力を称えられた。

その後、生徒たちはつぎのいずれかの再試験を受けた。ひとつは前のとは別の易しいパズル、もうひとつはもっと難しいパズルで、こちらは学習の進歩にたいへん役立つと教師の請けあうものだった。

結果はつぎのとおりだった。

●生来の知能を称賛された生徒の半数は易しいパズルを選んだ。
●努力を称賛された生徒のなんと九〇パーセントは難しいパズルを選んだ。

　ドウェックのその他の実験でも同じ傾向が示され、生まれつきの知能と才能を信じる生徒のほうが、知的な冒険心に乏しく、成績が悪いことが、議論の余地なく証明された。対照的に、知能の「増加」説――つまり、知能は可鍛的《かたんてき》であり、努力で高められること――を信じる生徒のほうが、知的な向上心に富み、成績がいいのだ。

　教訓として、親も、教師も、生徒自身も、目先にとらわれず長い目で見なければいけない。子供のころのある時点で、何らかの技能に非凡さ、平凡さ、あるいは惨憺たる成績を示していたかに関係なく、成人してから大きな仕事をする可能性は誰にでもある。才能は、生まれつきの能力ではなく、獲得した技能によって決まる。だから、大人になって大成するかどうかは、ある年齢に基づいた能力の指数ではなく、長期にわたる本人の姿勢、手段、プロセスにかかっている。もちろん、子供のころの達成に意義がないわけではない（多くの場合、小さいころから強い興味や決意があったあらわれである）が、それで将来に成功することが可能かどうかは決まらないのである。

　子供時代の能力――あるいは能力の欠如――は未来に成功するかどうかを教えてくれる水晶玉ではない。年齢を考えればみごとであるといった種類の偉業は、輝かしい成功へのチケットになることもあれば、行く手に立ちはだかる障壁になることもある。

第6章　白人はジャンプできないか？
民族性、遺伝子、文化、成功

スポーツ分野での成功を民族および地域ごとにまとめれば、隠れた遺伝的優位性を疑いたくなる。実際には、そういう優位性は考えられているよりもずっとわずかで、まったく隠れているわけでもない。

二〇〇八年のオリンピック北京大会で、小さい島国のジャマイカは陸上競技の六個を初めとする合計一一個の金メダルを獲得し、世界を驚かせた。ウサイン・ボルトは男子一〇〇メートル走と二〇〇メートル走で優勝した（ともに世界新記録を達成した）。女子一〇〇メートル走と二〇〇メートル走ではジャマイカ人選手が一位から三位までを独占した。「彼らは一〇〇点満点のレースをした。私たちはどうしてしまったのか」と、女子四〇〇メートルリレーのアメリカ人選手ローリン・ウィリアムズは嘆いた。

人口二八〇万人の貧しい開発途上国——その規模はアメリカの一〇〇分の一——から、世界最速の選手が何人も出現したのである。

どういうわけだろう？

数時間もたたないうち、遺伝学者と科学記者はこぞって「秘密兵器」について書いた。生物学的に、ほとんどのジャマイカ人は筋肉の瞬発性を高めるアルファアクチニン3というタンパク質をより多く持っていることが判明している、と。このタンパク質をつくるACTN3という特別な遺伝子を一個以上持っているジャマイカ人は、人口の九八パーセントにのぼる――これは、他の民族集団にくらべてずっと高い割合である。

興味深い事実だが、計算はさらに続いた。アメリカ人の場合、人口の八〇パーセント、すなわち二億四〇〇〇万人がこういうACTN3を一個以上持っている。ヨーロッパ人の場合、そういう者が人口の八二パーセントを占めるので、五億九七〇〇〇万人の潜在的なスプリンターがいることになるのだ。「ある母集団におけるこの遺伝子の頻度と、その遺伝子の短距離走のスター選手をつくる能力には、明確な関連性がない」と、遺伝学者のダニエル・マッカーサーは結論している。

それでは、ジャマイカ人だけの特別な要素はいったい何だろう？

それと同じ疑問が、一九二〇年代にはすぐれた長距離走選手をつぎつぎ世に送りだしていたフィンランドに、そして一九三〇年代にはユダヤ系の偉大なバスケットボール選手を何人も輩出していたフィラデルフィアとニューヨークのゲットーに投げかけられていた。今日《こんにち》では、アメリカと同じくらい多く優秀な女子ゴルファーを生みだしている韓国や、プロとして活躍する野球選手を何人も送りだしているドミニカ共和国に、われわれは驚かされている。

こういう例は枚挙にいとまがない。スポーツの卓越した能力が一カ所にかたまって出現することはしばしばあるのだ。だから、いまや「スポーツ地理学」という小規模な学問分野が出現し、この現象について研究が進められている。それによって判明しているのは、スポーツ選手が地理的なかたまりをなす要因がいくつもあることだ。成功をもたらすのは、気候、生活環境、人口動勢、栄養状態、政治、訓練、気風、教育、経済事情、習俗のさまざまな貢献である。要するに、スポーツ選手の地理的なかたまりは、遺伝的にではなく、体系的につくられる。

一部のスポーツ地理学者は、この多面的な説明に満足できず、スポーツ遺伝学者に転向した。ジャーナリストのジョン・エンタインは、著書『黒人アスリートはなぜ強いのか？——その身体の秘密と苦闘の歴史に迫る』のなかで、非凡な能力を持っている黒人アスリート、たとえばジャマイカの短距離走選手、ケニアのマラソン選手、アフリカ系アメリカ人のバスケットボール選手などが今日に数多く活躍しているのは、彼らの先祖の東西アフリカ人から受け継いだ「ハイ・パフォーマンス遺伝子」のおかげであると主張した。白人とアジア人が彼らほどの能力に恵まれていないのは、エンタインによれば、その優位性を持たないからだという。「白人アスリートの体格は、中央西アフリカ人と東アフリカ人の中間である」と彼は記している。「西アフリカ人に比較して持久力にすぐれるが、瞬発力と跳躍力に劣る。東アフリカ人に比較して瞬発力があるが、持久力がない」

ただ、エンタインはこれらが大ざっぱな一般化であることを認識している。バスケットボール、競走、水泳、ジャンプ、自転車の種目に抜きん出た能力を持つアジア人や白人も存在することは、彼にもわかっている（じっさい、水泳、ジャンプ、自転車の種目では、二〇〇八年まで黒人が他を圧倒することがなかった）。エンタインは遺伝学者のクロード・ブシャールの言葉を引用している。「重要な点は、こういう生物学的な特性が西アフリカあるいは東アフリカの黒人に特有のものではないということだ。これらの特性は、白人を含むあらゆる母集団に見られる（傍点は引用者）」（エンタインは、自分自身が示唆する遺伝子が未発見であることも認識していて、『こういう遺伝子は［二十一世紀の］そう遠くない時期に特定されると思われる』と予測している）。

　エンタインの主張はびっくりするほど実証に乏しい。だが、ひときわすぐれた遺伝子についての彼のメッセージは、遺伝子＝才能説にすっかり夢中になっている世界では――それ以外の影響力や動力がほとんど目に見えないこともあって――抗《あらが》いがたい魅力を持つようだ。

　たとえば、ケニア人の長距離選手について考えてみよう。国際大会には比較的最近に出場するようになったケニア人は、このところ中長距離走で圧倒的な活躍を見せている。「私にとってプロとして走ることには意味がない」と、アメリカの一万メートル走のチャンピオン、マイク・ミキトクが一九九八年に『ニューヨーク・タイムズ』紙に語っている。「あのケニア人たちのおかげで、自己ベストタイムを出したとしても私は一二位で、二〇〇ドルもらえるだけだろう」

　ケニア人のトップ選手の九〇パーセントはケニア西部のグレートリフトバレー地区に居住するカレンジジン族の出身である。この民族には数百年続く長距離走の伝統がある。その起源はどこにあるのだろう？　ケニア生まれのジャーナリストのジョン・マナーズは家畜泥棒を挙げている。そして、いくつかの基本的な経済的インセンティブが進化の大きな原動力になったのではないかと述べている。「若い男性は、［家畜］泥棒の手腕に長《た》けていればいるほど――概してスピードと持久力が必要になる――家畜をより多く集められる。妻を娶るにはその実家に家畜を贈らなければならず、家畜を多く所有していれば、それだけ妻を多く養い、子供を多く持てることになる。その繁殖に関するアドバンテージによって、数百年のあいだに集団の遺伝子構造が変化していったことは想像に難《かた》くない」

　正しい起源はどうあれ、たしかにカレンジン族はずっと昔から走ることに猛然と打ちこんでいる。しかし、彼らの脚力がようやく世界に知れわたったのは一九六八年のオリンピックでのことだ。それはキプチョゲ・ケイノという途方もない選手のおかげだった。

　当時、農場経営を手がける父親を持つケイノは気鋭の長距離走選手で、幼いころから走ることにとりつかれていた。仲間にくらべ、アスリートとしてとりわけ早熟だとか、「天性がある」などというわけではなかったが、彼にとって走ることは人生の一部だった。子供時代には同級生と一緒に数キロ走ることを日課にしていた。「あのころは農場と学校のあいだを走って往復していた」と彼は回想している。「自宅に水道が来ていなかったので、川へ走っていって水浴びし、走って帰宅すると、着替えてから［走って］学校へ行った……。何をするにも走った」こうして、ケイノは競技者としてゆっくり頭角をあらわしはじめた。家族が働いている農場に自分で陸上トラックをつくり、十代後半には世界でもトップクラスの選手になるきざしを見せていた。一九六〇年代前半にいくらかの成功を収めると、一九六四年のオリンピックでまずまずの成績を残し、一九六八年のオリンピック・メキシコ大会にはケニアの陸上選手チームのリーダーとして参加した。ケニアはそれが四度めのオリンピック参加だった。

　メキシコシティにやってきたケイノは、体調がよくなかった。最初に出場した一万メートル走で、たまらない痛みで気を失いそうになったあと、医師に胆石と診断され、その後の出場を辞退するよう命じられた。だが、土壇場になってどうしても一五〇〇メートル走に出場すると言い張り、タクシーに飛び乗ってメキシコシティのアステカ・スタジアムへ急いだ。ところがひどい交通渋滞に巻きこまれ、ケイノは自分のできる唯一のこと、長いあいだトレーニングを積んできたことをした。つまり、タクシーを降りて約一・五キロの距離を走ったのだ。そしてスタート時間の少し前に、息を切らし、病を抱えた状態でスタジアムに到着した。それでも、ピストルの音と同時にケイノは走りだした。その日、彼はライバルのアメリカ人選手ジム・ライアンを置き去りにし、みごとな走りによって世界記録を更新したのである。

　ケイノはその劇的な勝利によってアフリカ全土で指折りの有名人となったほか、国際大会への注目を高める一助となった。ケニア各地のスポーツ施設がケイノの名前を冠した。フレッド・ハーディ、コルム・オコネルなどの世界一流のコーチがケニアに招かれ、有望選手の育成にあたった。それからの数十年に、長い歴史はあっても成果に欠けていたカレンジン族の長距離走の伝統は、経済を潤すとともに、アスリートを育てる強力なエンジンとなった。スポーツ地理学者はケニア勢の台頭の要因となるたくさんの要素を指摘しているが、そのうちのひとつが飛び抜けて大きい影響力を持つわけではないという。高地トレーニングと年間を通じて温暖な気候はきわめて重要だが、それらと同じくらい大事なのが、文化に深く根づいた禁欲的な——喜びを後回しにする——態度と、団体競技よりも個人競技のほうを好む気質である（ケニアで圧倒的な人気を誇るスポーツであるサッカーは、カレンジン族にはたいして人気がない。彼らには走ることがすべてなのだ）。心理学的なテストでは、文化的な

「達成志向」がとりわけ強いこともわかった。新しい挑戦を求め、能力をみがき、努力を惜しまず他に抜きん出ようとする傾向があるというのだ。さらに、生来の避けられない状況がプラスに働いている。ケイノ自身が言及したように、現実問題としてカレンジン族の子供は長い距離を走る必要に迫られることが多く、七歳以上の子供は一日平均八キロから一二キロを走るという。

一流アスリートのあいだで飛び交うジョークである。ケニア人の抜群の走力に対抗するため、他国の人間にできることは何だろう？　答え＝ケニアにスクールバスを贈ること。

国際大会での賞金獲得への期待から、ケニアでは走ることが、欧米並みの教育を受け、富を築くための貴重な経済機会につながっている。賞金額五〇〇〇ドルは、アメリカ人にはまずまずのご褒美である。だが、ケニア人には人生が一変するほどの大金だ。長いあいだに、強い成功志向の文化からさらなる成功が生まれている。ハイレベルな目標を掲げることによって達成のレベルがどんどん上がる――これは、シリコンバレーの技術革新や海軍特殊部隊の戦闘技能などの、成長いちじるしいサブカルチャーにおける能力向上の過程にも似た、正のフィードバックである。どこであれ競争の場で、能力を向上させる唯一かつ最善の方法は、大勢の手ごわいライバルに囲まれることと、極めつけの優秀さを求める文化に身を置くことである。成功は成功によって生まれるのだ。

それから、ケニア人のするトレーニングには自己犠牲的な性質があるようだ。コーチは、他国選手に対しては不可能だとしても、ケニア人選手に対しては持っている力を限界まで振り絞らせることができる。『スポーツ・イラストレイテッド』誌のアレグザンダー・ウルフの記事によれば、ケニアでは一〇〇万人の子供が長距離走に熱心に取り組み、「コーチは選手の忍耐の限界まで鍛える――週一五〇マイル〔約二四〇キロ〕を走らせる――ことも可能である。そして、才能の泉が枯れることを心配する必要がない。五人のうち四人が脱落しても、残るひとりがそのトレーニングをパフォーマンスに活かすのだ」

すると、遺伝については？　一部の意見にあるように、ケニア人は持久力にかかわる希有な遺伝子を持っているのだろうか？　確実なところはまだ不明だが、最近に理解されるようになったG×Eの知識や、遺伝子検査によって新たに判明した事実から、そうではないことが強く示唆されている。そのことについては、ふたつの重要なポイントがある。

1　外見がまったく異なっても、人種および民族集団は遺伝子的に区別されない。

われわれは皮膚の色に惑わされる。じつは、民族集団同士、地域集団同士の遺伝子の違いはごくわずかである。あらゆる人間はアフリカ人を祖先に持ち、遺伝学では、異なる集団同士の比較よりも同じ大集団内の比較のほうが、遺伝子の違いの幅が一〇倍であることが確認されている。クイーンズランド大学の生物哲学者、ジョン・ウィルキンズはこう説明する。「種の分類に、先祖をたどることは有益である（というのも、多くの場合、種は隔離された遺伝子プールだからである）。だが、同一種内の集団の分類には、たいして有用ではない……そして、ヒトの分類には［まったく役に立たない］。われわれ人間は移動しすぎるのだ」

どれほど想像をたくましくしても、ある民族内、あるいは地域内に、特定のタイプの体格やハイ・パフォーマンスをもたらす遺伝子が囲いこまれているとは言えない。体形、筋繊維の質などの種類は、じっさいには非常に多様で、広く分散している。真のアスリートがあらわれる可能性は、広い範囲に、豊富に存在するのだ。

2　遺伝子は形質をつくる直接の因子にはならない。たんにシステムに影響するのみである。

G×Eの教訓にも一致するが、三〇億ドルかけたヒトゲノム計画によって発見されたのは、特定の変異遺伝子が特定の形質ないし病気の直接の因子になる例はごく稀であるという驚くべき真実である。遺伝子は、たいていの場合、特定の形質ないし病気を獲得する可能性を大きくしたり小さくしたりするだけだ。ロンドン大学キングズ・カレッジの発達精神病理学者マイケル・ラッターによれば、遺伝子は「確定的ではなく、確率的である」。

結果、アスリート向きの遺伝子の追求は続けられているが、有無を言わせぬ証拠があることから、研究者は今後、特定のタイプの相互作用をしやすい遺伝子の特定を試みるようになると考えられる。つまり、遺伝子の変異体Aを変異体Bと組みあわせ、トレーニング量X＋標高Y＋勝利への意欲の大きさZ＋その他のたくさんの人生変数（指導、負傷率など）によって発現を促せば、特定の結果Rを導きだせる、といったことだ。比喩を用いて言うならば、それには言うまでもなく、生物学的な構造（生まれ）とトレーニング（育ち）を隔てる分厚いファイアウォールを撤去する必要がある。われわれひとりひとりの遺伝子が、気候、標高、文化、食事、言語、習慣、気風――ありとあらゆるもの――と相互作用し、ひとりひとりに独特な人生の道筋をつくるというのは、G×Eという現実が請けあっていることなのだ。遺伝子は、重要な役割を演じるとはいえ、あくまでシステムにおいてはたらく力学の一主体なのであって、変更できない青写真などではない。年齢が七歳、十四歳、あるいは二十八歳でも、身長、体形、筋繊維の割合などの現状は、遺伝子の命令のみによってつくられているわけではない。

＊＊＊

ケニア人は家畜泥棒をすることで遺伝子的に選抜され、世代を重ねるうちに優秀な長距離走者があらわれるようになったというジョン・マナーズの主張は、自然選択という、遺伝子中心のよく知られる理論にぴったり一致する、おもしろい説である。だが、発達生物学者ならばこう言うだろう——まったく同じ物語から正反対の結論を引き出すこともできますよ、と。足の速い男性は多くの妻と子供を得る——だが、そういう男性が子孫に譲るのは、足の速さに関連する遺伝子ではなく、重要きわまりない外的要素である。たとえば、栄養を最大限に摂取する知識と手段、励みになる逸話、好ましい態度と習慣、最高の指導者とのコネクション、トレーニングに使える余暇などだ。こうして引き継がれる遺伝子以外の側面は、しばしば遺伝子決定論者に見過ごされてしまう。文化、知識、態度、環境もまた、さまざまに異なる方法で受け継がれるのである。

ハイ・パフォーマンス遺伝子がひそかに存在するという説については、ジャマイカ人のスプリンターの例を考えれば、真実味がいっそう薄れる。じつは、ジャマイカ人は遺伝的にかなり混合した集団である——一部の人びとが想像するような、遺伝的な「孤島」などではない。平均的なジャマイカ人が遺伝によって受け継ぐものはアフリカ系アメリカ人とほぼ同じで、いずれも西アフリカ人、ヨーロッパ人、ネイティブ・アメリカンを先祖に持つ。これは平均の話であって、個人について言えば、西アフリカ人の血統の占める割合は四六・八パーセントから九七・〇パーセントまでと幅広い。だから、ジャマイカ人は周辺のバルバドス島やバージン諸島の人びとにくらべ、遺伝的にアフリカ人よりもヨーロッパ人やネイティブ・アメリカンに近い。「ジャマイカはカリブ海の『交差点』と言えるかもしれない」と、あるDNA研究者が結論している。ジャマイカは「中南米とヨーロッパの中継地として入植者に利用された。［そのために］国際性豊かな土地柄になり、［遺伝子の］混合の機会が増えた。ジャマイカの全体および個人の混合の推定値における分散の大きさから、この島国における国際交流の豊富さが証明されている」

言いかえれば、ジャマイカは、遺伝子＝才能説をとるならば、卓越などまったく望めない土地柄なのだ。

一方、この島国が短距離王国である理由、また、最近にすぐれた競技者が続々と出現している理由については、ある文化事情によって説明できる。ジャマイカではトラック競技に人気がある。毎年開催される全国高校陸上大会は、アメリカ人にとってのスーパーボウルと同じほどの注目度を誇っている。「たとえば、ノートルダム大学のフットボール・チームのようなものである」と、『スポーツ・イラストレイテッド』誌のティム・レイデンとデイヴィッド・エプスタインが書いている。「ドナルド・クォーリーやマーリーン・オッティなどの選手は、この島国では神聖視されている。アメリカでは、陸上競技はそれほど注目されないニッチ・スポーツで、四年に一度ふと意識にのぼり、ときおりスーパースターが登場するといった認識である。ジャマイカでは……メジャーなスポーツだ。本誌が［最近］この島国を訪れたとき……土曜日の朝、子供のためのトラック競技のトレーニングに、数十人もの幼い子供たちが姿をあらわした。これには感銘を受けた。全員がスパイクを履いていたことには驚嘆した」

文化にこれほどの陸上熱が焼きついているのだから、ジャマイカがこの数十年というもの野心的な若いスプリンターを輩出しつづけているのも、何の不思議もない。しかし、かつては問題があった。見こみのある十代の選手に適切な大学レベルのトレーニングをほどこす手立てが、長いあいだ存在しなかったのだ。だから、最高の選手たちは決まってイギリス（リンフォード・クリスティ）かカナダ（ベン・ジョンソン）にわたり、たいてい二度と帰国しなかった。

だが一九七〇年代、短距離走の元チャンピオンのデニス・ジョンソンが帰国し、アメリカでの経験を活かして大学向けのアスリート育成プログラムをつくった。このプログラムは首都キングストンにある工科大学で実施され、ジャマイカのエリート選手育成の新たな核となった。強化に費やされた重要な数年ののち、メダルが転がりこみはじめた。こうして、国家の威信と、短距離走文化の浸透を原動力にするシステマチックな機構が完成したのである。

心理状態も重要な要素であるようだ。「われわれは勝つことを心から信じる」と、ジャマイカ人コーチのフィッツ・コールマンは言う。「心の持ちようが肝心だ。ジャマイカはちっぽけで貧しい国だが、われわれは自分たちを信じている」ともすればお笑い種《ぐさ》に思えるかもしれない。自信のおかげで、ごく小さい島国から世界でもトップクラスの短距離選手が続々と生まれているというのだ。だが、発達の力学に関して言えば、心理状態と動機はきわめて重要である。科学的にはっきり示されていることだが、心の持ちようには短期的能力と達成の長期的力学の両方に劇的な作用を及ぼす力がある。ジャマイカでは、短距離走は国家のアイデンティティの一部である。足の速い子供は感嘆され、称賛される。彼らのヒーローはスプリンターである。短距離走に強いことは経済的な利益と自己満足をもたらすほか、一種の公共奉仕であるとみなされる場合すらあるのだ。

以上を考慮すれば、ジャマイカ人選手の身体のなかでもっともたくましい部位は、どうやら心であるようだ。

成功志向の文化を社会に根づかせたいならば、われわれは「アスリートとしての成功には何よりも気持ちが重要である」という考えを進んで受け入れる必要がある。イギリス人のロジャー・バニスター選手が人類で初めて一マイル〔約一・六キロ〕を四分足らずで走った日から数週間もしないうち、同じく一マイルを三分台で走る選手が数人あらわれた。バニスター自身は後日、人間の生物学的な構造はパフォーマンスに限界を設けるが、その限界にどこまで近づけるかを決めるのは心であると語ったという。

そして、われわれは限界に近づきつづけている。「二十世紀、人類の運動能力は、じつに情け容赦ないほどの進歩を遂げた」と、南アフリカのスポーツ科学者ティモシー・デイヴィッド・ノークスは記した。一マイル走のタイムは一八六五年の四分三六秒から一九九九年の三分四三秒に縮まり、自転車の一時間の走行距離は一八七六年の二六キロから二〇〇五年の四九キロに伸び、競泳の二〇〇メートル自由形のタイムは一九〇八年の二分三一秒から二〇〇七年の一分四三秒に縮まった。それにはテクノロジーと空気力学が関係している部分もあるが、それ以外では、トレーニングの強度、トレーニングの方法、そして純粋な競争心と願望がかかわっている。かつては週に六七キロを走るトレーニング量でもかなり意欲的なレベルだった。今日、ケニアの本格的な競技者は、ノークスの指摘によれば、週に二三〇キロを走るという（標高六〇〇〇メートルの高地でのことだ）。

　こういう人びとは希有なスーパー遺伝子を持つスーパーマンではない。彼らは極端な文化に身を置いて、もっと没頭し、もっと渇望し、もっとリスクを冒して向上しようとする。われわれの大半は、無理もないことだが、そういう極端な文化とかかわりを持ちたがらない。しかし、それもわれわれの選択なのだ。

第2部　天才を育成する

第7章　天才になるには（あるいは、たんに偉大な人間になるには）

従来の「生まれか育ちか」の理論によれば、自分の思う方向に人生を運ぶことには、遺伝子（生まれ）と自分の決断（育ち）というふたつの要素がかかわっている。じつは、遺伝子はわれわれが思うよりも制御可能である。そして、環境はわれわれが思うほど制御可能ではない。

［人間は］いくつもの質の異なる調べを奏でる能力を――言いかえれば、何通りもの人生を生きる能力を――持って生まれるのだろうか？

――パトリック・ベイトソン

本書は、すでに読者にも理解してもらえたと思うが、従来のいわゆる天才に関する本ではない。「あなたもウィリアム・シェイクスピアのようになれる！」といった類《たぐい》のハウツー本ではないし、自分の潜在能力を探りあてる秘訣を伝えるものでもない。

本書は、どんな分野のどんなレベルであれ、何かを達成することを切に願っている人へ呼びかける試みである。生まれつきの才能の発見にとりつかれた世の中で、本書にまとめた証拠の数々は、気分を爽快にしてくれる。「持って生まれた不変の資質」から、「構築することも可能な、つねに発達しつづける資質」への発想の転換を促すのである。もうわれわれは、偉人のなかの偉人――シェイクスピア、アインシュタイン、ダ・ヴィンチ、ダンテ、モーツァルトなど――を称賛する際にも、われわれ（生まれつきの凡人）と彼ら（生まれつきの天才）という不自然な区別にとらわれる必要がない。新しい科学のおかげで、ごくふつうの人であっても、成長すれば優秀な人、偉大な人、さらにはまれに見る傑物になる可能性があると考えていいとわかった。生まれつきの才能という誤った概念と、それを助長するとんでもない物言いが、いまや白日のもとにさらされたからだ。

［場所：マサチューセッツ州ケンブリッジのハーバード・スクエア］

スカイラー　どうやったの？　とくに頭のいい知人たちでも――ハーバードに頭のいい人は多いけど――相当に苦労するのに。難しいでしょう。

ウィル　きみ、ピアノは弾ける……？　ベートーヴェンはピアノに向かえば音楽をつかむことができた……ベートーヴェンもモーツァルトも、ピアノに向かえば理解できた。ピアノに向かえば演奏できたんだ。僕は、きみに絵を描いてやれなかった。たぶんフェンウェイ・パークで場外ホームランを打つこともできないし、ピアノを弾くこともできない――

スカイラー　でも、私の有機化学実験を一時間足らずで片づけることはできる。

ウィル　そういうことなら、どういうわけか昔からよくできた。

——映画『グッド・ウィル・ハンティング』より

ベートーヴェンもモーツァルトも、このセリフを聞けば大笑いするに違いない。じつのところ、その音楽を「つかむ」能力は、長年の苦心の末に手に入れたものだった。ベートーヴェンの場合は、虐待されるようにして仕込まれた成果だった。ベートーヴェンの子供時代について、以下の記述はかなり信頼できるものである。

ベートーヴェン家の隣人たちが……記憶しているのは、幼い少年が「クラビーアの前に立ってすすり泣いている」姿である。少年は体が小さく、足載せ台に乗ってようやく鍵盤に手が届くほどだった。ぐずぐずしていれば父親のヨハンに殴られた。クラビーアの稽古が終わっても、バイオリンを手に押しつけられるか、音楽理論を頭に叩きこまれるかのどちらかである。ぶたれたり、地下室に閉じこめられたりしない日はほぼ皆無だった。ヨハンは息子をろくに眠らせず、夜中に叩き起こして何時間も練習させた。

——エドマンド・モリス、『ベートーヴェン〔*Beethoven*〕』、二〇〇五年

当時四歳だったベートーヴェンは、約二〇年後には卓越した演奏家になっていて、作曲家としても将来有望だった。しかし、彼もモーツァルトも「どういうわけか昔からよくできた」わけではけっし

てない。サーカスのピエロがジャグリングの腕について「どういうわけか昔からよくできた」と言えないのと同じことである。

　それでも、生まれつきの才能という神話はいつまでも廃《すた》れないだろう。今日《こんにち》に至っても、生まれつきの才能について論じられることはしばしばで、現実をもっとよく理解しているはずの科学者のなかにも、そういう話題を持ちだす人びとがいる。この点は、年齢、階級、地域、宗教にかかわらない。

　どうしてだろう？　それは、われわれが神話に頼っているからである。生まれつきの才能と限界を信じるほうが、精神的に楽なのだ。自分がいま偉大なオペラ歌手になっていないのは、そうなる器ではないからだ。自分が変わり者なのは、生まれつきなのだ。能力は生まれたときから決まっていると考えれば、この世はより御しやすく、快適になる。期待という重荷から解き放たれる。また、他人との比較に悩まされることもなくなる。タイガー・ウッズは生まれつき偉大だと思えば、われわれは優秀な遺伝子に恵まれた幸運をうらやむ一方で、自分に失望せずにすむ。ところが、誰もがタイガー並の成功を手にする可能性を持っていると心から信じれば、期待と失望がずっしりと心にのしかかる。自分はテニス選手として大成するチャンスをみすみす逃したのか？　巨匠と呼ばれる画家になるには、いま何をすればいいのだろう？　G×Eの世界では、これらは回答しにくいだけではなく、考えることすらつらい質問かもしれない。

　そんなわけで、発達についての新しい考え方の枠組《パラダイム》を取りこむには、知的な飛躍だけではなく、倫理的、心理的、精神的な飛躍も必要になる。まずは、われわれのすぐれた資質と劣った資質をもっと広くとらえ、たんなる生物学的な要素にすぎないのではなく、経済、文化、栄養状態、育児、生態にもかかわりがあると考えてみよう。われわれが受け継ぐものと選びとるものは対立するという考えにしても、根本から見直さなければいけない。従来の生まれか育ちかの考え方にしたがえば、生物学的な構造（生まれ）は否応なく押しつけられるもので、環境（育ち）はわれわれが自分で選ぶものである。だが新しい枠組では、こうして厳密に区別することは馬鹿げているという認識である。

　じつは、遺伝はこれまでに言われていたほど単純ではない。親から子へＤＮＡが受け継がれるのはたしかだが、それ以外にも指令物質がやりとりされる。それは後成遺伝物質といって、遺伝子がどのように発現するかを導くものである。*遺伝子自体は世代間で（概して）変化しないが、後成遺伝物質の指令は変化しうる。つまり、われわれは親から受け継いだ遺伝子に影響を及ぼすことができるのだ。「生まれ」を白か黒かでとらえる従来の見方は、もうおしまいにしよう。

　一方、環境については、長いあいだ考えられてきたほど制御可能であるとは言えない。まず、単純な例を挙げてみよう。食べものである。理論上、われわれは食べるものを自分で選ぶが、現実には、われわれのほとんどが既存の文化的規範にしたがう。つまり、家族が食べるもの、友人や隣人が食べるもの、所属する共同体が食べるもの、居住する国が食べるものを食べるのだ。同じことは、使用する言語や慣用句にも、享受する情報や娯楽にも言える。また、子供の学校内外の活動や、身近に置くアートなどの美的感覚に関するものや、一緒に過ごす人びと、哲学概念、さらには空気、水、物理環境にも言える。選択の自由が与えられていても、たいていは慣習、伝達情報、日程計画、期待、社会

*　エピジェネティクスのもっとくわしい説明は第10章を参照。

インフラ、われわれだけのものではない自然環境によって選択を左右される。これらの要素の多くは、ほとんど、あるいはまったく変化せずに世代から世代へと伝えられ、改めることが困難か、不可能である。

だから本書は、われわれの誰もが自分の人生や能力を完全に制御できるとか、われわれは誕生の時点ではまっさらの、何も書かれていない石板であるなどと主張してはいない。むしろ、単純にすぎる「生まれつきの才能」および「生まれか育ちか」という考え方を、新しい見方に差しかえることをめざしている。影響を及ぼすものは大量にあって、多くは概して制御不可能だが、いくつかは理解を深めるにつれて関与することが可能になると考えられる。

これはかなり難しい考え方なので、少しずつ意識に浸透させる必要がある。われわれはついつい「生まれか育ちか」という考え方に戻ろうとしてしまう。生まれでなければ育ちに違いない。遺伝子でなければ環境に違いない。DNAでなければ育児方法に違いない——。だが、こういう白か黒かの二分法は誤解を招くもとである。こういう思考法はもう封印しなければいけない。

たとえば、音楽的才能をもたらすのは遺伝子であるという証拠はないが、だからといって、どんな人も、どんな年齢でも、とてつもない音楽的技量を獲得するのに必要な資質と手段を備えているとは言えない。何らかの制限を設ける因子が存在することも考えられる。たとえば、幼いころ音楽に十分に触れなかったこと、幼いころ脳の発達が遅かったこと、家族や友達に冷淡に扱われたこと、それに練習時間、動機づけ、習慣的な音楽鑑賞、適切な教師といったものが十分でなかったこと。これらは、五歳児の音楽的「才能」のレベルがひとりひとり異なるように見える、具体的な理由のほんの一部である。これは十歳の子供にも、三十五歳の大人にも言えることだ。遺伝子に制限されていないとはいえ、われわれ全員が平等であるとか、真に自由であるというわけではない。

要するに、遺伝子はわれわれの大成を妨げないが、遺伝子以外の多くの因子は妨げになることがある。その因子の一部はわれわれ自身が知らず知らずに助成したもので、その多くはわれわれの認識および／あるいは制御の範囲外にあると考えられる。

あなたはどうだろう。音楽の天才になれる？　偉大な詩人になれる？　世界でも指折りのシェフになれる？　自己をかえりみて「不可能だ」と言うのは簡単である。だが、単純な真実を言えば、誰であれ、プロセスの初期段階でそういう判断を下すことは不可能だ。「才能については、われわれがいま気づいているよりもずっと広範囲に分散していると仮定するのがもっとも合理的ではないか」と、才能の研究を専門にするミハイ・チクセントミハイ、ケヴィン・ラサンド、サミュエル・ウェーレンが一九九三年の論文に記している。

大望ある人のため、ここにいくつかの指針を挙げる。

動機を見つける

これまでに世に登場したけたはずれの成功者たちが教える最大の教訓は、彼らが苦もなく成功を手にしたことではなく、何があってもへこたれず、すぐに立ち上がったことである。強い、強い願望を抱くあまり、けっしてあきらめず、時間、金、睡眠、友情、さらには（世間に変人扱いされるかもしれないので）自分の評判まで犠牲にすることも厭わない。そして、大望をかなえるためのライフスタイルを取り入れる。たった数週間や数カ月ではなく、何年も、何年もそれを続けるのだ。強い願望を抱くあまり、失敗を覚悟するどころか、失敗を経験したいとさえ考える。失敗を大いに歓迎し、そこから学習するのだ。こういうことをどれほど継続すればいいのかはわからない。結果は前もって知ることができない。並々ならぬ成功には、並々ならぬ動機とたいへんな信念が必要になる。

動機がどこから来るのかは不明瞭であることがしばしばだが、そうではない場合もある。人間の感情や心理の奇妙なところだが、いくつもの源泉から深い動機が生じることもある。たとえば、歓喜をともなう発奮、信仰への没頭、あるいは心底からの憤慨なども考えられる。動機は、自分本位なものもあれば、恨みに発するものもある。正しいか間違っているかを誰かに証明したい思いから生まれる場合もある。また、意識にのぼるものも、のぼらないものもある。

一九八一年の映画『炎のランナー』は、一九二〇年代にオリンピックに出場した陸上選手、エリック・リデルとハロルド・エイブラムスのまったく異なる動機にスポットライトを当てる。敬虔なキリスト教徒であるリデルは神の栄光のために走る。「神は、ある目的をもって僕をつくられた」と彼は言う。「それに、速さを与えてくださった。走るとき、僕は神の喜びを感じる」

一方、ライバルのエイブラムスは反ユダヤ的なヨーロッパ文化を嫌悪するユダヤ人で、キリスト教徒の社会に自分を認めさせ、復讐を遂げるために走る。「それでどうする？　苦笑いして我慢か？」と、エイブラムスは友人オーブリーに問われる。

「いいや、オーブリー。僕はあいつらに吠え面かかせてやる。全員に。ひとりずつだ——あいつらをきりきり舞いさせてやる」

発奮するに至るまで六週間かかるか、六〇年かかるか。あるいは、そんな瞬間は死ぬまで来ないのか。あなたの発奮のきっかけは何だろう？　兄弟に対する競争心？　親や子供に感心してもらいたいという願望？　愛されることへの渇望？　失敗への率直な恐怖心？

もっと単純に考えれば、動機は、自分の得意なことのなかに見つかるかもしれない。

あるいは、いつか後悔するかもしれないという恐れのなかに隠れているかもしれない。ルイス・ターマンの天才遺伝子研究という感心しない名称のプロジェクトで、最後の遺産となったのが「後悔」だった。一九九五年、コーネル大学の三人の心理学者の研究チームが、かつてターマンの研究に協力した人びと――すでに高齢になっていた――のくわしい追跡調査を行なった。彼らの研究論文は「行動しそびれる――ターマンの天才たちの後悔〔Failing to Act: Regrets of Terman's Geniuses〕」と銘打たれていた。その大きな教訓として、ターマンの協力者たちは、晩年にさしかかり、その他の高齢者たちとまったく同じ後悔をしていた。もっとできたはずだ、と彼らは考えていた。もっと勉強し、もっと仕事をし、もっと目的を貫くべきだった、と。

これこそ、われわれのすべてがルイス・ターマンの研究から学べることである。

自分を厳しく批評すること

ニーチェのこの言葉を胸に刻もう。「偉大な芸術家と思想家はひとり残らずたいへんな働き者であって、創作ばかりではなく、捨て、ふるい分け、つくりかえ、整えることにも根気よくあたる」彼のこの意見は、いつの時代にも的を射ていた。

ハリウッド映画では、天才の生涯は「見つけた！《エウレカ》」の瞬間の連続であって、真にすぐれた能力は何の努力もなく生まれてくる。世間では、肝心なのは非の打ちどころのない設計図であるという通説がはびこっている。ひらめきの瞬間はたしかに存在するが、たいていの場合、すぐれた仕事はたいへんな骨折りを要し、厳格な（そして、建設的な）自己批判なしに成し遂げることはできない*。

ダークサイド（苦々しい後悔、責任転嫁）に注意すること

柔道の試合では対戦相手の攻撃のエネルギーと勢いをいなしながら戦うが、それと同じく、大望ある人はつねに失敗をチャンスに変えていく必要がある。恥ずかしさや苦々しさに悶々としていては、挫折をして大きなダメージを被《こうむ》ることにもなりかねない。「ときおり夜中に目を覚まし、『いったい何があった？　まるで悪夢だ』と考えることがある」と、アメリカの元陸上選手のエイブル・キビアットが一九九〇年に『ロサンゼルス・タイムス』紙に語っている。オリンピックに出場し、惜しくも準優勝に終わった陸上一五〇〇メートル走のレースのことである。キビアットはこの話をしたとき九十一歳だった。試合自体はなんとその七〇年以上も前に行なわれていた。

どうにかして動機を保たなければ、後悔や何かを責める気持ちのせいで目の前にあるなすべき作業、つまりさらなる進歩のために集中しつづけることを果たせなくなる。

もっともたちのよくない責任転嫁は、非常によくあるのだが、自分の生物学的な構造のせいだと考えることだ。劣った遺伝子を持っていると信じることこそ、成功の最大の妨げではないだろうか。

自分の限界を見きわめたうえで、それを無視すること

偉大な存在になるという目的を追い求めることは、論理にかなった意味を持たず、「地に足がついた」感覚をともなわない。どんな分野であれ、成功には長い年月をかけなければならないうえ、確実に成功できるかどうかが前もってわからず、しばしば成功したところを思い描くことすら難しい。いまある能力と望ましい能力との隔たりは非常に大きく、本人にも周囲の人びとにも、それを埋めるのはとうてい無理であるように思える。一見したところ、足の速さ、背の高さ、体の強さが不十分である。イントネーションの正確さが不十分。ストロークの滑らかさが不十分。つくる作品の面白さ、悲

＊　ここで、満足できる文章を書くことが筆者にとってどれほど難しいかを記しておく（注意してほしいのは、筆者の著作物が他人からどう思われているかは関係ない。あくまで筆者自身の考え方の話をしているのである）。

本書の執筆には三年近くかかった。考えてみれば、五〇〇〇時間を超える期間に四万語をしたためたのだから、そう、毎時間八語を書いた計算になる。もちろん、リサーチにかかった長い時間など、さまざまな酌量の要素があるので、毎日のじっさいの成果を示すとき、毎時間八語はかなり甘めに見積もった数字である。自分の書いたものに対する筆者の態度は単純である。はっきりと納得できるまで、すべてをクズだと考えるのだ。ひとつのセンテンス、パラグラフ、あるいは章を、もしくはその全部を、二〇回、三〇回、四〇回と書きなおすのが常である――満足できるまで、何度も手直しするのだ。時間制限は設けない。最初に読んだとき、満足し、改善する必要はないと思えばその先へ進む。たいてい、執筆している章に満足しないうちは、つぎの章を書きはじめることがない。本書の場合、第1章のみに一年近くを費やした。さらに、後日に改めて目を通し、二、三度書きなおしている。これが文章を書くときの最善の方法だと言うつもりはないが、筆者には合っている。

しさ、もしくは深みが足りない。つまり、平凡そのものなのだ。素晴らしい成功を収めることなど、夢のまた夢ではないか？

しかし、これこそが重要なポイントである。偉大さは平凡の一歩先にあるわけではない。平凡の領域から飛び出し、一歩、一歩、また一歩と進みつづける——数千歩、数万歩先へ行ってはじめて、奥行きも深さも測れないほどの場所にたどり着ける。そこに至るには、道理や条理を置き去りにし、誰よりも遠く、激しく、長く前進するしかない。これを簡単だとか、たいていの人にできそうだなどと思う人もいるかもしれないが、本当にそうならば、もっと大勢がそこに到達しているはずだ。

だから、途方もない業績を成し遂げる人は（年齢がいくつであれ）夢追い人でもある。ふつうの人には想像もつかないことを思い描く彼らは、少しばかり浮世離れしているかもしれない。彼らは、はっきりした欠点も、撤去できないように見える障害物も、すべて無視しなければいけない。障害物があるからといって躊躇すれば、たちまち挫折するのである。

ある観点から見れば、こうして一生懸命に追い求めることは、年齢を重ねるにつれて実際的な意味を失っていく。年を追うごとに時間が少なくなり、スケジュールに融通がきかなくなり、エネルギーが乏しくなり、脳や筋肉の可塑性《かそせい》が小さくなる。短期的、長期的な献身的努力について言えば、毎日数時間ずつ集中して訓練に打ちこむことができるのは、ローンと二人の子供を抱える三十代よりも、未婚の二十代のほうだろう。だが、たくさんの並はずれた成功者たちに質問すれば、年齢のせいで可能性が断たれることはないと証言するに違いない。むしろ、年齢を重ねるにつれて身につく知恵が、かけがえのない財産になるような分野もある。ニューヨークの雑誌・書籍のベテラン編集者がこう語っている。「おもしろいことがある。二十五歳の優秀なライターは、五十歳まで優秀なライターでいることが稀なのだ。この業界では活躍しつづけることが難しく、それができるのは、ひそかに、少しずつ進歩のプロセスをたどり、やがて替えのきかない能力を手にする人材である。時間こそ、卓越することに決定的な貢献をするのだ」

満足を先に延ばし、充足に抗《あらが》うこと

消費者文化において、われわれは自分の衝動をすぐに満たすことに慣れている。即座に買い、食べ、見、クリックするのである。だが、素晴らしい成功を手にする人はそういう衝動を超越する。

天国の門で、他の人びとがみな入ってしまうまで辛抱強く待っている釈迦のように、ケニアの若者たちは不平ひとつ言わずに長いあいだ走りつづけ、何年もたってようやく大きな国際大会への出場を夢見ることができるようになる。幼いバイオリニストがキーキーと耳障りな音を出しつづけるのは、すぐに麗《うるわ》しい協奏曲を弾けるようになると思うからではなく、その努力自体にも、練習中に小さい進歩に気づくことにもやりがいを感じるからだ。大きなご褒美は、はるか遠いゴールとして想像し、認識するものであって、欲望のままに追いかける対象ではない。努力しているあいだに味わう小さい達成感が、継続するに十分な満足をもたらしてくれる。

ヒーローを持つこと

ヒーローは、その素晴らしい功績はもちろんのこと、ぱっとしなかった駆け出しのころの逸話によって、われわれを勇気づけてくれる。アインシュタインは特許事務所の事務員だった。トーマス・エジソンは小学一年生のとき教師に知能が遅れているとみなされ、退学になった。チャールズ・ダーウィンは十代のころ学業成績が振るわず、父親から「おまえの頭のなかには狩猟、犬、ネズミ捕りのことしかない。このままではおまえが恥をかくばかりか、家族も面目を失うことになるぞ」と言われるほどだった（若いダーウィンはその数年後に海軍軍艦ビーグル号に乗り組み、やがて人間観に革命をもたらしたのだ）。

好きなアーティストやアスリートが味わった苦しい体験をくわしく知れば、地図にない道やふつうでないアイデアがあとあとになって天才的であると認められた事実を、くりかえし思い起こすことになる。こういう体験は、傑作と呼ばれる小説、絵画、音楽アルバムが完成に至るまでの過程をじっくり観察すれば、いっそう大きな意味を持つようになる。ある芸術作品ができあがるまでの経緯に目を向ければ、どうということのない作品を少しずつ、丹精して傑作に仕上げていった過程がうかがい知れる。伝説的なミュージシャンでアーティストのブライアン・イーノがこう述べている。

> 人が見て本当におもしろいと思うのは、クソみたいなものが美しい作品になっていく過程だろう……「そういう過程をたどると」誰も思ってもみない。誰でも、ベートーヴェンは弦楽四重奏曲を頭のなかで完成させたと思っている。どういうわけか頭のなかに出現し、形になり、ベートーヴェン本人はそれを楽譜にするだけでよかった、と……。みんなが学ぶべき教訓は……作品は何でもないものから生まれるということだ。ものごとは何でもないものから進化する。いい場所

にまいた小さい種が素晴らしく美しい森に育っていく。そして、将来有望な種だとしても、まいた場所が悪ければ何にもならない……。

このことを世間に知ってもらうのは大事だと思う。ものごとの成り立ちについて知れば、自分の人生に自信を持てるからだ。才能のある者はほんの一握りだとか、頭の出来が違うとか、自分とは人種が異なるなどと考えてばかりいれば……「ふつうの」人にしかなれない。［だが、この洞察があれば］もっと別の人生を送ることができる。こんなふうに考えられるようになるんだ。「ものごとは何でもないものから生じる。前途有望だと思えなくとも、すべてはそこから始まるんだ。自分もいまは前途有望だとは言えない――これから何かを始めればいい」

「もっと別の人生」。アーティストのイーノは生物学者のベイトソンと同様のことを言っている。ベイトソンは「さまざまな選択肢のある人生を生きる」ことを可能にする生来の能力について書いたのだ。結局のところ、発達に関するこの枠組《パラダイム》は真理を突いているのではないだろうか。

指導者を見つけること

激励し、助言し、批判し、教え子の能力をどこまでも信頼してくれる素晴らしい指導者に恵まれた運のいい人びとは、指導者のおかげで人生にどんな違いが生じたかを訴える。「たいていの学生は、ある学科に興味を持った理由として、彼らの興味を掻き立ててくれる教師に出会ったことを挙げる」と、チクセントミハイ、ラサンド、ウェーレンが書いている。これもまた生まれつきの才能にまつわる通説の大きな皮肉である。じつのところ、真の成功への道はおのおのの分子構造にあるのではない。生産的な態度を育てることと、すぐれた外部資源を見いだすことにあるのだ。

第8章　そのやり方が子供をだめにする（または発奮を促す）

子育ては重要である。わが子の成功を後押しするために親ができることは数多くある。また、用心して避けるべき、接し方の重大な誤りというものもある。

才能があらわれる前に枯れてしまい、世間に存在を知られずじまいだった天才は、いったい何人いるだろう？　じつのところ、その数は計り知れない。

——才能研究の専門家、ミハイ・チクセントミハイ、
ケヴィン・ラサンド、サミュエル・ウェーレン

人生にままならないものは多いというのは非常に控えめな表現で、宇宙はかなり広いと言うのと似たようなものである。まず、人生に影響を及ぼすが、本人には感知すらできないものがいくつもある。一九九九年、オレゴン大学の神経科学者ジョン・C・クラッブの研究チームは、アルコールとコカイ

ンを摂取したときのネズミの反応を調べた。クラッブはこの分野の専門家で、すでに似たような研究を数多く行なっていたが、このときの研究ではある工夫をほどこした。まったく同じ実験を並行して三カ所（オレゴン州ポートランド、ニューヨーク州オールバニ、カナダ・アルバータ州エドモントン）で実施し、結果の信頼性を判断しようとしたのだ。チームは「途方もなく長い時間」をかけて実験の器具、方法、環境を標準化した。同じ遺伝子を持つネズミの系統、同じ餌、同じ敷材、同じケージ、同じ照明点灯時間。三カ所すべての環境を揃えるため、考えうるありとあらゆる手を打った。

ところが、目に見えない何かの影響が邪魔をしたようだった。チームは制御しうるすべての要素を制御したが、まったく同じ遺伝子を持つネズミたちがそれぞれの実験室で異なる行動をとった。それに、もっと驚くこともあった。それぞれの遺伝子系統および実験室で、行動の違いは一定ではなく、ちぐはぐだった。その他の二カ所にくらべ、ポートランドのある遺伝子系統はコカインに対して他よりも敏感に反応し、そのうち一匹はその傾向がとくに顕著だった。オールバニのある遺伝子系統は——唯一——動きが鈍かった。エドモントンの遺伝子操作ネズミは、同じ実験室の野生ネズミと同じくらい活動的だったが、ポートランドの野生ネズミよりも活動的である一方、オールバニの野生ネズミほど活動的ではなかった。これでは、秩序も何もなかった。

予想どおりの結果もあった。クラッブが事前に考えていたとおり、それぞれの遺伝子系統の範囲内で多くの類似が見られたほか、異なる遺伝子系統のあいだに一定の相違が認められた。結局のところ、苦心して整えた同一の環境で飼育された、完全に同一の遺伝子を持つネズミたちなのだから当然である。だが、注目をされたのは予想もしなかった違いのほうだった。「実験環境を同一にする努力にもかかわらず、ほぼすべての変数で実験場所の影響が見られ、それらの程度は著しく、ときに甚大だった」とクラッブは結論している。「さらに、数回の試験で、実験室ごとの系統差のパターンにかなりのばらつきが見られた」

なんということだ。この事態はまったく予想されておらず、多くの人びとの目を引きつけた。現代科学は標準化という土台のうえに築かれている。新しい実験は以前の研究、あるいは実験群の小さい変数を変えて行なわれ、結果に何らかの変化が見られれば、それによって因果がきっぱりと指し示される。目に見えない、検知できない違いが存在するとなれば、そのすべてが混乱してしまう。この数十年の研究によって得られた結論には、環境が同一であるという仮定がいくつ組みこまれているだろう？　環境が同一でなかったとすれば、結果はどうなっていただろう？

環境は、まんべんなく観察できる雪玉ではなく、海面にほんの少し顔を出し、残りの部分を見ることができない氷山のようなものなのだろうか？　そうだとすれば、生物学的な因果の考え方は、それによってどう変わるのか？

三つの都市で行なったクラッブの実験で浮き彫りになったのは、そういう問題とは違ったことだった。すなわち遺伝子と環境の相互作用である。たんに、目に見えない環境差が結果に大きく作用したばかりではなかった。目に見えない環境要素が異なるネズミの系統に異なる影響を及ぼしたことも、それと同じように明白だった。これは、遺伝子が環境の影響力と活発に相互作用することをはっきりと示す証拠だった。

しかし、これらの実験から得られた最大の教訓は、これほど単純なモデルから、これほど複雑な状況が生まれることである。ネズミたちは遺伝的に純系で、使用された実験用ケージは標準的なものだった。実験群のあいだに存在するとわかっている変数はわずかだった。これがもっとずっと複雑な生物ならば、どんなことが推察されるだろうか。つまり、高度に発達した推論力を持ち、複雑な文法と精巧な道具をあやつり、複雑かつ多様な文化のもとに暮らし、遺伝的に混合し、数十億通りもの個性をはぐくんでいる生物のことだ。人間の場合、G×Eのもたらす変動の幅は、科学者ですらぎょっとするほど大きい。人間は、この世に生を受けたそのときから、遺伝子、環境、文化によって、数々の目に見えない、予想もつかない影響を受けることになる。だから、将来にどうなるのかを前もって知ることは不可能なのだ。

それがわれわれの世界である。人間の子供はそれぞれが遺伝的に独特な存在だ。その人だけの環境のもとに生まれ、直後からその人だけの相互作用をし、その人だけの行動をする。今日生まれた子供たちのなかで、偉大なピアニスト、小説家、園芸家、マラソン選手になるのは誰だろう？　まったくの凡人として一生を終えるのは？　苦労の果てにどうにか及第点に達するのは？　それは誰にもわからない。

わかっているのは、われわれの脳も身体も、いつでも柔軟に変化しうることだ。もともと困難を克服し、ものごとに順応する構造になっている。それも、出生直後からである。神経科学者のマーク・H・ジョンソンとアネット・カーミロフ゠スミスによれば、「出生前後の脳発達に関する最近の研究報告によれば、脳の発達は、遺伝的計画の展開のプロセスや、環境作用に対する受動的反応であるのみならず、確率論的後成説（遺伝子、脳、行動の双方向的関係）を含む、分子、細胞、生体レベルにおける活動依存的プロセスでもある」。

もっと簡単に言えば、「人間の赤ん坊は特別である」。これは、ワシントン大学の学習・脳科学研究所の共同所長、アンドリュー・メルゾフの言葉だ。「特別であると言えるのは、生まれたときから高い知能を有するからではなく、データに直面したとき考えを変える構造を有するからだ」

知能は不変ではなく、開発できる。運動能力はもともと決まっているのではなく、トレーニングによって伸ばすことができる。音楽の能力はどんな人にも備わっていて、幼いころからくりかえし呼び起こしてやれば、やがて表にあらわれる。創造力はあらゆる人の脳構造にあらかじめ組みこまれている。これらの能力はみな、言わば影響とプロセスの関数にほかならない――完全に制御することはとうてい不可能だが、最初から決まっていてずっと変わらないというのは、事実とはまったく異なる。

すると、親がなすべき仕事は、そのプロセスを尊重することと、自らそれに関与することだ――もちろん、そのプロセスは子供が生まれるずっと前から始まっている。どの親も、生まれたばかりのわが子を見て、すでに独特な個性があるように感じ、奇妙な気持ちになるものである。それは、すでにプロセスが始まって九カ月が経過しているからだ。出生の時点では、もうかなり進んでいるのである。

考えてみれば、親はネズミの実験をするときのジョン・クラッブと似ているかもしれない。クラッブ博士は、環境とマウスゲノムの相互作用を実験室で観察した。子育てをする親は、わが子だけの生物学的な構造と外界のさまざまな様相との相互作用を、家庭で見守ることになる。子供を笑わせるもの、泣かせるものは何か。子供の注意を引くもの、子供をうんざりさせるものは何か。味のいいもの、味の悪いものは何か。そうしてわかってくるのは、子供のあらかじめ決められている設計図ではなく、親が見せてやる世の中のさまざまに異なる様相に対し、子供がどのように反応するかである。

こういう相互作用を見てとった親は、それをもとにして子供の環境をしかるべく整えてやる。学習によって得たわが子に関する知識に、自分自身の願望を織りまぜる。

これこそG×Eの究極の教訓である。親は、生まれつきの才能がひとりでに芽吹くのをじっと待つのではなく、ただちにこのプロセスに飛びこみ、生まれと育ちが分けて考えられないことを受け入れなければいけない。現在わかっているのは、遺伝子はごく重要な役割を担っていることと、遺伝子がどのように発現するかが、子供の生活の質によって一瞬ごとに決まっていくこと。さらに、子供が自分というジュークボックスで演奏する曲を選ぶとき、親が何らかの助けになれることである。親がなすべき仕事は、可能なかぎり最高の人間をつくるプロセスを見つけてやることなのだ。

もちろん、本書のなかで紹介した才能と能力についての教訓を取りいれるとき、金メダルを目標にする必要はない。まずまずの成功、あるいはとてつもない成功には、それほど華々しくはなくとも立派なものがいくつもある。たとえば、生徒に慕われる教師、切れ者であるうえ創造的で、道徳的でもある起業家、誠実に一生懸命働くアシスタントや事務員などをめざすのもいい。

人生の目標は、もちろん最終的には本人しだいである。だが、親は何らかの種《たね》をまき、水をやることができる。

いや、本当にできるのだろうか？　一九九八年、心理学者のジュディス・リッチ・ハリスは著書『子育ての大誤解』を発表し、心理学界を揺るがした。「親は子供の性格形成に重要かつ長期的な影響を及ぼすだろうか？」という疑問を投げかけ、「答えはノーだ」と言いきったのだ。ハリスは、一九八〇年代から一九九〇年代にかけて実施された一卵性双生児の遺伝率の研究（第４章で取り上げている）をおもな根拠にし、親は、子供の性格を能動的に形づくるというよりも、どちらかと言えば遺伝子を通した後見人であると結論した。性格の形成にもっとも重要な環境影響をもたらすのは、親ではなく仲間である、と。

　仮説に異議をぶつけることは健全な行為である。ハリスの著書は、大学の心理学者を居心地のいい領域から引っ張り出した点で、歓迎するべき批判だった。だがその出版から一〇年たったいま、彼女の主張は、その主張に含まれる古くさい仮説に足を引っ張られている。まず、彼女の遺伝学のとらえ方だ。「遺伝子は、物理的な身体と脳の形成にかかわる指令を含んでいる」とハリスは書いた。「遺伝子は、目鼻立ちや、脳の構造や作用を決定する。これら遺伝の物理的な結果は、遺伝子に含まれる指示が実行されたことの直接的な結果に等しい。私はこれを直接遺伝子作用と呼ぶ」

　一九九八年の時点では、このような見解を抱いていたとしても無理のないことであったが、現在ではもっと多くの事実が判明している。「直接遺伝子影響」はじっさいには存在しないことも、生まれと育ちを分ける考え方が誤りであることもわかっている。

　遺伝学の時代遅れの見解をそのまま背負いこんだハリスは、性格の五〇パーセントは遺伝子によって直接につくられ、それ以外の大部分は行動心理学者の言う「非共有」環境によってつくられると考えた。非共有環境とは、遺伝学者のロバート・プロミンが未解明の環境影響を説明するために提案した用語である。「非共有」というあいまいな言葉は、兄弟それぞれに同じような影響をもたらすと研究者たちが仮定する「共有家族経験」の対義語のためにつくられた。彼らの理論によれば、非共有経験は兄弟それぞれに異なる影響を与えるものである。ハリスは、子供の人生には仲間が重要な「非共有」影響を与えることを、多くのページを割いて説明した。

ところが、ハリスの本が出版された年の二年後、共有ないし非共有の考え方には問題があるとわかった。ヴァージニア大学の心理学者で行動遺伝学を専門にするエリック・タークハイマーが二〇〇〇年に行なった分析で、共有と非共有は誤った区別であることが判明したのだ。「生まれ／育ち」が環境的影響ではないならば遺伝的影響であるという区別だったのと同じく、「共有／非共有」もまた二者択一を示唆する考え方だった。つまり、共有経験に対して同じ反応を示すか、非共有経験に対して異なる反応を示すか、いずれかひとつであるというわけだ。だが、タークハイマーの説得力あるメタ分析によって、もっとしばしば生じる第三の可能性が明らかになった。子供は、ほとんどの場合、共有経験に対して異なる反応を示すというのである（タークハイマーはもっと皮肉に表現している。「非共有環境のばらつきが顕著である理由は、兄弟間で共有していない環境イベントのシステマチックな影響ではなく、あらゆる環境イベントの非システマチックな影響による」）。

ハーヴァード大学の心理学者ハワード・ガードナーは、親の影響はあまりないというハリスの主張には、もっと根本的な問題があると考えた。「ハリスの主張のうち、実験に基づく部分について考察した場合」と、彼は『ニューヨーク・レビュー・オブ・ブックス』誌に書いている。「親子のあいだの交流についての調査結果は、たしかにわれわれが思うようなものではない。だがこの調査結果から読みとれることは、親と子に関することというよりもむしろ、とりわけ愛情や意欲などの『比較的ソフトな変数』に関連する、心理学研究の現状である。心理学者は、視覚認知研究では間違いなく進歩し、認知研究でもある程度進歩しているが、性格特性、感情、動機、キャラクターのありかを突きとめ、それらを測定する方法については、本当にはわかっていない」

　ガードナーはさらにこう述べる。「私の読むところ、概してこの調査結果によって示唆されているのは、親と仲間は相補的な役割を持つということである。教育、しつけ、責任、規律、寛容、権威者との係わり合いに関しては、親のほうが重要である。協調性を身につけ、人気を得る方法を見いだし、同年代の者たちとの相互作用の様式をはぐくむうえでは、仲間のほうが重要になる。若者は、同じ年頃の仲間とつきあうほうがおもしろいと思うにせよ、自分の将来について熟考するときには親を頼りにする……。私ならば、親からの影響を示唆する数百にのぼる研究論文や、数百にのぼる文化で数千年のあいだに蓄積されてきた民衆の知恵をもっと重視する。それゆえに、遺伝統計を過度に重視し、おびただしい研究および実践を再分析して仲間集団の影響を示唆しているかのようにこじつける見解、たとえばハリス女史のそれのようなものには疑問を持つだろう」

　そう、たしかに親はたいへん重要である。だが、子育てはすべてではないし、唯一でもない。親はあらゆるものを完璧に制御する力を持っていないので、何かよくない結果が生じたとしても、たいていは、その責任のすべてを背負いこむべきではない。とはいえ、子育てがたいへん重要であることはたしかだ。そこで、親としてわが子の目標、計略、人生観に影響を与えられる範囲で、優秀さをめざす際の四つの指針をここに紹介しよう。

1　信じること

一九三一年、日本人の若いバイオリニストの鈴木鎮一は、バイオリン教師として、ほとんど若者ばかりの弟子たちに教えていた。ある日のレッスン後、四歳の少年の父親が訪ねてきた。息子にバイオリンを教えてやっていただけませんか？

鈴木はたいへん驚き、声もなかった。四歳の子供がバイオリンを教わるなど考えたこともなく、指導方法もわからなかった。だが、その少しあとに稽古をしているとき、あることに思いあたった。実質的に、あらゆる日本人の子供が日本語を話すことを学ぶ。ごく幼いころから、正確に。「大阪の子供は大阪弁を自由自在に話すではないか」と鈴木は考えた。「［大阪の子供は］東北弁は話せないだろうが、東北の子供ならば話せる。これもひとつの達成と呼べるのではないか」

ここから得られる教訓はつぎのとおりだった。途方もない反復練習、親の根気、文化の強い後押しによって、子供はつらい困難を乗り越え、言語を身につける。音楽のレッスンにも、これを利用できるのではないか？

そこで、四歳の江藤俊哉少年を弟子として引き受けた鈴木は、「母語教育法」と呼ぶバイオリン指導法を編みだした。彼が重視したのは、親がさかんに働きかけることと、練習を怠らないことと、暗記と、多くの忍耐だった（いまにして思えば、鈴木の手法はモーツァルトの進歩に不思議なほど一致している）。江藤少年はそういう指導によく応えたので、鈴木はさらに数人の子供たちを弟子にとり、自分の音楽教育法を改良していった。そして、音楽のトレーニングは早期に始めるほうが圧倒的に有利であることと、早期の音楽教育は輝きに満ちた人生につながる道であることを、まもなく信じるようになった。

そんな彼に、やがて世間が注目するようになった。鈴木は、数年間の画期的な試みののち、七歳の俊哉を初めとする小さな弟子たちを演奏会の舞台に立たせた。国内のある新聞は、一六分の一サイズのバイオリンでドヴォルザークの「ユーモレスク」の一曲を演奏した三歳の豊田耕児のびっくりするような技能に注目した。紙面には「神童あらわる！」という見出しが躍った。鈴木はその表現にぞっとした。「私は［演奏会の前に］記者たちに話していた。能力は、遺伝によって生まれつき決まっているのではなく、訓練と指導によって身につく、と……。私はこのことを強調し、念のためもう一度説明した」このメッセージは、鈴木にとっては自身の教育法と同じくらい重要だった。才能と能力は一握りの特権者の占有物ではない、と彼は心から信じていた。どんな人も正しい訓練と忍耐によって大きな成功を収められる、と。

　鈴木に師事した最初の少年である江藤俊哉は、世界にその名を知られる音楽家に成長した。鈴木はその後もメソードを改良しつづけ、その普及に努めた。一九四九年、彼の設立した才能教育研究会は全国に三五の支部を持ち、一五〇〇人の子供たちに音楽教育を施していた。スズキ・メソードは世界中で大きな評判を呼び、幼い子供の能力の理解に変化をもたらした。

　まずは、どんな子供も大きな可能性を持っていることと、子供の能力を開発するため、親にはできるだけの方策をかき集める義務があることを信じるのが第一歩である。親として、わが子が「生まれつきの才能」を授かった数少ないひとりかどうかを思案するのではなく、わが子が途方もない能力を秘めていることを心の底から信頼するのである。親の信頼がなければ、子供が目覚ましい業績を成し遂げる見込みは少なくなるのだ。

2　抑えつけず、支えてやること

ちょっと想像してみてほしい。あなたの子供が生まれた日、医師から二種類の乳児用サプリメントを差し出され、どちらかを選ぶよう命じられたとする。一方のサプリメントは神童になれるが成長後はただの人になる可能性が高く、感情面に重大な問題が生じる恐れもある。もう一方は感情のバランスが取れた子供になり、幼いうちは運動にも音楽にも秀でたところは見えないが、少しずつツールを集めることで自信を深め、研鑽を積み、人間関係をしっかりと築いて、ハードワークの価値を心から信じるようになる。長い目で見れば、後者のほうは成人後、偉大なことを成し遂げるのに必要な資質を手にしていることになる。

この二者択一は少々ばかばかしく思えるかもしれないが、多くの親が意識下でこういう選択をしている。

「これはブリトニー・スピアーズ症候群と呼んでもいいかもしれない」と語るのは、コロンビア大学の心理学者ピーター・フリードである。「私が職業上よく目にするケースである。自己愛の強い親が、目標達成を愛情と結びつけることで子供の自己意識を損なう、わかりやすい見本だ」

フリードの説明によれば、そもそも親自身、人に好かれるには人並みでない活躍をしなければいけないと信じて育ってきている。そういう親は、わが子がものごとを首尾よく成し遂げれば愛情をたっぷり注ぐが、失敗すれば冷たく突き放す。「子供の成績がよければにっこり笑い、期待したほどよくなければそっぽを向く」とフリードは言う。「すると、子供は親を喜ばせることに依存するようになる。親の期待に応えられないと、親の冷たい態度を感じとり、そのことで大きな痛手を負う。こうして愛情を注がれたり断たれたりすることが自己愛の土台をつくる」そういう子供は、大人になってから（誰もがそうであるように）社会や感情にかかわる難題に突きあたったとき、自分には拠《よ》りどころにするべき感情の蓄積がないことに気づく。愛情と信頼という基盤は子供のころの経験によって損なわれている。自己愛的な親の犠牲になった子供は、安定した人間関係をなかなか築けないことが多い。

フリードによれば、自己愛的な親の対極にいるのが、子供が何かを達成できるか否かに関係なく、つねに無償の愛を与えつづける親である。「非自己愛的な親は子供のうしろをついていく。上限を設け、高い期待値を定めることに巧みだが、まずは子供がどうしたいのかをよく見きわめ、すぐにうまくできるようにならなくても心配しない。そして、子供にいちばん大切なのは、友達をつくり、仲間のチームのひとりとして活動することだと考える。チームが勝てば喜び、チームが揉めればうまく収め、映画でも観にいくといったことだ」

要するに、自分の子供を達成にみちびくには、正しい方法と誤った方法がある。早くから成長に役立つものに触れさせることも、期待をかけることも、人生の困難に際して根気強さや粘り強さを示してやることも、同じくらい大事である。しかし、成功の報酬や失敗の懲罰として愛情を利用してはいけない。子供の能力への信頼を示し、子供の心を満たすために成功を求めるべきである。

3　着実に、粘り強く

「私はとくに賢いわけではない」と、かつてアルベルト・アインシュタインは言った。「時間をかけて問題に向きあっただけだ」

アインシュタインのこの簡潔な言葉は、自分自身やわが子の大成を望んでいる人びとへの力強い呼びかけである。結局、粘り強さこそが凡人と成功者とを分けるのだ。

問題は、それが教えられることかどうかである。粘り強さは、親や教師の手助けによって身につくものだろうか？

ボストン・カレッジのエレン・ウィナーは不可能だと主張する。粘り強さは「生まれつきの生物学的要素である」と。だが、それが可能であることを示す証拠がある。粘り強さのレベルを調整する脳回路は可《か》塑《そ》性《せい》を持つ——つまり、変化させることができる。「重要なのは間欠強化である」と、ワシントン大学の生物学者ロバート・クローニンガーは語る。「過度にひんぱんに報酬をもらって育った人は、粘り強さを持たない。というのも、報酬がなくなれば途中でやめてしまうからだ」

このことは、アンダース・エリクソンの集中的訓練に関する発見や、ケニア人の長距離走者の禁欲的な態度にも符合する。そのときどきの満足ばかりを考えていては、よくない習慣におちいってしまい、有効な長期計画に取り組むことは不可能である。自分自身の向上を求める人にとって、満足延期の能力は、新しい展望を開くために重要になる。

満足延期といえば、スタンフォード大学の心理学者ウォルター・ミシェルのよく知られた実験がある。一九七〇年代前半に行なわれたもので、四歳の子供のグループにある選択をさせる。すぐにマシュマロを一個食べるか、少し（研究者が用足しから戻るまで）待ってからマシュマロを二個食べるか。

結果はつぎのようになった。

- 子供の三分の一は、すぐにマシュマロを一個食べた。
- 三分の一はしばらく待ったが、数分後にあきらめてマシュマロを一個食べた。
- 三分の一は辛抱強く待ち、一五分後にマシュマロを二個食べた。

当時、ミシェルらの研究チームはたいへん感銘を受けた。思っていたよりも多くの子供が、まだ幼いというのによく自分を律し、より大きい報酬のためにじっと待ったのだ。だが、その実験の真の教訓がわかったのは、ミシェル自身が一四年待ったあと――実験に協力した子供たちがＳＡＴを受ける、高校卒業の時期になってからのことである。子供のころに待たなかった（瞬間的満足）グループと待った（満足延期）グループのＳＡＴの平均スコアを比較したところ、後者のほうが二一〇点高かった。幼いころから自分を律し、満足を延期することができていた生徒は、そうでない生徒よりも学業成績がずっとよかった。また、満足を延期したグループのほうが、社会や個人にかかわる問題にうまく対処できるとわかった。

それに、マシュマロの実験では満足延期の技能を高められることもわかった。その研究チームが行なった副次的な実験で、報酬をどう考えるかを提案してやると、待っていられる時間に変化が見られた。目の前にある本物のマシュマロを絵に描いたマシュマロだと想像するよう――頭のなかで抽象化するよう――子供たちに促すと、待っていられる時間が六分から一八分に伸びたのだ（逆に、絵のマシュマロを本物であると想像した場合、待っていられる時間は短くなった）。

この手法によって証明されたのは、子供の満足の形態が、親や教師の関与によって変えられることである。そしてこの研究の全体から判明したのは、満足延期の能力がスキルセットであること——そして、それらのスキルが獲得可能であることだ。子供は、欲しいものから気を逸らすこと、欲しいものを抽象化すること、自分の進歩を観察することなどを学習できる。ミシェルはこう結論している。「望みの目標を達成するために自ら進んで満足を延期することが必要になる状況で、欲求不満の緩和に有効な自制の手法を用いれば、子供は早期から明確な優位性を持つようになる」

子供に自制を促し、満足を延期させる基本的な手法がある。ここにふたつ挙げる。

●自制の手本を見せること。

これからは、子供に求めるふるまいを自ら実践してみせること。何であれ、欲しいものをすぐに買ったり、食べたり、手に取ったりすることは控える。親が自制的な態度を示してやるほど、子供はそれをよく吸収するようになる。

●子供に訓練させること。

子供の懇願にすぐに応えてやらないこと。欲求不満や欠乏にどう対処するかを学ばせる。自分の感情をなだめる方法を学ばせ、欲しいものが手に入るのをじっと待てば、やがてうまくいくことを理解させる。

もちろん、親として望ましい結果につながる道はひとつではない。親はそれぞれに道筋をつくる必要がある。哲学や宗教、あるいは方針の強化になる実践的訓練は、親子に好ましい効果をもたらす。

4　失敗を受け入れる

成功や達成を追い求めているときには、常識的な考えに反する状況が訪れることもある。そんなとき、弱さはむしろチャンスとなる。失敗は大きく開け放たれた扉である。あきらめること、あるいは子供の能力を見くびることこそ真の失敗なのだ。

じっさい、発生生物学で強調されているのは、人間がつねに困難な状況や失敗に反応して進歩してきたことである。親が果たすべく期待されている重要な役割として、進歩につながる難題に子供の目を向けさせることがある。「子供の運動能力に何らかの問題があれば、ひとりもしくはそれ以上の保護者が本人にその問題に気づくよう注意を促すか、われわれの呼ぶところの促進行動により、本人の目の前に突きつけることになるのが常である」と、著名な科学哲学者のエドワード・S・リードとブランダイン・ブリルが述べている。「大人がその幼児の運動能力の問題を本人に――たいていは本人がその問題を解決する力を持たないうちに――示すからこそ、運動機能の発達が促される」

つまり、子供のために問題を簡単にしてやる必要はない。むしろ、難しい問題を提供し、それに取り組んでいるところを監視し、ようすを見て調整してやるべきである。親と子が、吹きつける風に立ち向かい、強まる一方の風圧にめげず前進しつづけることに満足を覚えるようになったとき、この世に素晴らしいサクセス・ストーリーが生まれるのだ。

すぐれた人材の育成は、遺伝子や親だけの仕事ではない。個人の成功の後押しは、社会の義務でもある。どんな文化も、そこに所属する人びとの最高の能力を引き出す価値観をはぐくむよう努めるべきなのだ。

持続……これは、私がこれから何カ月でも、何年でも、政権を預かるあいだずっと強調しつづける哲学です。私は持続の価値を心から信じています。思うに……私たちが努力を続けていけば、そして、私たちがときおり過ちを犯すこと、つねに正しい答えを出すとはかぎらないこと、非常に厄介な問題を引き継いでいることを認めれば、さらに、私たちが医療保険制度の改革法案を可決できること、エネルギー問題にもっとすぐれた解決策を講じられること、子供たちをもっと効果的に教育できることを認めれば……今後さらに多くの批判を受けるでしょうし、さらに多くの軌道修正を余儀なくされるでしょうが、私たちは正しい方向へ進めるのです。

――バラク・オバマ大統領、二〇〇九年三月二十四日

レオナルド・ダ・ヴィンチは、《モナリザ》や《最後の晩餐》で知られる画家であると同時に、すぐれた技師であり、解剖学者であり、自動車、ヘリコプター、機関銃を構想した概念論者であり、ときには地理学者、数学者、音楽家、植物学者の顔を見せることもあった。歴史学者の一部によれば人類史上もっとも多才な人物だが、少々変わり者だったかもしれない。十六世紀の芸術家で作家のジョルジョ・ヴァザーリ（直接の目撃者）によれば、ダ・ヴィンチは若い同業者のミケランジェロ・ブオナローティをあからさまに「見下して」いた――彼があまりにも激しく嫌うので、やがて巨匠ミケランジェロは、ダ・ヴィンチと同じ町に住むよりは、フィレンツェを離れることもやむを得ないと考えるようになったほどだ。それから、ダ・ヴィンチは彫刻という芸術形態――ミケランジェロの得意分野――を辛辣に批判し、仕事場が乱雑になるとか、制作が容易であるとか、見るからに価値が劣るなどと言い、彫刻は「肉体的努力をより多く必要とする［一方］、絵画は精神的努力をより多く必要とする」とした。

　ミケランジェロにしても、この年老いたライバルへの態度は似たようなものだった。ダ・ヴィンチに対しては、概して怒りっぽく、不寛容だったという。あるときふたりは近所で偶然に行きあい、居あわせた人の言葉をきっかけに険悪な言い合いになった。

　ある友人とサンタ・トリニータ橋の近くを歩いていると、善良な市民の一団がダンテのある一

節を話題にしていた。彼らはリオナルド〔レオナルド〕に声をかけ、その一節の意味を解説してほしいと言った。そこへ偶然にミケランジェロが通りかかり、市民のひとりに呼びとめられたリオナルドはこう答えた。「あそこにミケランジェロがいる。お尋ねの一節は、彼が解釈してくれるだろう」すると、ミケランジェロは馬鹿にされたと思い、腹を立ててこう言いかえした。「あなたがご説明なさったらどうです、馬のブロンズ像の雛型まではつくったが、鋳造するには至らず、みっともなくもそのまま放り出してしまったあなたが」そして、彼は一同に背を向けると、先へ行った。リオナルドはその場に立ちどまったまま、非難をぶつけられたことで顔を真っ赤にしていた。すると、まだ言い足りなかったミケランジェロは、チクリとひとこと付け加えた。「あのミラノの腰抜けどもだって、あなたならできると信じていたのに！」

今日《こんにち》のわれわれは、《モナリザ》やダビデ像をまれにみる天才芸術家の傑作として眺め、創作活動の背後にあった人間的なやりとりにはあまり注意を払わない。しかし、そのために、すぐれた業績から得られる重要な文化的教訓かもしれないものを見過ごしてしまう。つまり、すぐれた業績は比較と競争に根ざしている。「生まれつきの才能は競争によって伸ばす必要がある」とニーチェも書いている。われわれは達成を個人的事象として考える傾向にあるが、人間は沖の孤島とは異なる。本質的に、人間は社会的であり、競争的である。われわれは学びあい、分かちあい、つねに熱意、業績、力量をくらべあい、競いあっている。

すると、すぐれた人材の育成は、遺伝子、ビタミン、親だけの仕事ではない。個人の成功の後押しは、社会の義務でもある。どんな文化も、そこに所属する人びとの最高の能力を引き出す価値観をはぐくむよう努めるべきなのだ。

文化の違いはきわめて重要である。七世紀から八世紀にかけてバグダッドを中心に広がったイスラム・ルネサンスの文化は、農業、経済、法律、文学に大きな進歩をもたらした。球面三角法が用いられるようになり、代数学が生まれたことで、時間、経緯度、地球の表面積と円周、それに天体の位置を、より正確に計算できるようになった。当時のヨーロッパは、それほど創意に富んでいなかった。イスラム世界のような工夫を重んじる文化があらわれたのは、十二世紀のことである（十二世紀のヨーロッパの発展の所産には、印刷術、時計、天文学、航海術、レンズ、船舶、火器などの進歩がある）。

歴史には、このように大きな成果が集中するクラスター期と、成果がまったくないブラックホール期がいくつもある。

十八世紀から十九世紀にかけて、フランスは西洋料理の世界に革命を起こし、斬新なソース、スフレ、スープ、焼き菓子をつぎつぎ創作した。一方、すぐそばのイギリスは伝統料理である甘い、香辛料のきいたミートパイに満足していた。二十一世紀、アメリカには世界大学ランキングの上位一五校のうち一一校がある。アフリカ大陸には、上位一五〇校に範囲を広げても、そのうちの一校も存在しない。

一九〇〇年前後には、ウィーン一都市で、グスタフ・クリムト、グスタフ・マーラー、アルノルト・シェーンベルク、オットー・ワグナーの作品や、ジグムント・フロイト、ルートヴィヒ・ウィトゲンシュタインの研究が生まれた。一九八〇年代から一九九〇年代にかけて、サンフランシスコのやや南に位置する小さい地区シリコンヴァレーで、コンピューターのハードとソフトに多くの革新がもたらされ、人類社会の様相が急激に変わっていった。革新と優秀さの文化クラスターには、ニューオーリンズ・ジャズのように地域的なものもあれば、二十世紀半ばの東欧における物理学のように、ある時代に限定されたものもある。アメリカ・コネチカット州ニューヘイブン〔アメリカのピザ発祥の地のひとつ〕の薄い、ぱりっとした食感の生地を持つピザのように、人類全体の向上にかかわる重要性を持つものも。

　素晴らしい業績の後押しをする文化もあれば、天才になりうる人材を何の手助けもせずに放っておく文化もあるのは、いったいどうしてだろう？　古代ギリシャに関する自らの著書のなかで、ニーチェはプラトンにこんなことを言わせている。「コンテストがあったからこそ、私は詩人にも、哲学者にも、雄弁家にもなれたのだ！」ニーチェの見るところ、コンテストはギリシャ文化の核だった。スポーツのみならず、弁論、演劇、音楽、政治の分野でも競争が奨励されていた。古代ギリシャを研究するその他の歴史学者たちも同意見である。「古代ギリシャ人は競争を制度化し、それを基盤にして市民を教育した」と、国際オリンピック・アカデミーのクレアンティス・パレオロゴスは説明する。「競技大会での勝利を、神の祝福、都市の歓喜と優越、都市の名誉と威信として描き、勝者を尊敬に値する人間であると認め、彼らに栄誉を与えた」

　彼らは意欲的な目標を掲げた。できるだけ多くのギリシャ市民（女性と奴隷を除く）に人間の理想の達成を実現させるべく援助するというのだ。このため、公共空間も慣習も、公衆教育、師事、達成、それに「アゴニズム」すなわち競争心を奨励する構造になっていた。重要なのは、コンテストは手段であって目的ではなかったということだ。「アゴニズムは他者への深い敬意と配慮をともなう」と、政治理論学者のサミュエル・チェンバーズは説明する。「じっさい、ギリシャ語の『アゴン』が直接に指し示しているのは、勝敗の決定はもとより、闘いそのものの重要性をも強調しようとした競技会であり……闘いばかりではなく、それと同じほど重要な、お互いへの称賛によって特徴づけられる競技会である」

ギリシャ人がこういう理念をもってまいた種は、その理念の約束を理解するに十分なほど開《ひら》けた文化において、折に触れて芽を出している。オランダの歴史学者ヨハン・ホイジンガによれば、人間はアゴニズムの精神がないと平凡から脱却できない。

そこで、人類史上まれにみるほど創造性がつぎつぎ花開いた時代、イタリア・ルネサンスにふたたび目を向けてみよう。偶然ではないが、このころは計画的な文化的闘争の時代でもあって、つねにパトロンと芸術家が最高のアイデアと作品を競いあっていた。ダ・ヴィンチ、ミケランジェロ、ラファエロ、ティツィアーノ、コレッジョはライバル同士であることを心得ていて、学びあい、模倣しあい、助言しあい、批評しあい、妨害しあい、出し抜きあい、心の底から称賛しあっていた。政治レベルでは、美意識上の競い合いもさかんだった。各都市は、じっさいの命がけの戦争のあいまに芸術戦争を闘い、立派なモニュメントをこぞって制作した。たとえば、フェレンツェが壮大な「大聖堂《ドウオモ》」を建造するやいなや、シエナはそれを超えるものの建築計画に乗り出した。

じつのところ、ラトガース大学の美術史学者ローナ・ゴフィンによれば、イタリア・ルネサンスはあるコンテストから始まった。一四〇〇年、フィレンツェの商人組合の主催により、八角形の洗礼堂につける大扉について設計競技（コンペ）が行なわれた。勝利したロレンツォ・ギベルティは、七人の「競合者《コンバッティトーリ》」がその課題に取り組み、「私が勝利を手にした」ことを後日に記している。その後こういう競技がよく行なわれるようになり、芸術文化において競争がさかんになると、民衆の芸術への関心が高まると同時に、すぐれた芸術作品が続々と生まれた。芸術家は剣闘士のように闘いをくりひろげた。宗教的な着想、画期的な発想のほか、心に痛手を負うことも創作活動にはつきものだった。一五〇三年、フィレンツェ共和国の元首になってまもないピエロ・ソデリーニの依頼を受けたダ・ヴィンチとミケランジェロは、市庁舎の大広間の壁に、文字どおり隣りあって絵を描くことになった。テーマは、ダ・ヴィンチはアンギアーリの戦い、ミケランジェロはカッシーナの戦いである。このプロジェクトはふたりの対抗意識を最大限に利用するものだった。契約に、ふたりを「競わせる」ことが明示されていたのだ。民衆は素晴らしい見ものを期待した。「芸術家はしょっちゅう盗みあっている」とゴフィンは記している。「十六世紀の特異なところは、巨匠たちが……たいていの場合、お互いのおもなパトロンと知り合いだった点である。巨匠同士もお互いを知っていて、友人同士や仕事仲間である場合もあれば、敵同士である場合もあった。だが、ライバル同士であることはつねに変わらなかった」

　そして、こういう対抗意識はあのシスティーナ礼拝堂にも及ぶことになった。今日、この礼拝堂の内部に立ってあおぎみれば、ミケランジェロの壮大な天井画が目に飛びこんでくる。だが当初、ローマ教皇ユリウス二世に依頼されたこの天井画の制作——断れず、しぶしぶ引き受けた——について、ミケランジェロは本筋からの脱線になると考え、もっと経験のある画家で、如才のないラファエロが謀《はか》ったのではないかと勘ぐった（一方、その名誉ある仕事の候補者にすらなれなかったダ・ヴィンチは、それとは異なる種類の憤りを感じていた）。

ここに明らかな教訓がある。われわれは、すぐれた業績を称賛するとき、その背景にある努力のみならず、勝者と敗者をつくる競争のプロセスをも称賛することになる。この点については、正しい思考態度を持っていれば失敗を糧にできること——第３章を参照——を知らずにいれば、人間のひどく残酷な一面としてとらえられると思われる。

困ったことに、競争に向かう態度は人によって異なる。一九三八年、ハーヴァード大学の心理学者ヘンリー・Ａ・マレーは、競争的性格には二種類あると主張した。ＨＡＭ（High in Achievement Motivation＝高達成動機）とＬＡＭ（Low in Achievement Motivation＝低達成動機）である。ＨＡＭは競争に参加している状態を楽しみ、そうでないときよりも能力をよく発揮する。ＬＡＭは競争を嫌い、他人と争いたがらず、競争せざるを得ない場合には、あまり楽しいと思わないし、生産性が上がらない。ＬＡＭは、いわゆる習得目標を追い求めるほうがうまくいく。他人との比較ではなく、自分自身との比較のなかで技能を高めるのである。

西洋社会では、男性にはＨＡＭ、女性にはＬＡＭのほうが多い。興味深いことに、この男女間の違いは世界共通ではなく、遺伝的に組みこまれているわけでもない。二〇〇六年、経済学者のユーリ・グニージー、ケネス・Ｌ・レナード、ジョン・Ａ・リストがまったく異なるふたつの社会における競争本能について比較した。タンザニアのマサイ族と、インドのカシ族の社会である。男性中心のマサイ族の社会では、競争を選択する男性の割合は、女性のそれの二倍だった。だが母系文化に根ざしたカシ族の社会では、遺産を継ぐのは女性であることや、子供の名づけの際には母方の親族の名前にちなむこともあってか、女性のほうが競争を選択する場合が多いのだ。

この調査でまず取り上げるべきポイントは、男女のいずれかがより競争を好む生物学的構造を持っているわけではないことだ。男女がどう行動するかは、その人を取り巻く文化と、遺伝子と環境の相互作用しだいである。「この調査結果は政策コミュニティ内において重要な意味を持つようになる」とグニージーらの研究チームは結論している。「男女の違いが育ち、あるいは生まれと育ちの相互作用に基づくとすれば、公共政策は、競争に対する扱いの男女の格差を緩和するため、成長後だけではなく、幼少期からの社会化および教育を目標にすると考えられる」

それよりも重要なポイントは、人間の内なる動機はきわめて順応性に富んでいるうえ、社会の現実と密接に結びついていることだ。われわれの文化的景観は、成功するために自分や他人と競おうとするかどうか、またその際にどんな方法をとるかに、じかに影響してくる。

そんなわけで、好ましいものごとの達成を後押しする文化、また、さまざまな性格と動機レベルを調整できる文化を形づくることが重要になってくる。競争本能が報われる一方で、競争心が旺盛ではない人も、縮こまらず、生き生きと活躍できるようなクラス、オフィス、コミュニティをつくるには、どうすればうまくいくだろう？

わかりきったことを言うようだが、そのためには短期的な課題を明確にし、意味のあるものにすることが肝心である。長期的な目標に関連づけた短期的な課題を設けてやれば、ＬＡＭでさえ飛びつき、その挑戦を楽しむようになる。これはエリクソンの「集中的訓練」にも重なる。短期的な目標を達成する努力に充実感を覚え、現時点の能力と理想のあいだの大きなギャップばかりに目を奪われず、プロセスを楽しむことを学ぶのだ。

さらに、それによって学校教育に新しい方向性が示される。学校は、能力は先天的に決まっているのではなく、後天的に獲得できる技能であること（第5章のキャロル・ドウェックの言葉）を認め、どの子供にもやる気を持たせる方法を見つけなければいけない。

大胆にすぎる意見だろうか？　トロント大学で教鞭をとり、著書もあるジョン・マイトンの場合、昔ならばそう考えたかもしれなかった。しかし、二十代後半で数学講師になった彼は、いわゆる学習障害児をしばらく教えたあと、適切な教え方をすればそういう子供が非常に深く、速く学習できることを知り、衝撃を受けた。彼の見るところ、多くの子供がどこかの時点で数学の授業についていけなくなるのは、あるささやかな概念を把握しそこねることに始まる。それからは自分の能力に自信が持てなくなり、伸び悩んでしまうのだ。それに対処するべく、マイトンはさまざまな数学的概念をできるだけ理解しやすいよう表現し、子供たちが技能と自信の両方を同時に高められるよう手助けした。そして、この新しいプログラムを「子供の未知の数学能力＝Junior Undiscovered Math Prodigies」、略してＪＵＭＰと名づけた。著書『能力の神話〔*The Myth of Ability*〕』に、彼はこう記している。

「適切な教育法を用いて教師がほんの少しサポートしてやれば、グレード三だったクラスが、ひとりの落ちこぼれもなく、数学カリキュラムのあらゆる分野で簡単にグレード六や七にもなれる。在校中ずっとこのようなサポートを受けつづけた場合、子供たちはどれほど学力を伸ばすだろうか（また、学習を楽しむだろうか）」

マイトンは彼自身の考案した教育法が唯一であるとか、最善であるなどとは言っていない。むしろ、「教師は、どんな教育法を用いるにせよ、最初の一歩で説明を理解しそこなう生徒に対し、それ以上の進歩は不可能だなどと決めつけてはいけない」と主張する。

キャロル・ドウェック、ロバート・スターンバーグ、ジェイムズ・フリンらの主張からもわかるように、マイトンはまったく正しい。じつは、数えきれないほど多くの生徒が数学などの科目で落ちこぼれる理由は、どんな分野であれ、他人との競争を避けたがる人がいる理由とまったく同じである。つまり、自分の終生変わらない限界が暴かれるような気持ちになる。何らかの分野で努力をしてきても、あなたにはその資格がありませんというメッセージを受けとり、努力をやめてしまうのだ。ブルース・スプリングスティーンは子供時代の思い出をこう語っている。「教育制度には問題がある。ひとつのタイプの頭のよさしか認めない。そして、信じがたいほど狭量《きょうりょう》だ——まったく、じつに狭量なんだ。頭のよさにはいろいろなタイプがある。教育制度の枠組の外で本領を発揮する人間が「脱落してしまう」」

学校は、人によって学習方法が異なる現実に合わせ、変わらなければならないのではないか。どんな生徒にも大きな期待を寄せつづけることと、最初のうちどうしても期待に応えられない生徒に理解と創造性を示してやることとは、矛盾しない。失敗があっても、生徒の生来の限界のあらわれではなく、学習の機会としてとらえるべきだ。ジョン・マイトンはこう記している。「知能や能力が一足飛びに進歩するものならば、教育の場でそういう現象が見られないのはどうしてなのか。思うに、その答えは人間の思考に根強く存在する惰性的な考え方にある。全体としての社会は、何かを不可能だと信じこんだとき、それに矛盾する証拠を握りつぶしてしまう」

大きな期待を寄せる一方で、理解、創造性、忍耐を示してやる。この原則は、社会や文化のそれ以外の部分にも適用できる。たとえば、政府による貧困層の待遇や、法制度による犯罪者の処遇。上司が部下を、企業が消費者を扱うとき。また、メディアが読者、視聴者、聴衆者を扱うとき。

もっと不愉快なやり方もある。生々しい競争意識に満ちた空気を取り入れる――勝者がすべてをひとり占めするシステムをつくるのだ。「人間は――あらゆる人間は――自分自身が目的であって、他人の目的達成のための手段ではない」と、一九六二年に小説家のアイン・ランドが書いている。「人間は自分のために存在するべきだ……理にかなった私欲や、自分の幸福を追い求めることは、人生でもっとも重要な道徳上の目的である」これは自由放任主義《レッセフェール》の考え方だ。つまり、純粋な私欲と市場効率はもっとも生産的な社会をつくるという信念である。

レッセフェール的社会はたしかに大きな成功を生むだろう。競争にもっとも強い者が他者を踏み台にして頂点に至る。競争の場には道徳的な制限がない。社会はあらゆる意味でどんどん極端になり、少しの成功者と、多くの不運な敗者を生みだす。『スポーツ・イラストレイテッド』誌のアレグザンダー・ウルフ記者が書いたケニアの長距離走文化の記事を思い起こしてほしい。数百万人の子供たちがトレーニングに励み、コーチは彼らを限界いっぱいまで鍛える。疲労や負傷によって脱落者が大勢出るとしても、チーム全体の成功には十分であることを承知しているのだ。

しかし、犠牲もやむなしとする風潮はわれわれが求める人間性ではない。それよりも、われわれはアゴニズムの理念を受け入れる。健全なライバル関係や、あらゆる人びとへの大きな期待、敬意、思いやり。

われわれ全員が持っている天才的能力とは、われわれ全員が手を携え、ともに向上できる力なのだ。

第10章　遺伝子2・1——遺伝子も〝改良〟できる!?

われわれは昔から、ライフスタイルが遺伝に変化をもたらすことはないと理解してきた。ところが、そうとは言いきれないことが判明した……。

十九世紀初めのフランスの生物学者ジャン＝バティスト・ド・ラマルクは、物笑いの種《たね》としてよく言及される科学者である。二十世紀以降、これほど冷笑される科学者はほとんどいない。教科書などでは、ラマルク説はダーウィン以前にあらわれたお粗末な進化論であると定義（あるいは嘲笑）されている。経験によって遺伝的形質に変化を加えることが可能だなどとは、浅薄な考えではないか、と。ラマルクはそれを「獲得形質の遺伝」と呼んだ——個体の行動は子孫に伝える遺伝的形質に変化をもたらすことがあるという考え方である。たとえばキリンは、ラマルク説によれば、高所の食物を食べようとすることで首が長くなっていった。

キリンは……木の葉を食べるので、しょっちゅう木の葉をむしる努力をする。この種のあらゆる個体がその習慣を長期にわたって保ってきた結果、後脚よりも前脚のほうが長くなり、首が伸びたのである。

――ジャン＝バティスト・ド・ラマルク、『動物哲学』、一八〇九年

現代のわれわれには不合理な理論に思える。そのおもな理由は、ダーウィンの進化論とまるで異なるからだ。ダーウィンが『種の起源』を発表し、やがてその他の学者たちが遺伝子を発見すると、科学者にも一般大衆にも、それ以前とはまったく異なる概念――自然選択説――が常識となった。一〇〇年以上前から一般に受け入れられているところでは、遺伝子は、個体の経験ではなく、ランダムな突然変異などの要因によって変化する。変異によって偶然にも環境にぴったりと適合した個体がさかんに成長し、

新しいホソバウンランの「整正花」

ふつうのホソバウンラン

EMIL NILSSON

のちの世代にその遺伝子を伝える。

自分の遺伝子を変えることはできない。この点については、一九五〇年代、ＤＮＡが発見されたときに改めて主張され、ラマルクは遺伝学史上、理論家としては敗者の立場に追いやられた。今日《こんにち》、遺伝子がそのまま親から子へ、世代から世代へ受け継がれることは高校生でも知っている。ライフスタイルによって遺伝に変化をもたらすことは不可能なのだ。

ところが、いまやそうとは言いきれないことが判明した……。

＊＊＊

一九九九年、イギリスの植物科学研究所ジョン・イネス・センターのエンリコ・コーエンらの研究チームは、二種類のホソバウンランの遺伝子の違いを特定しようとしていた。より新しい、珍しい種類（上図左）は十八世紀半ばにカール・リンネが「整正花《ペロリア》」と命名した放射相称という形の特徴的な花をつけ、それを取りまく五つの距《きょ》が星型をつくる。

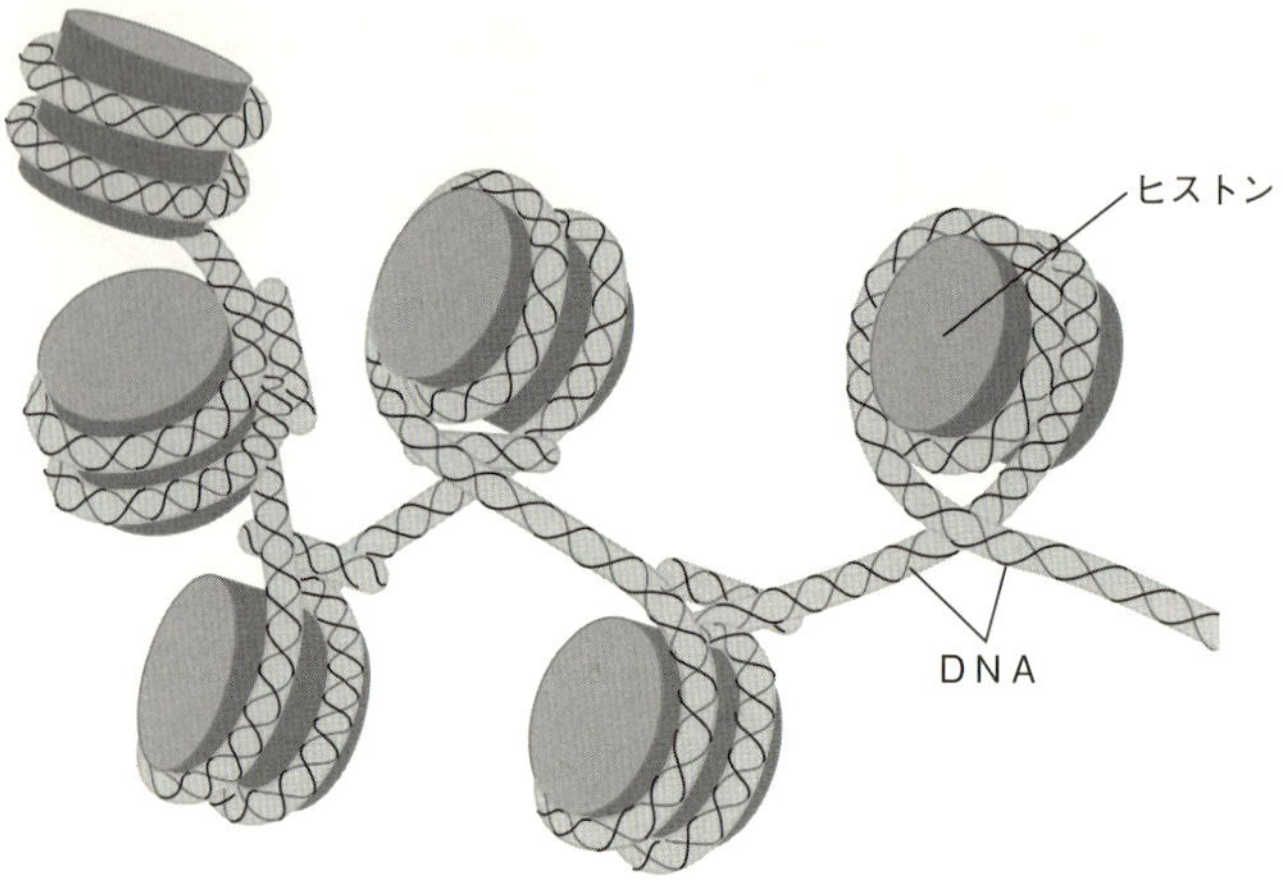

ところが、遺伝子には異なるところが見当たらなかった。花の相称性に関与する遺伝子として知られる「Ｌｃｙｃ」をくわしく調べたところ、驚いたことに、二種類のＤＮＡのコードがまったく同じだった。外見は異なっているのに、遺伝子コードは同じだったのだ。

それから、彼らはもっと意外な事実を発見した。二種類の花のあいだには、たしかに違いがあった。それぞれのエピゲノム――ＤＮＡのパッケージング――が異なったのだ。

遺伝子の構造をざっと説明しておこう。ＤＮＡは、よく知られるように、二重らせん状の構造になっている。拡大すれば（約一〇〇〇万倍）上図上のようになる。

もっとうしろに引いた図にすると、もちろんＤＮＡはもっと小さく見え、ヒストンというタンパク質の保護物質に巻きついている。このように見えるのだ（約一〇〇万倍。上図下)。

ヒストンは、ＤＮＡを保護し、小さくまとめて収納している。また、遺伝子の発現を媒介する。スイッチのオンとオフのタイミングを遺伝子に伝える役割をする、エピゲノムと称されるものである。ここ数年で知られるようになったことだが、こういうエピゲノム(「エピ」はラテン語で「上」あるいは「外」という意味を付加する接頭辞)は環境によって変化することがある。したがって、遺伝子と環境の相互作用にとっては重要なメカニズムとなる。

しかし、エピゲノムに生じた変化が遺伝しうることを、当時の科学者たちは理解していなかった。一九九九年まで、エピゲノムは世代が新しくなるたび黒板の文字のようにきれいに消されると考えられていた。

そうではないことをエンリコ・コーエンが発見した。ホソバウンランの一種整正花《ペロリア》の花では、エピゲノムにはっきりした変化が生じると、その変化はその後の何世代にもわたって受け継がれていった。

これは花だけのことではなかった。同じ年、オーストラリアの遺伝学者ダニエル・モーガンとエマ・ホワイトローは、ネズミを使った実験でそれとよく似た発見をした。同じ遺伝子を持つネズミの一群が、さまざまな毛色をもって生まれてきた——それはエピゲノムの変化に由来するもので、のちの世代に遺伝した。さらに、モーガンらを初めとする研究者たちによって、この毛色に関与する「エピジーン」は、食物などの基本的な要素によって操作されうると判明した。妊娠している黄色い毛色のネズミは、葉酸の多い食物、あるいは豆乳を食べていると、茶色い毛色の子を生むエピゲノムの変異が生じる傾向にあった。そして、生まれた子にやる食物を通常のものに戻しても、茶色い毛色はその後の世代に受け継がれていった。

　その後、エピゲノムにまつわる新発見が相次いだ。

●二〇〇四年、ワシントン州立大学のマイケル・スキナーは、ネズミを駆除剤にさらした場合にエピゲノムの変化が生じ、それ以降の少なくとも四世代にわたって精子の数が減少することを発見した。

●二〇〇五年、ニューヨーク大学のドロレス・マラスピーナらの研究チームは、ヒトの男性の加齢にともなうエピゲノムの変化により、子供の世代の知能が低下したり、統合失調症をわずらうリスクが上昇したりする場合があることを発見した。

●二〇〇六年、ロンドン大学の遺伝学者マーカス・ペンブリーは、スウェーデンの医療記録のデータを用い、ヒトのある世代の栄養不良と喫煙が、その後の数世代にわたって影響を及ぼしつづけることを示した。

●二〇〇七年、アメリカ小児保健研究所のミーガン・ヒッチンスらの研究チームは、ヒトにおいて遺伝によって受け継がれたエピゲノムの変化と大腸がんの発症に関連があることを報告した。

　復権おめでとう、ムッシュー・ラマルク！　「エピジェネティクスはゲノムの健全性にわれわれ自身がいくらかの責任を負うことを証明している」と、デューク大学のエピジェネティクスとインプリンティング研究の権威であるランディ・ジャートルは言う。「以前には、遺伝子は結果をあらかじめ決定する「と考えられていた」。現在では、われわれのあらゆる行動――食事、喫煙など――が、われわれおよび未来の世代の遺伝子発現に影響を及ぼす［と理解されている］。エピジェネティクスは自由意志の概念を遺伝学の考え方に持ちこんだ」

それに、未来の世代についての考え方にも。この点はきわめて重大である——おそらく、遺伝学においては遺伝子発見に次いで重要なものと言えるだろう。

いまのところ、こういう発見の厳密な意味合いはまだよくわかっていない。判明している事実が非常にわずかだからである。だが明らかなのは、エピジェネティクスの研究が進めば、病気、人間の能力、進化の理解が根本から変化することだ。まずは、単純だがじつに衝撃的な概念について心得ておこう。

ライフスタイルは遺伝に変化をもたらすことがある。

ラマルクは、とくにキリンについて正確に把握していなかったと思われるし、「遺伝によって受け継がれる形質こそ進化のおもな媒体である」とした点では、たしかに間違っていた。だが、子供をつくる前の行動によって子孫に伝える生物学的遺産が変化しうるという考え方は、基本的には正しかったとわかった（彼は二〇〇年も先を行っていたのだ）。近年、遺伝および進化がかつて考えられていたよりもずっと複雑な現象であることを、生物学者たちもひそかに受け入れるようになっている。エピゲノムの変化は遺伝する。この考え方は、自然選択説を否定するのではなく、もっと複雑なものにする。またこの考え方は、生物種の環境変化への適応を可能にするもうひとつのメカニズムを示すのみならず、従来考えられていたよりも相互作用的だが、それほどランダムなものではなく、同時にいくつもの並行した道筋をたどる進化のプロセスの展望を描きだす。「DNAは遺伝の最重要の要素ではない」と、遺伝学者のエバ・ヤブロンカとマリオン・ラムは記している。「世代間の情報伝達は、相互作用する多くの遺伝機構によって行なわれる。また、現在の定説に反して、自然選択の作用を受ける突然変異はかならずしもランダムではない……生活条件に対応し、新たに遺伝可能な変異が出現することもある」

最近のこれらの発見は、才能と知能に関するわれわれの理解にどんな影響を与えるのだろう？　この点については、まだ確実なことが言えない。だが、可能性の扉は大きく開いた。少し前の一九九〇年代ならば、十二歳の子供がいまから一生懸命に勉強すれば、大人になってから授かる子供にもっと明敏な知能を受け継がせることが可能である、などと遺伝学者が発表すれば、聴衆に大笑いされていただろう。だが今日、このシナリオは現実味を帯びてきたようである。

ワシントンDC発――［二〇〇九年］二月四日付のジャーナル・オブ・ニューロサイエンス誌に発表された新しい動物研究で、環境による働きかけは遺伝子異常による記憶障害を抱える若いマウスおよびその子孫の記憶力を高めるとわかった。この発見は、子をつくるずっと前にした行動が、子の健康に影響を及ぼす可能性を示している。「ヒトおよび動物のモデルにおいて、豊かな経験によって脳の機能と可塑性《かそせい》の向上が可能になることはすでに判明しているが、今回の研究はその一歩先を行くもので、向上した学習行動および可塑性は、受胎のずっと前に産子に伝えられることが示唆されている」と、マサチューセッツ工科大学のリーフェイ・ツァイ博士は語っている。博士はハワード・ヒューズ医学研究所の研究員で、今回の研究にかかわっていない専門家である。

言いかえれば、われわれは、これからわが子に頭の体操をさせれば、孫のためにもっといい条件を用意してやれるかもしれない。

そのほかに、どんな可能性があるだろう？　一世代、あるいは数世代にわたって運動競技に専念すれば、その後の世代に生物学的な優位性を与えられるだろうか？

十代のころから音楽のトレーニングを積めば、曾孫の「音感」を高められるだろうか？

個人の行動が、目に見えないさまざまな方法で、進化に影響を及ぼすことはありうるのだろうか？

「以前、初期発達においてエピゲノムのコードが確定すれば、それは一生変わらないと考えられていた」と、マギル大学の教授で、エピジェネティクスのパイオニアのモッシュ・スジーフは言う。「だが、人生はつねに変化しつづける。そして、ＤＮＡを制御するエピゲノムのコードは、われわれを変化させると同時に、われわれが働きかけて変化させることもできるメカニズムであることが判明しつつある。エピジェネティクスによれば、人生における小さなものごとが大きな影響力を持つ、ということになるのだ」

エピジェネティクスに関して現在までに判明している事実は、ヒトの能力に関する動的システムのモデルにぴったりと符合する。遺伝子は、われわれがどんな人間になるかを指図するものではなく、動的プロセスの主体である。遺伝子の発現のしかたは外部からもたらされる力によって調整される。

「遺伝形質」はさまざまな形であらわれる。われわれは、ずっと変わらない遺伝子と、変えることができる後成遺伝物質を受け継ぐ。それから、言語、思考、態度をも受け継ぐが、それらはあとから変えることができる。さらに、生態系をも受け継ぐが、それもあとから変えることができるのだ。

あらゆるものがわれわれを形づくり、われわれはあらゆるものを形づくる。われわれ全員が持っている天才的能力とは、生まれつき備わった、自分と自分を取りまく世界を向上させる力なのだ。

エピローグ　テッド・ウィリアムズ・フィールド

サンディエゴのノース・パークの近辺はテッド・ウィリアムズがいた時代からそれほど変わったようには見えない。彼が少年時代を過ごしたユタ通り四一二一番地の家はいまもある。そこから二ブロック足らずの距離には、彼がかつて練習場所にしていた野球用のグラウンドも残っていて、現在「テッド・ウィリアムズ・フィールド」と呼ばれている。バッティング・ケージの前にリトル・リーグ用の使用申し込み表がついている。筆者が訪れた天気のいい日曜日の午後、そこには人っ子ひとりいなかった。ボールの糸や皮が擦り切れるまで熱心に打撃練習をする者も、昼食代にする小銭を払って球拾いのアルバイトを雇う者もいない。たぶん、そのかわりにどこかの十一歳の子供が、屋内でチェロの練習に励んでいたり、世界を変えるソフトウェアをつくっていたりするのかもしれない。

グラウンドに誰もいないので、テッドがプレートの前に立ち、もう一球よこせ——今度はもっと強い球だぞ——と友達に叫ぶすがたを想像するのは、かえって容易だった。グローブをつけずに外野に立ってボールを受けようとするが、ほとんど落としてしまう二、三人の子供たち。数秒ごとに響く打球音と、ときおり聞こえてくるテッドの「そうだ、それでいい」というつぶやき。テッドは、空振りしたりファウルを打ったりするたび、バットの構え方と振り方に注意する。ボールがどのようにピッチャーの手を離れ、回転し、移動するか。バットをいつ振りはじめるか。肩、腰、手首をどう動かすか。

筆者はわが家のふたりの子供たちの顔を思い浮かべ、彼らもいつか何らかの分野で、テッドと同じほどの決意をもってものごとに取り組めるだろうかと考えた。筆者自身、彼らがそうすることを望んでいるだろうか、と。

本当のところを言えば、筆者はたしかに子供たちに大きな夢を持ってほしいし、あきらめずにやりとおしてほしい。彼らに夢を押しつけることはできないし、そうする気もない。ただ、筆者自身が父と母に贈られたアドバイスを子供たちに伝えてやることはできる。どんな夢にも価値があって、それに専念したとき何ができるかは誰にもわからない、と。その際に、世代間で異なるところがひとつだけある。筆者の両親は、直感、信念、経験に基づく言葉をかけてくれた。だが筆者は、直感、信念、経験、そして科学に基づく助言を与えるのだ。

謝辞

一冊の本を書くためには、まず生きていなければならない。というわけで、シドニー・コーエン博士、ロバート・ゲルファンド博士、とりわけマニッシュ・パリーク博士には、文字どおり心の底（および片側）からの感謝を捧げる。大きなモニター画面にリアルタイムで映しだされる冠動脈手術のようすを見守っていると、自然と謙虚な気持ちになるものである。ジェイムズ・ブレイク博士、フィリス・ハイド博士、ローレンス・ガードナー医師にも、たいへん恩義を感じている。

どこかで論文のクラスを受講する新入生、それも筆者より能力の高い学生が、本の執筆で生計を立てられるだろうかと思案している。その答えはイエスである。ただし、けっしてあきらめないことと、人脈に恵まれることが必要だ。筆者は運よくビル・トーマスとスローン・ハリスに出会えた。筆者の著書のうち、ビルがそのありあまる知性と、編集者としての力量を注いでくれたのは、これで三冊め。そしてなんと、スローンが筆者と本作りにいそしんでくれたのは（しょっちゅう電話で話しあった）、これで五冊めである。筆者にとって、彼なしでは文筆家としての人生はなかった。

本書の執筆のきっかけや、さまざまな方法でそれにかかわった人物については、本書の「証拠」のセクションの冒頭にくわしく記している。それに加え、ピーター・フリード、パトリック・ベイトソン、マッシモ・ピグリウッチは、早い時期に励ましを与え、決定的な洞察をもたらしてくれた。

執筆中、考えを率直かつ明確にすることができたのは、草稿を読んでくれた方々のおかげである。ジョシュ・バンタ、パトリック・ベイトソン、アレグザンドラ・ビアーズ、マーク・ブランバーグ、ナオミ・ボーク、ジョアン・コーエン、シドニー・コーエン、スタン・コーエン、ピーター・フリード、ルーファス・グリスコム、コリン・ハリソン、カート・ハーシュ、ジョン・ホルツマン、アンディ・ハイマン、スティーヴン・ジョンソン、アンドリュー・キンボール、ガーシュ・クンツマン、アダム・マンスキー、アマニ・マーティン、マッシモ・ピグリウッチ、デイヴィッド・プロッツ、スティーヴ・シルバーマン、マイケル・ストロング、フランセスカ・トーマス、スージー・ワイナー、サラ・ウィリアムズ。ジム・バーマンとアンディ・ウォルターは、じっくり読み、忌憚のない意見を聞かせてくれたことで、原稿作りを新たなレベルに引き上げてくれた。

友情とご支援をいただいた方々は、ジェレミー・ベンジャミン、デイヴィッド・ブース・ビアーズ、ペギー・ビアーズ、エリック・バーロウ、キャロリン・バーマン、グレッグ・バーマン、チャンドラー・バール、ボニー・コーエン、イーモン・ドーラン、ブルース・ファイラー、リチャード・ゲアー、ロブ・ガス、アンディ・ホフマン、レイチェル・ホルツマン、スティーヴ・ハッベル、ジェイン・ジャフィン、ロイ・クライトナー、ヴァージニア・マケナニー、キャサリン・シュルテン、アンドリュー・シャピロ、ジョン・シェンク、ジョシュ・シェンク、リチャード・シェンク（！）、レスリー・

シルコックス、マーク・シルコックス、アンドラーシュ・サーントー、リー・ソー。アンソニー・ウッゾとニューヨークの素敵なホテル・ビーコンには、とくに感謝する。

　エージェントも編集者も沖の孤島などではない。スローン・ハリス率いるＩＣＭの有能なスタッフに深く感謝する。クリスティン・キーン、モリー・ローゼンボーム、ジョン・デラニー、そして偉大なるリズ・ファレル。また、ビル・トーマス率いるダブルデイの素晴らしいチームにも深い謝意を述べる。マリア・カレラ、レイチェル・ラパル、ソニア・ナッシュ、ジョン・ピッツ、ノラ・ライチャード、アリソン・リッチ、エイミー・ライアン。とりわけメリッサ・アン・ダナツコの忍耐と知性には、ひとかたならぬ恩義を感じている。

　最後に、難しい仕事が残っている。筆者に力をくれる大切な存在、アレックス、ルーシー、ヘンリーへの感謝と誇らしさを言葉にすることである。たぶん、彼らにもわかっていることだろう。どんな人も持っている天才的能力とは、お互いを愛し、鼓舞する力なのだ。

訳者あとがき

「蛙の子は蛙」ということわざがある。子の性質や能力はたいてい親に似るものだという意味だが、自身について謙遜して言うときなどに、凡人の子はやはり凡人にしかならないという意味で用いることもよくある。調べてみると、「燕雀鳳《えんじゃくほう》を生まず」、「狐の子は面白」、「鳩の卵が鵯《ひよどり》にはならぬ」、「瓜の蔓に茄子《なす》はならぬ」など、似たような意味を持つ言葉がいくつもあっておもしろい。要するに、血は争えないというわけだ。

一方、「鳶《とんび》が鷹《たか》を生む」ということわざは、平凡な親からすぐれた子供が生まれたことのたとえである。鳶の子が鳶になるのは当然だが、それが鷹や孔雀になるとなれば、自然界で起こる現象としては異常だろう。昔から言われてきたこれらのことわざに改めて目を向ければ、子にはふつう親から受け継いだ素質がそのまま出現するもので、親にないすぐれた能力があらわれるのは、思いがけない、珍しい現象だという考えがかいま見える。

才能の有無はふつう生まれもった遺伝子に左右されるという考え方は、これらのことわざや、「生まれながらのリーダー」などの言い回しにもあらわれているように、根強く存在している。だが本書『天才を考察する』〔原題 *Genius in All of Us*〕は、世の中に流布しているこういう誤解を解消しようとする一冊である。本書によれば、生まれもった遺伝子と受胎後の生育環境との相互作用によって能力が発達することは、研究者のあいだではもはや常識になっているが、一般の人びとに十分に知られているわけではない。

「能力は遺伝子によって決まる」という通念がはびこる今日に、本書は、メジャーリーグで活躍した大打者のテッド・ウィリアムズや伝説的なバスケットボール選手のマイケル・ジョーダン、天才音楽家のモーツァルト、あるいはヨーヨー・マなど、世間によく知られる有名人たちのエピソードを引きながら、人間の能力に関する新しい研究成果の数々を一般の人びとにもわかりやすく示し、能力をつくるのは遺伝子のみの働きではなく、遺伝子と環境との相互作用であることを明らかにしていく。

本書は大まかにふたつに分かれる。前半にあたる「主張」篇は、才能についての旧来の誤った考え方を指摘しつつ、新しい調査研究によってわかっている人間の才能の真実をくわしく説明する。そして後半の「根拠」篇は、言ってみれば巻末の注釈なのだが、通常とは異なりたっぷりとページを割いていて、本書全体のおよそ半分を占めるほどである。「主張」篇の文章について補足し解説するなかで、いっそうの興味を掻き立てる知識の数々を紹介し、読み物としてもたいへん興味深い。

著者のデイヴィッド・シェンク氏はアメリカの作家で、情報化社会の問題点をあぶりだした『ハイテク過食症——インターネット・エイジの奇妙な生態』（早川書房刊）、「心を殺す病」であるアルツハイマー病に焦点を当てた『だんだん記憶が消えていく——アルツハイマー病：幼児への回帰』

（光文社刊）、ロック・バンドのグレイトフル・デッドとそれを取り巻く文化を辞典にまとめた『スケルトン・キー――グレイトフル・デッド辞典』（工作舎刊）など、多様なジャンルの著書をこれまでに五冊発表している。また、『ナショナル・ジオグラフィック』誌、『ハーパーズ』誌、『ニューヨーカー』誌、『ニューヨーク・タイムズ』紙などに寄稿している。

本文中、才能の発達に関連して言及されている人物に、独自の音楽教育法「スズキ・メソード」で知られる日本人バイオリニスト、鈴木鎮一氏がいる。この十数年に科学的研究によってはっきりした事実を、彼はもっと以前に経験から悟っていた。一九六六年に出版された鈴木氏の著書『愛に生きる――才能は生まれつきではない』（講談社刊）を読めば、つぎの一節はシェンク氏が本書で訴えたいことに重なるようである。

> いまの社会には、自分は生まれつき能がないからどうしようもないと観念し、あるいは、運命だからとあきらめてしまっているひとがたいへん多いように思います。そのために、生き生きとした喜びを、ほんとうの生命の喜びを感じることができないで一日一日を送っている。これは、人間の、いちばんのふしあわせといわねばなりません。
>
> 人間の能力は生まれつきではない。生まれた子は、大自然によって与えられた、生きようとする生命の働きのままに、おかれた環境のなかで、その環境に適応して、それぞれの能力を身につけていくのだ――こういうことを、わたしは三十数年の体験をとおしていい続けております。
>
> ――鈴木鎮一

ともあれ、蛙の子は蛙などと言ってあきらめるのではなく、鳶の子でも鷹になれると心得ておくことが、それぞれに豊かな人生を送るための一助になるのではないだろうか。

最後になりますが、翻訳の機会をくださった早川書房の伊藤浩さんに心から感謝申しあげます。幅広い学問分野をあつかう本文の訳文について、たくさんのご助言をいただきました。また、校正を担当してくださった二タ村発生さんにもあわせてお礼申しあげます。ありがとうございました。

二〇一二年九月

出典、注釈、解説、付加

●執筆のきっかけ

才能の理解をもっと深めようと考えたことには、いくつかのきっかけがあった。ひとつは、1999年に出版されたマイケル・ハウの著書『天才の解明〔*Genius Explained*〕』に夢中になったことだ。この本は、天才は生まれつきであるという通念を槍玉に挙げ、並はずれた能力については人生のなかで出会う外部事象によって説明できると主張していた。それを読んだ私は、すべてに納得したわけではなかったが、目からうろこが落ちる思いだった――とくに、モーツァルトの驚異的なエピソードを解体した部分にはハッとさせられた。

もうひとつは、チェスの歴史をテーマにした前著の執筆中、想像の範疇を超えるチェスの達人でさえ、自分を駆り立て、たいへんな努力をして少しずつ力をつけていったことを伝える調査結果やエピソードの数々に、徐々に興味を深めていったことだ。心理学者のアルフレッド・ビネーが若いころ、19世紀末ヨーロッパのチェスの名手たち（筆者の高祖父のサミュエル・ローゼンタールを含む）について研究したところ、彼らの視覚記憶能力は――一般に考えられているのとは異なって――生まれつきすぐれていたわけではないことが判明した。じつは、彼らの能力は長いあいだに蓄積してきた経験記憶から直接に生まれたものだった。その後、ビネーの研究を引き継いだオランダの心理学者の（チェスの名手でもあった）アドリアーン・デ・フロートは、ある観察結果を示して世間を驚かせた。つまり、すぐれたチェスプレイヤーは、他にくらべて判断が巧みだとか、速いなどということはなかった。また、生データの記憶力が高いわけでもなかった。けたはずれなチェス選手がたったひとつ他に抜きん出ていたのは、チェスのパターンを読みとる技能だった――それは数千時間、あるいは数万時間をかけて身につけたものだった。

そう、たいへんな努力である。成功とは何かを理解するにあたっては、成功の背景の日々弛まぬ厳しい鍛錬をくわしく知ることも必要になる。それに関し

て、筆者はチェスを専門にするコラムニスト、トム・ローズのある記事に驚かされた。若いノルウェー人プレイヤー、マグヌス・カールセンについて書かれたものだ。「彼は若くしてすぐれたチェスプレイヤーになった。だが、それは生まれつきチェスの才能に恵まれていたからなのか？　子供時代のマグヌスの立場に立って考えてみよう。８歳で初めてトーナメントに出場して好成績を収め、［グランドマスターの］目にとまり、教えを受けることになる。すると、すぐに自分は特別だと思うようになる。自分は「才能」を持っている、ひときわ輝くことができる、と。その思いに背中を押され、精一杯の努力をもってチェスに取り組み、周囲から好意的な目を向けられる……。トーナメントで結果を出し、メディアに注目されるたび、いっそう努力するようになる。最初のうち練習時間は１日２、３時間程度である。しかし、10歳になるころには１日４、５時間を費やすようになる」

この記事を読んだあと、最近に行なわれた才能の研究について調べた筆者は、ロンドン在住の心理学者で、筆者に名前の似ているデイヴィッド・シャンクスの見解に行き当たった。

> 練習よりも才能のほうが大きく貢献することに関しては、証明がきわめて困難である……。［それに対して］記憶、チェス、音楽、スポーツなどの分野における例外的な能力に関しては、現在得られつつある証拠から、昔からある慣用句――継続は力なり――に基づいて説明できることが示唆されている。

「継続は力なり」とは納得しがたい文句で、どうしてもこんな疑問がわいてくる。さんざん練習を継続したのに大成しなかった例が少なくないのは、いったいどうしてだろう？　そこで、アンダース・エリクソンとニール・チャーネスによる研究を見てみた。彼らの1994年の論文「専門的実践能力――その構造と獲得〔Expert performance—its structure and acquisition〕」から、意外な事実がわかった。筆者はこの論文のおかげで、人間がどのように習熟を得るのかを正確に把握しようとする研究者たちの世界に目を向けるようになった。じつ

は、トレーニング、学習、師事などの成功および不成功には、練習の程度の違いを初めとするさまざまな要素がかかわっている。

最後のひと押しは、筆者がそのチェスの本『不朽の局〔*The Immortal Game*〕』を上梓したあとにやってきた。作家のスティーヴン・ジョンソンと討論したとき、重要な問題がいくつか明らかになった。また、作家のキャスリン・ジェイコブソン・ラミンが、筆者との２度めの対話を機に、2006年９月16日発行の『ニュー・サイエンティスト』誌に掲載された挑発的な論説「無限の可能性〔The Sky's the Limit〕」を送ってくれた。そこには、そろそろ才能についての考え方を大々的に評価しなおす必要があるのではないかと簡潔に示されていた。それを読んだ筆者は、思考態度と動機に関するキャロル・ドウェックの重要な研究を警戒の目で見るようになったのだ。

その後、山ほどの記事や文献を読みあさった筆者は、いつのまにかふたつの学問分野の板挟みになっていた。ひとつは遺伝学、ひとつは能力／成功学である。これらの学問分野はいずれも最近に大きく変容したところで、学者たちはそれを明瞭に言葉にするべく努力していた――だが、率直に言ってあまりうまくいっていなかった。そこで、筆者はある野心的な目標を抱くようになった。ふたつの学問分野を橋でつなぎ、そこから新しい共通語を絞りだす。科学者が教師、記者、政治家などとも共有できるような、有用な慣用句や比喩表現を新たに示すのである。こうして、壮大な旅が始まった……。

●初期の参考文献

Binet, Alfred. *Mnemonic Virtuosity: A Study of Chess Players*, 1893. Translated by Marianne L. Simmel and Susan B. Barron. Journal Press, 1966.

De Groot, Adrianus Dingeman. *Thought and Choice in Chess*. Walter de Gruyter, 1978.

Elliot, Andrew J., and Carol S. Dweck, eds. *Handbook of Competence and Motivation*. Guilford Publications, 2005.

Ericsson, K. Anders, and Neil Charness. "Expert performance—its structure and acquisition." *American Psychologist* 49, no. 8(August 1994): 725-47.

Ericsson, K. Anders, Neil Charness, Paul J. Feltovich, and Robert R. Hoffman, eds. *The Cambridge Handbook of Expertise and Expert Performance*. Cambridge University Press, 2006.

Howe, Michael. *Genius Explained*. Cambridge University Press, 1999.

New Scientist Editorial Board. "The Sky's the Limit." *New Scientist*, September 16, 2006.

Ridley, Matt. *Nature via Nurture*. HarperCollins, 2003.

Rose, Tom. "Can 'old' players improve all that much?" Published on the Chessville.com Web site.

Shanks, D. R. "Outstanding performers: created, not born? New results on nature vs. nurture." *Science Spectra* 18(1999).

序章　〝ザ・キッド〟

●注釈

15　**「私は、シャイブ・パークの外野席で、彼がホームランを打つのを見た」**　Updike, "Hub Fans Bid Kid Adieu," p. 112.

15　**「テッドには生まれつきの才能があった」と、野球殿堂入りしている元名二塁手のボビー・ドアーは語っている。**　Nowlin and Prime, *Ted Williams*, p. 34.

15　**「テッド・ウィリアムズはこの世の誰よりも球筋をよく見きわめられる」とタイ・カッブも話している。**　*USA Today* Editors, "In every sense, Williams saw more than most,"

同様に、シンシナティ・レッズでプレーした元投手のジョニー・ヴァンダーミーアはこう付け加えている。

> 初めてテッド・ウィリアムズを見たのはフロリダ州タンパのプラント・フィールドで開催されたエキシビション・マッチでのことだ。彼はボストン・レッドソックスのルーキーで、私はシンシナティ・レッズに所属して

いた。彼はその試合の９回最後の打者だった。私は終盤の２、３回を投げた。テッドは３度めの三振に倒れた。

試合が終わってベンチのほうへ歩きかけると、彼がやってきてこう言った。「ボールが逆方向に回転していましたね？　上向きに捻ったんですか？」その球は内角低めのシンカーだった。「そのとおりだ」と私は答えた。たしかに手のひらを捻り——手首を捻り——ボールに逆方向の回転をかけていた。ちょうど近くにバッキー・ウォルターズがいたので、私はバッキーに、「こいつは縫い目の回転方向がわかるんだ！　きっといい打者になるね」と言った。そう、彼は縫い目を見ていたんだ！　でなければ、上向きに捻ったのかなんて訊きやしないだろう（From Nowlin and Prime, *Ted Williams*, p. 34）。

16　**「ばかばかしい」**　Montville, *Ted Williams*, p. 26.

17　**「彼はボールを打ってばかりいた」と、ある幼なじみは語っている。**

この友人はロイ・エングルである。ここではふたつの引用をひとつにまとめた（Nowlin and Prime, *Ted Williams*, pp. 6-8）。

→ 伝記作家のビル・ノウリンは1991年にサンディエゴを訪れ、かつてウィリアムズが練習に使っていたグラウンドを「テッド・ウィリアムズ・フィールド」と改名する式典に参加し、テッドを子供のころから知る大勢の人びとと過ごした。「テッドが少年のころ、あれほどの名選手になる片鱗を見せていたかどうかを知りたかった。聖別された者になる兆候はあったのか。いい選手であることは明らかだったが、当時のその近所にいたいい選手たちのなかで、抜きん出たところはなかったという。ある旧友はこう語った。『たしかにうまかったが、われわれのなかで飛び抜けた存在になったのは、15歳くらいになってからだ。その後の彼は、とどまるところ知らずだった』」（Nowlin, *The Kid*, p. 210）

17　**彼がサンディエゴでの少年時代に住んでいた小ぢんまりした家の二ブロックほど先に、ノース・パークというグラウンドがあった。**　Edes, “Gone.”

18　**監督のフランク・シェレンバックはあることに気づいた。**　Nowlin and

Prime, *Ted Williams*, p. 14.

18　**「彼はチームメートや対戦チームの選手と打撃術について延々と話しあった」**　Nowlin and Prime, *Ted Williams*, p. x.

19　**投手は［打者の］弱点を見きわめる」と、パドレスでウィリアムズの同僚だったセドリック・ダーストが語っている。**　Nowlin and Prime, *Ted Williams*, p. 13.

20　**人間が、たとえば一一日ごとに新しい世代が生まれるミバエならば、理由として遺伝子や進化を挙げたくなるかもしれない。**

→ １匹のハエのランダムな遺伝子変異は、１カ月のうちにコミュニティ全体に拡大しうる。この点については、好戦的なハエ、記憶力にすぐれたハエ、飛べないハエなどの繁殖実験によって複数の研究者が論証している。

21　**「非顕在的可能性」**　この用語は以下を参照。Ceci, Rosenblum, de Bruyn, and Lee, “A Bio-Ecological Model of Intellectual Developent,” p. 304.

21　**「具体化していない遺伝的可能性がどれほど存在するかを知るすべはない」**　Ceci, Rosenblum, de Bruyn, and Lee, “A Bio-Ecological Model of Intellectual Developent,” p. xv.

22　**この新説は、「生まれ〔nature〕」から「育ち〔nurture〕」へのたんなる転換を告げているのではない。じつは、「生まれか育ちか」の構図の破綻を明らかにし、われわれが自分という人間になる過程についての再考を求めている。**

→ 新たな考察を求めている大勢の学者のひとりに、ペンシルヴェニア州立大学の遺伝子学者ジェラルド・E・マクラーンがいる。彼はこう記している。「20世紀初頭以降、遺伝的因子と環境的因子の相互作用という共同的なモデルのほうが妥当であることは、はっきりと証明されている」（Gerald McClearn, “Nature and nurture,” pp. 124-30）

本書が刷りあがる直前に、「生まれか育ちか」というフレーズを撲滅すべきであると主張する新しい論文を、マーク・ブラムバーグが紹介してくれた。以下を参照。Spencer, J. P., M. S. Blumberg, R. McMurray, S. R. Robinson, L. K. Samuelson, and J. B. Tomblin, “Short arms and talking eggs: why we should no longer abide the nativist-empiricist debate.”（*Child Development perspectives,*

July 2009)

第1章　遺伝子2.0——遺伝子の本当の働き

●一次資料

遺伝子の働きと形質の発達については、数百に及ぶ文献や記事を参照した。おもなものを以下に挙げる（アルファベット順）。

Bateson, Patrick, and Paul Martin, *Design for a Life: How Biology and Psychology Shape Human Behavior*. Simon and Shuster, 2001.

Bateson, Patrick, and Matteo Mameli. "The innate and the acquired: useful clusters or a residual distinction from folk biology?" *Developmental Psychobiology* 49 (2007): 818-31.

Godfrey-Smith, Peter. "Genes and Codes: Lessons from the Philosophy of Mind?" 以下に収録。*Biology Meets Psychology: Constraints, Conjectures, Connections,* edited by V. Q. Hardcastle. MIT Press, 1999, 305-31.

Gottlieb, Gilbert. "On making behavioral genetics truly developmental." *Human Development* 46(2003): 337-55.

Griffiths, Paul. "The Fearless Vampire Conservator: Phillip Kitcher and Genetic Determinism." 以下に収録。*Genes in Development: Rereading the Molecular Paradigm*, edited by E. M. Neumann-Held and C. Rehmann-Sutter. Duke University Press, 2006.

Jablonka, Eva, and Marion J. Lamb. *Evolution in Four Dimensions*. MIT Press, 2005.

Johnston, Timothy D., and Laura Edwards. "Genes, interactions, and the development of behavior." *Psychological Review* 109, no. 1 (2002): 26-34.

McClearn, Gerald E. "Nature and nurture: interaction and coactions." *American Jouenal of Medical Genetics* 124B, no. 1 (2004): 124-30.

Meaney, Michael J. "Nature, nurture, and the disunity of knowledge." *Annals of the New York Academy of Sciences* 935 (2001): 50-61.

Moore, David S. *The Dependent Gene: The Fallacy of "Nature vs. Nurture."*

Henry Holt, 2003.（『遺伝子神話の崩壊――「発生システム的見解」がすべてを変える！』デイヴィッド・S・ムーア著、池田清彦、池田清美訳、徳間書店刊、2005年）

Oyama, Susan, Paul E. Griffiths, and Russell D. Gray. *Cycles of Contingency: Developmental Systems and Evolution*. MIT Press, 2003.

Pigliucci, Massimo. *Phenotypic Plasticity: Beyond Nature and Nurture.* Johns Hopkins University Press, 2001.

Ridley, Matt. *Nature via Nurture*. HarperCollins, 2003.（『やわらかな遺伝子』マット・リドレー著、中村桂子、斉藤隆央訳、紀伊國屋書店刊、2004年）

Rutter, Michael, Terrie E. Moffitt, and Avshalom Caspi. "Gene-environment interplay and psychopathology: multiple varieties but real effects." *Journal of Child Psychology and Psychiatry* 47, no. 3/4 (2006): 226-61.

Turkheimer, Eric. "Three Laws of behavior genetics and what they mean." *Current Directions in Psychological Science* 9, no. 5 (October 2000): 160-64.

これらの資料を、秀逸さ、あるいは全般的な重要さに基づいて順位づけすることは不可能だが、マット・リドレーの『やわらかな遺伝子』は特筆すべき1冊である。遺伝子と環境の相互作用に関する基礎知識を示している点で、本書の執筆にたいへん役立った。とはいえ、もちろん、筆者がつまらない勘違いをしていたとしても、リドレーにはまったく責任がない。

●注釈

26　**思えば、私が悪いんです。**　Chase and Winter, "The Sopranos: Walk Like a Man," May 6, 2007.

26　**皮肉なことに、アメリカで国民生活の［環境］事情が均一化されるにつれ、**　Herrnstain and Murray, *The Bell Curve,* p. 91.

→ この資料には、つぎのような珍説も収められている。「万人に大学教育をほどこすことは不可能である。人びとの大半は、真の大学教育から利益を受けられるほどの知能を有していない」（Murray and Seligman, "As the Bell Curves."）

27　「どの遺伝因子も環境から切り離して考えることはできない」

→ ここでは「形質〔trait〕」ではなく「遺伝表現型〔phenotype〕」という言葉が使われているが、混乱を避けるために差し替えた。もともとの引用はつぎのとおり。「遺伝因子は、環境との関係を抜きにして研究することができない。そして環境因子は、ゲノムとの関係なしに機能することがない。遺伝表現型は遺伝子と環境の相互作用によってのみ表にあらわれる」ミーニーはこう続ける。「主たる［直接の］要因を追求するのは無駄なことだ。現代の分子生物学で、それを追求しても確実性がない」（Meaney, “Nature, Nurture, and the Disunity of Knowledge,” pp. 50-61）

27　われわれ全員が教えられてきたところでは、たとえば瞳の色などの単純な特徴と同じく、知能などの複雑な特徴もまた両親のＤＮＡから直接に受け継がれる。この見解は大衆向けのメディアによって説得力が高められている。

いくつか例を挙げる。

「生物の生理および行動は、概して遺伝子に左右される」と、1999年に『エコノミスト』誌が明言している（Griffiths, “The Fearless Vampire,” p. 4）。

2005年、『サイエンティフィック・アメリカン』誌がこう断言している。「性格や知能などの抽象的な性質でさえ、遺伝子の青写真にコードされている」（Gazzaniga, “Smarter on Drugs,” p. 32）

2008年11月11日、筆者が本書の執筆を終えるころ、『ニューヨーク・タイムズ』紙にカール・ジンマーの注目すべき記事が掲載された。遺伝子に関する革命的な新事実がわかったという。以下に重要な部分を抜粋する。

> おなじみのＤＮＡの二重らせんは、もはや遺伝現象をひとり占めにできない。ＤＮＡにくっついている分子が、まったく同じ遺伝子を持つ２個体の生物に驚くべき違いをもたらすことがある。そういう分子はＤＮＡと一緒に遺伝することがある……。たとえば、じっさい、１本のＤＮＡから異なるタンパク質ができる……。また、ゲノムの形成に別の道筋があることも判明しており、遺伝現象における遺伝子の重要性について、疑問が生じている。ＤＮＡには数百万というタンパク質などの分子がちりばめられ、

それらの分子は遺伝情報のうちどれが転写され、どれが転写されないかを決定する。新しい細胞はＤＮＡと一緒にこういう分子を受け継ぐ。つまり、遺伝現象は第２の道筋をたどることがある（Zimmer, “Now: The Rest of the Genome”）。

一方、『ニューヨーク・タイムズ』紙のオンライン版の健康ガイド〔Health Guide〕のページには、「遺伝学」の見出しのもと、なんとこんなことが書かれている。「人の外見——身長、髪の色、肌の色、瞳の色——が遺伝子によって決まることは一般によく知られています。知的能力や生まれつきの才能も、特定の病気にかかりやすいかどうかと同じように、遺伝の作用を受けるのです」

27　**遺伝子構造をたとえて言えば、**　Friend, “Blueprint for life,” p. D 01.

28　**グレゴール・メンデルは、一八五〇年代から**　Field Museum, “Gregor Mendel: Planting the Seeds of Genetics.”

28　**メンデルは……遺伝子の存在を証明した——それにより、遺伝子はそれのみでわれわれの本質を決定することが明らかになったように思えた。そして、二十世紀初頭の遺伝学者たちはそうであると決めつけてしまった。**

→ ピッツァー大学のデイヴィッド・Ｓ・ムーアがメンデルの時代以降の遺伝子決定論の歴史を簡単にまとめている。

身体的・精神的形質は遺伝因子によって決定されるのではないかという考えは、遺伝子の理論が形成されはじめた近世以降、ずっと主張されている。グレゴール・メンデルは、エンドウマメの実験によって観察された変異について、「遺伝性のある因子」が原因であると推定したが、その際には遺伝子という言葉を使わなかった。一方、19世紀末に書かれたいくつかの生物学論文——アウグスト・ヴァイスマンなどによる——に、形質を決定する「生殖細胞」の概念について述べられていた。そして、メンデルの「遺伝性のある因子」とヴァイスマンの形質決定にかかわる「生殖細胞」は概念上よく似ていたので、それからほんの数十年後、メンデルの言

> う因子こそが形質決定にかかわる「遺伝子」だと考えられるようになったのも、無理もないことだった。T・H・モーガンは、20世紀初頭、遺伝子が染色体に存在することを発見した。その後、この発見をもとに、遺伝子こそ遺伝的形質の発達の原因であるという遺伝子理論が発展していった。この結論の土台になったのは、特定の遺伝因子と特定の形質のあいだに相関が見つかったことだ。この相関は遺伝子の作用が形質を決定するという主張を証明するものではなかったが、近代の遺伝子理論は、19世紀の「生殖細胞」論者が、進化における適応的な形質が世代間で伝達されることを説明するときの拠りどころにした遺伝子決定論を、なお踏襲しつづけた。こういう概念化は20世紀半ばになっても理論生物学の世界でさかんに行なわれ、フランソワ・ジャコブとジャック・モノーが遺伝子の発達の調節に関するオペロン説を唱えると、生物学者たちはそれを受け入れた（Moore, “Espousing interactions and fielding reactions,” p. 332）。

ムーアによれば、ヨハンセンは発達がひとつの因子であることを認識していた。また、彼らは遺伝子のみに注目し、発達を無視していた（Moore, *The Development Gene*, p. 167）。

28　**「遺伝子がその理由」であると、われわれは考える。**

→ マイケル・フェルプスをすぐれた水泳選手にしたものは何だろう？　「なんと言っても遺伝子プールである」と、スポーツを専門にする配給コラムニストのロブ・ロングリーは洒落を言う。「フェルプスは生まれつき数々の才能に恵まれていて、まさに造化の戯れといったところである」（Longley column）

29　**この二十数年に、メンデル説はすっかり改められている。いまや、これまでのことはすべて忘れ、遺伝子の理解をまったく新たにする必要があると考える科学者も少なくないのだ。**

→ 皮肉にも、遺伝子の働きに関するこの決定的な見解は、発表後にも一般大衆にはほとんど注目されていない。相変わらず新聞の第1面の見出しは、遺伝子組み換え、ゲノムマッピング、遺伝子検査、クローニングなどの進歩について吹聴している。結果、一般大衆は遺伝子の知識や真実から切り離されつつあ

る。心身の健康にまつわる疑問のほとんどがゲノムによって解消するというイメージを持っているのだ。現実はもっとずっと込み入っている。

29　相互作用論者の見解は、そのすべてが受け入れられているわけではなく

→ 本書は、あらゆる科学的観点を公平に伝えるのではなく、相互作用論者の主張を支持する立場をとっている。筆者は、多くの文献を読み、対話や考察を重ねたうえで、相互作用論者の見解を信頼するようになった。

現行の異論について、ジョンソンとカーミロフ＝スミスの論文“Neuroscience Perspectives on Infant Development”に短い記述がある。この論文はグーグル・ブックスを使えばオンラインで読める（Contentsの121ページをクリック）。

パトリック・ベイトソンとマッテオ・マメリの論文にも異論についての記述がある。

> 今日も多くの研究者が、形質は生まれつきで、遺伝子に関係しているという仮定を用いている（e.g.,Tooby & Cosmides, 1992; Plotkin, 1997; Chomsky, 2000; Fodor, 2001; Pinker, 1998, 2002; Miller, 2000; Baron-Cohen, 2003; Buss, 2003; Marcus, 2003; Marler, 2004）。この仮定については、一部に、発達における遺伝子の役割を不正確にとらえ、それを根拠にしているものがある。たとえば、表現型が先天的であるのは、発現するのに遺伝子のみを必要とするときであり、またそのときにかぎるなどと主張するのは、あまりにも単純である。表現型は、発現するのに遺伝子のみを必要とするものではない。というのも、発現のあらゆる段階において、生体とその環境の相互作用が必要になるのだ（Bateson and Mameli, “The innate and the acquired,” p. 819）。

29　「遺伝子のみを因子とする一般の概念は、妥当ではない」と、遺伝学者のエバ・ヤブロンカとマリオン・ラムは明言する。

彼らの見解の続きはこうだ。「[遺伝学者は現在] 形質の発現について、たいていの場合、単一の遺伝子の差異に依存しないと認識している。形質の発現

には、多くの遺伝子と、多くのタンパク質と、タンパク質以外の分子との相互作用および、それぞれの個体が育つ環境も関係してくる」

さらに、「冒険好き、心臓病、肥満、信仰心、同性愛、引っ込み思案、愚鈍など、特定の心身の特徴をもたらす遺伝子が存在するという考え方は、遺伝学の論議においてもはや立場がない」（Jablonka and Lamb, *Evolution in Four Dimensions*, pp. 6-7）

29　**この事実によって、瞳の色、親指の長さ、計算の速さなどの細かい特徴をあらかじめ指定する青写真という、長いこと使われてきた遺伝子にまつわる比喩表現は、完全に打ち消される。**

→ 適切な比喩を用いることは、コミュニケーションおよび科学の理解にもっとも大切である。遺伝学の観点から見れば、残念ながらわれわれが使う比喩は誤解を招きやすい。「分子生物学において、『情報』の明確かつ厳密な概念は存在しない」と、生物学者で哲学者のサホトラ・サルカールが記している。「情報は、理論的概念を装った比喩とたいして変わらず……それを用いて分子生物学に関するできるかぎりの説明をこしらえてみても、誤解を招くイメージしか伝えられない」

遺伝子、遺伝、進化についての今日の一般的な考えは、杜撰であるばかりではなく、たいへんな誤解のもとになっている。「青写真」や「暗号」などの比喩がよくできていることや、それ以外の主張にあまり説得力がないことのおかげで、そういう考えはあたかも真実であるように思える。だが、21世紀の科学的知識の高みから見れば、あらゆる種類の遺伝子決定論は、ものごとを不明瞭にするものでしかない。われわれは、分厚い、半永久的なベールをつくり、もっと興味深く、もっと希望に満ちた現実を覆い隠してしまっている。

ジョン・ジェイ・カレッジのスーザン・オヤマ（動的システム派のリーダー）はこう記している。「ここでわれわれに必要なのは、相手の核心を突くことである。核心とは、ある要因はその他にくらべてひときわ大きな影響を及ぼすという考え方であり、形態、あるいはその現代的なエージェントである情報が、その形態の出現につながる相互作用よりも前から存在するものであって、遺伝子によって、そうでなければ環境によって生体に伝えられているに違いな

いという考え方である。」（Oyama, *The Ontogeny of Information*, p. 27）

31　**遺伝子は、完成した青写真というよりも——二万二〇〇〇個のすべてが——ボリュームつまみと電源スイッチである。**

→ これは筆者なりに、遺伝子の動的な性質を正しくつかんだ、当を得た比喩表現を考えてみた結果である。

31（原注）　**じっさいの遺伝子の推定数には幅がある。**

> ヒトゲノム計画は2003年４月をもって終了し、全塩基配列の解析は基本的に「完了」したが、ゲノムに暗号化された遺伝子の正確な数は、いまだにわかっていない。2004年10月、米国立ヒトゲノム研究所（ＮＨＧＲＩ）と米エネルギー省（ＤＯＥ）の主導によってアメリカで行なわれた共同研究、国際ヒトゲノムシーケンス決定コンソーシアムの発見では、ヒトのタンパク質をコードする遺伝子の推定数は、３万5000だったのが２万から２万5000に減った。ヒトという種にしては、驚くほど少ない数である。コンソーシアムの研究者たちによって確認されたところでは、ヒトゲノムのタンパク質をコードする遺伝子は１万9599個である。また、タンパク質をコードする遺伝子であると予想されるＤＮＡの分節は、2188本が見つかっている。2003年の遺伝子予測プログラムの推定によれば、タンパク質をコードする遺伝子は、２万4500個ないしそれよりもやや少ない。アンサンブルと呼ばれるゲノムアノテーション閲覧システムの推定によれば、その数は２万3299個である（Human Genome Project, “How Many Genes Are in the Human Genome?”）。

さらに、新しいデータによって「構造単位、あるいは機能単位としての『遺伝子』の概念自体がひどく混乱すると思われる」（Keller, *The Century of the Gene*, p. 67）〔『遺伝子の新世紀』エヴリン・フォックス・ケラー著、長野敬、赤松眞紀訳、青土社刊、2001年〕。

31　**これらのボリュームつまみと電源スイッチの多くは、他の遺伝子や環境からのほんの少しの働きかけによって、いつでもアップ・ダウン、あるいはオ**

ン・オフする可能性がある。事実、つまみが捻られ、スイッチが切りかえられることはしょっちゅうだ。

いまや、経験という因子が、ステロイドホルモンの働きに関与するものを含む（それぱかりではないが）、いくつかのメカニズムを通じて遺伝子発現に影響を及ぼすことがわかっている……。たとえば、テストステロンのレベルは性経験に応じて変化する。テストステロンなどのホルモンは細胞膜と核膜の両方を透過するとわかっていて、特定の受容体との結合ののち、ＤＮＡとの結合によって遺伝子発現を調整することが可能になる（Moore, “Espousing interactions and fielding reactions,” p. 340）。

31　**この遺伝子と環境の相互作用のプロセスは、……ひとりひとりに異なる発達の道をたどらせるものだ。**

「誕生から死までのＧ×Ｅのプロセスは、ヒトの複雑な形質の多様性について、多くの部分を理解するのに重要なカギになると思われる」（Brutsaert and Parra, “What makes a champion?” p. 110）

32　**われわれはメンデルの遺伝の法則を叩きこまれているから、こんなことを聞かされれば突拍子もない話だと思うかもしれない。だがじつは、現実はもっと複雑である――エンドウマメにしてもそうだ。**

→ メンデルのエンドウマメの例は、その論理の本質的な部分に誤りがある。環境が一貫していると仮定することで、遺伝への明らかな環境影響をことごとく排除しているのだ。あらゆる個体の環境がまったく同一で、ずっと変化しないならば、たしかに遺伝子のみが遺伝を決定するように見える。これはダイスを振ることに似ている。ただし、２個のダイスをいっぺんに転がすのではなく、２個のうち１個を６の目に固定しておくのだ。そのため、２個の合計数は、つねに自由に転がるもう１個のダイスによって決まることになる。

32　**多くの科学者は、ずっと前からこの込み入った真実を理解していたが、一般大衆への説明に苦慮してきた。たしかに、これは単純な遺伝子決定論にくらべて説明が困難である。**

→ 2009年に『ニューヨーク・タイムズ・マガジン』に掲載されたエッセイに、スティーヴン・ピンカーがこう記している。「ほとんどの形質において、

遺伝子の影響はどれも確率的である。外部因子を考慮しなければ、ある種類の遺伝子を持っていることで確率が変化し、ある形質を持つようになる可能性が増減するかもしれない。しかし、じっさいの結果はその他の複雑にからみあう環境要素しだいである」（傍点は引用者）

これは、ほとんどの遺伝子は形質を直接に決定することがないという重要な認識であるが、ここで「確率的」という言葉を使うのは、ふたつの意味から浅慮であり、不適当である。まず、遺伝子の働きについて新たに誤った印象を与える——遺伝子はダイスと同じようなものだ、と。つぎに、遺伝子の発現と、遺伝子と環境の相互作用について、一般大衆にもっとよく理解してもらう助けになる重要な機会をふいにしている。

「確率的」という言葉は、ある遺伝子の変異型（対立遺伝子）は概して、ある結果が生じる保証にならないという了解事項を伝えることを意図したものである。ここまでは正しい。

しかし、この言葉はもっと多くの含みを持つ。ある遺伝子はある形質の発現の可能性をつくるという印象を強くするのである。これで誤解を招いてしまう——そのことを証明するピンカーその人のエピソードを以下に紹介しよう。

遺伝学の近況について探るため、ピンカーは自分のＤＮＡを分析させた。そこで判明した事実のひとつとして、彼はrs2180439SNPという遺伝子変異型を持っていた。じつは、この遺伝子変異型を持っている男性の80パーセントは禿げ頭であるという研究結果がある。ピンカーは白髪まじりのふさふさした巻き毛の持ち主である。彼は「サンプル集団についての確率を個人に当てはめれば、おかしなことになる」と書いている。「こういう数字を、上に紹介したような研究において用いることは、同じような大集団を扱う際の損失と利益を最適化する方便としては、まったく適正である。だが、そのつぎの、個人に当てはめた例はいただけない」

そのとおりである。そして、筆者に言わせれば、だからこそ遺伝子の性質をあらわすのに「確率的」という言葉を使うのはよくない。遺伝子はつねに特定の結果をもたらすものではない。というのも、結果には遺伝子と環境の複雑な働きもかかわっているのだ。同じ理由で、遺伝子は特定の結果をもたらす可能

性をつくるものでもない。

筆者は、「確率的」という言葉に異議を唱えてはいるが、集団遺伝学の研究に反対しているわけではない。こういう研究は、ピンカー自身が示唆するように、医療政策の決定には非常に有益である。だが、遺伝子とその働きについて記述する言葉を選ぶときには、そういう研究に引きずられてはいけない（引用部分は以下を参照。Pinker, “My Genome, My Self”）。

33　**タンパク質はサイズの大きい特殊な分子で、細胞の生成、重要成分の輸送、化学反応の発生を助ける。**

以下はオンラインで読める家庭の遺伝学ガイド〔Genetics Home Reference guide〕からの引用。

タンパク質とその働き

タンパク質はサイズの大きい複雑な分子で、体内でいくつもの大事な役割を担っている。細胞内で働くことがほとんどで、組織および器官の構造、機能、調整に必要なものである。タンパク質はもっと小さい単位、すなわちアミノ酸が、数百個から数千個、長い鎖によって連結した構造になっている。タンパク質をつくるアミノ酸には20の種類がある。それぞれのタンパク質の３次元構造および機能は、アミノ酸の配列によって決定する。タンパク質は体内での幅広い機能に応じてさまざまな呼び名で呼ばれる。以下にアルファベット順に紹介する。

タンパク質の機能の例

抗体〔antibody〕

ウイルスやバクテリアなどの異物と結合して体を防護する。

酵素〔enzyme〕

細胞内での数千回もの化学反応のほとんどを実行する。また、ＤＮＡの遺伝情報を読みとって新しい分子の形成を支援する。

伝令〔messenger〕

ある種類のホルモンなどの伝令《メッセンジャー》タンパク質は、異なる細胞同士、組織同士、器官同士の生物学的プロセスの調整にかかわるシグナルを伝達する。

構造成分〔structural component〕
細胞の構造および土台をつくる。もっと大きな規模では、身体の運動を可能にする。
輸送／貯蔵〔transport/storage〕
細胞内および体全体において、原子や小さい分子を結びつけ、輸送する。

34 **だから、あらゆる脳細胞、毛髪細胞、心臓細胞は、本人のＤＮＡをすべて内包していながら、それぞれが特別な働きをする。**
ローレンス・ハーパーはつぎのように記している。

あらゆる細胞は、核内のあらゆるＤＮＡを遺伝によって受け継いでいる。つまり、生体のあらゆる細胞は、潜在的に同じ可能性を持っている。外部条件が適切であれば、多細胞生物が発達するときの基盤になっているのは、さまざまな組織に潜在するこの遺伝的可能性のサブセットの、つねに進行している特異的な生成（発現）である……。こうしてさまざまなタイプの組織がそれぞれに示す特徴は、遺伝子発現のパターンによって決まる。すなわち、細胞内の遺伝子が「オン」になったり「オフ」になったりすること、あるいは遺伝子産物の独自の産生比率を示すことによって、決定されるのである（Harper, “Epigenetic inheritance and the intergenerational transfer of experience,” p. 344）。

35 **「発達は化学作用である」** Brockman, “Design for a Life: A Talk with Patrick Bateson.”
35 **これらを考えあわせれば、ほとんどの遺伝子はそれのみで何らかの特徴を直接につくることなどできない。むしろ遺伝子は、発達のプロセスに積極的に関与するとともに、柔軟に変化する構造を持っている。遺伝子を消極的な指示マニュアルだと言いあらわす人びとは、遺伝の仕組みの美しさとパワーを矮小化しているに等しい。**
ローレンス・ハーパーはつぎのように記している。

発達における個体発生の理解にとくに関連するところでは、発達のプロセスにおいて、細胞の遺伝子発現は外部条件に応じて安定的に変化し、生体の環境への適応を可能にするという事実がある。つまり、細胞は、外部信号に応じて分化する（機能において特殊化する）のみならず、いったん分化し、たとえば神経や腺組織などになってからも、その機能を分子レベルで再調整することが可能になる。分化した細胞の活動変化のもっともわかりやすい実例は、病原体に対する免疫の発達だろう（Harper, “Epigenetic inheritance and the intergenerational transfer of experience,” p. 345）。

36　**「瞳の色にしても、関連遺伝子が［唯一の］原因であると考えるのは誤りであって、他のあらゆる遺伝子および環境構成要素がかかわってくる」**
Bateson, “Behavioral Development and Darwinian Evolution,” p. 149.
→ 瞳の色にかかわる複雑な仕組みについて、その一端を以下の３つの文献を通じて見ていただこう。

虹彩の色は、ヒトにおけるメンデル遺伝の研究に初めて使用された形質である。ダヴェンポートとダヴェンポートによる論文（1907）は、茶色い目と青い目では茶色い目のほうが優性であり、両親とも青い目である場合はかならず青い目の子供が生まれ、茶色い目の子供は生まれないという、長いあいだ遺伝学の初歩として学校で教えられてきたことの要約である。この単純なモデルは、瞳の色が、他のさまざまな身体的形質と同じく、単因子遺伝形質ではなく多因子遺伝形質であるという事実を伝えていない（Sturn and Frudakis, 2004）。珍しい例ではあるが、両親とも青い目であっても、茶色い目の子供が生まれることもある（McKusick, “Eye Color 1”）。

＊＊＊

ヒトの虹彩の色はさまざまな要因から生じる量的表現型であって、そこ

にはメンデル遺伝に類似したところが見られる……。虹彩の色をもっともよく予測する遺伝的特性を特定するため、われわれは可能な組み合わせの有意確率を解析し、一塩基多型（ＳＮＰ）のセットを選択した……。これらの結果から、ＯＣＡ２はヒトの虹彩の色をつかさどる主要遺伝子であることが確認された。また、実験データベース駆動型システムを用いれば、このＯＣＡ２にいくつか存在するＳＮＰの遺伝子型により、ＤＮＡから虹彩のメラニン含有量を正しく予測できることが示唆された（“Multilocus OCA2 genotypes specify human iris colors,” pp. 3311-26）。

＊＊＊

青／非青の瞳の色を決めるうえでもっとも大きく関与するのは、３つのＯＣＡ２ＳＮＰであるとわかった……。被験者の62.2パーセントに見つかったＴＧＴ／ＴＧＴディプロタイプは、瞳の色の調節にかかわる主要な遺伝子型であると考えられ、その頻度は、瞳の色が青色もしくは緑色では0.905だったのに対し、茶色ではたった0.095だった。さらに、この遺伝子型は、明るい茶色の髪を持つ被験者にもっとも高い頻度で見られ、とくに肌の色が白色および中間色である被験者に多く、このことは、ＴＧＴハプロタイプが色素のより薄い表現型をもたらす劣性の変更遺伝子として作用することとも矛盾しなかった（Duffy et al., “A three-single-nucleotide polymorphism haplotype in intron 1 of OCA2 explains most human eye-color variation,” p. 241）。

34　**単一遺伝子病はたしかにあって、先進国では疾病負担のおよそ五パーセントを占めている。**　Khoury, Yang, Gwinn, Little, and Flanders, “An epidemiological assessment of genomic profiling for measuring susceptibility to common diseases and targeting interventions,” pp. 38-47; Hall, Morley, and Lucke, “The prediction of disease risk in genomic medicine.”

スーザン・ブルックス・ジスルスウェイトはこう付け加える。

遺伝学は、単一遺伝子疾患や、たとえばメンデルのエンドウマメの花の

色やさやの形などのような、単一遺伝子形質について論じるばかりの学問ではない。メンデル遺伝学で論じることのできるのは、出生者全体のたった3パーセントにしか生じないものだ……。

ヒトの遺伝はもっと複雑である。ほとんどの条件が多遺伝子性（複数の遺伝子がかかわる）であって、それらがどのように発現するかは、遺伝子同士の相互作用および環境と遺伝子の相互作用によって決まる（Thistlethwaite, *Adam, Eve, and the Genome,* p. 70）。

36　**「ワイヤーが切れれば、自動車は動かなくなるかもしれない」**　Oyama, Griffiths, and Gray, *Cycles of Contingency,* p. 157.

37　**「遺伝子にはタンパク質のアミノ酸配列の情報がコードされている」とベイトソンは言う。「それだけである。**　Bateson, *Design for a Life.* P. 66.

同様の見解をもうひとつ。「遺伝子が何かをコードできるとすれば、タンパク質の1次構造（アミノ酸配列）のみである」（Godfrey-Smith, "Genes and Codes," p. 328）

38　**少し前にあった驚くべき実例を紹介すれば、発達が動的プロセスであることを理解する助けになるだろう。一九五七年、**

→ もっと以前にもヒントはあった。ペンシルヴェニア州立大学の遺伝学者ジェラルド・E・マクラーンによれば、「20世紀初頭から、遺伝的因子と環境的因子の相互作用という、より共同的なモデルのほうが妥当であることは、はっきりと証明されている。20世紀初頭、メンデルの法則が再発見によってもてはやされ、メンデルの遺伝現象がやみくもに追究されるなかでも、遺伝子と環境の影響が相互に依存することを裏づける例は、いくつか明らかになっている。初期の有名なものにクラフカの研究がある（1920）。クラフカは、ショウジョウバエの個眼数に関する棒眼遺伝子型（現在ではX染色体の重複によって生じることがわかっている）の影響が、個体の飼育場所の気温に依存するという驚くべき事実を示した」（McClearn, "Nature and nurture," p. 124）。

38　**日本人の子供の身長**　Greulich, "A comparison of the physical growth and development of American-born and native Japanese children," p. 304.

38　**当時グルーリックは気づかなかったが、これは、遺伝子の本当の働きを示す完璧な実例だった。遺伝子は、あらかじめ決まった外形、あるいは体つきをつくるよう指示を発するのではなく、外部の世界とさかんに相互作用し、その場その場で唯一無二の結果を生みだすのである。**

→ 遺伝子と環境の相互作用について研究する第一人者ふたりによる、すぐれた概要を紹介しよう。

> 遺伝子発現の重要な特徴は、細胞外からの信号によって、また環境影響によって、可逆的に変更されうる点である。ＤＮＡは因果連鎖の発端であるが、本当に重要なのは遺伝子発現である（メッセンジャーＲＮＡに関して言えば）。遺伝子発現なくして、遺伝的影響はないのだ（Rutter, Moffit, and Capsi, “Gene-environment interplay and psychopathology,” p. 229）。
>
> ＊＊＊
>
> ひとりひとりの遺伝子と環境は相互に作用し、成人後の性格を決定する、複雑な発達のプロセスを開始する。このプロセスの最大の特徴は相互作用性である。生体がさらされる環境は、それ以前の状態によって決まる。環境が新しくなるたび、発達の道筋が変わり、将来の遺伝子発現に影響を及ぼす。原因から結果まで、途中で遮られずにまっすぐ進むことがないという意味で、あらゆるものが相互に作用する。ひとりひとりの遺伝子あるいは環境事象は、他の遺伝子や環境との相互作用によってのみ影響を及ぼす（Turkheimer, “Three laws of behavior genetics and what they mean,” p. 161）。

39　**人間の身長は、食べもの、気候、病気の変化に応じ、時代のときどきに大きく変動してきた。**

ヒトの身長を研究する人類学者リチャード・ステッケルの論文を引用する。「北欧の成人男性の身長傾向については1200年前からのデータが存在し、中世初期、気候が温暖だったころにもっとも高く、小氷河期にあたる17世紀から18世紀にもっとも低かった」（Steckel, “Height, Health, and Living

Standards Conference Summary," p. 13)

さらに、英米のティーンエイジャーは100年前の先祖よりも平均して６インチ〔約15センチ〕背が高かった（Ceci, Rosenblum, DeBruyn, and Lee, "A Bio-Ecological Model of Intellectual Development"）。

39　**『ニューヨーカー』誌の記者バーカード・ビルガーによれば、**　Bilger, "The Height Gap."

ビルガーの記事からもう少し抜粋する。

> 気候はいまだにジャコウウシやキリンの外形を形づくっている――それに、ほっそりした体形のイヌイットはめったにいない――が、工業国の人びとにはほとんど影響を及ぼさなくなっている。スウェーデン人は、昔は小柄でずんぐりしていたが、長いこと快適な衣服や住居とともに暮らしてきた結果、世界で一、二を争うほどの高身長を手に入れた。メキシコ人は、昔はすらりと背が高かった。ところが、しばしば食糧難と病気のために発育を妨げられ、生まれつき小柄であるような印象を与えるようになった。

> 生物学者によれば、ヒトにはぐんと身長の伸びる時期が３回あるという。１回めは幼児期、２回めは６歳から８歳、そして３回めは思春期である。きちんと栄養をとっていればこれらの時期に急速に背が伸びるのだが、45種類から50種類ある栄養素のうちのひとつでも欠ければ、成長が止まってしまう（「ヨウ素が不足するだけで、身長が10センチ、ＩＱが10ポイント下がる」と、ある栄養士は教えてくれた）。

> ステッケルは、奴隷の研究を終えたあと、連邦軍の兵士とネイティブ・アメリカンを調査した（彼の発見では、北シャイアン族の男性は19世紀の時点で世界一身長が高かった。野牛やベリー類を食べていたおかげで栄養状態がよく、病気ひとつせずに高原を歩きまわっていた彼らの平均身長は、５フィート10インチ〔約178センチ〕近かった）。その後、たくさんの人類学者に協力をあおぎ、１万年前からの人骨の測定値を集めた。する

と、ヨーロッパとアメリカの両方で、都市が大規模になるほど、人びとの身長が低くなっていた。人口密度が高くなるほど、害虫や害獣が増え、食事が貧しくなっていた。さらに、地球規模の気候変動にともなって、人びとの身長が低くなっていた。17世紀の小氷河期には、史上最低になっていた。

　南北戦争前後のアメリカでは、人びとの身長が、案にたがわず低くなった。連邦軍の兵士では、18世紀半ばに68インチ〔約172センチ〕から67インチ〔約170センチ〕に下がった。また、陸軍士官学校の生徒、アマースト・カレッジの学生、メリーランド州とヴァージニア州の自由黒人にしても、同じような傾向が見られた。だが、19世紀の終わりごろになると、アメリカは回復を見せはじめた。経済は劇的に発展し、都市は公衆衛生運動のおかげでようやく清潔になった。アメリカ史上初めて、都市生活者の人口が農業従事者のそれを上回りはじめた。

　筆者との私的なやりとりにおいて、パトリック・ベイトソンはつぎのように警告している。「大げさな主張をしてはいけない。遺伝子の違いと、行動あるいは形態の違いは、相互に関連していると考えられる。栄養満点の食事をしていれば、誰もが同じ身長になるわけではない。たとえばピグミーは、成長ホルモンの分泌が少ない。あるいは別の種族の場合（世界には表現型の発達の度合いが5倍、もしくはそれ以上の地域もあるようだ)、成長ホルモンの影響が少ない、と言うべきか」

39　**同じテストをうまくできず、平均失敗率が四割以上にのぼっていた「愚鈍」ネズミの系統**

→ この第2の集団は、記憶も学習もせずに同じ迷路で何度も立ち往生し、賢い集団にくらべ、失敗の回数が平均して40パーセント多かった。見かけ上、彼らは利口ネズミにくらべて愚鈍で、劣った知能遺伝子を持っているように思えた。

42　**「遺伝子と環境の相互作用を示唆する古典的実例」**　McClearn,

“Genetics, Behavior and Aging,” p. 11.

43　**ウミガメとクロコダイルは、卵のときの周囲の気温によって生まれる子の性別が決まる。**　Bateson, “Behavioral Development and Darwinian Evolution,” p. 52.

43　**一九七二年、ハーヴァード大学の生物学者リチャード・レウォンティンは、同僚たちにG×Eをよく理解してもらうため、わかりやすい説明を試みた。**

インペリアル・カレッジ・ロンドンの環境疫学科長、パオロ・ヴィネイスはつぎのように説明する。

> この問題は、リチャード・レウォンティンの重要な論文によって何年も前に解明されているが、現在でも混乱がある。レウォンティンの論文のおもな主張によれば、われわれは、遺伝子と環境の相互作用について評価するとき、「分散分析」のパラダイムを用いる。つまり、ふたつのおもな効果（遺伝子と環境）を結びあわせ、それらの相互作用の項を加えるときに、線形モデルを用いるのである。因果モデルにおいては、前提として因子の線形結合を基準線にし、そのうえで分散を算出し、ふたつの主要な効果（あるいはそれらの相互作用）の役割を分配する。だが、レウォンティンの主張によれば、分散分析の手法は誤解を招きやすい。前提とされる線形モデルを用いた説明には、理論上正当であると言える根拠がない（単純化を目的としているが、生物学上合理的ではない）。対照的に、たとえばシロイヌナズナ（植物）やショウジョウバエ（一例として、放射線誘起の突然変異に基づく個体など）を用いた実験では、変異によって、いわゆる「反応規格」に変化が生じることが判明している。「反応規格」とは要するに、異なる環境条件に反応する生体の能力のことである。突然変異系統が、たとえば異なる気温にどう反応するかについては、環境条件が特定されなければ、予測することができない。たいていの場合、いわゆる「カナリゼーション（運河化）」が起こる。すなわち、「通常」の条件下では、野生型と変異型に共通する、ある反応規格が存在する。ところが、刻々と変化する環境では、野生型と変異型で反応規格が異なってくる。この点か

ら、少なくとも一部の事例では、非線形なモデルを用いた説明が必要になることがわかる。実際的に言えば、この点からつぎのような意味が引き出せる。つまり、環境または遺伝子（またはそれらの相互作用）に基づいて疾患を説明しようとしても、失敗するのが当たり前である。というのも、異なる遺伝子変異体を持つ生物の2個体は、通常環境では同じ反応を示し、非通常環境ではまったく異なる反応を示すのだ（傍点は引用者）

（Vineis, "Misuse of genetic data in environmental epidemiology," pp. 164-65. ここでヴィネイスが言及しているのはレウォンティンの論文"The analysis of variance and the analysis of causes"である）。

44　**遺伝子と環境は弁証法的に相互作用し、生体の外形と行動をつくる**
Pigliucci, "Beyond nature and nurture," pp. 20-22.
44　**「動物の個体はさまざまに発達する可能性を持って生まれてくる。**
Bateson and Martin, *Design for a Life,* pp. 102-3.
「われわれが分子生物学に関して学んできたことのすべては、遺伝子の活動は細胞内の環境によって調節されることを示している」と、マギル大学のマイケル・ミーニーは説明する。

細胞内環境はその細胞の遺伝子構造と細胞外環境（たとえば、内分泌器官から分泌されるホルモン、免疫システムから分泌されるサイトカイン、ニューロンから放出される神経伝達物質、食べものを通じて摂取する栄養など）によって決まり、［その細胞外環境も］個体の環境に影響を受ける。神経伝達物質とホルモンの活性は、たとえば社会的相互作用などに大きな影響を受け、それが遺伝子の活性に作用することになる（Meaney, "Nature, nurture, and the disunity of knowledge," p. 52）。

44　**生命と遺伝子は相互に作用しあっているのだ。**
→ 遺伝子がたんなる煉瓦積み職人だとすれば、親方はどこにいるのだろう？建築家は？

驚いたことに、建築家は存在しない。アリのコロニーや銀河などの複雑な創発システムと同じく、人体は、ある厳格な科学の法則にしたがう一方、全体共通の指示にはしたがわない動的アセンブリである。結果は構成要素とプロセスによって決まる。

ヴァージニア大学のエリック・タークハイマーはこう説明する。「ひとりひとりの遺伝子と環境は相互に作用し、成人後の性格を決定する、複雑な発達のプロセスを開始する。このプロセスの最大の特徴は相互作用性である。生体がさらされる環境は、それ以前の状態によって決まる。環境が新しくなるたび、発達の道筋が変わり、将来の遺伝子発現に影響を及ぼす。原因から結果まで、途中で遮られずにまっすぐ進むことがないという意味で、あらゆるものが相互に作用する。ひとりひとりの遺伝子あるいは環境事象は、他の遺伝子や環境との相互作用によってのみ影響を及ぼす」

ここで主張している要点は、どんな人もまったく同じ生物学的な優位性や限界を抱えているとか、同じ可能性を持っているということではない。そうではないことは明白なのだ。しかし、ひとりひとりに潜在する真の可能性は、遺伝子のスナップショットから把握することはできない。われわれは、知能や才能のような複雑な形質に言及するとき、何気なく「生まれつき〔innate〕」という言葉を使うのをやめ、遺伝子に影響され環境に仲介されるプロセス、すなわちヒトの発達について、理解をできるだけ深める努力をするべきである。

科学論文に「生まれつき」という言葉を使用することの是非は、生物学者のあいだでさかんに議論されている。だが、複雑な形質をもたらす、固定され、内蔵され、あらかじめ決定されている原因を指して言うときにこの言葉を用いるのが一般的である状況は、もはや捨ておけない。時代にそぐわないのである。「遺伝子」と同じく気軽に使われている「生まれつき」という言葉は、自分がどのように自分になるかに関して、よくわからない事柄を言うときの代名詞にすぎない。気質、傾向、能力をはぐくむ、恵みに満ちているが仕組みのよくわからない培養器を意味する、簡略な表現なのだ（Turkheimer, “Three laws of behavior genetics and what they mean,” p. 161. Bateson and Mameli, “The innate and the acquired”）。

46　動的発達は、二十世紀屈指の画期的な発想だった。そして、現在もそうである。

→ $E=mc^2$のような伝わりやすいシンボルや、「生まれか育ちか」のようなフレーズを使わずにこの概念を世の中に伝えるのは、非常に困難である。これまで、それを試みようとした者はほとんどいない。この数十年、世の中を一変させる力のあるこの概念は、ずっとうやむやにされたまま、もっと心躍る、たとえばヒツジのドリー、ヒトゲノム計画、「犯罪遺伝子」などの遺伝子に関連する話題の陰に隠れていた。

そして、うやむやな状態はいまも同じである。その一方で、才能は遺伝するという通念は、学校にも保育所にも、あいかわらずはびこっている。

第２章　知能はものではなく、プロセスである

●一次資料

American Psychological Association. “Intelligence: Knowns and Unknowns. Report of a Task Force Established by the Board of Scientific Affairs of the American Psychological Association.” Released August 7, 1995.

Ceci, S. J. *On Intelligence: A Bio-ecological Treatise on Intellectual Development*. Harvard University Press, 1996.

Cravens, H. “A scientific project locked in time: the Terman Genetic Studies of Genius.” *American Psychologist* 47, no. 2(February 1992): 183-89.

Dickens, William T., and James R. Flynn. “Heritability estimates versus large environmental effects: the IQ paradox resolved.” *Psychological Review* 108, no. 2(2001): 346-69.

Dodge, Kenneth A. “The nature-nurture debate and public policy.” *Merrill-Palmer Quarterly* 50, no. 4(2004): 418-27.

Flynn, J. R. “Beyond the Flynn Effect: Solution to All Outstanding Problems Except Enhancing Wisdom.” Lecture at the Psychometrics Centre, Cambridge Assessment Group, University of Cambridge, December 16, 2006.

Locurto, Charles. *Sense and Nonsense about IQ*. Preager, 1991.

Risley, Todd R., and Betty Hart. *Meaningful Differences in the Everyday Experience of Young American Children*. Paul H. Brookes Publishing, 1995.

Shönemann, Peter H. "On models and muddles of heritability." *Genetica* 99, no. 2/3(March 1997): 97-108.

Sternberg, Robert J. "Intelligence, Competence, and Expertise." In *Handbook of Competence and Motivation*, edited by A. J. Elliot and C. S. Dweck. Guilford Publications, 2005.

Sternberg, Robert J., and Janet E. Davidson. *Conceptions of Giftedness*. 1st ed. Cambridge University Press, 1986.

Sternberg, Robert J., and Elena Grigorenko. "The predictive Value of IQ." *Merrill-Palmer Quarterly* 47, no. 1(2001): 1-41.

●注記

47　**知能の量は定まっていて、増やすことは不可能であるという主張が［一部に］存在する。**

もう少し長く引用する。「知能の量は定まっていて、増やすことは不可能であるという主張が［一部に］存在する。このとんでもない悲観論に対し、われわれは異議を申し立て、行動を起こさなければいけない……。訓練、トレーニング、そして何よりもメソッドによって、注意力、記憶力、判断力を向上させれば、文字どおり、以前よりも知能を高めることができる」（Binet, *Les idées modernes sur les enfants,* pp. 105-6; この論文は以下の資料に再掲載された。Elliot and Dweck, eds., *Handbook of Competence and Motivation,* p. 124）（『新しい児童観』アルフレッド・ビネー著、波多野完治訳、明治図書出版刊、1961年）

48　**しかしありがたいことに、苦労はしても、いったん覚えてしまえば、「薀蓄」は文字どおり運転手の頭脳に刻みこまれる。**

エリナー・マグワイアはつぎのように記している。

> われわれは、職業上高い空間把握能力が求められる場合に海馬後部が肥

大することを発見した。それにより、海馬は部分ごとに異なる機能を持つことが証明される。他の哺乳類と同様に、ヒトの海馬後部は、過去に学習した空間情報を使用するとき優先的に関与すると考えられるが、海馬前部はおそらく、新しい環境の位置情報を暗号化するときに（海馬後部とともに）関与すると思われる。

ロンドンの基本的な空間表象は、「薀蓄」が完成するころには、すでにタクシー運転手の脳内に確立されている。この都市の表象については、対照被験者に比較して、タクシー運転手のほうがずっと広大である。タクシー運転手は、時間と経験を重ねるうちにロンドンの空間表象の微調整を進め、どの道、どの場所が相互に関連しているかの理解をいっそう深めていく。われわれの研究結果では、この都市の「脳内地図」は海馬後部に保管され、組織量の増大にしたがって拡大する（Maguire et al., “Navigation-related structural change in the hippocampi of taxi drivers,” pp. 4398-403）。

49　**さらに、最近にバイオリニスト、点字読者、瞑想者、回復期の脳卒中患者を被験者にする研究調査が行なわれているが、それらの結論もまったく同じだった。特定の経験に応じ、脳の特定の部分が自らを構築しなおすのである。**
レオン・アイゼンバーグがその証明について概説している。

> 同僚たちは……経験あるバイオリニストと非音楽家の脳磁図を比較し、音楽家の場合、右手の指（弓をあつかう）の大脳皮質対応部よりも左手の指（弦を押さえる）のそれのほうがずっと大きいことと、指をつかさどる脳の領域がより広いことを発見した。
>
> 第２のサンプルは……音楽家の側頭平面は右側よりも左側のほうが大きいことだ。絶対音感の持ち主では、その非対称性がもっとも顕著になる。
>
> ［別の研究によって］３本の指を使って点字を読む人では、手の対応部がずっと大きくなることが判明した。
>
> 大脳皮質には、環境変化にともなって自らを再構築する、驚くべき能力がある（傍点は引用者）（Eisenberg, “Nature, niche, and nurture,” 213-22）。

アイゼンバーグの引用した資料

Schlaug G., L. Jancke, Y. Huang, et al. “Asymmetry in musicians.” *Science* 267(1995): 699-701.

Elbert, Thomas, Christo Pantev, Christian Wienbruch, Brigitte Rockstroh, and Edward Taub. “Increased cortical representation of the fingers of the left hand in string players.” *Science* 270(1995): 305-7.

Sterr, A., M. M. Muller, T. Elbert, et al., “Changed perceptions in Braille readers.” *Nature* 391(1998): 134-35.

Yang, T. T., C. C. Gallen, and B. Schwartz. “Sensory maps in the human brain.” *Nature* 368(1994): 592-93.

Yang, T. T., C. C. Gallen, V. S. Ramachandran, et al. “Noninvasive detection of cerebral plasticity in adult human somatosensory cortex.” *Neuroreport* 5(1994): 701-4.

Ramachandran, V. S., D. Rogers-Ramachandran, and M. Stewart. “Perceptual correlates of massive cortical reorganization.” *Science* 258(1992): 1159-60.

Ramachandran, V. S. “Behavioral and magnetoencephalographic correlates of plasticity in the adult human brain.” *Proceedings of the National Academy of Sciences* 90(1993): 10413-20.

Mogilner A., J. A. I. Grossman, and V. Ribary. “Somatosensory cortical plasticity in adult humans revealed by magnetoencephalography.” *Proceedings of the National Academy of Sciences* 90(1993): 3593-97.

49　**これこそ「可塑性」である。つまり、あらゆる人間の脳に備わった、自分の求めるとおりに変化していく能力のことだ。**

→ もちろん、この可塑性には厳しい上限がある。機能しているヒトの脳は、複雑な、ずっと変わらない構造を持っている。これは数十億年かけて進化してきたものである。たくさんの脳葉と神経経路は、それぞれに言語、知覚、意識、論理的思考、抽象的思考、空間表象などの特定の機能をつかさどっている。心はまっさらな石板ではない。だが、この進化によってできた脳構造には、学習

と順応、専門知識の保持と専門技能の行使の、きわめて大きな能力が備わっている。

50　**知能を測定する心理学的手法によって、**　Terman, *Genetic Studies of Genius*, vol. 1, p. v.

50　**心理学者のターマンは、すでに確立していたある運動の一端を担うことになった。それは、生得の資産である知能は遺伝子によって受け継がれ、出生時のまま一生変わらないという考えを基盤にする運動で、**

→ ターマンの直接の師は、有名な心理学者（そして、アメリカ心理学会の初代会長）のG・スタンリー・ホールだった。H・クレイヴンズはつぎのように記している。

> 恩師である［G・スタンリー・］ホールからターマンが学んだのは、動物と人間の心理と行動の決定に、生物学的遺伝が万能の力を有することだ……ホールの発生心理学は途方もないビジョンを描いていた。簡単に言えば、ホールは、知能の発達には明確な段階、あるいは類型があると教えていた。つまり、最下等のゴキブリの知能から、より知性ある哺乳類の知能へと移行する。ついには、より劣等な人種の知能から、子供の知能、女性の知能、最終的に理性ある白人男性の知能へ進むというのだ。ホールの発生心理学は、ターマンが研究者として活動するあいだ、その全体の前提になっていた（Cravens, "A Scientific Project Locked in Time"）。

50　**一八五九年にダーウィンが『種の起源』を発表すると、すぐにゴルトンは自然選択のさらなる定義を試み、人間の知能の差異は生物学的遺伝の問題にほかならないと主張した**　Galton, Hereditary Genius, p. 2（『天才と遺傳』ゴールトン著、甘粕石介訳、岩波書店刊〔岩波文庫〕、1935年）。

ゴルトンはこうも記している。

> いくつもの伝記に示唆されているところでは、［高名な人びとは］つねに知的な仕事への本能的な欲求にとりつかれ、駆り立てられている。彼ら

> が仕事をするのは、高名になるためではなく、頭脳労働への生来の欲求を満たすためである。これは、運動選手が筋肉のうずきのために休養していられず、運動したくなるのと同じことだ。こういう人びとが素質として持つものと同程度の頭脳労働への欲求をつくるため、いくつかの環境条件を組みあわせてみても、おそらくうまくいかない（Galton, *Hereditary Genius*, p. 80）。

50　**一八六九年には著書『遺伝的天才〔*Hereditary Genius*〕』を発表し、才気があって成功している人は、たんに生物学的にすぐれた性質に「生まれついた」のであると主張した。**　Galton, *Hereditary Genius*, p. 39.

「イギリス人のもっとも優秀な知能ともっとも劣等な知能では、知力の差がきわめて大きくなる」とゴルトンは記している。「生まれつきの能力には、はっきりした程度は不明であるが、非常に高いものから非常に低いものまでがある」（Galton, *Hereditary Genius*, p. 26）

50　**一八七四年、彼は「生まれと育ち」（生まれつきのほうが重要であることを示唆する比喩表現として）という言い方を初めて用いた。**

「『生まれと育ち』は便利なうたい文句である」とゴルトンは書いている。「というのも、性格を構成する無数の要素を、ふたつの明確な旗印のもとに分類するからだ。生まれは、人がこの世に持って生まれるあらゆるものである。育ちは、人が出生後に外部から受けるあらゆる影響のことを言う」（Galton, *English Men of Science*, p. 112）

おそらく、ゴルトンはこの文句をシェイクスピアの『テンペスト』から拝借したのだろう。

> **プロスペロー**　悪魔よ、生まれながらの悪魔よ、汝の生まれは、育ちいかんではどうにもならない。

ジュディス・リッチ・ハリスによれば、シェイクスピアはイギリスの作家、リチャード・マルカスターの言葉をもじってこのセリフを書いたという。マル

カスターはシェイクスピアよりも30年早くこう書いていた。「生まれは少年を有望にし、育ちは少年を進歩させる」（Harris, *The Nurture Assumption*, p. 4）

51　**一八八三年には「優生学」という新しい学問を開き、生物学的に優秀な人びとの生殖活動を促進し、劣等な人びとのそれを抑制する計画に乗り出した。**

→ ゴルトンは科学史において並はずれた人物だった。『ニューヨーカー』誌に掲載された、マーティン・ブルックスが著わしたゴルトンの伝記の書評のなかで、ジム・ホルトは優生学と統計学というふたつの学問分野でのゴルトンの重要性について雄弁に述べている。

ゴルトンの優生学についてのジム・ホルトの説明はつぎのとおり。

> 長い経歴のなかで、ゴルトンは優生学の中心原理を証明する一歩手前にすらたどり着けなかった。その中心原理とは、才能や美徳において、生まれは育ちを支配するというものだ。ところが、彼はこの原理の真実性をけっして疑わず、多くの科学者もまた彼と同じ信念を持つに至った。ダーウィンも「人間の進化と性淘汰」にこう記している。「いまや、ゴルトン氏の称賛すべき尽力により、天才は……遺伝する傾向にあることが判明している」この原理を所与のものとすれば、優生学を実地に用いるには２通りの方法がある。優秀な人びとの生殖を促す「ポジティブな」優生学と、劣等な人びとの生殖を抑える「ネガティブな」優生学である。概して、ゴルトンはポジティブな優生学者だった。遺伝子上のエリートが早いうちに結婚して多くの子供をもうける重要性を強調し、国費を投じてウェストミンスター寺院でぜいたくな結婚式を催し、花婿に花嫁を引き渡す役目を女王陛下が務める光景を夢想した。つねに宗教を目の敵にしていた彼は、カトリック教会に対し、素晴らしい天性に恵まれた教会代理人たちに数百年も禁欲生活を強いてきたことを責めた。彼は、優生学の本質的な意味を世の中に広めれば、天賦の才能のある人びとは責任を自覚し、人類の利益のために子供をもうけると考えていた。しかし、優生学上の問題がもっぱら道義を説くことで解決されるなどとは考えなかった。工業国イギリスで、生

まれる子供の数が貧困層に偏っていることを心配した彼は、貧困者のために施しをするよりも、その分を「望ましい人びと」に振り向けるべきだと主張した。「精神異常、精神薄弱、常習性犯罪、極貧によって深刻な影響を受けている血統が自由に増殖すること」を防ぐには「厳しい強制」を要するとした。それは、結婚の制限や断種という形態をとる可能性もあった。

ゴルトンの提案は、その信条に賛同した同時代の有名人たちのそれに比較すれば、まだ穏やかなほうだった。たとえばH・G・ウェルズは、「繁殖のための成功者の選抜ではなく、失敗者の断種にこそ、ヒトという種の改良の可能性が存在する」と述べた。ゴルトン自身は保守的だったが、彼の主張はハロルド・ラスキ、ジョン・メイナード・ケインズ、ジョージ・バーナード・ショー、シドニーとベアトリス・ウェッブ夫妻などの進歩的な人びとを引きつけた。アメリカのニューヨークでは信奉者たちがゴルトン協会を設立し、自然史博物館で定期的に会合を開いたほか、優生学の普及運動に取り組んだ。フィラデルフィアで開催されたある博覧会では、「われわれアメリカ人は、豚、鶏、牛の血統には昔から注意してきたが、子供たちの先祖のことは、偶然、あるいは『やみくもな』感情に任せてきた」と書かれたプラカードが掲げられた。ゴルトンが亡くなる4年前、インディアナ州議会で全米初となる断種法案が可決された。「常習犯、重度および軽度の知的障害者、婦女暴行犯が子供をもうけることを防ぐ」ためのことだった。いくつもの州があとに続いた。裁判所によって優生学上不適当であると判断されたケースは、合わせて約6000件にのぼった。その優生学がもっとも恐ろしい形態をとったのがドイツである。とはいえ、ゴルトンの信条は人類全体の向上をめざすものだった。ヴィクトリア時代に一般的だった偏見を含んではいたが、その理論において人種の概念はたいした役割を持たなかった。

対照的に、ドイツの優生学はまもなく民族衛生学に変容していった。ヒトラー政権下で、遺伝性であると想定されていた精神薄弱、アルコール依存症、統合失調症などの症状を抱える40万人近くの人びとが強制的に断種された。やがて、たんに殺害されるケースも増えていった。ナチの実験

によって優生学への反感が高まると、その普及運動は事実上終了した（Holt, “Measure for measure,” p. 90）。

ゴルトンの統計学上の発明についてのジム・ホルトの説明はつぎのとおり。

夫婦205組と、彼らの成人した子供928人の身長を測定したあと、ゴルトンはグラフ上に点を書き入れた。グラフの一方の軸は両親の、もう一方の軸は子供の身長をあらわした。そして、点の分布があらわす傾向をつかむため、そこへ直線を引いた。直線の勾配は３分の２になった。つまり、例外的に背の高い（あるいは低い）両親の子供は、平均すれば、例外的である割合がたった３分の２だった。すなわち、身長について言えば、子供のほうが親よりも例外的になる傾向が小さかった。それ以前から、彼は「優越性」も身長と同様らしいと見ていた。たとえば、Ｊ・Ｓ・バッハの子供たちは、平均を上回る音楽的能力を持っていたかもしれないが、父親には及ばなかった。ゴルトンはこの現象を「凡庸への回帰」と呼んだ。

あるデータ（両親の身長）をもとに別のデータ（子供の身長）を予測するとき、それらの関連性があいまいである場合には、回帰分析がひとつの手段になった。ゴルトンはもう一歩踏みこみ、そういうあいまいな関連性の強度の測定法をつくった。それは関連性のある２者の種類が異なる場合——たとえば、降雨量と穀物収穫量など——にも適用できた。より普遍的に用いることができるその方法を、彼は「相関〔correlation〕」と呼んだ。結果的に、それが概念上の突破口をもたらした。それまでの科学は、確定的な因果の法則の範囲にほぼかぎられていた。因果の法則は、いくつもの原因が複雑にもつれ、からみあっていることの多い生物学の世界では、観察するのが困難である。ゴルトンのおかげで、統計法則は科学の世界に確固たる立場を得た。彼の発見である「凡庸への回帰」——現在は「平均への回帰」と呼ばれる——は、いっそう広く受け入れられている（Holt, “Measure for Measure,” pp. 88-89）。

51　**『知能』［という言葉］はたんなる音声になっている。**　Spearman, *The Abilities of Man, Their Nature and Measurement.* 以下に引用されている。Schonemann, “On models and muddles of heritability.”

1980年代でもこの点は同じだった。アメリカ心理学協会の報告から引用する。「じっさい、最近に二十数名の著名な理論家が知能の定義を求められ、少しずつ異なる二十数とおりの定義が示された」（Hertzig and Farber, eds., *Annual Progress in Child Psychiatry and Child Development* 1997, p. 96）

51　**さまざまな知的能力の中心に「一般能力〔general intelligence〕」（*g*）が存在する**　Spearman, “General intelligence, objectively determined and measured,” pp. 201-93; Green, Classics in the History of Psychology Web site.

52　**「*g*はふつう先天的に決定される。訓練によって背を高くすることが不可能であるのと同様に、訓練によって*g*のレベルを上げることは不可能である」**　Deary, Lawn, and Barthlomew, “A conversation between Charles Spearman, Godfrey Thomson, and Edward L. Thorndike,” p. 128.

→ そのほかに説得力ある説明がないなかで、スピアマンの「*g*」は心理学界に受け入れられ、20世紀中には多大な影響力を持っていた。*g*は、1970年代から1980年代にカリフォルニア大学バークレー校の心理学者アーサー・ジェンセンによって改良されると、心理学者のあいだでかなりの牽引力を発揮するようになった。

だからといって、ジェンセンが心理学者の過半数を味方にしたわけではない。だが、賛同する者が少なくなかったことはたしかである。「われわれが抽出した論文60本のうち、29本がジェンセンの論文を否定的に引用した。これには、論文中の要点すべてに異議を唱えるものも含まれる。8本は論争を呼ぶ例としてジェンセンの論文を引用した。もう8本は参考文献としてこの論文を使用した。15本のみはジェンセンの視点に同意するかたちでこの論文を引用し、そのうちの7本は比較的小さい要点について記している。さらなる精読の結果、われわれが抽出した例はジェンセンの論文の引用のされ方に関して典型的であることが確認された」（“High Impact Science and the Case of Arthur Jensen,” pp. 652-62）

1971年、レイモンド・キャッテルは*g*をふたつのサブコンポーネントに分割した。流動性知能（*g*F）と結晶性知能（*g*C）である。流動性知能は、思考および概念化のずっと変わらない、生まれつき備わった能力であるとされた。結晶性知能は、学校教育に影響を受ける、知識および経験を利用する能力のことを言った。

20世紀を通じ、一般知能の概念を支持する心理学者たちは当然ながら、双生児の研究に基づいて「遺伝率」を支持する心理学者たちと同盟するようになり、遺伝によってあらかじめ能力が決められている人間のすがたを、新ゴルトン主義的とも呼ぶべき肖像画にし、それを世間にきっぱりと示した。彼らのような現代のゴルトンの門人は、「行動遺伝学者」と呼ばれるようになった。彼らは1980年代から1990年代に研究論文をつぎつぎ発表し、自分たちの立場を固める一方で、政策に働きかけようとした。簡単に言えば、遺伝的に劣った人間のために国費を無駄遣いせず、生まれつき優秀な人間のために使ってもらいたいという考えだった。

ケネス・A・ドッジはこう記している。「環境論者といえども長期的にはその見解を変えさせられるという素朴な見通しにより、1980年代から1990年代にふたたび行動遺伝学が巻き返すようになると、遺伝子によって説明される行動は、分散の割合が高いという主張が支持されるようになった。この巻き返しの結果沸き起こったのが、公的資源と私的資源（たとえば、最高の学歴、最高の収入など）の管理は、生物学的あるいは環境的不利の補填ではなく、達成の（遺伝子に基づくと仮定される）潜在能力が非常に高い人びとの選抜によってなされるべきだという議論である。その学術的根拠、あるいは政策的結論は、スカー（1992）、リットン（1990）、ハリス（1995, 1998）の小論のなかで例示されている。それらは、人間の行動に対する環境の影響はほとんどないと主張していた。研究の開始から50年たっても、解明されたことはあまりないようだった」（Dodge, “The nature-nurture debate and public policy,” pp. 418-27）

52　**一九一六年、スタンフォード大学のルイス・ターマンは、スタンフォード=ビネー知能検査……を用いて事実上*g*に相当するものを割り出し、**

ミッチェル・レスリーによるすぐれた記事からの抜粋。

1916年、ターマンは彼の考案した検査法をアメリカに持ちこんだ。そして著書『知能の計測』〔*The Measurement of Intelligence*〕』を発表した。その半分は知能指数検査の説明書で、もう半分はこの検査をあまねく実施することへのマニフェストだった。子供でも50分あれば回答できるこのちょっとした検査法は、児童の学習内容と自己認識に革命をもたらすことになった。

アメリカでは、この80年間にスタンフォード=ビネー式などの知能指数検査を受けずに学校教育を終えた子供は、ほぼ皆無である。ターマンの検査法は、教育者が生徒を「選別する」ため、つまり能力別クラスに振り分けるための、簡単で、迅速で、安価で、一見したところ客観的な手段となった。1917年、すなわちアメリカが第１次世界大戦に参戦した年に、ターマンは新兵選抜に用いる検査法の考案に協力した。170万人以上の徴募兵がこの検査を受けたことで、知能指数検査は世間に広く認知されるようになった。

スタンフォード=ビネー式検査法を考案したターマンは、学校や軍隊にかぎらない広範囲での知能検査の実施を促進する運動を開始した。この運動を支持する人びとは、人間のもっとも価値ある特性は知能であると考え、あらゆる子供と大人に知能検査を受けさせ、それぞれの社会的立場の決定に役立てることを望んだ。この「知能検査推進派」――多くの優生学者を初めとする集団――は、より公平で、安全で、健全で、効率のいい国家をつくるために、つまり、もっとも指導力の高い人材がいとなむ「実力社会」をつくるために、知能検査がうってつけのツールになると考えた。彼らが理想として思い描く、活気あふれる新しいアメリカにおいては、受ける教育も、選ぶ職業さえも、ＩＱスコアに左右された。実業界、同業者連、学術界、政界のやりがいある要職には、もっとも明敏な頭脳の持ち主が就いた。ＩＱスコアが非常に低い――およそ75未満――者は施設に収容され、子供を持たないよう説得されたり、強制されたりした。

知能検査や、その推進者たちの社会計画には、初めから批判の声が上が

っていた。ジャーナリストのウォルター・リップマンに言わせれば、知能検査は「精神的な死の大隊」であって、あらゆる子供の将来に対し、比類のない権力を行使した。リップマンとターマンは、1922年と1923年に『ニュー・リパブリック』誌上で意見を闘わせている。「ひとりの人間のあらかじめ決定されている適性を50分間で判断し、分類できるという厚かましい主張には、嫌悪感を覚える」とリップマンは記している。「それによってつくられる優越感にも、それによって押しつけられる劣等感にも、嫌悪感を覚えるのである」それに反論したターマンは、科学的進化の概念に反対したウィリアム・ジェニングス・ブライアンなどの一派にリップマンをなぞらえると、リップマンの文体に矛先を向け、「あまりにも冗長で、逐次的に引用するに耐えない」と述べた。リップマンの雄弁には太刀打ちできなかったものの、結局はターマンがこの闘いに勝利し、知能検査はその後も普及しつづけた。1930年代には、ＩＱの高い子供はよりレベルの高いクラスに振り分けられ、高収入の職業に就くため、あるいは大学に進学するための準備をする一方、ＩＱの低い子供はそれほど要求の厳しくないクラスに入れられ、あまり期待されず、将来の就職についても見込み薄だった（Leslie, “The Vexing Legacy of Lewis Terman”）。

52 **（フランスの心理学者アルフレッド・ビネーが以前に考案した検査法をターマンが手直ししたもの）**

→ 皮肉なことに、知能検査はもともと個人の知能を測定する目的でつくられたわけではない。1905年、フランスの心理学者のアルフレッド・ビネーと医師のテオドール・シモンが最初に考案したものは、もっとも注意を要する学童を特定する試みだったのであり、ひとりひとりに終生変わらぬ知能レベルを割り当てるのではなく、落ちこぼれた子供を引き上げる目的を持っていた。

「すでに示したこの手続きは、完成のあかつきには、ある個人を、別の個人あるいは集団との比較によって分類することに利用できる」とビネーは記している。「しかし、長さや容積をはかるのと同じようにして知能の性質をはかってはいけない」（傍点は引用者）（Varon, “Alfred Binet’s concept of intelli-

gence," p. 41)
「訓練、トレーニング、そして何よりもメソッドによって注意力、記憶力、判断力を向上させれば、文字どおり、以前よりも知能を高めることができる」と、ビネーは1909年に書いた（このことは、その100年後に、動機と熟達をテーマにする科学的研究によって確証された）（Binet, *Les idées modernes sur les enfants*, pp. 105-6; 以下の資料に再掲載された。Elliot and Dweck, eds., *Handbook of Competence and Motivation*, p. 124)。
ミッチェル・レスリーはつぎのように付け加える。

> 数学問題から語彙まで、幅広い設問を含むアメリカ版の検査法は、「一般知能」を把握することを目的とした。「一般知能」とは、身長や体重と同じように計測できるとターマンが考えた、生来の知的能力のことである。筋金入りの遺伝主義者だったターマンは、個人の一般知能の大きさに影響を及ぼすのは、遺伝現象のみであると信じていた。彼が「本来的資質〔original endowment〕」と呼ぶこの重要きわまりない定数は、教育でも、家庭環境でも、努力でも変えられない、というのが彼の主張だった。彼がその名称として選んだのが「知能指数」である（Leslie, "The Vexing Legacy of Lewis Terman")。

52（図版）　**ＩＱスコアの分布のグラフ**　Locurto, *Sense and Nonsense About IQ*, p. 5.
→ スティーヴン・ジェイ・グールドが概説するように、ターマンは門下の女性研究者キャサリン・コックスに命じ、すでにこの世にない歴史上の天才たちにＩＱを割り当てさせた。ＩＱの役割として想定されていたことを考えれば、滑稽ではあるが理にかなっている。ターマンが英雄視するゴルトンには、ＩＱ200が割り当てられた（Gould, *The Mismeasure of Man*, pp. 213-17)。
ターマンの検査法は、アメリカで導入された当時、学校や社会のある需要を満たした。規格化と機械化の時代に、アメリカ文化はあらゆる方面で一貫した尺度を確立することに躍起になっていた。知能指数は、将来有望な者をその他

大勢から区別するため、また、実業界、政界、軍隊などの指導者になりうる者を識別し、養成するための手軽な材料となった。ターマンは誇りをもってこう主張した。「『一般知能』の検査は、6歳、8歳、10歳という低年齢の子供に実施してやれば、現在、あるいは30年後に成功者になる能力があるかどうかについて、かなりの部分がわかる」

ターマンが正しかったのは、現代の工業社会において、学力と成功に強い関連性があると主張した点である。学業や、抽象性の高い知能検査で成績のいい者は、概して（明らかな例外も少なくないとはいえ）実業界でも、法曹界でも、マスコミでも、もちろん学術界でも——同じような能力に価値を置く世界ならばどこであれ——成功しやすい。その意味で、知能指数は、教育が十分に成功の基盤になる西洋社会では、概して将来の成功の予測材料になると言える。

スターンバーグとグリゴレンコはつぎのように述べている。

> ＩＱは、西洋式の学校教育を受けたことが評価され、報われる安定社会、また、収入と教育年数がおおよそ比例し、高い技能をいかした熟練労働が必要とされる安定社会では、職業生活でどこまで出世するかを予測する材料になるようだ（Sternberg and Grigorenko, "The predictive value of IQ," p. 9）。

53　**エドワード・リー・ソーンダイクが全国知能検査（現在のＳＡＴ＝大学進学適性試験のような試験）を考案した。**　Saretzky, "Carl Campbell Brigham, the Native Intelligence Hypothesis, and the Scholastic Aptitude Test."

53　**プリンストン大学の心理学者カール・ブリガムは、自らそのＳＡＴを否定し、あらゆる知能検査は「科学史上もっとも輝かしい誤謬に」基づいているとした。「すなわち、訓練あるいは学校教育について考慮せず、生来の知能のみを測定するのである」**

マット・パチェンザはつぎのように書いている。

> レーマンが発掘したブリガムの未出版の原稿によれば、規格化された検

査法がさかんに考案された土台には、つぎのようなことがあった。「科学史においてもっとも輝かしい誤謬、すなわち、そういう検査法を用いれば、トレーニングや学校教育にかかわりのない、混じりけのない生まれつきの知能を測定できるという考えである。この検査によって得られるスコアは、学校教育、家庭背景、英語などへの精通の度合いを含む、さまざまな要素から構成される（Pacenza, “Flawed from the Start”; Lemann, *The Big Test*）。

54 **基本的に、ＩＱは集団を分類するツールにすぎない**

ビネーが本来意図していたことである。

54 **かつてルイス・ターマンらが、ＩＱ検査の結果によって「精神薄弱」に分類される人びとを社会から排除し、ＩＱが一〇〇未満である人びとを権威ある立場から追放するよう推奨した**

ボニー・ストリックランドはつぎのように記している。

> ターマン（1916）は、犯罪や非行による巨大な損失は、精神薄弱者を社会から排除することで減らせるという信念のもと、万人を対象にする知能検査の実施をじっさいに呼びかけた。さらに、雇用機会は知能のレベルに応じて決定されるべきだという学説を立て、権威ある職業、やりがいある職業からＩＱ100未満の者を排除する社会秩序を提案した（Strickland, “Misassumptions, misadventures, and the misuse of psychology,” p. 333. 以下の資料を引用している。Terman, *The Intelligence of School Children*）。

→ このターマンの著書には思わず引きこまれる。ターマンのＩＱ検査は、不変の知能、あるいは生来の知能を真に証明することはできないが、彼自身はその両方を証明するものだと主張して譲らず、そのように自説を展開している。ターマンの論理は単純だった。彼の考案になる知能指数検査は長いあいだ相応の一貫性を示しているので、それこそが知能は生まれつきで、不変であることの明らかな証拠であるというのだ（Terman, *The Intelligence of School*

Children）。

フランス人はこの「劣ったやつらは捨ておけ」式の態度をよしとせず、フランスでは概して、近代式のＩＱ検査は顧みられていない（Sternberg and Grigorenko, “The predictive value of IQ,” p.2）

55　**「安定は不変であるという意味ではない」**　Howe, “Can IQ Change?” p. 71.

55　**コーネル大学のスティーヴン・セシによれば、「ＩＱは、家庭環境の変化（Clarke, 1976; Svendsen, 1982）、仕事環境の変化（Kohn, 1981）、歴史環境の変化（Flynn, 1987）、育児方法の変化（Baumrind, 1967; Dornbusch, 1987）、そして何より学校教育のレベルの変更によって、結果的に大きく変わる可能性がある」。**　Ceci, *On Intelligence*, p. 73.

セシが引用した資料。

家庭環境

Clarke, Ann M., and Alan D. Clarke. *Early Experience and the Life Path*. Somerset, 1976.

Svendsen, Dagmund. “Factors related to change in IQ: a follow-up study of former slow learners.” *Journal of Child Psychology and Psychiatry* 24, no. 3(1983): 405-13.

職場環境

Kohn, Melvin, and Carmi Schooler. “The Reciprocal Effects of the Substantive Complexity of Work and Intellectual Flexibility: A Longitudinal Assessment.” *American Journal of Sociology* 84(July 1978): 24-52.

歴史環境

Flynn, J. R. “Massive IQ gains in 14 nations: what IQ tests really measure.” *Psychological Bulletin* 101(1987): 171-91.

育児方法

Baumrind, D. "Child care practices anteceding three patterns of preschool behavior." *Genetic Psychology Monographs* 75(1967): 43-88.
Dornbusch, Sanford M., Philip L. Ritter, P. Herbert Leiderman, Donald E. Roberts, and Michael J. Fraleigh. "The relation of parenting style to adolescent school performance." *Child Development* 58, no. 5(October 1987): 1244-57.

→ ルイス・ターマンのＩＱに関するもっとも重要な主張——ＩＱはずっと変化しない、生まれつきの知能を明示するという主張——の拠りどころは、個人のＩＱスコアは一生変化しないという断定である。単純に、これは誤っている。ある研究で、ＩＱスコアは時間の経過とともにほとんど変化しないケースが大半であると報告されているが、同じ研究で、「少数派であるとはいえ、無視できない数の児童において、自然なＩＱ変化がいちじるしく、現実的である」とも報告されている。また、もっと規模の大きい複数の研究で、児童の大多数のＩＱが、時間の経過とともに15ポイント以上の幅で変化したことが示されている（Sternberg and Grigorenko, "The predictive value of IQ," p. 13）。

要するに、スピアマンの知能検査法は、皮肉にも、それ自体の破滅の種をまいていた。知能の不変性の証明のために考案された検査法だったが、数十年間の学業成績の狭帯域を効率よく記録しつづけてきたことで、じっさいの知能は柔軟性に富み、構築可能であることを、はからずも実証したのである。

ジェイムズ・フリンはこう記している。「ある特定の時間において、因子分析が*g*（ｉＱ）を抽出する——すると、知能は単一であるように見える。時間の経過につれ、実世界的な認知能力が機能自律性をあらわにし、*g*にかかわりなく働くようになる——すると、知能は複数からなるように見える。*g*を見たければ、動画を止め、スナップショットを取りだせばいい。動画が再生されているあいだは、それは見えない。社会は因子分析をしないのである」（Flynn, *What Is Intelligence?* P. 18）

ＩＱについては、30ポイントの幅で変化する場合もあるとシャーマンとキーが報告している。また、ジョーンズとベイリーによれば、18ポイントの幅で変化しうるという（Sherman and Key results reported in Ceci, *On*

Intelligence, chapter 5; Jones and Bayley, "The Berkeley Growth Study," pp. 167-73)。

56　**彼らはこう結論せざるを得なかった。「子供は環境が要求する分だけ発達する」**　Sherman and Key, "The intelligence of isolated mountain children," pp. 279-90.

⟶ その他の複数の研究から示されるところでは、ＩＱは夏期にしだいに下降し（サマーキャンプの参加者を除く）、学期が進むにつれて着実に上昇する。つまり、学校教育自体がＩＱに直接に影響するのである。「ＩＱ検査に含まれる情報は、環境条件にかかわらず、あらゆる子供にとって持ち合わせうるものであると昔から考えられていた」と、スティーヴン・セシは記している。「ところが、数十年前から判明しているように、学校教育における児童の経験が、知能検査のスコアに対して強い影響力を持つ……。たとえば際立って知能の高い子供を早期に入学させ、通常よりも長く教育を受けさせる傾向など、混乱のもとになりそうな変数の影響を調整したのちにも、この関係はほぼ変わらない」（Ceci, *On Intelligence*, chapter 5）

大集団内におけるＩＱスコアがたしかにある程度の安定を示したとすれば、それは概して、生まれつきの知能ではなく、集団的慣性〔population inertia〕による現象であると考えられた。慣性とは、外部からの干渉によって力の作用が加えられるまで、ずっと同じ相対状態――静止、あるいは運動――を保つ傾向のことである。これは、分子物理学にも、人間の行動や集団にも当てはまる。10のとき知能群の中位に位置していた人は、たいてい20歳あるいは30歳のときにも知能群の中位に位置している。この観察結果は、知能について何かを伝えているわけではなく、集団の力学を示しているにすぎない。同じことは、ほぼあらゆる形質について言える。概して、10歳のときおもしろい子供ならば20歳になってもおもしろく、10歳のとき俊足ならば20歳になっても俊足である。10歳のとき親指が目立って大きければ、20歳になってもそうだ。個々に例外はあるものの、大集団内ではこの秩序の一貫性がつねに規範になる。

集団的慣性を別の方法で説明するために、毎年開催され、９万人のランナーが出場するニューヨークシティマラソンを例に挙げてみよう。ランナーの10

マイル地点の通過順と、ゴールの到着順を記録して比較してみると、それらのあいだにしっかりした相関があるとわかる。ゴールの順位と10マイル地点の順位がまったく同じであるランナーはほぼ皆無で、もちろん、順位がかなり上下する者も何人かいると思われるが、全体として見れば、10マイル地点と26マイル地点の順位はよく相関している。どうしてだろう？　それは、10マイル地点で、ランナーはすでに自分のペースをつかみ、持久力、競争心などのレベルを確立しているからだ。群はすでに形づくられ、その後ずっと保たれる。明らかに、この相関はそれぞれのランナーの成績の隠れた要因とは何の関係もない。たんに、どんな競争にも作用する力学を示しているにすぎない。

ＩＱもそれと同じことだ。疑いなく、知能は一生のあいだに大きく変動する。十歳の子供10万人を検査し、彼らが20歳になってからふたたび検査した場合、平均すれば、知能の順位はだいたい同じになる。個人として見れば、スコアが大きく上下する場合は少なくない――個人のＩＱスコアは環境の変化にともなって30ポイントも上下することがわかっている――が、集団として見れば、10歳のときのスコアは26歳のときのそれと相関している。

じつに驚きである。10歳のとき学校の成績が（同年齢の子供たちとの比較で）際立ってよければ、26歳になっても成績がいい。たいていの場合、10歳のとき優秀ならば、26歳になっても優秀である。ＩＱスコアの安定はそういうこと――それだけ――を示している。それは、生まれつきの限界を示してはいないし、人間には環境を変え、知能を高める途方もないパワーがあることを仄めかしてもいない。

幼児のころの知能検査のスコアによって、未来のスコアや出世を予言することはできない。幼児の集団はまだ流動的にすぎる。個はまだ本調子になっていない。群はまだ形づくられていない。集団的慣性はまだ始まっていないのだ。

56　**一〇〇年以上にわたって測定された生のＩＱスコアを比較したところ、その数値が少しずつ上昇していた。**　Nippert, “Eureka!”

56　**ＩＱスコアは一〇年ごとに三ポイント上昇していた。**

→ これらの比較は、平均が100になるよう毎年再調整される加重点ではなく、素点を用いたものである。

56　**二十世紀後半の平均値を一〇〇とすれば、一九〇〇年の平均値は六〇ほどだったのだ。このことから、ひどくばかばかしい結論が引き出された。「われわれの先祖の大半は知能が遅れていた」というのだ。**

→ この遡及的分析から、ＩＱスコアを継続的に用いてＩＱが100未満の者の能力を否定することは、論理的に誤りであることが示される。

57　**「一九〇〇年におけるわれわれの先祖［の知能］は、日常の現実のみに向けられていた」とフリンは説明する。「われわれが彼らと異なるのは、抽象概念、論理、仮説を用いることができる点である**

フリンはこうも述べている。

> 「犬とウサギの共通するところは何か」と［問われた］場合、1900年のアメリカ人ならば「犬を使ってウサギ狩りをする」と答えただろう。［現代の試験では］両方とも哺乳類であるというのが正しい答えで、そこには、森羅万象については科学的体系にしたがって分類することがもっとも重要であるという仮定が存在する……。われわれの先祖は科学以前の景観のほうが科学以後の景観よりも快適であると考えた。［というのも、それは］彼らが森羅万象について最重要だと考えるものを示していたからだ……（Flynn, “Beyond the Flynn Effect”）。

57　**十九世紀の人びとの頭のなかに存在しなかった抽象概念の例には、自然選択説（一八六四年に初めて提唱された）、対照群の概念（一八七五年）、無作為標本抽出の概念（一八七七年）などがある。**

これは2006年にジェイムズ・フリンが講演で語ったことである。もう少し長い抜粋はつぎのとおり。

> 19世紀半ば以降、科学および哲学によって、教養人、とりわけ大学教育を受けた人びとは、使用する言語の幅をいっそう広げ、新しい単語や語句のおかげで批評眼をいっそう研ぎ澄ませた。こういう新しい用語のそれぞれは、社会的問題、道義的問題に適用できる厳密な分析方法をあらわす、

相互に関連する概念の集合を示していた。私はこれを「省略記号的抽象化」（あるいはＳＨＡ）と名づける。それが特異な分析的重要性を有する抽象化であることを理解するからだ。

教養人の語彙に加わった順に、ＳＨＡを［いくつか］挙げてみよう（年代はすべてオンラインのオックスフォード英語辞典による）。

（１）市場（1776年・経済学）。アダム・スミスによって、たんなる具体的概念（顧客が買い物をする場所）から抽象的概念（需要と供給の法則）に変化した用語。市場は、さまざまな問題について、より深い分析を促すものである。政府によって大学教育が無償化されれば、入学者の増加に向けた資金配分が必要になる。最低賃金法案が可決されれば、雇用者は技能のない労働者を解雇するかわりに機械を導入するが、この場合は技能のある労働者のほうが有利になる。都市部の賃貸物件の家賃が市価よりも低く抑えられれば、不動産を貸しだす家主が不足する。ちなみに、私自身の政治的な意見を言えば、最後に挙げた例は国営住宅の論拠として有力であると思っている。

（２）パーセンテージ（1860年・数学）。教養人がこの重要な用語を使うようになって150年足らずであるとは、信じられない思いがする。その使用の範囲はほぼ無限である。最近にニュージーランドで、服用者の死亡例がある避妊薬の導入について議論がなされた。そして、この避妊薬の服用による死亡者は100万人のうちの50人（0.005パーセント）であるが、避妊薬なしでは1000人（0.100パーセント）が、妊娠中絶、あるいは分娩の際に死亡すると考えられることが指摘された。

（３）自然選択（1864年・生物学）。この用語は、地上と地上におけるわれわれの居場所の理解に革命をもたらした。この用語によって、行動に対する生まれと育ちの相対的影響の議論は、空論の域を脱し、科学へと変貌した。この用語を社会科学に移植したとき、害悪以外の何をなしうるかについては、議論の余地のあるところだ。19世紀、この用語はたしかに害悪をなした。生物学と社会との馬鹿げた類似性の説明に使用されたのだ。ロックフェラーは進化によって生まれたヒトの最高形態であると称賛され

たが、そういう使用のしかたは「社会ダーウィン主義者」のウィリアム・グレアム・サムナーにさえ非難された。私としては、表面的には同じような社会集団同士が、じっさいにはそれぞれの起源ゆえに大きく異なることを、この用語によって教えられたと考えている。将来性ある男性が不足しているせいで未婚の母にならざるを得なかった黒人女性は、未婚の母になることを希望し、それを選択した女性とは、まったく異なるのだ。

（４）対照群（1875年・社会科学）。人の行動に介入することで生じる影響を、介入の前後で比較する議論には、たいてい不備があるという認識。ここで、子供を対象にしたある強化プログラムを紹介する。学齢前の子供たちを毎日「プレイセンター」に通わせるもので、精神遅滞と診断される恐れのある子供のＩＱの向上を目的とする。このプログラムでは、子供たちのＩＱをたびたび検査し、進歩の度合いを監視する。すると、彼らのＩＱを向上させるものは何かという疑問が浮かびあがる。強化プログラムか、機能しない自宅からの毎日６時間の外出か、プレイセンターで食べる昼食か、継続して受ける知能検査か。その答えを示すことができるのは、同じ母集団から選抜され、強化プログラム以外のすべての条件を共有する対照群のみである。

（５）無作為標本（1877年・社会科学）。今日の教養人は、数世代前の人びとにくらべ、標本のかたよった抽出によく気づくのではないだろうか。1936年、『リテラリー・ダイジェスト』誌による電話調査の結果、ランドン候補はローズベルト候補を破って大統領に選出されることが予測された。当時自宅に電話を引いていた人びとはごくわずかなうえ、富裕者ばかりだったのだが、その予測は広く信じられたのだ。

（６）自然主義の誤謬（1903年・倫理学〔道徳哲学〕）。この用語に関しては、事実をもとに価値について主張するときに注意を要する。たとえば、何らかの事物が進化する傾向にあることを理由に、その事物が、努力する価値ある目標を提供すると主張する場合などである。

（７）カリスマ効果（1922年・社会科学）。カリスマ性のある革新者、あるいはその門人がある技術を熱意をもって適用するとき、それだからこそ

成功する側面があるという認識。たとえば、数学の新しい教育法が考案されたとき、当初はたいてい効果をあげるが、その方法をたんなる新しい試みとして気軽に採用する教師が何人もあらわれれば、うまくいかなくなる。

（8）プラシーボ（1938年・薬学）。権威者によってはっきり太鼓判をおされたものが、明らかに心理的な理由から、しばしば有益な影響をもたらすこと。この概念がなければ、理にかなった医薬品政策も、病気を抱え、治療法を求める人びとの必死の思いにおされてしまうと考えられる。

（9）反証可能性／トートロジー（1955年・科学哲学）。事実に基づく主張は、検証されるまでは破綻している（たんなるトートロジー、あるいは定義の閉環である）という考え方。つぎのような主張を論破するときに使用できる。人間のあらゆる行動は利己的であると主張しつつ、反例になりそうなものをことごとく排除している、動機についての理論や、定義上の「真の」労働者ならば革命を支持する心理状態にあるという主張、あるいは「真の」キリスト教徒ならばつねに仁愛の精神に満ちているという主張など（Flynn, “Beyond the Flynn Effect”）。

フリンとその同僚のウィリアム・ディケンズはさらに、以下のように述べている。

工業化のおかげで、20世紀初頭以降、ふつうの人の仕事の認知的難度が高まっていったようである。疑いもなく、広い範囲の職種において、より高い学歴が必要とされるようになっている。かつてないほど多くの人びとが、科学職、管理職、技術職に就いている。ＩＱの向上に関しては、その一因に余暇の増加が挙げられるかもしれない。長い余暇にする活動（読書、パズル、チェスなどのゲーム）により、能力がいっそう高まると考えられる。周囲に増えつつある機器（自動車、電話、コンピューター、ビデオデッキなど）のため、より高い認知能力が求められるようになっていることも一因である。１世帯当たりの子供の数が減っているため、親が子供の好奇心に応え、相手をしてやる時間が増えていることも理由のひとつか

もしれない。これらの一部もしくは全部が後押しになり、意識の変化が促されていると考えられる。現世代は、前世代にくらべ、抽象問題の解決を重視していると思われるのだ。こういう変化の直接の影響は、大きいとはかぎらない。だが、広範囲において長く持続するので、人びとの差異のほとんどを生みだす、それほど持続しない環境影響の数々にくらべ、より重大なものに見えるのかもしれない（Dickens and Flynn, “Heritability estimates versus large environmental effects,” pp. 346-69）。

58　**おそらく、フリンの報告でもっとも衝撃的なのは、今日のＩＱテスト受験者の九八パーセントが一九〇〇年の受験者の平均よりも高いスコアをとっているという事実だろう。**

フリンはつぎのように記している。

> ヴェクスラー＝ビネーのスコアの増加率（年0.3ポイント）から考えれば、1900年の学童のＩＱは、平均して70未満だったことになる。レイブン漸進的マトリクス検査のスコア増加率（年0.5ポイント）から考えた場合、それが50となる（現在の標準に照らして）（Flynn, “Beyond the Flynn Effect”）。

→ この点は、議論の余地ありとはいえ、本書でもっとも重要な観察報告ではないだろうか。

59　**「知能の分布の下半分に属する生徒の学力を上げようとしても、** Murray, “Intelligence in the Classroom.”

59　**「最高の条件を備えた最高の学校でも、知能の限界によって定められた学力の限界を打ち破ることはできない」**　Charles Murray, “Intelligence in the Classroom.”

→ チャールズ・マレーが言っていることは藁人形論法ではないか？　本書の草稿を読んでくれた複数の人びとが、こんな疑問を口にしている。彼の見解はあまりにもばかばかしく、主流から離れているので、批評する価値すらないの

では？

じつは、このテーマに関するマレーの見解はたいへん尊重され、主流の関心を集めている。彼は、かの権威あるワシントンＤＣのアメリカン・エンタープライズ研究所の研究員である。また、『ウォール・ストリート・ジャーナル』紙、『ニューヨーク・タイムズ』紙、『ウィークリー・スタンダード』誌に寄稿しているほか、政治専門のケーブルテレビ局、Ｃ－ＳＰＡＮに出演している。

60　**「小から中程度」**　“Head Start Impact Study, First Year Findings,” June 2005, Prepared for Office of Planning, Research and Evaluation Administration for Children and Families, U. S. Department of Health and Human Services, Washington, D. C., Westat, The Urban Institute Chesapeake Research Associates Decision Information Resources Inc, and American Institutes for Research.

60　**専門職世帯の子供が一時間に耳にする単語の数は、生活保護受給世帯の子供にくらべ、平均して一五〇〇語以上多かった。**

→ そして、その耳にする単語数は生活保護世帯の子供たちの３倍以上である。実数としては、生活保護世帯の子供は毎時間616語、専門職世帯の子供は毎時間2153語となる。算定は、日中の14時間に基づく。単語は、テレビやラジオから流れたものではなく、じっさいに発話されたものである（Hart and Risley, “The early catastrophe”）。

61　**予想にたがわず、心理学界はこのことに興味を抱くと同時に、慎重な構えを示した。一九九五年、アメリカ心理学会タスクフォースはこう記した。「このような相関関係は環境因子および（あるいは、環境因子のかわりに）遺伝子の媒介によるものかもしれない」この、「のかわりに」の部分に注目してほしい。一九九五年の時点でも、第一線の心理学者のなかには、裕福な家庭の子供は知能の高い親の遺伝子を受け継いだだけなのではないかとか、音声言語はたんなる遺伝の結果であって、何かの原因ではないのではないかなどと考える人びともいた。**

アメリカ心理学会の報告はつぎのとおり。

　世帯資力、親の言語使用などの可変要素が子供のＩＱに関与することは疑いもないが、その相関関係は、遺伝子とともに（あるいは、遺伝子のかわりに）環境因子によって仲介されるのかもしれない。行動遺伝学者はこういう問題を量的にとらえている。第３節に述べたように、環境因子はたしかに心理測定的な知能の全体的な多様性に寄与する。だがその多様性は、同一の世帯に育った複数の子供たちのさまざまに異なる経験に照らしたとき、どこまでが世帯間の差異の結果であると言えるだろうか。世帯間の差異は、いわゆる「共有可変要素」、すなわちｃ２（同一世帯の子供たちの全員が住居と両親を共有する）をつくる。双生児と養子を対象にした最近の調査によれば、ｃ２の（ＩＱに対する）値は、幼児のころには非常に大きいが、思春期の終盤にはかなり小さくなる。これらの発見から、世帯ごとのライフスタイルの違いは、子供の人生の多くの側面において重要であるにもかかわらず、知能検査によって測定される能力について長期的な差異をもたらすことは、ほとんどないことが示される。とはいえ、注意するべき点として、養子を対象にしたこれまでの研究から、双生児の場合と同じく、低収入の非白人世帯に育った被験者のほとんどは、ＩＱがあまり高くないことがわかっている。したがって、（思春期の）ｃ２の値が驚くほど小さいとしても、それが集団全体に当てはまるかどうかは、いまのところ明確ではない。収入帯および民族帯の最大範囲において、世帯間の差異が心理測定によって測られる知能にもっと長く持続する結果をもたらす可能性は、いまのところ否定できない（APA, “Stalking the Wild Taboo”）。

61　現在では、われわれの知見はもっと進んだものになっている。遺伝因子は、環境因子「のかわりに」作用するのではなく、環境因子と相互に作用する。つまり、Ｇ×Ｅである。

→ マッシモ・ピグリウッチの見解を思い起こしてほしい。「生物学者は理解しはじめている。遺伝子あるいは環境のいずれかが変われば、結果としてあらわれる行動が劇的に異なってくる。重要なのは、原因を生まれか育ちかに分けるのではなく、遺伝子と環境は弁証法的に相互作用し、生体の外形と行動をつ

くると認めることである」（Pigliucci, “Beyond nature and nurture,” pp. 20-22）

61　子供がごく幼いうちからたびたび話しかける。／この環境因子はハートとリズリーの議論の余地のない調査によって発見され、ノースカロライナ大学の幼児教育プログラムによって裏づけられた。このプログラムは子供に出生直後から豊かな環境を提供するもので、これに参加した子供たちは対照群に比較して大きな進歩を示している。

→ たとえば、ノースカロライナ大学の「初期教育プロジェクト」——57人の子供を対象にした終日プログラムで、乳児期から（平均して生後4.4カ月以降に）さまざまな形で豊かな環境を提供し、検査した能力を対照群のそれと比較するもの——では、初年度末の時点で集団間にはっきりとした差異が見られた。この差異は時間が経過しても小さくならなかった。集団間のＩＱの差異は12歳の時点でもまだ存在していた（Neisser, “Rising Scores on Intelligence Tests”）。

62　子供がごく幼いうちから本を読み聞かせる。／二〇〇三年に行なわれた全国規模の調査で、親の教養のレベルに関係なく、親が子供に本を読み聞かせることにはプラスの影響があると報告された。二〇〇六年、同じような調査が行なわれ、本の読み聞かせに関して同じことが判明した。新しいほうの調査は、人種、民族、階級、性別、出生順、早期教育、母親の教養、母親の言語能力、母親の温かみによる影響を除外して実施されている。

　ヘレン・レイクスらの研究チームはつぎのように記している。

> 　ヘッドスタート計画に参加している就学前児童を対象にした全国調査で、本の読み聞かせの回数が少ない親との比較において、秋期に本の読み聞かせの回数が多いほうが、読み書き能力の並行試験の成績がよく、その年度中の進歩が大きいとわかった。親の教養のレベル、親の読み書き能力のレベル、家庭に本があるかどうかの影響を調整しても、その結果は変わらなかった。子供に本を読み聞かせることが「まったくない」あるいは「週に１、２回」と申告した親の子供は、「週に３回から６回」と申告した親の

子供にくらべ、受容語彙力の成績がよくなかった。読み聞かせの回数が週に３回から６回である場合、それ以下である場合にくらべ、秋から翌年の春にかけて習得する語彙がより多くなる。そして、毎日読み聞かせると申告した親の子供は、さらに多くの語彙を身につける。また、ある調査から示されるところでは、早期、それも早い例では生後14カ月から定期的に本を読み聞かせれば、とくに有益である。

われわれは、本の読み聞かせと子供の成果との関係について考察するため、人種／民族、人口学上の危険因子、母親の教養および言語能力、性別、出生順、早期のヘッドスタートへの登録、母親の温かみという可変要素の影響を調整し、回帰分析を行なった。英語を話す集団では、生後14カ月で、週に数回、あるいは毎日本を読むことが、語彙と理解力に大きく関係していた。生後24カ月でも、語彙とＭＤＩスコアについて同様の発見があった。この点は、生後14カ月の語彙の調整ののちも同じことだった。生後36カ月では、３つのデータポイントにおける毎日の読み聞かせのパターンが、言語力と認知力の成果にかなり大きく関係していた。スペイン語を話す子供では、最低でも１学期のあいだ毎日本の読み聞かせをした場合、それに関連して言語力の成果を予測できた。回帰パス解析を実施したところ、早期の読み聞かせと後日の読み聞かせ、早期の語彙と後日の子供の言語力の成果、そして生後14カ月の語彙と生後24カ月の語彙のあいだにパスが示された。読み聞かせのパスから、生後14カ月と生後24カ月の語彙には関連があると明らかになった（Raikes et al., “Mother-child bookreading in low-income families,” pp. 940-43）。

62　**養育と励まし。／ハートとリズリーの発見では、平均して、専門職世帯の子供が出生後四年間に受ける励ましのフィードバックは、叱責のフィードバックよりも五六万回多かった。労働階級世帯の子供の場合、励ましのフィードバックのほうが一〇万回多いだけだった。生活保護受給世帯の子供の場合、叱責のフィードバックのほうが一二万五〇〇〇回多かった。**

ハートとリズリーはつぎのように記している。

しかし、子供の言語経験は、耳にした単語の数と質のみによって異なるのではない。データ中の、親からの肯定（励ましの言葉）と否定の毎時間の経験に示される相対差からも、同じように推定することができる。専門職世帯の子供は、平均して、毎時間32回肯定され、5回否定された。肯定と否定の比率は6対1である。労働者世帯の子供は、毎時間12回肯定され、7回否定されたので、比率は2対1となった。ところが、生活保護世帯の子供は、毎時間5回肯定され、11回否定されたので、比率は1対2だった。年間にすれば、1年は5200時間なので、専門職世帯の子供は肯定16万6000回、否定2万6000回。労働者世帯の子供は肯定6万20000回、否定3万6000回。そして生活保護世帯の子供は肯定2万6000回、否定5万7000回となる。

出生後の4年間に当てはめた場合、専門職世帯の子供は妨げのフィードバックよりも励ましのフィードバックのほうが平均して56万回多くなる。労働者世帯の子供は励ましのフィードバックのほうが平均10万回多い。だが、生活保護世帯の子供の場合、励ましよりも妨げのほうが12万5000回多くなるのだ。4歳までに、生活保護世帯の子供は、労働者世帯の子供にくらべ、平均して励ましが14万4000回少なく、妨げが8万40000回多くなる。子供たちの毎時間の経験の相対差を推定することで、生後4年間の累積経験を概算し、介入行動が直面する問題の大きさを垣間見ることができる。われわれの概算値がどれほど不正確であっても、6万語が6000語や60万語になるといった、桁違いの誤差にはならない。子供たちの経験の概算値が、たとえば高すぎるとしても、4歳の子供の累積経験の量の差はきわめて大きく、非常にすぐれた介入プログラムでも、生活保護世帯の子供たちが労働者世帯の子供たちにこれ以上の後れをとらないよう願うしかないほどなのだ（Hart and Risley, “The early catastrophe”）。

62　**大きな期待を寄せる。**

この発見を立証する論文はつぎのとおり。

Edmonds, R. “Characteristics of Effective Schools.” 以下の資料に収録されている。*The School Achievement of Minority Children: New Perspectives,* edited by U. Neisser. Lawrence Erlbaum, 1986, pp. 93-104.

Rutter, M., B. Maughan, P. Mortimore, J. Ouston, and A. Smith. *Fifteen Thousand Hours*. Harvard University Press, 1979.

Slavin, R., N. Karweit, and N. Madden. *Effective Programs for Students at Risk*. Allyn and Bacon, 1989.

エレン・ウィナー：「才能ある子供の親は、概して子供に大きな期待を寄せる。また、親自身が一生懸命に努力し、成功して、子供に模範を示してやる」（Winner, “The origins and ends of giftedness,” pp. 159-69）

ウィナーが引用した資料

Bloom, B. *Developing Talent in Young People*. Ballantine, 1985.

Csikszentmihályi, Mihály, Kevin Rathunde, and Samuel Whalen. *Talented Teenagers*. Cambridge University Press, 1993.

Gardner, H. *Creating Minds: An Anatomy of Creativity Seen Through the Lives of Freud, Einstein, Picasso, Stravinsky, Eliot, Graham, and Gandhi.* Basic Books, 1993.

62　**失敗を受け入れる。**

「集中的訓練は、たんに既得の技能を実践したり反復したりするのではなく、現時点のレベルを超える試みをくりかえすのであって、失敗することもしばしばである」（Ericsson et al., “Giftedness and evidence for reproducibly superior performance,” pp. 3-56）

63　**「成長志向」を促す。**　Dweck, *Mindset: The New Psychology of Success*.（『「やればできる！」の研究――能力を開花させるマインドセットの力』キャロル・S・ドウェック著、今西康子訳、草思社刊、2008年）

64　**「牛乳容器の数学」とでも呼ぶべきその不思議な現象**　Ceci, *On*

Intelligence, p. 33.

65 **アメリカから地球を半周したところに位置するケニアのキスムで、イェール大学の心理学者ロバート・スターンバーグもそれとまったく同じ現象に遭遇した。二〇〇一年、ルオ族の学童たちの知能を調べていたときのことだ。**

→ 驚いたことにスターンバーグは、薬草の知識のテストと英語力のテストのあいだに「有意な負」の相関が示されたことと、彼のテストとレイブン色彩マトリックス検査（抽象的な推理力を調べるための選択式の知能検査）のあいだに有意な相関がまったく示されなかったことを報告している（Sternberg, “Intelligence, Competence, and Expertise,” p. 21）。

66 **ロバート・スターンバーグは、同じような調査結果……がつぎつぎ発表されるのを見、専門知識とＩＱの数値のあいだに相関関係がなかったことから、知能の定義を一新する必要があると考えた。**

→ スターンバーグはこう結論している。「能力は、専門性の発達の一形態であって、環境からの要求との相互作用［の結果として生じる］」その70年以上前に、シャーマンとキーはつぎのような結論に至っていた。「子供は環境が要求するぶんだけ発達する」（Sternberg, “Intelligence, Competence, and Expertise,” p. 21）

66 **カラハリ砂漠のクン・サン族の狩猟民**　Ceci, *On Intelligence*, p. 35.

66 **ブラジルのストリートの若者たち**　Sternberg, “Intelligence, Competence, and Expertise,” p. 22.

66 **アメリカの競馬の予想屋**

→ 非常におもしろい研究論文のなかで、スティーヴン・セシとその同僚のジェフ・ライカーは、障害競走における専門の騎手とそうではない騎手に関する、驚くべきふたつの発見について述べている。

1.「複雑かつ相互作用的な思考を多用することが、レース場での成功に思いがけず関係していた一方、そういう複雑な思考とＩＱ、あるいはＩＱと成功は、まったく関係がなかった」

2．分析から「示されるところでは、生態学的な可変要素、たとえば、タスクの性役割分業への期待、タスクの実行のときの物理的環境、タスクの動機レベ

ル、実行の状況（ゲームか、職務か）などの影響下にあった」。要するに、環境の可変要素はきわめて重要である（Ceci, *On Intelligence*, pp. 41-44）。

66　**カリフォルニア州の生鮮食品店の客**　Sternberg, "Intelligence, Competence, and Expertise," p. 22.

66　**さらに、もう一つの厄介な問題に目をとめた彼は、その考えをいっそう強めることになった。その問題というのは、「知能」検査とＳＡＴⅡなどのいわゆる学力試験との区別が徐々にあいまいになっていたことだ。スターンバーグは懸命に比較を試みたが、そうすればするほど、両者のあいだの違いは把握することが困難だった。**

スターンバーグの論文からいくつか抜粋する。

> さまざまな種類の評価は、質的には区別されない。能力検査と達成検査のおもな違いは、検査自体ではなく、心理学者や教育者などが検査によって得られたスコアをどう解釈するかによって決まる（傍点は引用者）。

> 従来の知能および関連能力の検査は、数年前に成し遂げているべき成功を測定する。つまり、発達のレベルが現時点よりも少し低いときの能力を測定するのだ。語彙力、読解力、言語類推力、計算問題解答力などの検査は、言ってみれば達成検査である。抽象推理力の検査にしても、西洋の学校で教えられている図形問題の達成の度合いを測るものだ。学業成績を用いれば、能力検査のスコアを予測できると思われる。従来の見方では、相関に基づいてある種類の因果関係（能力は達成の原因である）が存在すると推論されているが、相関データに基づいてその推論を正当化することはできない。

> 知能検査には神秘も特権もない。たとえば学業成績や職務成績を用いても、知能に関連するスコアを予測できる。また、その逆も可能である（Sternberg, "Intelligence, Competence, and Expertise"）。

66　**二〇〇五年、彼はつぎのように重々しく宣言した。「知能とは、発達するさまざまな能力の集合である」**

スターンバーグはこれを「専門性発達モデル〔the model of developing expertise〕」と呼ぶ（Sternberg, “Intelligence, Competence, and Expertise,” p. 18）。

66　**言いかえれば、知能は固定されていない。知能は普遍的ではない。知能はものではない。知能はいま、まさに展開しつづけている動的プロセスなのだ。**

→ スターンバーグは、現在の検査法では真の生まれつきの知能の測定はできないことと、知能検査の実施者は危うい循環論法を拠りどころにしていることを主張している。「一部の知能論者は、人間の知能のいわゆる一般（*g*）因子の安定性について、人間の知能にある種類の安定的かつ支配的な構造が存在する証拠であると主張する。しかし……学校教育の形態の違いによって、*g*は強くも弱くもなる。要するに、学校教育の西洋的形態および関連形態は、知能検査で測定できる多様な種類の技能を教える授業を提供することで、ある程度、*g*という事象をつくりだすと考えられる」

つまり、こういうことである。われわれは、種々の技能——西洋的な職務成績との相互関連性の大きい技能——を学校で教えたうえで、児童がそれらの技能をどれだけ習得しているかを測定している。そして、その結果から児童の本来的な知能が明らかになると思いこんでいるが、じっさいは、それらの技能の習得度が判明するだけだ。知能検査からじっさいにわかるのは、学校でどの子供がよく学習しているかである。知能検査の支持派は、違いをつくる生来の因子を明らかにできると主張するが、そうではない。

スターンバーグは、生まれつきの知能は存在しないと言っているのだろうか？

そうではない。生まれつきの知能は「直接に測定できない」と言っている。また、生まれつきの知能はスコア化できる単一の一般能力ではないし、遺伝によって限界が決まるものでもないと主張している。証拠から示されるのは、技能と能力は密接にからみあっていることと、あらゆる技能は変更可能であることなのだ。

スターンバーグによれば、「専門性の獲得におけるおもな制約は、ずっと固定されている能力のレベルではなく、直接指導、積極参加、ロールモデル提示、報酬付与などの意図的な採用である」。

一方に知能検査のスコア、他方に職務成績／立身出世。よく知られているこれらの相関性についてはどうなのか？

それはまぼろしである。スターンバーグによれば、相関はたしかに存在するが、それは一方を原因として他方が生じるからではない。両方とも同じ能力を判定するものだからである。

スターンバーグはつぎのように説明する。「その相関は、知能とその他の能力とのあいだに本来備わった関係ではなく、さまざまに異なる環境下で力量を発揮するのに必要ないくつもの能力の、部分的な重複のことである。概して、技能の重複部分が大きければ大きいほど、相関が強くなる」

さらにスターンバーグは、じっさいの専門性は分析的（「知能」）検査との相関を持たないが、職務成績および出世との相関をたしかに持っているとする一連の研究報告を指摘している。

●アラスカのユピック・エスキモーの子供たちは「印象深い能力を持っていて、困難な環境で生き抜くための専門性を身につけているが、そういう技能は教師に評価される種類のものではないために」、学校の成績がよくない傾向にある（Grigorenko et al）。

●ブラジルで、ストリート・ビジネスを非常にうまく切り回し、それに必要な数学的技能に高い専門性を有するストリート・チルドレンは、抽象的な、選択式の数学問題をあまり得意としない（Nunes）。

●カリフォルニア大学バークレー校の調査で、主婦が買い物のときの比較検討に用いるすぐれた数学的能力と、数学の選択式テストのスコアには、「相関がまったくない」とわかった（Lave）。

生まれつきの能力——存在することは明白だが、現在のところ理解されているとも、特定されているとも言いがたい——がどんなものであれ、ＩＱスコア

によって暗示されるのとは異なって、われわれに限界を設けたりはしない。結局のところ、人生の成功は、遺伝によって受け継いだ能力ではなく、高度に発達した技能によって決まる。

スターンバーグは、西洋社会は自らを追い詰めていると述べている。われわれは、われわれ流の学問体制をつくりだし、生まれつきの知能を測定するはずの検査法——*g*、ＩＱ、ＳＡＴなど——を考案した。ところが、それらが本当に測定するのは、ある基準に照らした達成の度合いにすぎない。世の中を見わたせば、知能には多様なタイプが存在する。西洋社会は、すぐれた学問体制、すぐれた経済の創造を大いに誇ってしかるべきだが、能力がじっさいにどこから来るのかに関して、その手柄に水を差すような判断をしてはいけない。

スターンバーグはこう述べる。「技能は、遺伝子と環境の共変動および相互作用の結果として発達する。そういう技能を『知能』と呼びたければそうしてもかまわない。ただし、われわれが知能と呼ぶものが、専門性につながりうる、発達する能力の一形態であることを認識しておく必要がある」

Robert Sternberg, “Intelligence, Competence, and Expertise.” 以下の資料に収録されている。*Handbook of Competence and Motivation*, edited by A. J. Elliot and C. S. Dweck, Guilford Publications, 2005.

Grigorenko, Elena. “The relationship between academic and practical intelligence: a case study of the tacit knowledge of native American Yup’ik people in Alaska.” Office of Educational Research and Improvement, December 2001.

Nunes, T. “Street Intelligence.” 以下の資料に収録されている。*Encyclopedia of Human Intelligence*, edited by R. J. Sternberg. Macmillan, 1994, pp. 1045-49.

Lave, J. *Cognition in Practice: Mind, Mathematics, and Culture in Everyday Life.* Cambridge University Press, 1988.（『日常生活の認知行動——ひとは日常生活でどう計算し、実践するか』ジーン・レイヴ著、無藤隆ほか訳、新曜社刊、1995年）

人生をたどるうち、人は単一の知能ではなくタイプの異なる複数の知能を発達させる。知能の種類はいくつあるのだろう？　ハーヴァード大学のハワード・ガードナーは８種類あると主張している。

言語的知能：話し言葉と書き言葉
論理数学的知能：数学と論理的分析
音楽的知能：リズムとメロディ
空間的知能：像あるいはメンタルモデルを形成する能力（船員、エンジニア、外科医、彫刻家、画家にいちじるしい）
身体運動的知能：直観と身体の制御（ダンサー、運動家、外科医、職人）
対人的知能：他人を理解する能力
内省的知能：自己を理解する能力
博物的知能：自然を認識し理解する能力

ガードナーによれば、「知能は生物心理学的な潜在能力である」。知能は事象ではなく、生きものなのだ（Gardner, *Intelligence Reframed*, p. 34）（『ＭＩ――個性を生かす多重知能の理論』ハワード・ガードナー著、松村暢隆訳、新曜社、2001年）。

あるいは、アルフレッド・ビネーが1909年にこう述べている。「訓練、トレーニング、そして何よりもメソッドによって、注意力、記憶力、判断力を向上させれば、文字どおり、以前よりも知能を高めることができる」（Binet, *Les idées modernes sur les enfants*, pp. 105-6. 以下の資料に再掲載されている。Elliot and Dweck, eds., *Handbook of Competence and Motivation*, p. 124）

67　**「学業成績がきわめて優秀である者は、かならずしも他者より『賢く』生まれついたわけではなく、他者よりよく勉強し、自己修養に励んだのである」。**　Csikszentmihályi, Rathunde, and Whalen, *Talented Teenagers*, p. 6

67　**測定した数値は今日だけのものだ。明日になればどれだけ増えているだろう？**

→ スターンバーグによれば、「人は、連続した動きのなかで、より広範囲の

技能を獲得するとともに、既得の技能をより深め、それらの使用の効率性をより高める」

つまり、スターンバーグはものからプロセスへと尺度を改めた。彼の理解によれば、「知能〔intelligence〕」という言葉は、進行中のプロセスの一瞬を切りとったスナップショットをあらわすお粗末な象徴にすぎない。あらゆる静止画像と同じく、この言葉もある程度の真実をつかんでいると言えるが、進行中の手続きをいっさいとらえていない。この手続きを動かすのは、スターンバーグの説明によれば、カギとなる５つの要素、メタ認知力（自分自身の認知の制御）、学習力、思考力、知識、動機である。

知能は、何らかの作業にどれほど習熟しているかではなく、習熟の途上において、どこまで到達しているかを示すものなのだ。

「中央に陣取り、それぞれの要素を動かしているのが動機である」とスターンバーグは考える（Sernberg, “Intelligence, Competence, and Expertise”）。

第３章 「生来の才能」の終焉（そして、才能の本当の源）

●一次資料

Eisenberg, Leon. “Nature, niche, and nurture: the role of social experience in transforming genotype into phenotype.” *Academic Psychiatry* 22(December 1998): 213-22.

Ericsson, K. Anders. “Deliberate practice and the modifiability of body and mind: toward a science of the structure and acquisition of expert and elite performance.” *International Journal of Sport Psychology* 38(2007): 4-34.

Ericsson, K. A., W. G. Chase, and S. Faloon. “Acquisition of a memory skill.” *Science* 208(1980): 1181-82.

Howe, Michael J. A., J. W. Davidson, and J. A. Sloboda. “Innate talents: reality or myth.” *Behavioural and Brain Sciences* 21(1998): 399-442.

Lehmann, A. C., and K. A. Ericsson. “The Historical Development of Domains of Expertise: Performance Standards and Innovations in Music.” 以下の資料に収録されている。*Genius and the Mind*, edited by A. Steptoe. Oxford University

Press, 1998, pp. 67-94.

Levitin, Daniel J. *This Is Your Brain on Music: The Science of a Human Obsession*. Dutton, 2006.（『音楽好きな脳――人はなぜ音楽に夢中になるのか』ダニエル・J・レヴィティン著、西田美緒子訳、白揚社刊、2010年）

●注記

68　**チャンキングの意味に関する研究**　Chase, *Visual Information Processing*, pp. 215-81.

68　**たとえば電話番号を覚えるとき、脳はそれを一〇個の独立した数字としてではなく、三つのチャンク＝かたまりとして記憶する。五一三・六七三・八七六四。**

→ これは筆者の母親の携帯電話番号である。読者のみなさんがこの番号に電話をかけ、本書をここまで読んだ感想を伝えれば、母はこころよく耳を傾けるはずである。

69　**長期記憶の容量は無限であるらしいのに、新しい記憶は哀れなほど脆い。健康な成人の場合、順番に並んだ関連のないアイテムを平均して三、四個までしか覚えられない。エリクソンとチェイスによれば、この限界があるために「情報処理および問題解決の能力は厳しく制約される」。**

７つのアイテムを時間内に思い出すことができる確率は50パーセントである（Ericsson, Chase, and Faloon, “Acquisition of a memory skill,” pp. 1181-82）。

筆者の著書『だんだん記憶が消えていく――アルツハイマー病：幼児への回帰』から、記憶力の限界の重要性について書いた部分を抜粋する。

> いったいどうして？　数百万年の進化によって生まれたマシンは、非常に高性能である一方、ファジーさが組みこまれているらしい。どういうわけか、情報や経験をたびたび忘れたり、しまいこんだり、歪めたりする傾向にあるのだ。
>
> じつは、このファジーさは重大な欠陥などではなく、高度に進化した独

自の機能である。工学的に言えば、脳に蓄えられる情報量には物理的な限度がない。脳は受けとった情報の枝葉末節のほとんどを忘れる構造になっている。そのおかげで、われわれは全体の印象を形づくり、そこから有用な判断を導きだすことができる。忘却は、機能不全ではなく活発な代謝のプロセスであって、知識と意味をとらえるにあたり、データを洗いだす働きをする。

このことがわかるのは、脳科学や推論からだけではない。心理学者たちは、ずいぶん昔から、十分に忘却することができずに困っている人びとを見てきた。

『ニューヨーカー』誌に掲載されたマーク・シンガーの記事に、マーティン・スコセッシもそういう人物のひとりかもしれないと書かれている——記憶力が過度にすぐれているというのだ。「私は、これほど多くのことを記憶しているのは、苦痛ではないだろうかと思った。スコセッシの記憶力の範囲は、プロット、主要なシーン、俳優の演技にかぎらなかった。その脳の灰白質に、カメラアングル、照明、背景音楽、音響効果、物音、編集リズム、クレジットの情報も収まっていた。レンズ、フィルムストック、露光時間、アスペクト比などのデータまで、ぎっしり詰まっていたのだ……すると、澱もそのまま残っているのだろうか？　忘れてしかるべきものを忘れられない——それは重荷だろうか、それとも偉大な芸術作品をつくるために支払わなければならない代償だろうか？」

この、忘却障害とも言うべき現象について考察するために、心理学者がSと呼ぶケーススタディを考えてみよう。1920年代のモスクワで、二十代の新聞記者だったSは、ある日の会議中、ノートをとらないことを編集長に咎められた。叱責されている最中に、Sはこの上司を仰天させた。会議中に話されていた内容を、一語一句そらんじてみせたのだ。

Sにしてみれば、そんなことは造作もなかった。よく問いただしてみると、幼いころからずっと、目で見たこと、耳で聞いたことを、ありとあらゆる細部まで記憶できるという。しかも、本人はこうして完璧に記憶することをあたりまえだと考えていた。彼にとって、何もかもを忘れないのは

ふつうのことだった。

たいへん驚いた編集長は、Ｓをロシアの高名な心理学者のＡ・Ｒ・ルリヤのもとへ送りこんだ。ルリヤはＳがやってきた当日から数十年間にわたって検査をした。どの検査でも、細部までを記憶するＳの能力には限界がなかった。たとえば、下記のようなランダムなデータが記された一覧表は、数分眺めただけで完璧に記憶することができた。

６６８０

５４３２

１６８４

７９３５

４２３７

３８９１

１００２

３４５１

２７６８

１９２６

２９６７

５５２０

×０１×

彼は、この一覧表の数字を左右、上下、斜めのどの方向からでもそらんじることができたばかりか、同じような一覧表を数年のあいだに数千種類も記憶したのち、そのうちのひとつを、何のきっかけも与えられずに、すぐに思い起こした。それは、最初にその一覧表を見てから１時間後でも、20年後でも同じことだった。どうやら、文字どおり何もかもを記憶してしまうらしかった。

ところが、Ｓはほぼ何も理解していなかった。彼は、目にしたものの意味を把握できず、そのことに悩んでいた。たとえば、下記のような一覧表にしても、その明白なパターンを誰かに指摘されるまで、他のどの一覧表とも変わらない、秩序も意味もない数字の羅列にしか見えなかった。

１２３４
２３４５
３４５６
４５６７

この「１２３４」の一覧表について質問された彼は、「たぶん、同じような秩序をもって並んだアルファベットを見ても、規則性に気づかないと思います」と話した。彼はまた、詩や散文の意味を汲みとることも、法をよく理解することも、なんと人の顔を憶えることもできなかった。「変化しすぎる」というのが彼の言い分だった。「人の表情はそのときの気分や状況によって変わります。人の顔はしょっちゅう変化しています。私は、表情のごくわずかな違いに混乱してしまい、人の顔をなかなか記憶できないのです」

それ以外にルリヤの目を引いた点として、Ｓはだいたいにおいて秩序に欠け、頭の回転が鈍く、人生の目的、もしくは方向性をあまり意識していなかった。この驚くべき人物は、何もかもを記憶する能力に恵まれている一方、細かいことは忘れて全体の印象を形づくる能力に欠けていた。情報として記録するものの、出来事の意味を引き出すという必要不可欠な能力がないのだ。「われわれの多くは記憶力向上の方法を見つけたがる」と、ルリヤはこの希有な被験者についての長い報告に記している。「ところが、Ｓはその正反対だった。彼にとってのわずらわしい大問題は、どうすれば忘却する方法を身につけられるかということだった」

われわれは、細部をあいまいにすることで情報の優先順位を決定し、パターンを認識し、保持する。脳は、木を省略することで森を理解し、記憶する。忘却は、じつは美徳である。忘却はわれわれを賢明にしてくれるのだ（Shenk, *The Forgetting*, p. 59）（『だんだん記憶が消えていく――アルツハイマー病：幼児への回帰』デヴィッド・シェンク著、松浦秀明訳、光文社刊、2002年）。

70 **週に三回から五回行なわれる一時間のセッションで、被験者はまず無作**

為に並べられた数字を毎秒一個の速さで読み聞かされた。2……5……3……5……4……9……。ときおり休止が入ると、そこまでの数列を順番どおりに言うことになっていた。「正しい順番で言えれば、つぎに数字をひとつ増やした数列を読み聞かせた。数字をひとつ減らす場合もあった」

エリクソン、チェイス、ファルーンはつぎのように記している。

> 試行の半分（無作為に選択）が終了した直後、S・Fは試行中の考えを口頭で報告した。また、各セッションの終了時に、セッションの素材をできるだけ思い起こした。日によって、定期セッションのかわりに実験を行なう場合もあった（Ericsson, Chase, and Fallon, “Acquisition of a memory skill,” pp. 1181-82）。

70 **だが、それで終わりではなかった。数字の数が三〇、四〇、五〇、六〇、七〇、そしてついに八〇個を超えたとき、実験は終了となった。**

→ 1980年に書かれた論文によれば、230時間以上で79桁にのぼった。だが、じつはそのあとも実験は続いていた。『認知能力とその習得（*Cognitive Skills and Their Acquisition*）』という研究書にはもっと大きな数値が報告されている（Ericsson, Chase, and Faloon, “Acquisition of a memory skill,” pp. 1181-82; Anderson, *Cognitive Skills and Their Acquisition*）。

71（図版）　**S・Fの記憶実験のグラフ**

> 表1。訓練の関数としてあらわされたS・Fの数唱の平均。数唱は、50パーセントの確率で正しく報告できた数字の桁数と定義する。以下の手続きのもとでは、数字の桁数の平均に等しくなる。1日は1時間分の訓練をあらわし、1日当たりの試行回数には初期の55回から数列が最長となる3回までの幅がある。ここに示されている訓練38日分は、約190時間に相当する。これらの訓練セッションの合間に約40時間の実験セッションが組みこまれている（この表には示されていない）（Ericsson, Chase, and Faloon, “Acquisition of a memory skill,” pp. 1181-82）。

72　**エリクソンとチェイスがこの実験結果を権威ある科学雑誌『サイエンス』に発表すると、それがくりかえし検証され、**

→ ある実験セッションで、すでに3カ月間を訓練に費やしていたＳ・Ｆは、数字ではなくアルファベットを報告することになったが、このとき学習転移は示されなかった。彼の記憶スパンは小さくなり、およそ6字だった。

この論文からもう少し引用する。「訓練がすべて終了した現在、われわれは、Ｓ・Ｆが短期記憶の能力を向上させたと結論できるだろうか？　いくつかの理由から、そのように結論することはできないと思われる」（Ericsson, Chase, and Faloon, “Acquisition of a memory skill,” pp. 1181-82）

グーグル・スカラーの検索によれば、この論文は他の研究者によって266回引用されている。

73　**これは二重の教訓だった。記憶力に関しては、生物学的な構造から逃れられない――そして、逃れようとする必要もない。大量の新しい情報を記憶するために必要なのは、正しい方法を用いることと、正しい量の訓練を集中的に行なうことで、いずれも通常の活動の可能な人間ならば理論上誰でも入手可能なツールである。**

→ われわれが認識しておくべきなのは、他のいくつかの研究から証明されるように、被験者になるときの記憶容量が、人によって異なることである。「結論は明白である。記憶の達人としての才能には、経験と個人差という両方の要素がかかわっている。この場合、年齢相関と、発見された個人差の極端な頑強性から考えて、生物学に基づく要素が関与している可能性は高い」（Howe, Davidson, and Sloboda, “Innate talents: reality or myth?” p. 408）

関連資料

Anderson, John R. *Cognitive Skills and Their Acquisition*. Lawrence Erlbaum, 1981.

Baltes, Paul B. “Testing the limits of the ontogenetic sources of talent and excellence.” *Behavioral and Brain Sciences* 21, no. 3(June 1998): 407-8.

Kliegl, Smith, and P. B. Baltes. “On the locus and process of magnification of age differences during mnemonic training.” *Developmental Psychology* 26(1990): 894-904.

ぜひとも理解してほしいのだが、筆者はひとりひとりの生物学的な要素、あるいは差異の存在を否定しているわけではない。受胎の瞬間から、誰もがそれぞれに異なっている。しかし、現在はっきりしているのは、その生物学的な差異がどんなものか、あるいは、ひとりひとりの生物学的な限界がどこにあるのか、本当にはわかっていないことである。自分の進行中の人生を観察しても、生物学的な差異を目にすることはない。人生の初期段階においても、われわれが見るものは、自分だけの生物学的な構造と自分だけの環境とのさかんな相互作用の結果として生じる、人生の差異である。たとえば、チェスの対戦はすでに始まっていて、３手まで指し終えているとしても、盤上の局面をつくった原因が一方のプレイヤーの手であるとは言えない。

73　**こうして、アンダース・エリクソンの非凡な才能をめぐる壮大な旅は始まった。**

→ エリクソンは、Ｓ・Ｆの短期記憶実験の驚くべき結果（と、もっといい成績を挙げた追跡実験の被験者）を踏まえ、以前には知られていなかった記憶のメカニズム、「長期作動記憶（ＬＴ－WM)」を提唱した。エリクソンとその共著者のW・キンチュの報告によれば、「ＬＴ－WMにおいて、情報は安定的に貯蔵されているが、それを確実に呼び出せる状態は、［短期記憶の］検索手がかりによって、一時的に維持されるのみであると考えられる」。さらに、彼らはつぎのように述べる。

> 本稿においては、つぎのことを提示する。作動記憶の概説には、長期記憶（ＬＴＭ）の貯蔵庫の利用に習熟することを基盤にする、もうひとつのメカニズムを含める必要がある。われわれはこのメカニズムを長期作動記憶（ＬＴ－WM）と呼ぶとともに、情報の一時的な貯蔵庫を短期作動記憶（ＳＴ－WM）と呼ぶ。ＬＴ－WMにおいて、情報は安定的に貯蔵されて

いるが、それを確実に呼び出せる状態は、ＳＴ－WMの検索手がかりによって、一時的に維持されるのみであると考えられる。したがって、ＬＴ－WMをＳＴ－WMから区別する点は、提供する貯蔵庫の持続性と、ＬＴＭの情報の呼び出しに十分な検索手がかりを待機させる必要性である（Ericsson and Kintsch, "Long-term working memory," pp. 211-45）。

エリクソンはさらに述べる。

20世紀初頭、熟達者は生まれつきの才能を持っていて、情報を記憶する能力が並ではないと信じられていた。与えられた情報をすばやく貯蔵する途方もない能力を証明するようなエピソードがいくつも並べ立てられた。たとえば、モーツァルトはたった１度耳にした楽曲を再現できると言われた。しかし、近年のさらなる研究から、熟達者は全般において抜群の記憶力を発揮するという説明は覆され、熟達者のすぐれた記憶力について、それぞれの専門領域のみにおいて発揮されることと、その専門領域に関連のある技能と知識を獲得した結果であると見られることが示された（Ericsson, "Superior memory of experts and long-term working memory"）。

73 **エリクソンは、初めのうちは確信を持てなかったが、いまだ解明されていない才能および天才の領域に踏みこむには、自分の発見こそ鍵になるのではないかと考えるようになった。**

エリクソンはつぎのように記している。

熟達者のすぐれた記憶力が、専門領域からの典型的な刺激に応答するが、その刺激が無作為に再配置されている場合には応答しない例は、以下の分野にしばしば見られる。チェス（Charness, 1991, 総説論文）、ブリッジ（Charness, 1979; Engle & Bukstel, 1978）、囲碁（Reitman, 1976）、医療（G. R. Norman, Brooks & Allen, 1989）、音楽（Sloboda, 1976）、電子工

学（Egan & Schwartz, 1979）、コンピューター・プログラミング（McKeithen, Reitman, Rueter, & Hirtle, 1981）、ダンス、バスケットボール、ホッケー（Allard & Starkes, 1991）、フィギュアスケート（Deakin & Allard, 1991）（Ericsson, “Superior memory of experts and long-term working memory”）。

74　**パガニーニのソーレ・カデンツァ**　パガニーニのバイオリン協奏曲第1番より。

74　**「才能〔talent〕」をオックスフォード英語辞典で引くと「天分。生来の能力」と説明されていて、その出典は『マタイによる福音書』に記された才能についてのたとえ話である。**

→ じっさい、「talent」という言葉はもっと昔からあって、その何世紀も前から、初めは重量単位として、のちに通貨単位として使われていた。それが「才能」を意味するようになったのは、マタイによる福音書に使用されたころからである（「才能のたとえ」、『マタイによる福音書』、25章14～30節）。

74　**現在の定義での「天才〔genius〕」が使われはじめたのは十八世紀末のことだ。**

ラリー・シャイナーはつぎのように記している。

> 18世紀初頭には、誰もが何らかの天才、あるいは才能を持つことと、その天才を完成に至らしめるのは理性および規則の導きのみであることが広く信じられていた。18世紀末までに、天才と規則のバランスが逆転されたうえ、天才そのものが才能の正反対に位置づけられ、誰もが天才を持つのではなく、一握りが天才であると言われるようになった（Shiner, *The Invention of Art*, pp. 111-12）。

75　**「詩人と音楽家はそのように生まれつく」と詩人のクリスティアン・フリードリヒ・シューバルトは一七八五年に言いきった。**　Lowinsky, “Musical genius,” p. 325.

75　**「音楽の才能は、生まれたときに与えられる、説明のつかない自然の贈り物である」と作曲家のペーター・リヒテンタールは一八二六年に主張した。**
Lowinsky, “Musical genius,” p. 324.

75　**「若い芸術家君、『天才とは何か』などと尋ねることはない」とジャン＝ジャック・ルソーは一七六八年に述べた。「きみが天才ならば、自分でそれを感じとるだろう。そうでないならば、きみにはけっしてわからないのだ」**
　もっと長く引用する。

　若い芸術家君、「天才とは何か」などと尋ねることはない。きみが天才ならば、自分でそれを感じとるだろう。そうでないならば、きみにはけっしてわからないのだ。音楽の天才は森羅万象を自らの芸術のもとに従える。音によってあらゆる絵画を描く。沈黙をもってさえ雄弁に語ることができる。感情によって観念を、強弱によって感情をあらわし、自らの表現する情念をもって聴衆の心に情念を呼びさます。喜びは、彼の手によってその魅力を新たにする。痛みは、音楽の溜息となって［聴衆の］涙を絞りとる。彼は、つねに燃えさかっていながら、けっして燃え尽きない。熱をもって霜や氷を表現する。死の恐怖を描くときにも、彼のもとを去ることのない生命への賛美を心に抱き、それを感じとれる人びとの心に伝える。だが悲しいかな、彼のまく種を心に持たない人びとに語りかけることはできない。また、彼の奇跡はそれに倣うことのできない人びとから逃げていく。この、すべてを呑みこむ炎の火花が自分に生命を与えているのかどうか、きみは知りたいのか？　それならば、すぐにナポリへ行き、レオ、ドゥランテ、ヨメッリ、ペルゴレージの傑作に耳を傾けることだ。目に涙があふれるならば、鼓動が高まるのを感じるならば、背筋が震えるならば、息もできないほどの歓喜に胸が苦しくなるならば、メタスタージョ［のオペラ台本］を手にとり、仕事にかかるがいい。彼の天才がきみを呼び起こす。きみは彼の作品を手本にして創造する。そうして天才がつくられる——巨匠たちが引き出したきみの涙は、ほかの人びとの涙によって報われる。しかし、この偉大な芸術家の魅力に対して冷えた心のまま、興奮も歓喜もなく、た

んに「みごとだ」としか思えないならば、それでも天才とは何かと尋ねるのか？　俗物君、この崇高な言葉を汚してはいけない。それを知ったところでどうなる？　きみにはそれを感じとるすべもない。家へ帰って書くがいい――フランス流の音楽を（Lowinsky, “Musical genius,” pp. 326-27）（「音楽の天才」E・E・ロウィンスキー著。以下に収録。『天才とは何か』G・トネリほか著、佐藤栄利子ほか訳、平凡社刊、1987年）。

76　**芸術家は、ひらめき、いわゆるインスピレーションが……恩寵の光として天から差しこむものであると信じられることを利とする。**　Lowinsky, “Musical genius,” p. 333.

76　**その具体例として、ニーチェはベートーヴェンのスケッチブックを引用している。**

ベートーヴェンのスケッチ〔下書き〕の例には、「田園」交響曲（交響曲第6番へ短調 o p 68）のものなどがある（Ludwig van Beethoven, 1808, British Library Add. MS 31766, f. 2）。

76　**ベートーヴェンは、たった一つのフレーズのために六〇回から七〇回の試作をくりかえすこともあった。**　Wierzbicki, “The Beethoven Sketchbooks.” (以下の資料から引用している。Douglas Johnson, Alan Tyson, and Robert Winter, *The Beethoven Sketchbooks: History, Reconstruction, Inventory*, University of California Press, 1985)

78　**それから三〇年以上、エリクソンは同僚たちとともにそのことを確認するため、それまでほぼ停滞していた研究分野を活性化させ、記憶、認知、訓練、根気、筋反応、指導、革新、態度、失敗への反応などのできるかぎり多様な角度から、卓越した能力について考察した。研究対象は、ゴルファー、看護師、タイピスト、体操選手、バイオリニスト、チェスプレイヤー、バスケットボール選手、コンピューター・プログラマーだった。**

→ 彼らの発表済みの論文の一部を発表年順に挙げる。

Conley, D. L., et al. “Running economy and distance running performance of

highly trained athletes." *Medicine and Science in Sports and Exercise* (1980).
Salthouse, T. A. "Effects of age and skill in typing." *Journal of Experimental Psychology: General*(1984).
Schulz, R., et al. "Peak performance and age among superathletes: track and field, swimming, baseball, tennis, and golf." *Journal of Gerontology*(1988).
Coyle, E. F., et al. "Physiological and biomechanical factors associates with elite endurance cycling performance." *Medicine and Science in Sports and Exercise*(1991).
Abernethy, B., et al. "Visual-perceptual and cognitive differences between expert, intermediate, and novice snooker players." *Applied Cognitive Psychology*(1994).
Starkes, J. L., et al. "A new technology and field test of advance cue usage in volleyball." *Research Quarterly for Exercise and Sport*(1995).
Krampe, R. Th., et al. "Maintaining excellence: deliberate practice and elite performance in young and older pianists." *Journal of Experimental Psychology*(1996).
Higbee, K. L. "Novices, apprentices, and mnemonists: acquiring expertise with the phonetic mnemonic." *Applied Cognitive Psychology*(1997).
Nevett, M. E., et al. "The development of sport-specific planning, rehearsal, and updating of plans during defensive youth baseball game performance." *Research Quarterly for Exercise and Sport*(1997).
Masters, K., et al. "Associative and dissociative cognitive strategies in exercise and running: 20 years later, what do we know?" *Sport Psychologist*(1998).
Pieper, H. –G. "Humeral torsion in the throwing arm of handball players." *American Journal of Sports Medicine*(1998).
Gabrielsson, A. "The Performance of Music." 以下の資料に収録されている。*The Psychology of Music*, edited by D. Deutsch. Academic Press, 1999.
Helson, W. F., et al. "A multidimensional approach to skilled perception and performance in sport." *Applied Cognitive Psychology*(1999).

Helgerud, J., et al. "Aerobic endurance training improves soccer performance." *Medicine and Science in Sports and Exercise*(2001).

Hopkins, W. G., et al. "Variability of competitive performance of distance runners." *Medicine and Science in Sports and Exercise*(2001.

Pelliccia, A., et al. "Remodeling of left ventricular hypertrophy in elite athletes after long-term deconditioning." *Circulation*(2002).

Goldspink, G. "Gene expression in muscle in response to exercise." *Journal of Muscle Research and Cell Motility*(2003)

Maguire, E. A., et al. "Routes to remembering: the brains behind superior memory." *Nature Neuroscience*(2003).

McPherson, S., et al. "Tactics, the neglected attribute of expertise: problem representation and performance skills in tennis." 以下の資料に収録されている。*Expert Performance in Sports*, edited by Janet Starkes and K. Anders Ericsson. Human Kinetics Publishers, 2003.

Pantev, C., et al. "Music and learning-induced cortical plasticity." *Annals of the New York Academy of Sciences*(2003).

Duffy, L. J., B. Baluch, and K. A. Ericsson. "Dart performance as a function of facets of practice amongst professional and amateur men and women players." *International Journal of Sports Psychology* 35(2004): 232-45.

Ericsson, K. A. "Deliberate practice and the acquisition and maintenance of expert performance in medicine and related domains." *Academic Medicine*(2004).

Prior, B. M., et al. "What makes vessels grow with exercise training?" *Journal of Applied Physiology*(2004).

Pyne, D. B., et al. "Progression and variability of competitive performance of Olympic swimmers." *Journal of Sports Sciences*(2004).

Wittwer, M., et al. "Regulatory gene expression in skeletal muscle of highly endurance trained humans." *Acta Physiologica Scandinavica*(2004).

Baker, J., et al. "Cognitive characteristics of expert, middle of the pack, and

back of the pack ultra-endurance triathletes." *Psychology of Sport and Exercise*(2005).

Bengtsson, S. L., et al. "Extensive piano practicing has regionally specific effects on white matter development." *Nature Neuroscience*(2005).

Larsen, H., et al. "Training response of adolescent Kenyan town and village boys to endurance running." *Scandinavian Journal of Medicine and Science in Sports*(2005).

Legaz, A., et al. "Changes in performance, skinfold thicknesses, and fat patterning after three years of intense athletic conditioning in high level runners." *British Journal of Sports Medicine*(2005).

van der Maas, H. L. J., et al. "A psychometric analysis of chess expertise." *American Journal of Psychology*(2005).

Young, L., et al. "Left ventricular size and systolic function in Thoroughbred race horses and their relationship to race performance." *Journal of Applied Physiology*(2005).

Coffey, V. G., et al. "Interaction of contractile activity and training history on mRNA abundance in skeletal muscle from trained athletes." *American Journal of Psysiology, Endocrinology, and Metabolism*(2006).

79 **オーストリア出身の父親レオポルト・モーツァルトは野心ある演奏家で、**
レオポルトの教本は息子のヴォルフガングが生まれた年に出版された（Sadie, ed., *The Grove Concise Dictionary of Music*, 1988）（『ニューグローヴ世界音楽大事典』〔全21巻〕スタンリー・セイディ編、柴田南雄、遠山一行総監修、講談社刊、1993～1995年）。

79 **［レオポルトは］左手をなめらかに動かし、正しい音程で弾くために、いわゆる「ジェミニアーニ・グリップ」を採用した** November, "A French edition of Leopold Mozart's Violinschule(1756)."

80 **そして、ヴォルフガングである。ナンネルの四歳半下の彼は、姉とまったく同じものを手にすることができた――ただし、もっと早い時期から、もっ**

と高い集中力をもって。

→ その約300年後、これに類似した例として、驚くべき家族があらわれた。すぐれたチェス選手になるべく英才教育を受けて育ったハンガリーのポルガール3姉妹である。長女よりも次女、次女よりも三女のほうが早い年齢でチェスを始めたので、やがて年若い妹ほどすぐれた能力を発揮するようになった。三女のユディットは15歳のとき史上最年少（当時）のグランドマスターになっている（Shenk, *The Immortal Game*, p. 132）。

80　**幼児のころ兄姉のひたむきな情熱を取りこんで自分のものにする子供の例はよくあるが、彼もまたそうだった。物心ついたころから、ハープシコードを練習する姉の隣に腰かけ、演奏するまねをしていた。**

→ ナンネルは後日にこう記している。「弟は、しばしば長時間クラビーア［鍵盤］を前にし、聞きおぼえで3度の和音を弾いていた……そして、［弟にとって］いい音だと思ったときには嬉しそうな顔をした」（Zaslaw and Cowdery, *The Compleat Mozart*, p. 276）（『モーツァルト全作品事典』ニール・ザスロー、ウィリアム・カウデリー編、井手紀久子ほか訳、音楽之友社刊、2006年）

　また、ナンネルは父親の言葉をそのまま記している。ヴォルフガングは神の恩恵によって才能を授かったこと、その能力はごく幼いころからはっきりと見てとれたこと。これらの言葉は、本書の主張に矛盾するように思えるかもしれない。だが、モーツァルト一家が非常に信心深かったことも、幼いヴォルフガングが明らかに早熟だったことも、彼の天才的能力が少しずつ発達していったという見解を否定するものではない。

80　**レオポルトは、あからさまに娘よりも息子のほうに目をかけたばかりか、息子が将来いい就職先に恵まれるよう、少しばかり公務を離れて鍛えてやろうと考え、思いきって職を替えることにした。**

「息子の音楽家としての将来にかかわる何もかもが非常に大事だったので、公務のことは二の次だった」（Geiringer, “Leopold Mozart,” pp. 401-4）

　また、アルフレート・アインシュタインはつぎのように書いている。

1762年まで、ザルツブルクで最高の地位にのぼりつめるという［レオポルトの］野心は、宮廷楽団の上役である楽長、ヨハン・エルンスト・エーベルリンによって妨げられていた。エーベルリンは創造性ある音楽家としてレオポルトよりもずっとすぐれ、レオポルト自身もこの人物を「非の打ちどころのない、完成された巨匠」の見本であるとし、つぎつぎと、いとも簡単に作品を生みだすその手腕を認めていた。だが、エーベルリンが亡くなる（1762年）数カ月前、レオポルトは子供たちを連れて２度めの演奏旅行に出かけた。彼はそれを道徳上の義務であると考え、金銭上の利益にもなると見こんで、ザルツブルクでの公務に優先させたのである（Alfred Einstein, preface to *A Treatise on the Fundamental Principles of Violin Playing*, p. vxii. また、以下も参照。Stowell, “Leopold Mozart Revised,” pp. 126-57, and November, “A French Edition of Leopold Mozart’s Violinschule [1756]”）。

81　**三歳のときから、ヴォルフガングは上達するよう家族全員にはっぱをかけられ、多くの指導と鞭撻を受けて、毎日欠かさず稽古をした。**
→ われわれは、レオポルト・モーツァルトの子供たちの驚くべき成功の理由を、すべて解明しただろうか？　もちろん、すべては解明していない。本書は、才能をつくる単純な方法があるかのように装ってはいない。また、野心家の親に育てられた子供が驚くほどの技巧を備えた名演奏家になり、それ以外の子供が平凡な、あるいは無欲な演奏者になる場合の原因について、完全に理解できたと言っているわけでもない。本書の要点は、その原因が動的プロセスであるということだ――ひとつひとつの要因や相互作用を追跡できると言いたいわけではない。

81　**だが今日、スズキ・メソードを初めとする厳密な音楽教育方法のもとに学ぶ多くの子供たちは、子供時代のモーツァルトと同じくらい巧みに演奏できる――なかには、もっと上手な子供もいるほどだ。**　Lehmann and Ericsson, “The Historical Development of Domains of Expertise,” pp. 67-94.
→ モーツァルトの子供時代の神話を解体し、神童がどうして希少な存在だっ

たのかを理解しても、彼らのすぐれた偉業は少しも色褪せない。どんな人でも、どんな年齢でも、他人の人生に優雅と美をもたらすことができるのは、じつに立派である。友達が大騒ぎして滑り台で遊んだり、おもちゃをいじったりしているときに、幼い子供が落ち着きを身につけ、能力をみがくというのは、感服すべきことである。

前述のように、モーツァルトが成長後にあれほど素晴らしい作曲家になっていなければ、今日、彼の子供時代に注目する人はいなかったに違いない。

82　**「われわれがあの人には才能があると口にするときには、**　Levitin, *This Is Your Brain on Music*, p. 196.

83　**訓練は身体に変化をもたらす。／研究のなかで、ある分野の技能のレベルが目覚ましく向上した人の筋肉、神経、心臓、肺、脳について、さまざまな物理的変化（訓練に対する直接の反応として生じたもの）が報告されている。**

エリクソンはつぎのように記している。

> 新しい証拠から、長時間集中して訓練することが人体に深く作用し、筋肉、神経系統、心臓および循環器、脳など、実質的に人体のあらゆる部分に影響を及ぼしうると判明している（Ericsson et al., eds., *The Cambridge Handbook of Expertise and Expert Performance*, p. 59）。

84　**脳は筋肉を動かす。／アスリートの場合でも、脳の変化はきわめて大きいと考えられる。それにともない、正確な作業知識の増加、意識的分析から直感的思考への移行（時間とエネルギーの節約）、リアルタイムな修正をつねに可能にする、精密な自己監視メカニズムの発達が引き起こされる。**

→ エリクソンの論文を裏づけるのは、多くの調査から得たつぎのような見解である。「専門能力をおもに仲介するのは既得の心的表象である。その心的表象のおかげで専門家は、手順を予測し、すぐれた力量の発揮に関連する様相を制御し、力量を発揮するあいだ、あるいは競争の完了ののち、手順の別の選択肢について判断することができる」（傍点は引用者）（Ericsson, “Deliberate practice and the modifiability of body and mind,” pp. 4-34）

つまり、素晴らしい成功者が持っているアドバンテージの大半は、それがアスリートの場合でも、脳の特定の領域で生じたものである。すぐれた音楽家、タイピスト、ホッケーのゴールキーパーなどは、自分がどうしたいかを非常に細かくイメージし、それを効率よく実行できる。

研究者がそのことに注目したきっかけは、タイピストを対象にする研究だった。速く、正確に文字を打つことができるタイピストほど、先々を考え、これから打つキーのための心の準備ができていた。その後、ホッケー選手、テニス選手、野球選手にも同じことが言えるとわかった。こういうアスリートは、先々に起こることをごく詳細にイメージできた。また、それによって、精度の高い「予測手がかり」を効率よく利用し、そのときどきで状況を正確に判断し、運動機能を効果的に実行できた。

「専門家は、たしかに知識を多く持っているが、知識を得るのに特異な方法を用いている」とエリクソンは述べる。「専門性は……たんなる事実、あるいは技能の獲得の問題ではなく、適応による心身の構造の複雑化であって、それには相当な自己監視および制御のメカニズムも含まれる」

また、彼はこう続ける。「専門家の能力には、妨げを受けない正確性の要素がある。この要素を支えるのは、適応プロセスの効率的な管理および制御である。それをつくる源は、制御および作業計画の各階層にあると考えられる」

（Ericsson et al., eds., *The Cambridge Handbook of Expertise and Expert Performance*, p. 57）

85　**「集中的訓練はきわめて特殊な活動形態で、**　Ericsson et al., “Giftedness and evidence for reproducibly superior performance,” pp. 3-56.

83　**エリナー・マグワイアが一九九九年に実施した、ロンドンのタクシー運転手の脳をＣＴスキャンで撮影し、比較した実験を思い出してほしい。**

384ページ下から５行めの注記を参照。

86　**アマチュア歌手は自己実現のため、あるいはリラックスして楽しむためにレッスンするが、プロ歌手はレッスンのあいだ集中し、自分の力量を高めることに専念する。**　Ericsson, K. Anders, Roy W. Roring, and Kiruthiga Nandagopal. “Giftedness and evidence for reproducibly superior performance: an

account based on the expert performance framework." *High Ability Studies* 18, no. 1 (June 2007): 3-56.

同じ現象はつぎの論文でも論じられている。

Charness, Neil, R. Th. Krampe, and U. Mayr. "The Role of Practice and Coaching in Entrepreneurial Skill Domains: An International Comparison of Life-Span Chess Skill Acquisition." 以下の資料に収録されている。*The Road to Excellence: The Acquisition of Expert Performance in the Arts and Sciences, Sports, and Games*, edited by K. A. Ericsson. Lawrence Erlbaum, 1996, pp. 51-80.

Charness, Neil, M. Tuffiash, R. Krampe, E. Reingold, and E. Vasyukova. "The role of deliberate practice in chess expertise." *Applied Cognitive Psychology* 19 (2005): 161-65.

Duffy, L. J., B. Baluch, and K. A. Ericsson. "Dart performance as a function of facets of practice amongst professional and amateur men and women players." *International Journal of Sports Psychology* 35 (2004): 232-45.

Ward, P., N. J. Hodges, A. M. Williams, and J. L. Starkes. "Deliberate Practice and Expert Performance: Defining the Path to Excellence." 以下の資料に収録されている。*Skill Acquisition in Sport: Research, Theory, and Practice*, edited by A. M. Williams and N. J. Hodges. Routledge, 2004.

87　**もちろん、遺伝子もかかわっている。遺伝子は活性化することでプロセスを押しすすめる要素の一つになる。**

エリクソンはつぎのように記している。

> 成人の身体は、生理的要求の短期的な変動に対応して発達した……。身体的スポーツ活動に従事するとき、筋線維の代謝がさかんになり、筋細胞内の酸素およびエネルギーが急激に減少するため、最寄りの血管からそれらが補給される。恒常性を保つため、身体はさまざまな対抗手段を講じる

（負のフィードバックループ）。たとえば、呼吸の速度を上げることで血中の酸素濃度を上げ、二酸化炭素濃度を下げる。すると、貯蔵エネルギーが変換され、血中に消耗可能エネルギーが補給される。それから、血流の速度を上げることで血中の消耗可能エネルギーがすばやく運ばれ、それをもっとも必要とする器官に届けられる。だが、意図して快適な領域から離れ（Ericsson, 2001, 2002）、激しい身体活動に従事しつづければ、恒常性を保つ機能が抑えられ、一部の器官の細胞において、異常な状態が十分に解消されなくなる。この状態は、酸素やエネルギー関連物質（ブドウ糖、アデノシン２リン酸＝ＡＤＰ、アデノシン３リン酸＝ＡＴＰなど）といった重要な要素および化合物の異常なレベル低下を引き起こすことがあり、そのために代謝プロセスが変化し、代替としての生化学的生成物がつくられる。このような生化学的状態に誘発され、細胞内のＤＮＡに大量にある不活性の遺伝子の一部が活性化する。すると、活性化した遺伝子は身体の再構成および適応変化を引き起こす生化学系を刺激し、「スイッチをオン」する。最近の調査から、エクササイズなどの活発な運動によって引き起こされる多様なタイプの緊張に対し、細胞はきわめて複雑な生化学的反応を示すことが判明している。エクササイズにもっと直接に関連するところでは、激しいエクササイズに反応し、哺乳類の筋肉中において100個以上の異なる遺伝子が活性化され、発現する（Ericsson, “Giftedness and evidence for reproducibly superior performance,” pp. 3-56）。

87 **「比較的安楽な領域に安住せず、長期にわたって連続的に身体的活動に取り組むことで、** Ericsson, “Giftedness and evidence for reproducibly superior performance,” pp. 3-56.

88 **だからといって、誰もが同じ資質と可能性を持てるわけではないし、誰もがどの分野でも達人になれるわけではない。生物学的な違いや環境の違いも、有利な要素や不利な要素もたくさんある。だが、才能はプロセスであることが明白になっている現在、才能は遺伝するという単純きわまりない考え方は、もはやお笑い草である。才能、あるいは成功について、遺伝子などのもって生ま**

れた何かのおかげだと考えるのは、まったく合理的ではない。

エリクソンはつぎのように記している。

スポーツ分野の卓越した能力を遺伝によって獲得できるかどうかに関して、過去の文献で挙げられている証拠を慎重に吟味したところ、何らかの遺伝的制限によって健康な者のエリートレベルへの到達が阻害されることに関して、再現可能な証拠は見つからなかった（当然ながら、体の大きさに関する証拠は除外する）（Ericsson, "Deliberate practice and the modifiability of body and mind," pp. 4-34）。

R・スボトニクはつぎのように付け加える。

才能に恵まれた人物になるためには、すなわち例外的な存在になるためには、成長過程を進めば進むほど、自分の能力向上に貪欲になるくらいでなければならない。飢餓感を高め、専門的な忠告をすなおに受け入れ、社会的なスキル、あるいは魅力的なペルソナをみがくことである（Subotnik, "A developmental view of giftedness," pp. 14-15）。

88 **研究者たちは、ひときわすぐれた技量を持つピアニストから希有な洞察力を備えた物理学者までのさまざまな熟達者について調査しているが、訓練時間が目安の一万時間に達しないうちに傑出した技量を示しはじめた例は、なかなか見つからないようだ。**

ダニエル・レヴィティンはつぎのように記している。

作曲家、バスケットボール選手、フィクション作家、スケート選手、ピアニスト、チェスプレイヤー、重犯罪者などを対象にした調査が実施され……同じ数字が引き出されている。１万時間となれば、だいたい１日３時間、週20時間を10年継続することになる……。もっと短い時間で真に世界レベルのエキスパートとなったケースは、まだ見つかっていない。どう

> やら、真の熟達を手に入れるために必要なことのすべてを脳が吸収するには、これだけの時間がかかるようである（Levitin, *This is Your Brain on Music*, p. 193）。

最近に行なわれたチェスに関する研究は、訓練時間や開始年齢を含むいくつもの点で、レヴィティンやエリクソンの見解に一致している（Campitelli and Gobet, “The role of practice in chess”; Gobet and Campitelli, “The role of domain-specific practice, handedness and starting age in chess,” pp. 159-72）。

89　**「みんな誤解していますが、僕の技巧は簡単に身についたわけではありません」と、この点についてモーツァルト自身が父親宛の手紙にしたためている。「僕ほど作曲のために時間をかけ、熟考を重ねた者はいませんよ」**

モーツァルトはこう続けている。「私は、ありとあらゆる名だたる巨匠たちの作品をくりかえし研究しています」（Pott, “The Triumph of Genius”）

89　**十一歳から十六歳までに作曲した七つのピアノ協奏曲は「独創的なところがまったくない」と、テンプル大学のロバート・ワイスバーグが述べている。「おそらく、モーツァルトの作品と呼ぶべきではない」**

→ これらの交響曲は印象的ですらないかもしれない——今日では彼の父親が筆写したものが残るのみである。

ロバート・W・ワイスバーグはつぎのように記している。

> モーツァルトは他人の作品を研究し、少しばかり手を加えることで技能をみがきはじめたようである。モーツァルトは他人の作品を、ピアノなど、他の楽器向けに編曲していた……。自分で作曲しはじめたころも、他の作曲家たちの作品を土台にし、それに近いものを書いていた。交響曲作品にそういうところが見てとれる（Weisberg, “Case Studies of Innovation,” p. 214）。

ジョン・ポットはこう付け加える。「初期の作品の多くは、年齢を考えればみごとであり、完成されているが、それ以上ではない」またポットによれば、

専門家のあいだでは、交響曲第１番の10年後に書かれた第29番こそ、真のモーツァルト作品としての最初の傑作であると考えられている（Pott, "The Triumph of Genius." また、以下の資料も参照。Weisberg, "Expertise in Creative Thinking," pp. 761-87）。

第４章　双生児の似ているところ、似ていないところ

●一次資料

Bateson, Patrick. "Behavioral Development and Darwinian Evolution," 以下の資料に収録されている。*Cycles of Contingency: Developmental Systems and Evolution*, edited by Susan Oyama et al. MIT Press, 2003.

Bateson, Patrick, and Paul Martin. *Design for a Life: How Biology and Psychology Shape Human Behavior*. Simon & Schuster, 2001.

Downes, Stephen M. "Heredity and Heritability." スタンフォード哲学百科事典〔*Stanford Encyclopedia of Philosophy*〕のウェブサイトに、2004年７月15日に公開され、2009年５月28日に改訂版が公開された。

Joseph, Jay. *The Gene Illusion: Genetic Research in Psychiatry and Psychology under the Microscope*. Algora Publishing, 2004.

Moore, David S. *The Dependent Gene: The Fallacy of "Nature vs. Nurture."* Henry Holt, 2003.

Ridley, Matt. *Nature via Nurture*. HarperCollins, 2003.

Turkheimer, Eric, Andreana Haley, Mary Waldron, Brian D'Onofrio, and Irving I. Gottesman. "Socioeconomic status modifies heritability of IQ in young children." *Psychological Science* 14, no. 6 (November 2003): 623-28.

●注記

91　ファンを大いに魅了したテッド・ウィリアムズは、一九六〇年九月二十八日、四十二歳で引退した。

本拠地フェンウェイ・パークで、感謝をこめて見守るホームタウンの大観衆を前に、マウンド上のボルティモア・オリオールズの投手ジャック・フィッシ

ャーと対決した（試合記録は以下のウェブサイトで閲覧できる。Baseball-reference.com）。

92　**「父さんのＤＮＡを売れば、世界中に小さなテッド・ウィリアムズが大勢あらわれることになる」**　Farrey, "Awaiting Another Chip off Ted Williams' Old DNA?"

93　**猫のレインボーとそのクローンのＣｃ**

クリステン・ヘイズはつぎのように記している。

> 猫のレインボーは典型的な三毛猫で、白毛に茶、薄茶、金のぶちが入っている。そのクローン猫のＣｃは、白毛に灰色の縞模様が入っている。レインボーはおとなしい。Ｃｃは好奇心が強く、遊び好きである。レインボーはずんぐりしている。Ｃｃはほっそりしている……。お望みならば、大切な猫ちゃんのクローンをつくるのもいい。だが複製は、行動も、外見すらも、オリジナルに似るとはかぎらない（Hays, "A Year Later, Cloned Cat Is No Copycat: Cc Illustrates the Complexities of Pet Cloning"）。

93　**「同一の遺伝子が同一の人間をつくることはない。**　Wray, Sheler, and Watson, "The World After Cloning," pp. 59-63.

94　**「理論上、ひときわすぐれた人間をつくることは可能です」**　Farrey, "Awaiting Another Chip off Ted Williams' Old DNA?"

95　**偶然にも養父母から同じ名前をつけられた。**

→ じっさい、ふたりはファーストネームが同じで、ミドルネームも実質的に同じだった。ジェイムズ・アラン・ルイスとジェイムズ・アレン・スプリンガーといったのだ。それぞれの里親によって別々に命名されたのだが、これは文化、もしくは偶然の産物であって、遺伝には関係ない――だが、このエピソードの少々気味の悪い、謎めいたところに一役買っている。

96　**後日、彼はこう述懐している。「最初はひとつの事例研究のつもりだった。**　Wright, *Twins*, p. 46.

96　**「何よりも好奇心をそそるのは、双生児の類似および相違である」と彼**

は書いている。 チャールズ・ダーウィンが1875年11月７日に書いたフランシス・ゴルトン宛の手紙。以下のウェブサイトで公開されている。Galton.org

96 **一卵性双生児はＤＮＡ一致の確率が一〇〇パーセント……であると考えられたので、**

→ じつは、一卵性双生児のＤＮＡはまったく同じではない。きわめて近いが、寸分違わずというわけではない（Anahad O'Connor, "The Claim: Identical Twins Have Identical DNA," *New York Times*, March 11, 2008）。

97 **無理からぬことだが、ブチャードらの研究チームが発表したデータを見て、記者たちは色めき立った。そのデータはつぎに挙げることがらを証明しているように見えた。／知能のおよそ六〇パーセントは遺伝子で決まる。／性格のおよそ六〇パーセントは遺伝子で決まる。／運動技能のおよそ四〇から六六パーセントは遺伝子で決まる。／創造性のおよそ二一パーセントは遺伝子で決まる。**

知能

Herrnstein, Richard J., and Charles Murray. *The Bell Curve*. Free Press, 1994, p. 298. 著者たちは平均を40パーセントから80パーセントであると見積もっている。

性格

Bouchard, T. J., and Yoon-Mi Hur. "Genetic and environmental influences on the continuous scales of the Myers-Briggs type indicator: and analysis based on twins reared apart." *Journal of Personality* 66, no. 2 (2008): 135.

運動技能

Fox, Paul W., Scott L. Hershberger, and Thomas J. Bouchard Jr. "Genetic and environmental contributions to the acquisition of a motor skill." *Nature* 384 (1996): 356.

創造性

Nichols, R. "Twin studies of ability, personality, and interests." *Homo* 29 (1978): 158-73.

97　**「性格は遺伝するので……」（ニューヨーク・タイムズ紙）**　Nicholas Wade, “The Twists and Turns of History, and of DNA,” *New York Times*, March 12, 2006.

97　**「『遺伝をうまく逃れること』による男性の貞操のコントロール」（ドラッジ・レポート）**　Drudge Report, September 3, 2008.

　また、「不貞の40パーセントは遺伝子のせいである［可能性がある］」などと述べている（Highfield, “Unfaithful?”）。

98　**「遺伝の概念は二十世紀を通じて紆余曲折した」と彼は書いている。「だが、この二十世紀末に有力になっている人間の性質に関する見解は、多くの意味で、初期の見解によく似ている……。環境は人生の結果を左右しないし、人生を生きている人の内的性質の原因にならない。双生児を用いた実験によってある要点が証明された。つまり、われわれはわれわれになるのではなく、われわれとして生まれるのである」**　Wright, *Twins*, p. 10.

→ これはとんでもない、非常に残念な主張である。ローレンス・ライトは名高いジャーナリスト兼ライターで、筆者は彼のファンである。だが、偉大なジャーナリストや科学者でさえ、解釈を誤って問題のある科学にとらわれることがあり、この場合もそうであるようだ。

99　**エリック・タークハイマーは、遺伝によって決まる知能の割合は六〇パーセントでもなければ四〇パーセントでも二〇パーセントでもなく、〇に近いことを発見した。**

　タークハイマーはこう記している。「これらのモデルが示すのは、貧困世帯におけるＩＱの分散は、60パーセントが共通の環境に起因し、遺伝子の貢献はゼロに近いことである。富裕世帯では、結果はほぼ正反対になる」（傍点は引用者）（Turkheimer et al., “Socioeconomic status modifies heritability of IQ in young children,” p. 632）

99　**［Ｇ＋Ｅの］モデルは単純にすぎる**　Turkheimer et al., “Socioeconomic status modifies heritability of IQ in young children,” p. 627.

100　**マット・リドレーの説明によれば、遺伝率は「母集団平均であり、個人**

には無意味である。 Ridley, *Nature via Nurture*, p. 76.

101　**初期Ｇ×Ｅの共有。／一卵性双生児同士にたくさんの類似点が見られるのは、遺伝子を共有するのみならず、初期環境をも共有するからだ。ゆえに、胎内にいるあいだ、遺伝子と環境の相互作用を共有する。**

→ 出生前の９カ月間の環境を共有していることに加え、たいていの場合、別れ別れになる前に、出生後の数週間、あるいは数カ月の環境をも共有している。

99　**文化環境の共有。／一卵性双生児同士の比較では、生物学的な構造を共有していることばかりが注目される。必然的に看過されているのが、数多くの文化的特徴を共有している点だ。年齢、性別、民族性がまったく同じであるほか、たいていは社会的、経済的、文化的経験のかなりの部分が同じであるか、よく似ている。**

> ふたりの人間は、同じ日に生まれたという事実のみによって、その後の行動や信念に重要な影響がもたらされる可能性がある（Joseph, *The Gene Illusion*, p. 105）。

102　**「これらの要素の作用により、離れて育った双生児同士の類似性はいっそう高まる」と、心理学者のジェイ・ジョゼフは説明する。**

彼の主張では、他の心理学者たちがそれらの重要性を認めないのは、「驚くべき怠慢」である（Joseph, *The Gene Illusion*, p. 100）。

102　**文化的影響を共有していることが、どれほどの作用を及ぼすのだろう？それについて実験を行なうことにした心理学者のＷ・Ｊ・ワイアットは、お互いに関係がなく、知り合いでもない大学生五〇人を集め、年齢と性別のみに基づいて二人一組に分けた。この二五組のうちの一組が、驚くほどの類似性を示した。** Joseph, *The Gene Illusion*, p. 100; Wyatt, Posey, Welker, and Seamonds, "Natural levels of similarities between identical twins and between unrelated people," p. 64.

102　**統計学では「多重エンドポイント問題」と呼んでいるが、ある主張に適合するデータを拾いだし、適合しないデータを都合よく捨ててしまうという、**

おちいりやすい罠がある。双子のジムたちには小さい類似点がたくさんあったが、小さい相違点は（言及されなかったものの）その何倍もあった。「統計では、推論を誤ってしまう可能性が無限にある」とスタンフォード大学の統計学者パーシ・ダイアコニスは言う。「都合のいいものだけを選びとる。たとえば、娘が母親のことを『私とは正反対だ』と言っても、第三者は『うーん、そうかな』と言うかもしれない」

加えてジーナ・コラータはこう述べる。「自分の親、あるいは子供をじっと見つめてから自分のすがたを見るときには、自分で思うよりも簡単に、多重エンドポイント問題という統計学的な落とし穴にはまってしまうものである」（Kolata, “Identity.”）

102　**『ニューヨーク・タイムズ』紙の科学記者のナタリー・アンジェはこう付け加える。「一般大衆はあまり聞きたがらない事実だが、双生児同士には一致しない部分が数多くある。テレビプロデューサーが別々に育てられた一卵性双生児のドキュメンタリー番組を企画したものの、ふたりの個性が大きく異なるとわかったため——ひとりは話し好きで外交的、もうひとりは内気で臆病だった——説得力がないという理由でお蔵入りにした例を、私はふたつ知っている」**

こういう生き別れになった双生児のエピソードについて、リチャード・ローズは「ショービズ的には打ってつけの題材だが、科学的には不確かである」と述べている（Joseph, *The Gene Illusion*, p. 107）。

さらにジェイ・ジョゼフはつぎのように言う。

> ジュディス・ハリスは、「こういうエピソードは非常に多く、偶然のひとことで片づけられない」と書いているが、たしかにそのとおりである——偶然ではないのだ。そういうエピソードは都合よく選り分けられて報じられた「ショービズ」であって、双生児の行動が環境因子の影響によって似てくるという認識を欠いている点で、驚くべき怠慢を犯している（Joseph, *The Gene Illusion*, p. 107）。

103　同調と強調。／双生児同士は深いきずなで結ばれていると感じ、子供のころから一緒に育っていればお互いの異なる部分にこだわる場合が多いかもしれないが、離ればなれで育ったのち大人になって再会すれば、無理からぬことだが、似たところを探して喜ぶものである。研究者たちは被験者たちが意識的・無意識的に同調しないよう気づかうものだが、スーザン・ファーバーの一九八一年の著書『別々に育てられた一卵性双生児〔*Identical Twins Reared Apart*〕』に、研究者が「出生時に引き離された」もしくは「別々に育てられた」と記述している双生児一二一組を対象に再調査を行なった結果が記されている。それによれば、じっさいに出生直後に引き離されたうえ、調査のとき初めて再会した双生児は、たった三組だった。

→ 被験者となった双生児は本当に別れ別れだったのだろうか？　スーザン・ファーバーは1981年の著書『別々に育てられた一卵性双生児〔*Identical Twins Reared Apart*〕』のなかで121のケースを検証している。それによれば、じっさいに出生直後に引き離され、再会した直後に被験者となった双生児は、たった３組だった。

オスカル・シュテーアとジャック・ヤッフェの場合を考えてみよう。おそらく、彼らは再会を果たした双子としてもっとも世間を魅了したのではないだろうか。彼らは一卵性双生児で、出生直後、両親の離婚によって離れ離れになり、ひとりはナチス政権下のドイツで、ひとりはトリニダードで、ユダヤ人として育てられた。明らかな文化的相違にもかかわらず、47歳のときに再会した彼らは、類似点が多いことで世間を驚かせた。金属フレームの眼鏡、口髭、２つポケットのシャツ、スパイスのきいた料理と甘い酒を好むこと、忘れっぽいこと、テレビを見ながらうたた寝する、トイレで水を流してから用を足すなどの習慣。事実、報告されたふたりのようすは、驚くほどよく似ていた――ところが、あとで判明したのだが、彼らはその25年も前から親しく交流していた。

もうひと組、世間の興味の的になった双生児がいた。ふたりともよく笑い声を立て、その笑い方がよく似ていたことから、「けらけら姉妹」という愛称で呼ばれた。ふたりともつつましく、青い色を好み、冷たいブラックコーヒーを

よく飲んでいたほか、「鼻筋にしわを寄せる」癖があることも、以前に投票所の係員を務めていたことも、最初の妊娠のとき流産を経験していたことも共通していた。ところがこの姉妹は、研究チームの聞き取り調査で、将来の目標をひとつないしそれ以上、同じであるよう捏造したことを認めた（Joseph, *The Gene Illusion*, p. 100; Farber, *Identical Twins Reared Apart*, p. 100）。

ブシャールの報告によれば、彼の被験者となった双生児の平均年齢は40歳で、離れ離れだった平均年数は30年だった。つまり、平均10年間の交流期間があった（Wright, *Twins*, p. 69）。

103　**これらすべてを考えあわせれば、ジム・ルイスとジム・スプリンガーという三十九歳の男性ふたりが、九カ月のあいだ同じ胎内で育ち、生後一カ月と少しまで同じ病院にいて、一一〇キロほどの距離を挟んだ、労働者階級の多いふたつの町で（息子をジム、ラリーと名づけるほどには好みのよく似たそれぞれの両親に）育てられたのだから、成長したのち同じビール、同じたばこ、同じ車、同じ趣味を好み、いくつかの習慣を共有しているのも、それほど衝撃的ではないではないか**

→ 読者のみなさんにも、会ったことはなくとも、どこかに「文化的双生児の片割れ」がいるのではないだろうか？　同じ年に同じ町で生まれ、食べものや音楽などの好みを同じくする誰かである。筆者は1970年代にオハイオ州シンシナティで育った。同じ地域の42歳の住民のなかから、ブルース・スプリングスティーンのファンで、〝グライターズ〟のアイスクリームに目がなく、ポルシェを愛好し、アコースティック・ギターを演奏し、ピート・ローズがシンシナティ・レッズを去ってから野球への興味を失った人を探すのは、どれほど難しいだろう。おそらく、シンシナティの路上を３分も探しまわれば見つかるのではないか。野球スタジアムを満員にできるほど、大勢集められるかもしれない……。

104　**（彼らがまったく同じ人生を送っていると勘違いする人がいるといけないので、**　Chen, “Twins Reared Apart.”

104　**オットー（左）とエヴァルド（右）**

マイケル・レニーはつぎのように記している。

ヒトゲノムの塩基配列の解析がすべて終了してから、人体の組成について、数多くある未解明の部分が明らかになるのではないかという期待がある。筋骨の量や組成にどのようにして個人差が生じるのか、また、その差がどのようにして身体活動と折り合いをつけるのか、ようやく判明するのではないか、と。筋骨格のある機能にかかわる遺伝子の特定は、いくらかは成功している。だが、それ以外の多くのヒトの特性に関して言えば、体格および体組成には、環境と生来の能力が50パーセントずつ関与していると思われる。写真1のふたりの男性［オットーとエヴァルド］は、じつは一卵性双生児であって、ひとりは長距離走、ひとりは重量挙げの選手として、それぞれのトレーニング計画に沿って体づくりをした。見たところ、環境による影響の余地は大きいようだ。私がこれから論じることのほとんどは、食物およびエクササイズの比較的短期的な影響について、たとえば、最長72時間までの時間枠における食物およびエクササイズの影響についてである。そして、遺伝子の転写における変化については、最近までわれわれの研究の焦点ではなかったので、あまり言及しないこととする。しかし、1回のエクササイズの終了、あるいはインスリンの注入から2時間足らずのうちに、遺伝子発現に著しい変化が見られたことは、私にとっても、他の研究者たちにとっても、たしかに驚きだった。ヒトの場合、ラットやマウスにくらべて器官の代謝速度がずっと遅いため、こういう変化にはもっと長い時間がかかると予想されていた（Rennie, “The 2004 G. L. Brown Prize Lecture,” pp. 427-28）。

アート・デ・ヴァニーはつぎのように記している。

じつのところ、オットーの場合、低強度の刺激によってＡＴＰ濃度が下がり、ＡＭＰキナーゼが活性化した。これによってＴＳＣ２の刺激が抑制され、ｍＴＯＲの仲介による筋原線維の刺激が発生しなかった。エヴァルドの場合、遺伝子は別のシグナルを受けとっていた。高強度の収縮によっ

てＰＫＢ活性が刺激され、ＴＳＣ２が増加し、ｍＴＯＲシグナルが活性化した結果、筋原線維のタンパク質合成が著しく増加したのである。

したがって、低強度のシグナルは、高強度のシグナルの場合とは異なる遺伝子およびシグナル伝達カスケードに刺激を与える。低強度では、筋肉のタンパク質合成が見られなかった。高強度では、筋肉のタンパク質合成が著しく増加した。遺伝子が同じであっても、シグナルが異なれば、肉体が異なってくるのだ（De Vany, “Twins”）。

第５章　早咲き、遅咲き

●一次資料

Halberstam, David. *Playing for Keeps*. Broadway Books, 2000.（『ジョーダン』デイヴィッド・ハルバースタム著、鈴木主税訳、集英社刊、1999年）

Hulbert, Ann. “The Prodigy Puzzle.” *New York Times*, November 20, 2005.

Levitin, Daniel J. *This Is Your Brain on Music: The Science of a Human Obsession*. Dutton, 2006.

Ma, Marina. *My Son, Yo-Yo*. Chinese University Press, 1996.（『わが子、ヨーヨー――母が語る〝天才〟ヨーヨー・マの少年時代』マリナ・マ著、ジョン・A・ラロ編集、木村博江訳、音楽之友社、2000年）

Terman, Lewis M. “The Discovery and Encouragement of Exceptional Talent.” Walter Van Dyke Bingham Lecture at the University of California, Berkeley, March 25, 1954.

Terman, Lewis M. *Genetic Studies of Genius*. Stanford University Press.

Volume I: *Mental and Physical Traits of a Thousand Gifted Children* (1925).

Volume II: *The Early Mental Traits of Three Hundred Geniuses* (1926).

Volume III: *The Promise of Youth, Follow-up Studies of a Thousand Gifted Children* (1930).

Volume IV: *The Gifted Child Grows Up* (1947).

Volume V: *The Gifted Group at Mid-Life* (1959).

Winner, Ellen. “The origins and ends of giftedness.” *American Psychologist* 55,

no. 1 (2000): 159-69.

●注釈

105　**それは「ハングタイム」といった**

物理学者たちは、一般大衆がジョーダンの跳躍にあまりにも夢中になっているので、しばらくすると、ジョーダンがじっさいに無重力状態にあるわけではないことを世間に説明したいと思うようになった。

「彼は、両膝を引き上げることで重心の位置を引き上げ、頭部に近づける」と、ミズーリ大学カンザスシティ校の物理学科長マイケル・クルーガーは説明した。「これは上昇するときのことである。下降するときには、言うまでもなく、両脚を下ろすことで重心を通常の位置に戻すので、重心は頭部から遠ざかる。このとき、頭部は放物線をたどらない。頭部はつねに一定の高さにある。一連の動作のあいだ、頭部の高さがずっと同じなのだ。重心の位置は、重力と彼自身の操作によって上下に移動する。

われわれは、目の前にいる相手の重心の位置を直観的に知ることはできない。頭部などの１カ所に視線を集中させてしまうからだ。だが、じっさいに起きているのはこういうことだ。頭部が不自然なほど長いあいだ一定の高さにとどまるのは、彼が自分の重心の位置を操作するからである」（Grathoff, “Science of Hang Time”）

米国物理学教員協会はつぎのように説明する。

> 跳躍の高さは、踏み切りのときの力の強さによって決まる。そしてこの力の強さは、跳躍する者の両脚の筋肉の強さと出力によって決まる。より強く、より大きい出力をもって踏みきれば、より高く、より長く跳躍できる。跳躍の高さが４フィート〔約120センチ〕ならば、滞空時間は1.0秒になる。ジョーダンは、この滞空時間を長く感じさせるトリックを用いた。ダンクのとき、ボールをたいていの選手よりも少し長く保持し、バスケットの真上から叩きこんだ。また、上昇するときに両脚を上げ、より高く跳

んでいるように見せた。しかし、そのすべての動作は１秒以内に行なわれた（American Association of Physics Teachers, “Slam Dunk Science”）。

105　**純然たる才能はじつに希有なものだ。**　Halberstam, *Playing for Keeps*, p. 9.

106　**「マイケル・ジョーダンが一種の天才だったとしても、少年時代にはその兆候がほとんど見えなかった」**　Halberstam, *Playing for Keeps*, p. 17.

106　**一方、チェロの名演奏家のヨーヨー・マは非常に幼いころに頭角をあらわした。**　Ma, *My Son, Yo-Yo*.

106　**パブロ・カザルスは、まだ幼いヨーヨーの演奏を初めて聴いたとき、彼を「ワンダーボーイ」と呼んだ。**　Ma, *My Son, Yo-Yo*, p. 80.

107　**事実、研究によって判明しているが、子供のころ神童だったのに、大人になって凡人になった例はいくつもある。ヨーヨー・マのように幼少期から天才的才能を発揮しつづける人はきわめて少なく、神童があとあと大成しなかった例はごまんとある。**

→ 「才能に恵まれた子供たちは、神童と言われるほど傑出した者でさえ、成人後には創造面ですぐれた能力を発揮しない場合が多い」とボストン・カレッジのエレン・ウィナーが述べている（Winner, “The origins and ends of giftedness,” pp. 159-69）。

107　**それに、子供のころ目立った活躍をしなかったが、成人後に際立った能力を発揮しはじめた例も、たいへん多い。たとえば、コペルニクス、レンブラント、バッハ、ニュートン、カント、ダ・ヴィンチ、アインシュタインなどの偉人たちもそうだ。**

→ このリストは、2006 年に科学的心理学会の会合でマルコム・グラッドウェルが語ったことである（Wargo, “The myth of prodigy and why it matters”）。

　さらに、サンホセ州立大学の心理学者グレゴリー・ファイストはこう述べる。「幼児期の音楽的才能は、成人後の創造的達成の必要条件ではないし、十分条件でもない。成人してから音楽の分野で大きな成功を収めたが、思春期半ばまでは目立った活躍をしていなかった例は、しばしば見受けられる」（Feist,

"The Evolved Fluid Specificity of Human Creative Talent," p. 69)

108　**十八世紀のイギリスの法学者ジェレミー・ベンサムは三歳でラテン語を学びはじめ**　Dinwiddy, *Bentham*, p. 11.（『ベンサム』 J・R・ディンウィディ著、永井義雄、近藤加代子訳、日本経済評論社刊、1993年）

108　**数学者のジョン・フォン・ノイマンは六歳のとき頭のなかで八桁の割算ができた。**　Myhrvold, "John von Neumann."

108　**カナダ・シアトルのアドーラ・スビタクは五歳で小説を書きはじめ、七歳で本を出版した。**　Bate, "'Dora the Explorer' shows pupils the way."

108　**エレン・ウィナーは二〇〇〇年にこう反論を寄せた。「エリクソンの研究はハードワークの重要性を論証しているが、生来の能力の担う役割を排除していない……。［われわれの］結論では、集中的訓練は専門的知識の獲得に必須だが、それだけでは不十分である」**

→ また、ウィナーは現在わかっている、子供のうちにひとかどの達成をなしとげるために必要なおもな要素——動機、自立、大きな期待、家族の養育——を慎重に再吟味し、そのひとつひとつは、理論上、独立した環境成分の結果ではなく、生まれつきの才能の結果ではないかという仮説を立てた。

> 才能のある子供は、自分が高い能力を持っている分野において熟達したいという深い動機をもともと持っていて、そのエネルギーのレベルはほとんど熱狂と呼べるほどである……。この、持って生まれた原動力は、例外的な、生まれつきの才能の重要な部分である。
>
> 才能のある子供の親は、わが子により多くの部分で自立を許している。だが、自立を許すことが高度な達成につながるのか、あるいは、子供の才能を認識することが自立の許容につながるのかについては、わかっていない。また、才能のある子供はとりわけ意志が強く一本気であって、それゆえに自立を求めるということも考えられる。
>
> 才能のある子供の親は、たいていわが子に大きな期待を寄せるとともに、

> 親自身が努力し、成功することの手本になっている。だがたんに、才能のある子供がその才能を親から受け継いでいて、その親がたまたま努力家で成功者であったと言うことも、理論上可能である。
>
> 才能のある子供の家庭は、子供を中心にしている。つまり、たいてい家庭生活の主眼を子供のニーズに置いている。だが、親が才能のある子供のために非常に長い時間を費やすからといって、子供の才能が親によってつくられるとは言えない。たとえば、親はまず子供のなかに例外的な能力のきざしを見てとり、それに対する反応として、その能力を育てることに専心するとも考えられる（Winner, “The origins and ends of giftedness”）。

これらの申し立ては理屈のうえではもっともであるように思えるが、そのひとつひとつは証拠と、常識と、それらの申し立て自体の極端な一方向性によって否定される。内在する動機は生来のものであると自信をもって言明するのは、乳幼児期の心理をあからさまに無視することに等しい。性格の形成については、生物学的な構造の貢献が明らかである一方、それだけが決定要因ではないことを示すたくさんの証拠がある。早期の自立は子供自身の行動に全面的に起因すると主張するのは、じつに馬鹿げている。子供はたんに動機および才能という「生来の素質」を親から受け継いでいるのだから、親がわが子に大きな期待を寄せることも、努力と成功の手本になってやることも、子供にまったく効果をもたらさない可能性があると示唆するのは、ゴルトン説よりもよほど強力な遺伝子決定論を支持するのと同じである。そして最後に、早熟な子供のいる家庭が子供を中心にするのは、例外的な能力を発見したあとであると「考えられる」、などと言えるのは、世界各地にさまざまな育児方法があることをいっさい考慮していないからにほかならない。

108　**「必須だが、不十分である」という批評がエリクソンに対する共通した反応となった。もはや意味をなさない生まれつきの才能の概念にしがみつく専門家は多かった。**　たとえば、以下の資料を参照。John Cloud, “Is Genius Born or Can It Be Learned?” *Time*, February 13, 2009.

109　**幼児期の音楽体験によってそれと同じ影響がもたらされることも確実である。**

Abrams, Michael. “The Biology of···Perfect Pitch: Can Your Child Learn Some of Mozart's Magic?” *Discover*, December 1, 2001.

Dalla Bella, Simone, Jean-François Giguère, and Isabelle Peretz. “Singing proficiency in the general population.” *Journal of the Acoustical Society of America* 1212 (February 2007): 1182-89.

Deutsch, Diana. “Tone Language Speakers Possess Absolute Pitch.” Presentation at the 138th meeting of the Acoustical Society of America, November 4, 1999.

Dingfelder, S. “Most people show elements of absolute pitch.” *Monitor on Psychology* 36, no. 2 (February 2005): 33.

Kalmus, H., and D. B. Fry. “On tune deafness (dysmelodia): frequency, development, genetics and musical background.” *Annals of Human Genetics* 43, no. 4 (May 1980): 369-82.

Lee, Karen. “An Overview of Absolute Pitch.” 2005年11月16日、以下のウェブサイトに発表された。http://webspace.utexas.edu/kal463/www/abspitch.html

109　**水分が蒸発して雨雲になるのと同じくらいゆっくりした速度で、たくさんの小さい出来事が道筋をととのえ、ある方向への発達がじわじわと進むのだ。**

→ 突如として出現するように見えることもあるかもしれないが、じっさいはそうではない。「神童であれ、才能のある児童であれ、傑出した能力がとつぜんに出現することの証拠は見つかっていない」とエリクソンが報告している（Ericsson et al.. “Giftedness and evidence for reproducibly superioe performance,” p. 34）。

110　**たとえば、ウィナーの指摘によれば、数学や音楽の「才能に恵まれた」人は、ふつうの人ならば左脳の領域に属する作業を、左脳と右脳の両方を使っ**

て行なう傾向にある。

ウィナーが引用している資料。

Gordon, H. W. “Hemisphere asymmetry in the perception of musical chords.” *Cortex* 6 (1970): 387-98.

Gordon, H. W. “Left-hemisphere dominance of rhythmic elements in dichotically presented melodies.” *Cortex* 14 (1978): 58-70.

Gordon, H. W. “Degree of ear asymmetry for perception of dichotic chords and for illusory chord localization in musicians of different levels of competence.” *Journal of Experimental Psychology: Perception and Performance* 6 (1980): 516-27.

Hassler, M., and N. Birbaumer. “Handedness, musical attributes, and dichaptic and dichotic performance in adolescents: a longitudinal study.” *Developmental Neuropsychology* 4, no. 2 (1988): 129-45.

O’Boyle, M. W., H. S. Gill, C. P. Benbow, and J. E. Alexander. “Concurrent fingertapping in mathematically gifted males: evidence for enhanced right hemisphere involvement during linguistic processing.” *Cortex* 30 (1994): 519-26.

110 **そういう芸術家、発明家、音楽家は、言語障害を持っている人の割合が通常よりも高い傾向にある。**

ウィナーが引用している資料。

Winner, E., and M. Casey. “Cognitive Profiles of Artists.” 以下の資料に収録されている。*Emerging Visions: Contemporary Approaches to the Aesthetic Process*, edited by G. Cupchik and J. Laszlo. Cambridge University Press, 1993.

Winner, E., M. Casey, D. DaSilva, and R. Hayes. “Spatial abilities and reading deficits in visual art students.” *Empirical Studies of the Arts* 9, no. 1 (1991): 51-63.

Colangelo, N., S. Assouline, B. Kerr, R. Huesman, and D. Johnson. “Mechanical Inventiveness: A Three-Phase Study.” 以下の資料に収録されている。*The Origins and Development of High Ability*, edited by G. R. Bock and K. Ackrill. Wiley, 1993, pp. 160-74.

Hassler, M. “Functional cerebral asymmetric and cognitive abilities in musicians, painters, and controls.” *Brain and Cognition* 13 (1990): 1-17.

110　**「遺伝」のじっさいの意味が「遺伝子発現」であることや、胎内環境と出生後の体験の両方が発達に深くかかわること**

→ これは「それらがわれわれの制御下にある」と言っているのではない。

110　**存命中のサヴァンのなかには重度の障害とともにけたはずれの能力を持つ人びとが一〇〇人ほどいると推定されるが、ピークはそのひとりである。**

Treffert, “Savant Syndrome.”

“Savant Syndrome”の「よくある質問」ページからの抜粋。

サヴァン症候群の患者の割合は？

自閉症患者のおよそ10人にひとり（10パーセント）は何らかのサヴァン的能力を持っている。その他の発達障害者、知的障害者、あるいは脳障害の患者では、その割合が１パーセント未満である（知的障害者では2000人にひとり）。しかし、自閉症以外の発達障害は自閉症よりも症例数がずっと多いので、サヴァン症候群の患者は約50パーセントが自閉症患者、残りの50パーセントがその他の発達障害、精神発達遅滞、脳障害もしくは脳疾患を抱える者となる。したがって、サヴァンの全員が自閉症患者ではなく、自閉症患者の全員がサヴァンではない。

サヴァン的能力の範囲は？

サヴァン的能力はあらゆる分野に及ぶ。もっとも多いのは断片的能力と呼ばれるものである。これには、音楽やスポーツにまつわる豆知識、車のナンバー、地図、故事、あるいは何の変哲もない、たとえば掃除機のモーター音などに、常軌を逸するほどの興味を抱くといった行動が含まれる。すぐれた能力を持つサヴァンは、音楽、アート、数学などの専門能力が抜

きんでていて、高度にみがきあげられている。たいてい専門分野はひとつにかぎられ、本人の抱える障害に照らせば、その能力は非常に際立って見える。驚異的サヴァンとは、現在世間にも認知されつつあるサヴァンのなかでも、非障害者にさえめったに見られないほど傑出した特別な技能、あるいは能力を有する者のことで、きわめて珍しい例である。現在、そのように高度な専門能力を持つ天才的サヴァンは、世界に100人足らずであると思われる。

110　**ダニエル・タメットもそうで**　Treffet and Wallace, “Islands of Genius.”

111　**彼の概算では、自閉症を抱える人のおよそ一〇人にひとりはサヴァンである。**　上記の“Savant Syndrome”の「よくある質問」の抜粋を参照。

111　**彼の説明によれば、左脳がひどい損傷を受けたとき、右脳（音楽や芸術などをつかさどる）がそれを必死に補おうとすることでサヴァン症候群があらわれるという。**

ニキ・デニソンはつぎのように記している。

サヴァン症候群の原因特定を試みる学者たちは、脳の一部が機能不全におちいったとき、別の一部がそれを補完しようとする事実を裏づける、数々の新しい証拠に目を向けている。彼らの多くの考えによれば、サヴァン症候群では、左脳が損傷を受けたとき、脳がそれを補おうとし、創造性や、アートや音楽のような分野の技能をつかさどる右脳の利用を高める。言語、理解、論理的思考、連続的思考をつかさどる左脳は、右脳にくらべ、胎内で有害な影響を受けやすい。というのも、右脳よりもあとに、ゆっくりと発達するからだ。

一説によれば、テストステロンの循環が過剰になることで、左脳の発達が妨げられた結果、神経細胞が右脳へ移動するために、右脳が通常よりも大きく発達するという。男児の場合は胎内で大量のテストステロンを浴びるので、サヴァン症候群の患者数は男性が女性の６倍にのぼることも、それによって説明できる（Denison, “The Rain Man in All of Us,” p. 30）。

→ 映画『レインマン』でダスティン・ホフマンが演じた役のモデルである人間計算機のキム・ピークの場合、脳梁が欠損していた。脳梁は、大脳の左半球と右半球をつなぎ、両者のやりとりをスムーズにする機能を持つ。

111 **けたはずれの能力を示すサヴァンの場合、どうやら、通常とは異なる脳回路の驚くべき結合**［にともない］、**強迫的な集中および反復の特性と、家族、世話人、教師のおびただしい激励および支援**［が見られる］。**それと同じ可能性の一部、言わば小さいレインマンが、われわれひとりひとりの内部に存在するだろうか？　私は存在すると考える。**　Treffert, “Is There a Little ‘Rain Man’ in Each of Us?”

さらに、トレファートはつぎのように述べている。

いくつかの観察結果から浮上しているのが、われわれひとりひとりに何らかのサヴァン的能力——小さいレインマン——が宿っているという考えである。第一に、かつては障害のない「健常」者だった人が、頭部を損傷してからサヴァン的能力を発揮しはじめた例が報告されている。この現象を「後天的」サヴァン症候群という。第二に、ブルース・ミラー博士の研究で、かつては障害もなければ、並はずれたサヴァン的能力もなかった年配者12人に、あるタイプの認知症——前頭側頭型認知症——の発症と進行にともなってサヴァン的能力があらわれ、なかにはそれが天才的なレベルに達している例もあったと報告されている。第三に、非障害者への催眠やアミタール面接などの手続きによって、また、脳神経外科の処置の一環としてする脳表電極計測によって、休眠状態にあって使用されていない記憶の巨大貯蔵庫が、ひとりひとりに備わっている証拠が示されている。第四に、睡眠中の夢に、たいていは思いがけずあらわれるイメージや記憶にしても、覚醒中には使用されないその巨大貯蔵庫の埋もれた記憶が、少しばかり顔を出したものである。そして最後に、われわれがくつろいでいるとき、あるいはたとえば「引退」のあとなど、気にかけるものがなくなったときに、それまで隠れていた関心ごと、才能、あるいは能力がとつぜん、

思いがけず表出することがしばしばある。この表出については、幼少期にあったアートなどの能力が、成熟し、「成長」するにつれて何らかの理由でしまいこまれ、その後ふたたび目覚めたという可能性もある（Treffert, “Savant Syndrome”）。

さらに、ダイアン・パウエルはつぎのように論じている。

　われわれのサヴァン的能力のモデルでは、脳はふたつのレベルにおいて活動する。つまり、量子的レベルと古典的レベルである。これらのレベルは、古典物理学（あるいはニュートン物理学）と量子力学の場合と同じく、排他的ではない。古典物理学と量子力学のおもな違いのひとつに、古典物理学における力は局所的に作用する一方、量子力学における力は非局所的に作用することがある。脳内ではどちらの力も作用しているので、脳は局所的にも非局所的にも意識を処理することができる。一部の人びとは、自閉症などの障害のために大脳新皮質の機能が働かず、局所的処理と非局所的処理のバランスが変化している。それ以外の人びとも、心を静める瞑想などの訓練によって、古典的レベルの優位性を緩和することができる。したがってわれわれは、もっと意識すれば、あるいは覚醒すれば、非局所的プロセスをもっと活用できるようになる。それにより、世の中への見方がより抽象的ではなくなる。世の中の真のすがたをもっとよく見ることができるようになる（Powell, “We Are All Savants,” p. 17）。

112　**「脳障害や磁気による刺激以外に、認知様相の変更、あるいは脳波支援フィードバックを用いることでサヴァンのような技能を獲得できる。［オリヴァー・］サックスという人物がこの見解の裏づけになる。彼は、アンフェタミンの影響下にあるあいだにかぎり、写真のように精密な絵を描くことができた。古代の（サヴァンの作品のような）洞窟壁画は、メスカリンに誘発された認知様相によるものとされている」**　Snyder, Mulcahy, Taylor, Mitchell, Sachdev, and Gandevia, “Savant-like skills exposed in normal people by suppressing the

left fronto-temporal lobe," pp. 149-58.

スナイダーが引用した資料

認知

Snyder, A. W., and D. J. Mitchell. "Is integer arithmetic fundamental to mental processing? The mind's secret arithmetic." *Proceedings of the Royal Society of London. Series B,* Containing Papers of a Biological Character 266 (1999): 587-92.

脳波支援フィードバック

Birbaumer, N. "Rain Man's revelations." *Nature* 399 (1999): 211-12.

オリヴァー・サックス

Sacks, Oliver. "The Mind's Eye." *New Yorker,* July 28, 2003, pp. 48-59.（以下の著作に収録されている。『心の視力――脳神経科医と失われた知覚の世界』オリヴァー・サックス著、大田直子訳、早川書房刊、2011年）

洞窟壁画

Humnphrey, N. "Comments on shamanism and cognitive evolution." *Cambridge Archaeological Journal* 12, no. 1(2002): 91-94.

113　**その論点は、目立って優秀な子供はエリート遺伝子に恵まれ、その働きのおかげで終生、成功者でいられるというものだった。それを証明するため、彼はカリフォルニア州内の学校に通う一五〇〇人近い子供たちを「例外的優等者」として追跡しはじめた。**

アン・ハルバートはつぎのように記している。

> ターマンはカリフォルニア州の学区に目を向けたが、25万人の生徒たちを総合的に検査する手段がなく、まずは教員たちに協力をあおいだ。教員たちが優秀だと考える子供たちを集めたのだが、その集団には「隅でぼそぼそ言う、冴えないタイプ」は含まれなかったと思われる、と指摘するのは、カリフォルニア大学デイヴィス校の心理学教授で、歴史上の天才た

ちの科学的研究を専門にするディーン・キース・シモントンである。ターマンは、この集団——それと、自分でそれ以前に集めていた利口な子供の集団——を検査し、ミドルクラスの白人が圧倒的多数を占める約1500人のサンプルを手に入れた。彼らの平均年齢は11歳、ＩＱは135から200で、全体の上位１パーセントにあたった（この集団のＩＱは平均151で、うち77人は170を超えていた）。ちなみに、ターマンはその検査のときに良心的な親をふるい分けていた。親に、子供に関する長い質問表に回答してもらうことも、その調査の一環だったのだ（Hulbert, “The Prodigy Puzzle”）。

→ この集団は、大半がミドルクラスに属し、大半が白人だった。ふたりだけアフリカ系アメリカ人がいて、ターマンはとくに彼らについてこう記している。「ふたりとも部分的に白人である……白人の血統の占める正確な割合は不明」（傍点は引用者）（Terman, *Genetic Studies of Genius: Volume I, Mental and Physical Traits of a Thousand Gifted Children*, p. 56）
→ 1925年に発表した最初の論文では、ターマンは期待を抑えている。「被験者の全員、あるいは大多数が少なからぬ優越性を獲得すると期待することは、正当ではないだろう」とはいえ、楽観的見解を完全に封じこめることはできなかった。「［成人5000人からなる平均的集団のなかで］もっとも卓越している25人から50人。それが、この才能のある少年たちの数十年後のすがたであると考えるのが妥当だろう」（Terman, *Genetic Studies of Genius: Volume I, Mental and Physical Traits of a Thousand Gifted Children*, p. 641）

113　**ノーベル賞受賞者もいなかった——一方、子供のころターマンに調査対象者の資格がないと判断された者のうちふたりが受賞した。**

アン・ハルバートはつぎのように記している。

ターマンは1956年に世を去ったが、同じ年にウィリアム・ショックレーがノーベル賞を受賞した。カリフォルニア州で育ったショックレーは、少年のころターマンの研究対象に選ばれなかったひとりだが、のちにトランジスタの共同発明者になった（その後、シリコンヴァレーの発祥にかか

わったほか、人種差別主義者および優生学の支持者として厳しい批判にさらされた)。1968年、同じくターマンの研究対象になれなかったルイス・アルバレスが、素粒子物理学への貢献によってノーベル賞に輝いた。ターマンの被験者にノーベル賞受賞者はいないが、著名な科学者や、複数の特許の保有者が何人かいる。ジャーナリスト、詩人、映画監督、それに大学教授もいて、なかでも目立つのが心理学者だが、それには何の不思議もないと思われる。結局のところ、ターマンはスタンフォード大学の威光を借り、保護下の者たちにできるだけの手助けをしてやった。ターマンの被験者たちは、いまで言う「校内能力《スクールハウス・ギフト》」ゆえに選ばれ、とりわけターマンから、学術的に認められた達成への期待を吹きこまれ、それを自覚しつつ成長していった。

この論文によって訴えられているように、「この集団からは偉大な作曲家も、創造性豊かなアーティストも生まれていない」事実には、おそらく何の不思議もないと思われる(Hulbert, “The Prodigy Puzzle”)。

ホラハンとシアーズによれば、七十代から八十代になった「ターマンの子供たち」を調査したところ、成人ののちに成功したかどうかについては、社会経済的背景を同じくする子供たちから、IQスコアに関係なく、無作為に選びだされた集団とまったく変わらなかった。この結果は、スボトニク、カッサン、サマーズ、ワッサー(1993)の発見に似ている。彼らは、ニューヨーク市のハンターカレッジ小学校の児童のなかから、推薦とIQスコア(平均157)に基づいてサンプル210人を抽出し、調査した。被験者集団には、40歳から50歳までに著名になった者はひとりもいなかったし、英才教育を受けたにもかかわらず、社会経済的背景とIQスコアが同じような同級生たちにくらべ、成功の度合いはそれほど変わらなかった(Freeman, “Giftedness in the Long Term,” pp. 384-403)。

113 **「どうしても、IQが一八〇を超える被験者たちに関しては、思ったよりも成功していないという印象を受ける」と、タフト大学のデイヴィッド・ヘ**

ンリー・フェルドマンがこの長期的研究について一九八四年に結論している。

「もっと輝かしい成功を収めていたはずだという失望感がある」

引用文の全文はつぎのとおり。

> どうしても、ＩＱが180を超える被験者たちに関しては、思ったよりも成功していないという印象を受ける。もちろん、彼らは、一般大衆に比較すれば大半の主要カテゴリーで活躍していたし、複数の証拠（ささやかなものではあるが）から示されるように、ＩＱ150の集団に比較すれば職業的に成功していた。だが、被験者の潜在能力に関するターマンの楽観的な見解や、ホリングワース（1942）の「ＩＱが180を超える子供たちは大卒者の『上位者』を構成する」という言葉を考えれば、もっと輝かしい成功を収めていたはずだという失望感がある（Feldman, “A follow-up of subjects scoring above 180 IQ in Terman’s genetic studies of genius,” pp. 518-23）。

アン・ハルバートはつぎのように述べている。

> ＩＱが180を超える子供たちの小集団を対象にした［レタ・］ホリングワースのケーススタディは、高スコアをとった子供たちが後日に並はずれた活躍をすることを示唆する、はっきりした証拠を提示できなかった（Hulbert, “The Prodigy Puzzle.”）。

114　**「才能に恵まれた子供たちは、神童と呼ばれるほど傑出した者でさえ、成人後には創造面ですぐれた能力を発揮しない場合が多い」。**　Winner, “The origins and ends of giftedness,” pp. 159-69.
エリクソンはこの点について強く断言している。

> とくに、成人してからも成功しつづけた神童は、モーツァルト、ピカソ、ユーディ・メニューインなど、比較的わずかである。神童は、たいていの

場合、期待されたほどの活躍をしない（Bamberger, 1986; Barlow, 1952; Freeman, 2000; Goldsmith, 2000）（Ericsson, Roring, Nandagopal, “Giftedness and evidence for reproducibly superior performance: an account based on the expert performance framework,” pp. 3-56）。

エリクソンが引用した資料

Bamberger, J. “Growing Up Prodigies: The Mid-life Crisis.” 以下の資料に収録されている。*Developmental Approaches to Giftedness and Creativity*, edited by D. H. Feldman. Jossey-Bass, 1986, pp. 61-67.

Barlow, F. *Mental Prodigies*. Greenwood Press, 1952.

Freeman, J. “Teaching for Talent: Lessons from the Research.” 以下の資料に収録。*Developing Talent Across the Lifespan*, edited by C. F. M. Lieshout and P. G. Heymans. Psychology Press, 2000, pp. 231-48.

Goldsmith, L. T. “Tracking Trajectories of Talent: Child Prodigies.” 以下の資料に収録。*Talents Unfolding*, edited by R. C. Friedman and B. M. Shore. American Psychological Association, 2000, pp. 89-118.

ミドルセックス大学のジョーン・フリーマンはさらにこう言っている。

トロスト（1993）の計算によれば、「優越をつくる要因」のうち、子供時代の測定および観察によって説明できるものは半分にも満たない。成功へのカギはそれぞれの献身にあるという（Freeman, “Families, the essential context for gifts and talents,” pp. 573-85; Trost, “Prediction of Excellence in School, University and Work,” pp. 325-36）。

114　神童は技術が完璧であれば称賛されるが、いつかその先へ進まなければ世間に忘れられてしまう」

さらに、エレン・ウィナーはつぎのように述べる。

創造者は、ある分野に変化をもたらす。ある分野で革新者ないし革命者になるための決定的な要素は、性格と意志である。創造者は、刷新の強い意志を持っている。落ち着きがなく、反抗的で、現状に満足しない。勇敢で、人に依存しない。関連するいくつもの計画を同時に進めることができ、ハワード・グルーバーの言う「網の目のように結びあった企て《ネットワーク・オブ・エンタープライズ》」に取りくむ。これらの理由から、神童がのちに創造者になることは期待できない。神童から創造者への移行が成し遂げられることは、通例ではなく例外なのだ（Winner, “The origins and ends of giftedness,” pp. 159-69）。

ジョーン・フリーマンはつぎのように記している。

スボトニク、カッサン、サマーズ、ワッサー（1993）によって示されるところでは、才能はさまざまな形態をとると考えられる。そして、じつに思いがけない状況で、また人生のさまざまな時点で表にあらわれる可能性がある。将来の才能の特定は、つねに可能なわけではない（Freeman, “Giftedness in the long term,” pp. 384-403）。

→ フリーマン教授には失礼ながら、未来の達成について論じるときに、「将来の才能の特定」の努力とは、少し見当違いではないだろうか？　「生まれつきの才能」というパラダイムから一歩離れ、達成をたんなる達成としてとらえれば、ここに引用した研究論文はつぎのように言いかえられる。素性にも、子供時代にも傑出したところがなかった者が、成人してから大成することはよくあって、大成の瞬間は、人生のさまざまな時点で訪れる可能性がある。

115　「神童は専門的技術に閉じこもる［ことがある］」とエレン・ウィナーは述べる。「とくに、自分のすることが公開され、称賛されている者には大きな問題である。たとえば、音楽演奏や絵画制作にすぐれ、『若き天才』として世間に騒がれている者たちだ……。［技術的な］専門性から離れ、創造性を発揮するうえで必要なリスクを冒すことは困難になる」

エレン・ウィナーは「才能の終焉」について書いている。

神童から創造者への移行に失敗する、かならずしも必然的でない理由のひとつに、彼らが専門性に閉じこもることがある。とくに、自分のすることが公開され、称賛されている者には大きな問題である。たとえば、音楽演奏や絵画制作にすぐれ、「若き天才」として世間に騒がれている者たちだ。彼らは専門性によって神童としての名声と崇敬を手にする。専門性から離れて創造性の発揮のために必要なリスクを冒すことは難しい。かならずしも必然的でないもうひとつの理由は、移行する潜在能力はあっても、親、教師、あるいはマネジャーの無理強いのせいで、もともとあった動機を失い、移行を試みなくなることである。思春期になると、彼らはこう自問するようになる。「誰のためにやっているのだろう？」その答えが自分自身ではなく親や教師ならば、もうやめようと思うかもしれない。そうして挫折するのだ。父親に厳しくはっぱをかけられていた数学の天才児、ウィリアム・ジェイムズ・シディスのケースは、数多くあるそういう例のひとつである（傍点は引用者）（Winner, “The origins and ends of giftedness,” pp. 159-69）。

アン・ハルバートはつぎのように記している。

少なくともこの四半世紀、音楽界の有力者たちのあいだには、ある「善意の企み」が存在している。1979年に『ニューヨーク・タイムズ・マガジン』に掲載されたマリー・ウィンの記事に取りあげられているように、燃え尽きを回避する目的で、「もっと人本主義的で、搾取的でない才能育成法」を促進する試みがなされているのだ。どうやら、早熟な音楽家たちに、ジーン・バンバーガーという研究者の言う「人生半ばの」危機が訪れている。それは、認知的成長および感情的成長における移行期であって、この時期に直観的模倣から離れ、内省的意識をもっと高めていけるのは、ほんの一握りの者だけである。早熟な音楽家のため、親は「子供時代と……思春期を持つ」余地をつくってやる必要がある、とイツァーク・パール

> マンなどの有力な音楽家たちが述べている。「マネージメント契約を獲得し」、練習と公演の予定がぎっしり詰まったスケジュールをこなす重圧に抵抗するためである（Hulbert, “The Prodigy Puzzle”）。

115　**ヨーヨーの尋常でない能力の本当の源は、いったい何だったのだろう？マリナは、回想録には遺伝のおかげだと書いている――一方で、ヨーヨーが誕生直後から頻繁に音楽に触れていたことをくわしく述べている。**

→ それについて、マリナ・マは遺伝子のおかげであると著書に記している。だが、筆者から見ればこのコメントは、マリナの文化的背景からくる謙遜さと、ヨーヨーの発奮を促したいくつもの細かい要因をごく近くから見ていたせいで、「木を見て森を見ず」になっていたことの結果である。

116　**「ゆりかごにいるときから、ヨーヨーは音楽の世界に囲まれていた」と母親は述懐する。「レコードで、あるいは父親や姉の演奏で、何百という選りすぐりのクラシック曲を耳にした。そして、バッハやモーツァルトを頭に刻みこんだ」**

→ 出生の前に何が起こりうるかを忘れてはいけない。ジゼル・E・ホイットウェルは、音が胎児にどれほどの影響を及ぼしうるかについて、徹底的に考察している。

> 　バーニーらによれば、赤ん坊は、胎内にいたとき初めて耳にした物語、押韻、詩を好む。母親が大きな声で本を読めば、その音声の一部が骨伝導によって胎児に伝わる。マイアミ大学の小児科学および言語学の名誉教授、ヘンリー・トルービー博士の指摘によれば、妊娠６カ月以降の胎児は、母親の話すリズムに合わせて動く。また、28週で流早産した胎児の産声のスペクトログラフが、母親のスペクトログラフと一致した、ということがあったそうだ。音楽の要素、すなわち音の高低、音色、音の強弱、リズムは、言葉を話すときに使われる要素でもある。この理由から、音楽は耳、体、脳に働きかけ、言語的音声を聞き、統合し、発するための準備をさせる。したがって、音楽は前言語的な言語であって、１人の人間を養育し、

刺激すると考えられる。身体、感情、知能に働きかけるとともに、心のうちに美的感覚をはぐくみ、われわれの言葉を必要としない特性、また言葉で表現できない特性を守り、また呼び起こすのである。ポルヴェリーニ＝レイ（1992）の調査研究は、子守唄を聞かされた胎児がその刺激によって沈静したことを示唆していると思われる。イギリス人の有名バイオリニストのユーディ・メニューインは、自分の音楽的才能の一部は、彼が生まれる前に、両親がよく歌をうたい、音楽を奏でてくれたおかげであると信じている。

胎児の耳は妊娠３週めにあらわれ、16週めまでに機能しはじめる。胎児は24週めまでに能動的に音を聞くようになる。超音波を使った観察によれば、胎児は16週前後で音波を聞きとり、それに反応しはじめる。耳の蝸牛は20週めまでに機能しはじめると考えられ、24週めから28週めまでに成熟したシナプスがあらわれる。この理由から、出生前刺激の形式プログラムのほとんどは、妊娠第３期中に開始するようつくられている。おそらく、あらゆる感覚のうち、出生前にもっとも発達するのは聴覚である。妊娠４カ月の胎児は、音声に対して明確に反応することができる。大きな音で音楽を聞かせれば、鼓動が速くなる。日本の大阪空港の近隣に住む妊婦たちを対象にした調査では、赤ん坊の体格が比較的小さく、早産の発生率が比較的高かった——絶え間なく騒音にさらされる環境に何らかの関係があることは間違いないだろう。習慣的に騒音にさらされることは、先天性異常にも関与すると思われる。最近、私がある女性から聞かされた事例がある。彼女は妊娠７カ月のときに動物園を訪れた。ライオンの檻の前に行くと、ちょうど餌の時間だった。そのとき、１頭が吠えるのにつられてもう１頭も吠えはじめ、その凄まじさに反応した胎児が強くおなかを蹴りつけるので、気分が悪くなった彼女はそこを立ち去った。その何年もあと、子供が７歳のときに聴覚に問題が見つかり、中音域の低域が聞きとりづらいことがわかった。またその子供は、テレビでライオンやそれに似た動物を見るとおびえたという。妊娠中の女性が戦争映画を見ているとき、あるいはコンサートに行ったとき、聴覚刺激によって胎児が暴れ、退席せざる

を得なくなった例は、数多く報告されている。

チェンバレン（1998）は、ハワード・ガードナーの多重知能の概念を用い、出生前に音楽的知能があらわれる証拠を提示した。ピーター・ヘッパー（1991）は、出生前にテレビドラマの音楽を聞かせた胎児は、出生後にその音楽に反応し、集中してうっとりと聞き入ることを発見した——長期的記憶の証拠である。その実験では、出生ののちに赤ん坊がこの音楽を聞くやいなや、心拍数と動作がいちじるしく減少し、より注意力の高い状態があらわれた。同様に、シェトラー（1989）は、研究対象の胎児の33パーセントが音楽のテンポの変化に顕著な反応を示したことを報告している。これは、胎児が示すもっとも早期の、もっとも原始的な反応であると思われる。胎児研究の先駆けであるニュージーランドのウィリアム・ライリーは、25週め以降の胎児が、オーケストラの演奏中、ティンパニーのリズムに合わせて跳ねることを発見した。マイケル・クレメンス（1977）のロンドンにある産科病院での調査から、妊娠4カ月から5カ月の胎児は、ヴィヴァルディやモーツァルトの音楽を聞かせると落ち着くが、ベートーヴェン、ブラームス、ロック音楽の大音量で演奏される部分を聞かせると動揺することがわかった。新生児は、母親がうたう初めて耳にする歌よりも、胎内にいるとき母親がうたったメロディのほうを好むという結果が示されている。胎児は、妊娠第3期中には振動音響にも空中を伝わる非接触音にも反応するが、これは聴覚が機能していることのあらわれである。ゲルマンら（1982）の研究では、2000ヘルツの音声刺激によって胎児の動きが著しく増加することが確定的になり、それ以前のジョンソンら（1964）の研究を裏づけた。それによれば、26週めから出産まで、胎児の鼓動は振動音響の刺激に反応して速まった。この発達期間中、振動音響の刺激に対しては、つねに驚愕反応が見られたことも記録されている。行動反応としては、腕を動かす、脚を伸ばす、頭をそらすといったことが含まれた。また、刺激の終了後には、あくび行動が観察された。ラズら（1980, 1985）の研究では、正常胎児は、出産中、外部からの音響刺激に反応することが判明している。その反応には、短時間の刺激が開始された

ときの驚愕反応も含まれた。出生前の認知発達を裏づける新しい証拠が、ウィリアム・サレンバック（1994）によって示されている。彼は、自分の娘が胎児だったときの妊娠32週めから34週めまでの行動を徹底的に、また系統的に観察した（彼の発見に関する完全な報告は、このウェブサイトのLife Before Birth/Early Parentingに公開されている）。最近まで、早期学習プロセスの研究のほとんどが、習慣化、順化、あるいは刷り込みシークエンスの領域のものだった。だがサレンバックの観察によって、妊娠第３期における胎児の学習状態は、抽象性と一般化から特異性と差別化へ移行していることが示された。音楽を使ったボンディング・セッションでは、胎児が両手をゆるやかに動かすところが観察された。不協和音をまじえて特別に編曲した楽曲を聞かせると、胎児はよりリズム性の高い、横揺れの動きによって反応した。同様に、妊婦向けの音楽教室でシスター・ローナ・ゼムケが発見したところでは、母親がおなかを軽く叩いたとき、胎児はそのリズムに合わせて反応したという（Whitwell, “The Importance of Prenatal Sound and Music”）。

117　**「側頭葉後部にあるメロディの『計算センター』は、われわれが音楽を聴くときには音程と音高の違いに注意を向け、楽曲の移調の認識に必要になる旋律的価値の、音高にかかわらない雛型をつくる」**　Levitin, *This Is Your Brain on Music*, p. 160; 以下の資料も参照。Münte, Altenmüller, Jäncke, et al., “The musician’s brain as a model of neuroplasticity,” pp. 473-78: Weinberger, “Music and the Brain,” 88-95.

117　**さらにレヴィティンは、カリフォルニア大学サンディエゴ校のダイアナ・ドイッチュなどと同じく、どんな人も生まれたときから絶対音感を持っているが、それが活性化されるのは、ごく幼いころに音の刷り込みがなされた場合のみであると考えている。**

→ グレン・グールドはそれを持っていた。ベートーヴェン、バッハ、モーツァルト、ホロヴィッツ、シナトラもそうだ。表面的には、絶対音感は天才的な音楽家の専売特許であるように思える。彼らにあって、われわれにない希有な

能力というわけだ。だが、絶対音感——いわゆる音痴の反対の現象——の真実はもっと興味深く、真の「音楽的才能」とそうではないものに関する理解を助けてくれる。

絶対音感とは？

絶対音感とは、基準音の参照なしにある楽音を出したり、聞き分けたりする能力のことである。絶対音感の持ち主は、要求されればすぐ、歌や楽器による合図なしに、中央ハ音などの音をハミングできる。

絶対音感はどれくらいの人が持っている？

厳密に定義すれば、絶対音感はかなり希少である——それを持っているのは、一般人口の１万分の１から2000分の１だ。だが、希少なのは絶対音感のうち音名を言い当てる能力であって、音を再生する能力ではない。現在さまざまな研究によって判明しているが、たいていの人は、基準音の参照なしに、よく知っている歌を正しい調子でうたうことができる。また、標準中国語を初めとする声調言語の話者は、実質的に全員が、特定の音程を記憶し、再現することができる。しかし、その音程と音名とを結びつける能力はほとんどの人が持っておらず、それを身につけるには特別な訓練が必要になる。

「われわれの研究は、誰もが潜在的な絶対音感を持っているという概念に結びついているが、絶対音感を開花させるには、幼児期の訓練が不可欠である」と、シェパード・カレッジのローラ・ビショフは言う。

「絶対音感にまつわる本当の謎は、それを持っている人がごく少ないことではなく、それを持っていない人が大半であることだ」と、カリフォルニア大学サンディエゴ校のダイアナ・ドイッチュは言う。「誰もが潜在的な絶対音感を持っている。とはいえ、耳にした音の音名を言い当てるのは、誰もができることではない。音を認識できても、その音名はわからないのだ。音名を言い当てる能力は、子供のころ学習によって身につけるものである」

それから、一般的な想定とはうらはらに、絶対音感は「すべてか無か」の能力ではない。多くの人びとが程度の差こそあれ絶対音感を持っていると説明しているのは、ビショフとロチェスター大学のエリザベス・ウェスト・マービン

である。

絶対音感は音楽的才能に必要不可欠か？

ノー。絶対音感は、ときには音楽家にとって有益なツールになるが、音楽家に必要な技能や独自の表現力を身につけるうえでは、それほど重要ではない。絶対音感は、音楽家ではない人よりもプロの音楽家に多く見受けられるが、研究から明白なのは、そこに因果関係がないことである。相関があるとすれば、いずれも幼少期（6歳未満）の音楽的訓練のたまものである点だろう。

少し例を挙げれば、ワグナーもストラビンスキーも絶対音感を持っていなかった。マギル大学のダニエル・レヴィティン（『音楽的な脳』の著者）は、絶対音感はあまり音楽家の助けにならないと考えている。彼の指摘では、音楽家の成長を後押しする能力、音楽家がぜひともみがくべき能力は、相対音感——音と音の差を聞き分ける力である。相対音感は、ほぼどんな人も手に入れられる。訓練すれば、各自の望みのレベルに発達させることができる。

「平均的な人も、プロの歌手とほとんど同じくらい上手に歌をうたえる。この結果は、うたうことは大多数の人に発達する基本的技能であって、音楽活動への従事を可能にするという考えに一致する。つまり、うたうことは話すことと同じく自然なのだ」（Dalla Bella et al., 2007）

歌をうまくうたえない「音痴」の人は？

いわゆる音痴は、ほとんど研究されておらず、ひどく誤解されているが、いまや注目されつつあるテーマである。一般人口の4パーセントが音痴であって（Kalmus and Fry, 1980）、最近まで、音痴はおもに知覚の欠陥であるとされていた。音痴の人は、音の差を聞き分けられないのではないかと考えられていたのだ。相対音感を持っておらず、それを発達させることができないので、音楽を味わったり生みだしたりできない、と。

新しい証拠から、まったく新しい結論に目が向けられている。現在、研究から示唆されているのは、実質的にどんな人も音の差を聞き分けられ、音楽を味わえることである（Dalla Bella et al., 2007）。そして、脳損傷のせいで本当に音の差を聞き分けられない人もわずかな割合で存在するものの、「現在わかっている事実から示されるところでは、音痴はたんなる出力障害のあらわれであ

ると考えられる……歌がうまくうたえない現象は、知覚が正常であっても生じることがある。この可能性は、最近の研究によって支持されている。その研究の被験者となった歌をうまくうたえない人びとは、音高を産出する能力に問題があったものの、音高を正しく識別できていた」（Bradshaw & McHenry, 2005）。

言いかえれば、自分を音痴だと思いこんでいる（あるいは、友人や配偶者などに音痴だと笑われている）人びとの大多数は、じつは音楽を完璧に聞きとり、認知できる。ただ、脳で認知した音を、声帯を使って生成する能力に問題があるだけなのだ。

上記の文章で引用された資料

Dickinson, Amy. “Little Musicians.” *Time,* December 13, 1999.

Brown, Kathryn. “Striking the Right Note.” *New Scientist,* December 4, 1999.

Dingfelder, S. “Most people show elements of absolute pitch.” *Monitor on Psychology* 36, no. 2 (February 2005): 33.

Abrams, Michael. “The Biology of...Perfect Pitch: Can Your Child Learn Some of Mozart’s Magic?” *Discover,* December 1, 2001.

Deutsch, Diana. “Tone Language Speakers Possess Absolute Pitch.” Presentation at the 138th meeting of the Acoustical Society of America, November 4, 1999.

Lee, Karen. “An Overview of Absolute Pitch.” Published online at https://webspace.utexas.edu/kal463/www/abspitch.html, November 16, 2005.

Dalla Bella, Simone, Jean-François Giguère, and Isabelle Peretz. “Singing proficiency in the general population.” *Journal of the Acoustical Society of America* 1212 (February 2007): 1182-89.

Kalmus, H., and D. B. Fry. “On tune deafness (dysmelodia): frequency, development, genetics and musical background.” *Annals of Human Genetics* 43, no. 4 (May 1980): 369-82.

Bradshaw, E., and M. A. McHenry. “Pitch discrimination and pitch matching

abilities of adults who sing inaccurately." *Journal of Voice* 19, no. 3 (September 2005): 431-39.

117　**ヨーヨーは父親と姉を尊敬していて、ふたりを感心させることを心底望んでいた。**　Ma, *My Son, Yo-Yo*, p. 27.

118　**エレン・ウィナーが「熟達欲」と呼ぶ、けっしてあきらめない強い意志と関心である。それらを持った子供は、エリクソンの言う集中的訓練に、早くから飛びこむことになる。**

ウィナーはつぎのように記している。

> 才能のある子供は、自分が高い能力を持っている分野において熟達したいという深い動機をもともと持っていて、そのエネルギーのレベルはほとんど熱狂と呼べるほどである。こういう子供を、たとえば指導者、コンピューター、スケッチブック、数学の本などから引き離すことは不可能だ。彼らは、自分が高い能力を持っている分野に強い関心を抱き、その分野の作業に極度に集中するために、外部の世界を見失ってしまう。こういう子供の場合、けたはずれの関心と、特定の領域において容易に学習できる能力とが結びついている。社会的要素、感情的要素の干渉がなければ、この結びつきが大きな達成につながる。この、持って生まれた原動力は、例外的な、生まれつきの才能の重要な部分である（Winner, "The origins and ends of giftedness," pp. 159-69）。

→ ウィナーは、熟達への旺盛な欲望は生まれつきのものだと主張しているが、その理由として、外因を推論することが不可能である点のみを挙げている。証拠はまったく示しておらず、ただ、子供の人生にふと出現するように見えるとだけ述べている（ところがその欲望は、親が子供の技能に半ば執着している、子供中心の家庭のみに出現する）。熟達への旺盛な欲望が、ある家庭的／社会的／文化的動力によって形成される心理的メカニズムである可能性は明らかに存在するが、それについては考慮すらしていない。これは残念なことである。

というのもウィナーは、才能のさまざまな様相について鋭く理解していると思われる。さまざまな様相というのは、たとえば、才能のある子供が思春期に差しかかったとき、ずっと持っていた動機を保つのに苦労するようになる場合の心の動きなどである。

それについて、詳しくは254ページ8行めの注釈を参照。

118　一般に、大成する人びとは並はずれた衝動に突き動かされている。

→ ジョーン・フリーマンはこのテーマについて非常に重要なことを書いている。ここに引用する論文では、早期の成功ではなく、心構えの重要性を指摘する多くの調査研究について述べている。

> スコットランドで実施された調査によれば、幼少期の知能と、その子供が自分の人生の成功についてどう認識しているかに関連があるとはかぎらなかった。幼少期における予測材料としてもっとも信頼できるのは、肯定的な自己評価であることがわかっている。また、じっさいに成功の階段をのぼるためにもっとも有益なツールは、楽観主義と好戦的態度だった。これはムーン（2002）の言うパーソナル・タレントに類似しているが、それについては、ムーン自身、教えることが可能であると述べている。じっさい、トロスト（2002）は成人してからの才能を予測できるかどうかを研究し、「優秀さをつくる要素」のうち、幼少期の測定および観察によって説明できるものは半分に満たないことを計算によってはじきだした。また、幼少期の知能によって説明できるものは30パーセント以下だった。彼によれば、成功のカギは献身にある。そのほか、楽観主義がカギであるとする研究者たちもいる（傍点は引用者）（Freeman, “Giftedness in the long term,” pp. 384-403）。

119　マイケル・ジョーダンは子供のころから負けず嫌いだったようだ（兄のラリーと一緒に育ったので、しょっちゅう負けてばかりだった）

→ ジョーダンの友人ロイ・スミスの証言によれば、高校時代、誰かがジョーダンとホースというシュートゲームをして勝つと、もう一度、もう一度とせが

まれ、何度もやらされた。ジョーダンが勝ったところで、ようやく解放されたという（Halberstam, *Playing for Keeps*, p. 21）。

119　**「コートには漫然と走っている選手が九人いた。**　Halberstam, *Playing for Keeps*, p. 22.

119　**ハルバースタムによれば、「遊びの試合でも、驚くほど高い意識をもってプレーした。**

→ ジョーダンの心理の特別なところは、デイヴィッド・ハルバースタムによれば、何にでもむきになり、ぜひとも応酬してやろうという気持ちになれる点だという（Halberstam, *Playing for Keeps*, p. 98）。

121　**ドウェックのその他の実験でも同じ傾向が示され、生まれつきの知能と才能を信じる生徒のほうが、知的な冒険心に乏しく、成績が悪いことが、議論の余地なく証明された。対照的に、知能の「増加」説――つまり、知能は可鍛的であり、努力で高められること――を信じる生徒のほうが、知的な向上心に富み、成績がいいのだ。**

→ 研究チームは、まず被験者の知能観を判定し、つぎに７年生から８年生の２年間、彼らを追跡した。ブラックウェル、トルゼニフスキ、ドウェックはつぎのように記している。

> 中学進学時に能力は努力によって伸びるという「増加的知能観」を強く支持した生徒は、ほぼ２年後、重要な数学科において、能力は終生変わらず、自分では伸ばすことができないという「実体的知能観」を支持した生徒を上回る成績を示した（それ以前の子供たちの成績については補正を加えたうえで比較）。さらに、この優劣については、彼らの動機づけにおけるパターンの影響が見られた。つまり、増加的知能観を支持する生徒は、よりポジティブな動機づけの信念を持ち、それがグレードの向上に関係していた……。
>
> この調査から確認されたのは、知能はもっと伸ばせるという増加的知能観を支持する生徒は、その他の生徒に比較して、学習目標を高く定め、努力を前向きにとらえ、能力に基づく「無駄な」責任転嫁をほとんどしない

ことである。その結果、失敗に対する反応としてよりポジティブな、努力に基づく方法を選択し、中学在学中に数学の学力が大きく向上する。また、この中学進学時における動機づけのフレームワークは、その後の２年間における数学の成績の推移にも影響していた。増加的知能観のフレームワークを支持する生徒は、実体的知能観のフレームワークを支持する生徒よりも数学のグレードが向上し、当初のフレームワークの影響は時間の経過ののちにも予測可能であることが示された……。１学期間に、増加的知能観を導入することが、数学力の低下を抑制したと考えられる。

さらに、これらの発見から、乗り越えるべき困難が存在する期間にのみ、多様な達成のパターンが出現するという考えが裏づけられた。中学進学前、実体的知能観を支持する生徒は、学業にまずまずの成績を収めているようだった。これまでの研究論文に記されているように、動機づけの信念は、挑戦が存在し、成功が困難である状況になってはじめて効力を発揮すると考えられる。だから、支援を期待でき、失敗を経験しにくい小学校のような環境では、無防備な生徒であっても、知能は固定されていると信じることによってもたらされる結果が小さくなるのかもしれない。ところが、そういう生徒が中学進学後に困難に直面すると、それを乗り越えるための備えができていないのである（傍点は引用者）（Blackwell, Trzesniewski, and Dweck, “Implicit theories of intelligence predict achievement across an adolescent transition,” pp.246-63; また、以下の資料も参照。Bronson, “How Not to Talk to Your Kids”）。

121　**子供のころのある時点で、何らかの技能に非凡さ、平凡さ、あるいは惨憺たる成績を示していたかに関係なく、成人してから大きな仕事をする可能性は誰にでもある。**

サンホセ州立大学のグレゴリー・ファイストはつぎのように記している。

重要なことを指摘しておこう。これは数学における早熟さや非凡さにも当てはまるのだが、幼児期の音楽的才能は、成人後の創造的達成の必要条

件ではないし、十分条件でもない。成人してから音楽の分野で大きな成功を収めたが、思春期半ばまでは目立った活躍をしていなかった例は、しばしば見受けられる。そして、ようやく頭角をあらわしはじめても、同じように才能のある少年少女は、数千人はいないにせよ、数百人はいる。また、音楽的な非凡さや早熟さは、成人してからの高いレベルの創造的達成を保証しないし、予言すらしないこともたしかなのだ（Feist, “The Evolved Fluid Specificity of Human Creative Talent,” p. 69）。

121　**才能は、生まれつきの能力ではなく、獲得した技能によって決まる。だから、大人になって大成するかどうかは、ある年齢に基づいた能力の指数ではなく、長期にわたる本人の姿勢、手段、プロセスにかかっている。もちろん、子供のころの達成に意義がないわけではない（多くの場合、小さいころから強い興味や決意があったあらわれである）が、それで将来に成功することが可能かどうかは決まらないのである。**

→ 言うまでもないことだが、これはすべてが自分の制御下にあるという意味ではない。この点については第７章でも論じる。

第６章　白人はジャンプできないか？――民族性、遺伝子、文化、成功

〔本章のタイトルは、ストリート・バスケットを描いたアメリカ映画、White Men Can’t Jump（邦題『ハード・プレイ』）をもじったもの〕

●一次資料

Entine, Jon. *Taboo: Why Black Athletes Dominate Sports and Why We Are Afraid to Talk About It*. Public Affairs, 2000.（『黒人アスリートはなぜ強いのか？――その身体の秘密と苦闘の歴史に迫る』ジョン・エンタイン著、星野裕一訳、創元社刊、2003年）

Noakes, Timothy David. “Improving Athletic Performance or Promoting Health Through Physical Activity.” World Congress on Medicine and Health, July 21-August 31, 2000.

●注記

123　二〇〇八年のオリンピック北京大会で

2008年開催の北京オリンピックで、陸上競技でメダルを獲得したジャマイカ人選手はつぎのとおり。

男子100メートル決勝——ウサイン・ボルト（金）9.69秒

男子200メートル決勝——ウサイン・ボルト（金）19.30秒

女子100メートル決勝——シェリー＝アン・フレーザー（金）10.78秒、ケロン・スチュアート（銀）10.98秒、シェロン・シンプソン（銀）10.98秒

女子200メートル決勝——ベロニカ・キャンベル＝ブラウン（金）21.74秒、ケロン・スチュアート（銅）22.00秒

女子400メートル決勝——シェリカ・ウィリアムズ（銀）49.69秒

女子400メートルハードル決勝——メラニー・ウォーカー（金）52.64秒

男子400メートルリレー——ネスタ・カーター、マイケル・フレーター、ウサイン・ボルト、アサファ・パウエル（金）37.10秒

女子1600メートルリレー——シェリカ・ウィリアムズ、シェリーファ・ロイド、ローズマリー・ホワイト、ノブリン・ウィリアムズ（銅）3分20.40秒

ジャマイカ人選手が獲得したメダルの合計——金メダル6個、銀メダル3個、銅メダル2個

以下のウェブサイトを参照。JamaicaOlympicGlory.com

123　**「彼らは一〇〇点満点のレースをした。**　Phillips, “Jamaica Gold Rush Rolls On, US Woe in Spirit Relays.”

124　**数時間もたたないうち、遺伝学者と科学記者はこぞって「秘密兵器」について書いた。**　Fest, “‘Actimen A,’ Jamaica’s secret weapon”; 以下の資料も参照。Olympics Diary, “Jamaicans built to beat the rest.”

124　**「ある母集団におけるこの遺伝子の頻度と、その遺伝子の短距離走のス**

ター選手をつくる能力には、明確な関連性がない」 MacArthur, “The Gene for Jamaican Sprinting Success? No, Not Really.”

124 **それと同じ疑問が、一九二〇年代にはすぐれた長距離走選手をつぎつぎ世に送りだしていたフィンランドに、そして一九三〇年代にはユダヤ系の偉大なバスケットボール選手を何人も輩出していたフィラデルフィアとニューヨークのゲットーに投げかけられていた。今日では、アメリカと同じくらい多く優秀な女子ゴルファーを生みだしている韓国や、プロとして活躍する野球選手を何人も送りだしているドミニカ共和国に、われわれは驚かされている。**
Bale, *Sports Geography*, pp. 60, 72.

→ 念のために言えば、「ユダヤ人の偉大なバスケットボール選手」というのは冗談ではない。ジョン・エンタインは1930年代のユダヤ人選手たちの成功について書いている。

> 1930年代、スポーツ記者の先駆けのひとりで、『ニューヨーク・デーリー・ニューズ』紙のスポーツ欄の編集者だったポール・ギャリコがこう記している。「思うに、東洋にルーツを持つユダヤ人にバスケットボールが受ける理由は、この競技では、注意力、機知、鮮やかな目くらまし、巧みなはぐらかし、全体としての抜け目なさが重んじられることだろう」記者たちの意見では、ユダヤ人がバスケットボールに有利である理由は、小柄な選手のほうがバランス感覚にすぐれ、敏捷だからだった。また、ユダヤ人は目がいいと考えられていた。この点は、言うまでもなく、近視で眼鏡をかけているというユダヤ人男性のステレオタイプをきっぱり否定している（Entine, “Jewish hoop dramas”）。

125 **いまや「スポーツ地理学」という小規模な学問分野が出現し、この現象について研究が進められている。**

おもなスポーツ地理学者には、ジョン・ベイル、ジョゼフ・マグワイア、ハロルド・マコンネル、カール・F・オジャラ、マイケル・T・ガドウッド、ジョン・F・ルーニー、G・A・ウィギンス、P・T・スールなどがいる。

125　ジャーナリストのジョン・エンタインは、著書『黒人アスリートはなぜ強いのか？——その身体の秘密と苦闘の歴史に迫る』のなかで、非凡な能力を持っている黒人アスリート、たとえばジャマイカの短距離走選手、ケニアのマラソン選手、アフリカ系アメリカ人のバスケットボール選手などが今日に数多く活躍しているのは、彼らの先祖の東西アフリカ人から受け継いだ「ハイ・パフォーマンス遺伝子」のおかげであると主張した。

→ エンタインの説明によれば、西アフリカの黒人は、他と比較して座高が低く、胸腔が小さく、手足が長く、腰幅が狭く、骨質量が重く、全体に筋肉量が多く、皮下脂肪が少なく、重心が高く、骨密度が高く、速筋繊維の割合がずっと大きい——これらはすべて、筋力に基づく無酸素運動に向いた特長である。

一方、エンタインによれば、同じ大陸の反対側で、300マイル〔約480キロ〕離れた東アフリカの黒人は、同じ進化の力によってまったく異なる「ハイ・パフォーマンス遺伝子」を受け継いでいる。この幸運な人びとは、他と比較して体が小さく、肩幅が狭く、脚が引き締まり、筋肉量がずっと少なく、遅筋線維の割合が高いので、持久力にすぐれた選手になる。マラソン選手、自転車選手、水泳選手などである。

> このように生理学的特徴、また生体力学的特徴において相対的に優位であることは、フットボール、バスケットボール、短距離走などの無酸素運動のアスリートにとって、まさに宝であるが、これらは明らかに西アフリカの黒人が得意とするスポーツだ……。東アフリカは世界最高クラスの有酸素系アスリートを輩出しているが、その理由は生体生理学上のさまざまな特徴にある（Entine, *Taboo*, p. 269）。

125　「白人アスリートの体格は、中央西アフリカ人と東アフリカ人の中間である」と彼は記している。「西アフリカ人に比較して持久力にすぐれるが、瞬発力と跳躍力に劣る。東アフリカ人に比較して瞬発力があるが、持久力がない」

→ エンタインは、生理学上、彼らは中間に位置し、瞬発系スポーツにも持久

系スポーツにも大きな優位性を持たないとしている（Entine, *Taboo*, p. 269)。

126　**エンタインは遺伝学者のクロード・ブシャールの言葉を引用している。「重要な点は、こういう生物学的な特性が西アフリカあるいは東アフリカの黒人に特有のものではないということだ。これらの特性は、白人を含むあらゆる母集団に見られる**

ブシャールはこう続ける。「しかし、参照可能な数少ない論文に基づけば、アフリカ系黒人にはそういう特徴を有する者が多いように見える」（Entine, *Taboo*, p. 261）

エンタインは同じ指摘をする文献をいくつか引用している。「たしかに平均的には優位性を持つが、個々の競技者には当てはまらない」と、リンゼイ・カーターは述べている。「一般化には慎重になる必要がある」と、ミシガン州立大学のロバート・マリナは警告している（Entine, *Taboo*)。

126　**（エンタインは、自分自身が示唆する遺伝子が未発見であることも認識していて、『こういう遺伝子は［二十一世紀の］そう遠くない時期に特定されると思われる』と予測している）**

それでも彼は、この未発見の遺伝子はきわめて重要であると強調している。「遺伝的性質のルーレットで自分の番号が出なければ、この世界でどれほど頑張っても無駄になってしまう」（Entine, *Taboo*, p. 270）

126　**「私にとってプロとして走ることには意味がない」と、アメリカの一万メートル走のチャンピオン、マイク・ミキトクが一九九八年に『ニューヨーク・タイムズ』紙に語っている。**　Bloom, "Kenyan Runners in the U. S. Find Bitter Taste of Success."

126　**「若い男性は、［家畜］泥棒の手腕に長けていればいるほど**　Manners, "Kenya's running tribe."

127　**仲間にくらべ、アスリートとしてとりわけ早熟だとか、「天性がある」などというわけではなかったが、**　1997年2月28日放送のラジオ番組「スポーツ・ファクター」でのジョン・ベイルの談話。

127　**「あのころは農場と学校のあいだを走って往復していた」と彼は回想している。**　Entine, *Taboo*, p. 51.

128　**それからの数十年に、長い歴史はあっても成果に欠けていたカレンジン族の長距離走の伝統は、経済を潤すとともに、アスリートを育てる強力なエンジンとなった。**

アレグザンダー・ウルフはケニア人の長距離走での「奇跡」についてつぎのように記している。

> サラザーは、アメリカが長距離離走の第三世界であるかに思わせる、皮肉な状況に目を留めた。「アメリカは大国だが、人材が少ない。ケニアでは、10歳から17歳の少年100万人が、1日10マイルから12マイル〔およそ16キロから20キロ弱〕を走る……。平均すれば、ケニア人少年が18歳までに走る距離は、アメリカ人少年よりも1万5000マイル〔約2万4000キロ〕から1万8000マイル〔約2万9000キロ〕多い。そして、走る場所はたいてい高地である。彼らが意欲的である理由は、走ることが脱出の手段になる点にある。また、子供にできるスポーツが少ない。ともあれ、重要な要素になっているのは数である。マラソンで2時間11分台の記録を保持する者は、ケニアには100人はいるだろう――アメリカには5人程度だろうか……。
>
> この数のおかげで、ケニアのコーチたちは、才能のプールを大きく減じる心配をせず、忍耐の限度を超える訓練を選手にほどこすことができ、週に150マイル〔約240キロ〕を走らせる場合もある。5人のうち4人が挫折しても、あとの1人が訓練を実践にいかすのである……（Wolff, “No Finish Line.”）

ウルフのウェブサイトに発表されたこの記事に対し、マルコム・グラッドウェルはつぎのように記している。

> 昔から知られているように、ケニアでは走ることに文化的な重要性がある。これは他のどの国にも見られないことだ。しかし、じつに驚くべきデータである。10歳から17歳の少年100万人が、1日10マイルから12マイ

ルを走るとは。アメリカの同じ年齢層の少年では、これほどの距離を走る者は5000人に満たないと思われる。週［70］マイル〔約112キロ〕は大人でもたいへんな距離である。私は十代のころ中距離走の選手で、国内大会で競いあうほどのレベルにあったが、1週間に走る距離は、70マイルに遠く及ばなかった。

だからといって、長距離走におけるケニア人優位に関する遺伝学的な論争は、これで終了するわけではない。だが、終了するべきなのかもしれない。この説明はきわめて簡潔である。たとえば、ホッケーにかけてはカナダ人が遺伝的な優位性を持っているとか、野球ならばドミニカ人に遺伝子上の強みがあるなどという主張はなされない。これらの国々がそれぞれのスポーツを得意とするのは、たんに発達のプールが――相対的に、また一部には絶対的に――他国よりも大きく、そこから優秀な者を選抜するからであって、誰もがその事実を認識しているのだ。［これは］数のゲームだ。ケニアの100万人の子供たちがじっさいにそれほどの距離を走っているならば、彼らの成功の理由としてはほぼ十分である。

ひとつ思考実験をしてみよう。毎年、アメリカの10歳の少年の50パーセントをコロラド州ボールダーに連れていき、その後の7年間、週50マイルから70マイル〔およそ80キロから112キロ〕の高地トレーニングをほどこすと考える。国際大会の中長距離走の競技において、アメリカは覇権を取りもどすだろうか？（Gladwell, “Kenyan Runners”）

128　高地トレーニングと年間を通じて温暖な気候はきわめて重要だが

サー・ロジャー・バニスターの主張によれば、海抜0メートル地帯の出身であるアスリートは、中高緯度での最大運動に適応するのに一生かかるというが、たしかにそのとおりであることが証明された（Noakes, “Improving Athletic Performance or Promoting Health through Physical Activity”）。

128　**心理学的なテストでは、文化的な「達成志向」がとりわけ強いこともわかった。**　Hamilton, "East African running dominance," pp. 391-92.

→「達成動機の高い」人（ＨＡＭ）については多くの調査研究が実施されている。1938年、Ｈ・Ａ・マレーはＨＡＭについて、挑戦を求め、能力の獲得を欲し、他にすぐれるための努力を惜しまない者であると定義した。

心理学者のジョン・Ｍ・トーアーとジュディス・Ｍ・ハラキウィッツはつぎのように記している。

> われわれの調査結果から強く裏づけられるのは、「競争」という形式が各人の内なるモチベーションに及ぼす影響は、フィードバックがない場合でも、達成志向によって変わるということである。われわれの発見は、ＨＡＭとＬＡＭ［達成動機の低い人］では競争への反応がまったく異なることを示唆する点で、研究１の発見と一致する……。
>
> 明らかに、競争のある活動をＨＡＭが楽しむ理由は、正のフィードバックではない。研究１では、ＨＡＭはＬＡＭに比較して、負のフィードバックが与えられる場合でも、競争のあるボグルをより楽しんだ。研究２では、結果のフィードバックが存在しない場合において、同様の反応が観察された。総合すれば、これらの研究結果から明白に示されるのは、競争という形式が及ぼす影響に差が出るのは、競争の開始時に確立されている、競争をめぐるコンテキストに起因する、ということである……。
>
> したがって、この研究の結果はジョー・パターノの主張に一致する。つまり、競争は、勝ち負けに関係なく、楽しいものになりうる（Tauer and Haarackiewicz, "Winning isn't everything," pp. 209-38）。

129　**ケニア人の抜群の走力に対抗するため、他国の人間にできることは何だろう？　答え＝ケニアにスクールバスを贈ること。**　Wolff, "No Finish Line."

129　**「コーチは選手の忍耐の限界まで鍛える**　Wolff, "No Finish Line."

130　**すると、遺伝については？　一部の意見にあるように、ケニア人は持久力にかかわる希有な遺伝子を持っているのだろうか？　確実なところはまだ不**

明だが、最近に理解されるようになったG×Eの知識や、遺伝子検査によって新たに判明した事実から、そうではないことが強く示唆されている。

この点について、T・D・ブルツァールトとE・J・パッラが適切な意見を述べている。

> 第一に、100年以上前から累積している証拠から、ヒトの運動能力における多様性の一部は遺伝子に起因するという一般的な概念が、圧倒的に支持されている。……第二に、ヒトの身体能力における遺伝的特徴の役割は明白であるにもかかわらず、特定の遺伝子多型が関連のある能力の表現型に著しい遺伝子効果を及ぼすことを裏づける明白な証拠は、ほとんど存在しない。……複雑にからみあう遺伝的および環境的原因によって遺伝病が出現することに似ているが、アスリートは、運動に向いた、好ましい遺伝的背景から出現する傾向にある。こういう遺伝的背景では、対立遺伝子はありふれたものであり、しかもその作用はそれほど大きくない。……スポーツ科学における難題は、短期的な環境影響ばかりではなく、出生前、幼少期、思春期などの重要な発達期に作用する環境影響を含めた、もっと広範な環境の概念を具体的に示すことである（Brutsaert and Parra, “What makes a champion?” pp.110-114）。

130 **われわれは皮膚の色に惑わされる。じつは、民族集団同士、地域集団同士の遺伝子の違いはごくわずかである。**

アメリカ国立ヒトゲノム研究所の研究チームはつぎのように述べる。

> 身体的特徴は集団内で、あるいは集団間でも共通の分布を示すが、その際立った例外が皮膚の色である。皮膚の色の多様性は、全体の約10パーセントが集団内、90パーセント以下が集団間で発生する（Relethford 2002）。皮膚の色の分布と、その地理的パターン——祖先がおもに赤道付近に居住していた人は、祖先がおもに高緯度地方に居住していた人にくらべ、皮膚の色が濃い——から示唆されるところでは、この属性には強い選

択圧が働いている（Berg, et al., “The use of racial, ethnic, and ancestral categories in human genetics research,” pp. 519-32）。

130　**あらゆる人間はアフリカ人を祖先に持ち**

ケイト・バーグはつぎのように記している。

　現存する化石から示唆されるところでは、解剖学的現代人は、約20万年前までに、その前段階の人類から進化した（Klein 1999）。「解剖学的現代人」については、現生人類すべてを包含し、それ以外の人類すべてを除外して定義することが容易ではないが（Lieberman et al. 2002）、解剖学的現代人の身体的特徴についておおよそ同意が得られているのは、高くて丸い頭蓋、平たい顔、重くてがっしりした骨格ではなく軽くてきゃしゃな骨格などである（Lahr 1996）。これらの特徴を持つ初期の化石が東アフリカで発見されていて、16万年前から20万年前のものと推定されている（White et al. 2003; McDougall et al. 2005）。このころ、解剖学的現代人は少なく、居住地が限定されていたと思われる（Harpending et al. 1998）。旧人はもっと多く、旧世界のどこか別の場所に居住していた。たとえば、ヨーロッパにはネアンデルタール人がいたし、アジアには初期人類のホモ・エレクトスがいた（Swisher et al. 1994）。

　アフリカ以外で発見された最初期の解剖学的現代人の化石に、中東の2カ所から出土したものがあり、地球が比較的温暖だった10万年前かそれ以降のものと推定されているが、その後北半球がふたたび寒冷化すると、この地域にはネアンデルタール人が居住するようになった（Lahr and Foley 1998）。アフリカ大陸に居住していた解剖学的現代人の複数の集団が、6万年前よりも前に大陸外へ出ていったと考えられる。アフリカ以外で発見された最初期の現代人の骨格のなかには、オーストラリアから出たものがあり、約4万2000年前かそれ以降のものと推定されている（Bowler et al. 2003）が、オーストラリアの環境変化に関する研究から、オーストラリアに現代人が居住したのは5万5000年前よりも前であると

考えられる（Miller et al. 1999）。現在まで、ヨーロッパで発見された最初期の解剖学的現代人の骨格は、ルーマニアのカルパチア山脈で発見されたもので、３万4000年前から３万6000年前のものと推定されている（Trinkaus et al. 2003）（Berg et al., “The use of racial, ethnic, and ancestral categories in human genetics research,” pp. 519-32）。

130　異なる集団同士の比較よりも同じ大集団内の比較のほうが、遺伝子の違いの幅が一〇倍である

→ さらに、遺伝的多様性はアフリカ大陸内において最大である。以下はアメリカ国立ヒトゲノム研究所の研究チームによるデータである。

しかし、概して、遺伝的多様性は、異なる大陸の大集団間で発生するものが全体の５～15パーセントを占め、それ以外のほとんどが大集団内で発生する……（Lewontin 1972; Jorde et al. 2000a; Hinds et al. 2005）。

たとえば、ヒトの頭部の形状の多様性は、約90パーセントがあらゆるヒトの集団内、約10パーセントが集団間で発生する。また、現代アフリカ人の祖先を持つ集団内の個人間で、頭部の形状の多様性がもっとも大きい（Relethford 2002）。

アフリカでは、遺伝的多様性が大きいことに加え、アフリカ以外の地域と比較して、集団中の連鎖不平衡〔生物集団において、複数の遺伝子座の対立遺伝子等のあいだにランダムでない相関が見られること〕が少ない（Berg et al., “The use of racial, ethnic, and ancestral categories in human genetics research,” pp. 519-32）。

また、ヒトは種のなかの差異が他の動物よりもずっと小さいと判明している。

年代特定を目的として収集されたデータから示唆されるように、ヒトの多様性にはいくつかの独特な特徴がある。第一に、哺乳類の多くの種と比較して、遺伝的多様性が小さい（Berg et al., “The use of racial, ethnic,

and ancestral categories in human genetics research," pp. 519-32)。

130 **「種の分類に、先祖をたどることは有益である** Wilkins, "Races, Geography, and Genetic Clusters."

130 **どれほど想像をたくましくしても、ある民族内、あるいは地域内に、特定のタイプの体格やハイ・パフォーマンスをもたらす遺伝子が囲いこまれているとは言えない。体形、筋繊維の質などの種類は、じっさいには非常に多様で、広く分散している。真のアスリートがあらわれる可能性は、広い範囲に、豊富に存在するのだ。**

→ ジョン・エンタインもこの点を認めている。ボブ・ヤングはつぎのように記している。

> エンタインは、慎重にも、きわめつけのエリート集団内の傾向の話であることを強調している。彼が言っているのは、白人はジャンプできないのだから、ピックアップ・バスケットボールを断念するべきだということではない。エリートアスリートの小集団のなかに、アフリカ系の人びとにわずかな優位性をもたらすと考えられる差異が存在すると言っている。エリートレベルにおけるこの差異は、メダルを獲得するか、4位に終わるかの違いをもたらす……。
>
> 結局、エンタインは、個人の労働観、競争心、トレーニングが成功のカギであると述べている。「だからこそ、スコッティ・ピッペン並の才能を持った選手たちがＣＢＡ［独立リーグのコンチネンタル・バスケットボール・リーグ］に［くすぶって］いるのだと彼は言う（Young, "The Taboo of Blacks in Sports")。

131 **ロンドン大学キングズ・カレッジの発達精神病理学者マイケル・ラッターによれば、遺伝子は「確定的ではなく、確率的である」。** Rutter, Moffitt, and Caspi, "Gene-environment interplay and psychopathology," pp. 226-61.

→ この「確率的＝probabilistic」という言葉に対する筆者の批判は、398ペ

ージ下から５行めの注記を参照。

132　**年齢が七歳、十四歳、あるいは二十八歳でも、身長、体形、筋繊維の割合などの現状は、遺伝子の命令のみによってつくられているわけではない。**

→ 才能と偉大な成功についての非常に興味深い洞察が、ヒトの筋組織研究という分野からもたらされている。われわれの骨格筋がどのように形成されるのか、筋線維の各種類にどのような特性があるのか、運動とトレーニングによって筋肉にどのような変化があるのか。筋肉の「生まれと育ち」を再吟味すれば、遺伝子発現がいかに動的なものかがよくわかるのではないだろうか。

人体の筋肉は基本的に３つに分類できる。

- ●平滑筋（不随意筋。消化管、血管、気道など）
- ●心筋（不随意筋。心筋は自ら興奮を引き起こし、自律的に機能する）
- ●骨格筋（随意筋。目、指からつま先まで）

この解説は、われわれが意識的に動かすことができる骨格筋をおもに例にとる。骨格筋は、筋線維と呼ばれる細長い細胞がたくさん集まった束である。

筋線維は、毛細血管から栄養をとり、さまざまな種類の連結細胞によって結束している。また、運動ニューロンから刺激を受ける。１個の運動ニューロンは約600の筋線維を刺激する。

筋線維の細胞膜のすぐ下には、ＤＮＡの詰まった細胞核が、筋線維の長さいっぱいに連なっている。この遺伝物質は、さまざまな環境にどう反応し、適応するかをつねに指示している。

筋線維には基本的にふたつのタイプがある。

●「遅筋線維」（タイプ１）は長い時間をかけて収縮する構造になっている。ミトコンドリアに富み、酸素を効率よく燃料に変えることができる。ジョギング、水泳、自転車など、持久力のいる運動に使われる。

●「速筋線維」（タイプ２）は、数秒のあいだにすばやく、力強く収縮する。

短時間に大量の（無酸素）エネルギーを消費し、すぐに疲労して、休息と栄養補給が必要になる。短距離走、跳躍、重量挙げなど、瞬発力のいる運動に使われる。

筋線維に関しては、われわれは平等につくられていない。平均すれば遅筋線維と速筋線維を50パーセントずつ持っていることになるが、なかにはどちらかが目立って多い人もいる。

「健康な成人は、『平均すれば』、たとえば腿の四頭筋などの筋肉中に、ほぼ同量の遅筋線維と速筋線維を持っている。だが、種としてのヒトでは、この部分に関する多様性が大きい。われわれが目にした例として、四頭筋の遅筋線維が少なく、比率にして19パーセントの人がいた。逆に、遅筋線維が多く、95パーセントにのぼる人もいた」（Anderson et al., “Muscle, Genes and Athletic Performance.”）

筋線維のタイプに関するこの記述を読めば、どちらかの比率が大きければ、高度に訓練されたアスリートに何らかの優位性がもたらされるのではないかと考えたくなる。たとえば、マラソンや自転車競技のエリート選手は、遅筋線維が多ければ有利になる。また、短距離走の選手ならば、速筋線維が多ければ有利になる（Anderson et al., “Muscle, Genes and Athletic Performance”）。

しかし、これらの遺伝的差異については、その意味を慎重に考慮する必要がある。

第一に、筋線維の比率は、能力をつくる数多くの要素のひとつにすぎない。これのみでは、個人の将来の能力を推測するには不十分である（Quinn, “Fast and Slow Twitch Muscle Fibers.”）。

第二に、筋肉は、外部刺激にきわめて適応しやすい。また、そういう構造になっている。われわれが生まれたときに持っている筋肉はたんなるデフォルト筋肉であり、さかんな使用によってある方向へ再構築されることになる。

適応化の能力が筋肉のＤＮＡに文字どおり備わっていることを理解するために、トレーニングの結果として生じるあらゆる現象について確認してみよう。

筋肉はつねに、そのときどきの運動状態に合わせて適応化している——たと

えば、筋肉はそのときに必要なだけ大きく、強く、能率的になっている。通常のレベルを超える運動をすることで、いくつもの生理学的変化が生じはじめる。

1．神経反応。測定できる効果の１つめは、刺激によって筋肉収縮を促す神経駆動の増加である。トレーニングしていない人が筋肉の使用を「学習」すれば、その結果として、ほんの数日のあいだに、測定にあらわれるほどの筋力アップが可能である。
2．遺伝的反応によって筋線維がより効率よく働くようになる。長時間の（有酸素）運動——たとえばジョギングなど——により、筋線維の核内で、効率と持久力を高める遺伝的反応が生じる。ミトコンドリアの数が増え、周囲の毛細血管の増加と、脂肪および炭水化物の蓄積が促される。
3．遺伝的反応によって筋線維が強くなり、大きく成長する。過負荷／抵抗エクササイズ——たとえば重量挙げなど——に応じ、ＤＮＡは筋線維の強化と拡大［肥大］につながる指示を出す。

> 筋肉がずっと要求の増大に応じつづければ……偏在するセカンドメッセンジャー（ホスホリパーゼ、プロテインキナーゼC、チロシンキナーゼなど）が増加しはじめると考えられる。すると、ｃ－ｆｏｓ、ｃ－ｊｕｎ、ｍｙｃなどの最初期遺伝子が活性化する。これらの遺伝子は、収縮性タンパク質の遺伝子応答を指示すると考えられる。
> 最終的には、メッセージが少しずつ浸透し、タンパク質の発現パターンが変化する。じっさいの細胞肥大が始まるまでには、長ければ2カ月かかる場合もある。追加された収縮性タンパク質は、すでに存在する筋原線維（筋細胞内のサルコメア）に組み入れられると考えられる……。こういう現象は、各筋線維の内部で生じると考えられる。つまり、肥大をもたらすのは、おもに筋細胞の増加ではなく、筋細胞の成長なのだ（National Skeletal Muscle Research Center, “Hypertrophy”）。

4．とくに激しい、長時間のトレーニングにより、遅筋線維が速筋線維に、あ

るいは速筋線維が遅筋線維になることがある。

> 成人の骨格筋は可塑性を示し、運動トレーニング、あるいは運動ニューロンの活動の調整に応じ、異なるタイプの筋線維に変化することがある（Wang er al., “Regulation of muscle fiber type and running endurance by PPAR”）。

筋線維の内部における遺伝子発現のくわしい図解はつぎのとおり。

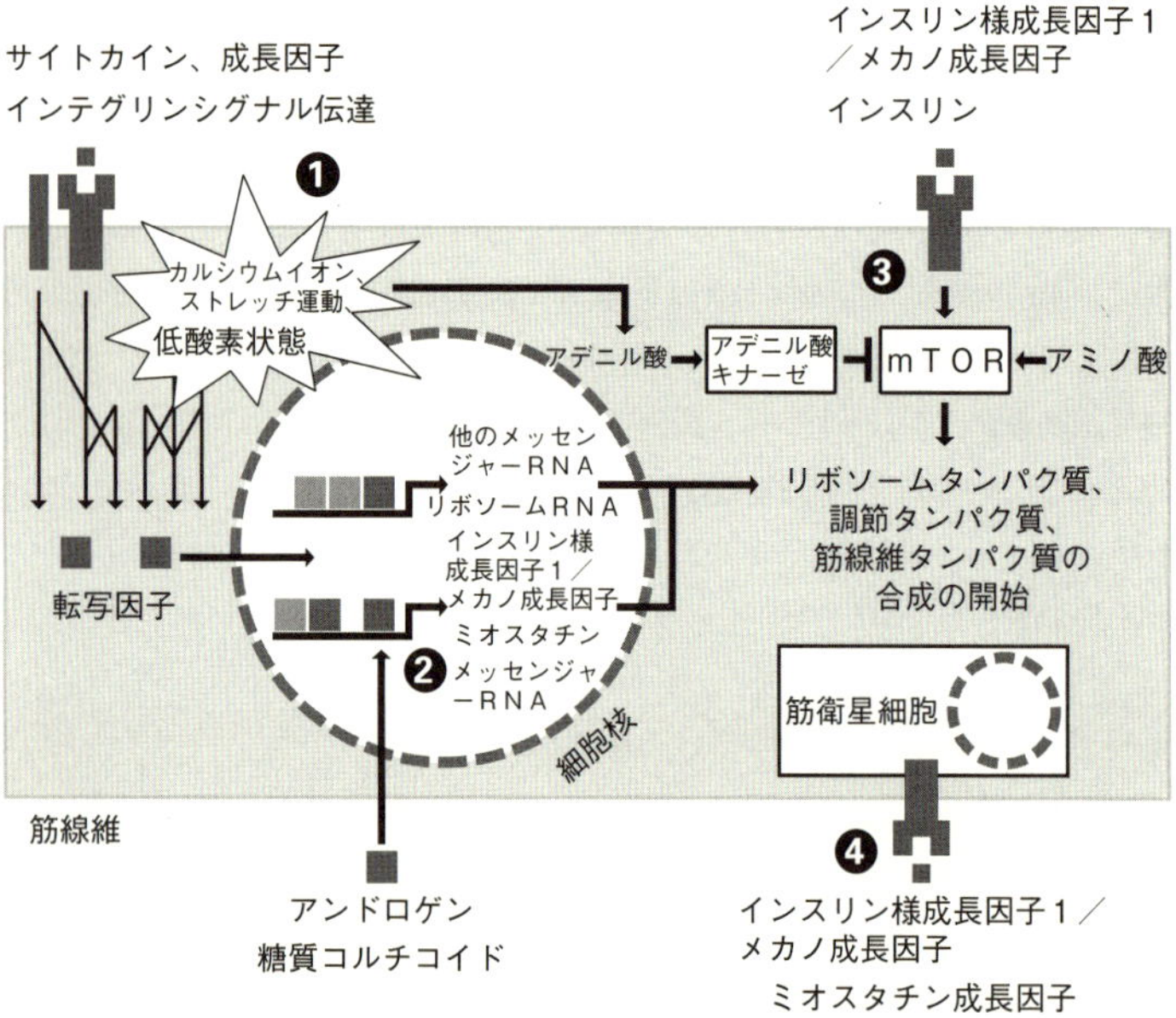

エクササイズ、ストレッチなどの筋活動（左）は細胞核内のＤＮＡと相互作用し（中央）、そのＤＮＡが今度はタンパク質翻訳物質と相互作用すると、細胞と周辺組織に変化が生じる（右）。

（遺伝子転写の図解およびくわしい説明の典拠は、Rennie et al., “Control on the size of the human muscle mass,” p. 802）

要するに、進化はヒトの筋肉のタイプに少しばかりの多様性を与えているが、おそらく適応性こそが進化の強力な産物である。筋肉は再構築できる構造になっている。「筋《すじ》状の筋組織の、活動の変化、あるいは活動環境の変化に適応する能力は、きわめて高い。ある意味で、脳の学習能力に匹敵する」（Bottinelli and Eggiani, eds., *Skeletal Muscle Plasticity in Health and Disease*）

引用

◆ヒトの筋線維の比率の多様性

Anderson, Jesper L., Peter Schjerling, and Bengt Saltin. “Muscle, Genes and Athletic Performance.” *Scientific American*, September 2000.

◆筋線維の比率の違いがもたらす、特定のスポーツに対する有利と不利

Anderson, Jesper L., Peter Schjerling, and Bengt Saltin. “Muscle, Genes and Athletic Performance.” *Scientific American*, September 2000.

◆筋線維のタイプのみからは、将来の能力を予想できないこと

Quinn, Elizabeth. “Fast and Slow Twitch Muscle Fibers: Does Muscle Type Determine Sports Ability?” Published on the About.com Sports Medicine Web site, October 30, 2007.

エリザベス・クインの論文で挙げられている参考資料

Anderson, Jesper L., Peter Schjerling, and Bengt Saltin. “Muscle, Genes and Athletic Performance.” *Scientific American*, September 2000.

McArdle, W. D., F. I. Katch, and V. L. Katch. *Exercise Physiology: Energy, Nutrition and Human Performance*. Williams & Wilkins, 1996.（『運動生理学——エネルギー・栄養・ヒューマンパフォーマンス』W. D. McArdle、F. I. Katch、V. L. Katch著、田口貞善ほか監訳、杏林書院刊、1992年）

Lieber, R. L. *Skeletal Muscle Structure and Function: Implications for Rehabilitation and Sports Medicine*. Williams & Wilkins, 1992.

Thayer, R., J. Collins, E. G. Noble, and A. W. Taylor. "A decade of aerobic endurance training: histological evidence for fibre type transformation." *Journal of Sports Medicine and Physical Fitness* 40, no. 4 (2000): 284-89.

◆神経反応と遺伝的反応

National Skeletal Muscle Research Center. "Hypertrophy." Published on the UCSD Muscle Physiology Laboratory Web site.

◆遺伝的反応による筋線維の効率性の向上

Russell, B., D. Motlagh, and W. W. Ashley. "Form follows function: how muscle shape is regulated by work." *Journal of Applied Physiology* 88, no. 3 (2000): 1127-32.

◆筋線維のタイプの転換

Wang, Yong-Xu, et al. "Regulation of muscle fiber type and running endurance by PPAR." Published on the Public Library of Science Web site, August 24, 2004.

Kohn, Tertius A., Birgitta Essén-Gustavsson, and Kathryn H. Myburgh. "Do skeletal muscle phenotypic characteristics of Xhosa and Caucasian endurance runners differ when matched for training and racing distances?" *Journal of Applied Physiology* 103 (2007): 932-40.

Coetzer, P., T. D. Noakes, B. Sanders, M. I. Lambert, A. N. Bosch, T. Wiggins, and S. C. Dennis. "Superior fatigue resistance of elite black South African distance runners." *Journal of Applied Physiology* 75 (1993): 1822-27.

Anderson, J. L., H. Klitgaard, and B. Saltin. "Myosin heavy chain isoforms in single fibres from m. vastus lateralis of sprinters: influence of training." *Acta Physiologica Scandinavica* 151 (1994):135-42.

Pette, D., and G. Vrbova. "Adaptation of mammalian skeletal muscle fibers to chronic electrical stimulation." *Reviews of Physiology, Biochemistry and Pharmacology* 120 (1992): 115-202.

Trappe, S., M. Harber, A. Creer, P. Gallagher, D. Slivka, K. Minchev, and D. Whitsett. "Single muscle fiber adaptation with marathon training." *Journal of*

Applied Physiology 101 (2006): 721-27.

132　**こうして引き継がれる遺伝子以外の側面は、しばしば遺伝子決定論者に見過ごされてしまう。文化、知識、態度、環境もまた、さまざまに異なる方法で受け継がれるのである。**　第７章を参照。

133　**ジャマイカの全体および個人の混合の推定値における分散の大きさ**　Benn-Torres et al., "Admixture and population stratification in African Caribbean populations," pp. 90-98.

133　**毎年開催される全国高校陸上大会**　Rastogi, "Jamaican Me Speedy."

134　**土曜日の朝、子供のためのトラック競技のトレーニングに、数十人もの幼い子供たちが姿をあらわした。**　Layden and Epstein, "Why the Jamaicans Are Running Away with Sprint Golds in Beijing."

134　**デニス・ジョンソンが帰国し、アメリカでの経験を活かして大学向けのアスリート育成プログラムをつくった。**　Clark, "How Tiny Jamaica Develops So Many Champion Sprinters"; Rastogi, "Jamaican Me Speedy."

134　**「われわれは勝つことを心から信じる」と、ジャマイカ人コーチのフィッツ・コールマンは言う。**　Clark, "How Tiny Jamaica Develops So Many Champion Sprinters."

134　**科学的にはっきり示されていることだが、心の持ちようには短期的能力と達成の長期的力学の両方に劇的な作用を及ぼす力がある。**　Dweck, *Mindset*; Elliot and Dweck, eds., *Handbook of Competence and Motivation*.

135　**バニスター自身は後日、人間の生物学的な構造はパフォーマンスに限界を設けるが、その限界にどこまで近づけるかを決めるのは心であると語ったという。**

「生理学では、筋肉活動には呼吸上、心臓血管上の限界があるとされているかもしれない」とバニスターは述べている。「だがアスリートには、生理学の認識を超える心理状態などの要素が勝敗のきわどい分かれ目をつくり、能力の限界にどこまで近づけるかを決める」（Bannister, "Muscular effort," pp. 222-25）

さらに、国家の威信がケニア人ランナーにとって心理的な後押しになると同

時に、ケニア人以外の選手にとって威圧感のもとになる。ケニア人ランナーのまとう無敵のオーラは「いくら評価しても足りないほどだ」とスポーツ心理学者のブルース・ハミルトンは言う（Hamilton, “East African running dominance,” p. 393）。

135　**「二十世紀、人類の運動能力は、じつに情け容赦ないほどの進歩を遂げた」**　Noakes, “Improving Athletic Performance or Promoting Health Through Physical Activity.”

じっさいの記録は4時間36分5秒（1865年）、3時間43分13秒（1999年）。Infoplease.com.

135　**自転車の一時間の走行距離は一八七六年の二六キロから二〇〇五年の四九キロに伸び**

1876年3月25日、F・L・ドッズ、26.5キロメートル（Burke, *High-tech Cycling*）。

2005年7月19日、オンジェイ・ソセンカ、49.7キロメートル（Willoughby, “Czech Ondrej Sosenka Sets New World One-hour Cycling Record of 49.7 km”）。

135　**競泳の二〇〇メートル自由形のタイムは一九〇八年の二分三一秒から二〇〇七年の一分四三秒に縮まった。**

じっさいの記録は2時間31.6秒、1時間43.86秒（Agenda Diana swimming records Web site）。

135　**それにはテクノロジーと空気力学が関係している部分もあるが、それ以外では、トレーニングの強度、トレーニングの方法、そして純粋な競争心と願望がかかわっている。**

ケープタウン大学の運動生理学者のティモシー・デイヴィッド・ノークスは、「トレーニング15カ条」を挙げている。

1　1年を通じてひんぱんにトレーニングする。

2　ゆったりと始め、徐々に強度を上げる。

3　まずは距離を伸ばし、そのあと速度を速める。

4　自分で毎日のスケジュールを組まない。

5　難しいトレーニングと易しいトレーニングを交互に行なう。

6　まずは、最小限のトレーニングで可能なかぎりの達成を試みる。

7　トレーニングではレースをしない。また、タイムトライアルと16キロ以上のレースはひんぱんに行なわない。

8　特化する。

9　基本のトレーニングとピーキング（調整）を組みあわせる。

10　トレーニングを過度に行なわない。

11　コーチの指導を受ける。

12　心を鍛える。

13　大きな大会の前に休息をとる。

14　くわしい日誌をつける。

15　トレーニングの全体論を理解する。

Noakes, "Improving Athletic Performance or Promoting Health Through Physical Activity."

136　**彼らは極端な文化に身を置いて、もっと没頭し、もっと渇望し、もっとリスクを冒して向上しようとする。**

→ 20世紀末から21世紀初頭に、極端な体育文化から、短期的危険（たとえば「オーバートレーニング症候群」など）と、早期の骨格老化や心理的ダメージなどの長期的危険の両方が生じている（Budgett, "ABC of sports medicine," 465-68)。

第7章　天才になるには（あるいは、たんに偉大な人間になるには）

●一次資料

Oyama, Susan, Paul E. Griffiths, and Russell D. Gray. *Cycles of Cintingency: Developmental Systems and Evolution.* MIT Press, 2003.

Csikszentmihályi, Mihály, Kevin Rathunde, and Samuel Whalen. *Talented*

Teenagers. Cambridge University Press, 1993.

●注記

139　**［人間は］いくつもの質の異なる調べを奏でる能力を——言いかえれば、何通りもの人生を生きる能力を——持って生まれるのだろうか？**　Bateson, “Behavioral Development and Darwinian Evolution,” p. 153.

140　**スカイラー　どうやったの？**　*Good Will Hunting*, Directed by Gus Van Sant. Big Gentlemen Limited Partnership. 1998.（映画『グッド・ウィル・ハンティング／旅立ち』ガス・ヴァン・サント監督、1997年製作）

141　**ベートーヴェン家の隣人たちが……記憶しているのは**　Morris, *Beethoven*, p. 16.

142　**今日に至っても、生まれつきの才能について論じられることはしばしばで、現実をもっとよく理解しているはずの科学者のなかにも、そういう話題を持ちだす人びとがいる。**

デイヴィッド・ムーアはつぎのように記している。

> 遺伝子のじっさいの働きを把握しさえすれば、遺伝子決定論を否定できる、というわけではないらしい。というのも、逆のことを裏づける証拠があるにもかかわらず、生物学者のなかにさえ、発達のプロセスは遺伝的に決まりうると書きつづける人びとがいる（Moore, “Espousing interactions and fielding reactions,” p. 332）。

143　**選択の自由が与えられていても、たいていは慣習、伝達情報、日程計画、期待、社会インフラ、われわれだけのものではない自然環境によって選択を左右される。これらの要素の多くは、ほとんど、あるいはまったく変化せずに世代から世代へと伝えられ、改めることが困難か、不可能である。**

→ 抜きん出てすぐれた人びとは、多くの場合、文化的規範から大きく外れる選択をしてきている。彼らは、友人や隣人とはまったく異なる方法で時間と資源を配分すると考えられる。

145 **「才能については、われわれがいま気づいているよりもずっと広範囲に分散していると仮定する** Csikszentmihályi, Rathunde, and Whalen, *Talented Teenagers*, p. 2.

146 **動機がどこから来るのかは不明瞭であることがしばしばだが、そうではない場合もある。人間の感情や心理の奇妙なところだが、いくつもの源泉から深い動機が生じることもある。たとえば、歓喜をともなう発奮、信仰への没頭、あるいは心底からの憤慨なども考えられる。動機は、自分本位なものもあれば、恨みに発するものもある。正しいか間違っているかを誰かに証明したい思いから生まれる場合もある。また、意識にのぼるものも、のぼらないものもある。**

ミハイ・チクセントミハイはまったく異なるふたつの源泉を示している。

> 幼いころの家庭環境と、後日の創造的達成との関係は、かなりあいまいである。一方では、最適な支援と刺激のある環境が必要であるように見える。他方では、創造性あふれる偉大な天才のなかには、そうした考え方に反して、子供のころに多くのトラウマを負い、悲劇に見舞われるなどした人生を送った人びともいる。われわれは、若いアーティストおよび才能ある青年を対象にした長期的研究と、創造性あふれる成人の遡及研究とに基づき、多様な家庭環境によってもたらされる結果を調べる。どういうわけか、最適経験と病的経験という極端なふたつの経験のいずれもが、創造性に満ちた人の背景にはあるようだ。しかし、創造性あふれる人のなかでも、子供のころ精神的な苦しみを味わった人のほうが、自分自身と自分の作品に、あまり満足しないようである。だから、困難な子供時代は、創造的達成により大きく貢献するものの、成人後の安定にはつながらないと思われる。才能のあるティーンエイジャーを対象にしたわれわれの研究から示されるところでは、支援と刺激の両方を提供する「複合的な」家庭環境に育った生徒は、自分の才能分野での新しい挑戦に進んで取りくみ、努力しつづけることと技能を高めることを楽しむ傾向がより強かった。そういう生徒は、満足感を覚えると報告した頻度が、異なる家庭環境に育った生徒よりも高かった。また、ひとりで過ごしているとき、あるいは生産的な作業

に従事しているとき、著しい満足感を覚えていた（Csikszentmihályi and Csikszentmihályi, “Family influences on the development of giftedness,” pp. 187-200）。

147　もっとできたはずだ、と彼らは考えていた。もっと勉強し、もっと仕事をし、もっと目的を貫くべきだった、と。 Hattiangadi, Medvec, and Gilovich, “Failing to act,” pp. 175-85.

148　「ときおり夜中に目を覚まし、『いったい何があった？　まるで悪夢だ』と考えることがある」と、アメリカの元陸上選手のエイブル・キビアットが一九九〇年に『ロサンゼルス・タイムス』紙に語っている。オリンピックに出場し、惜しくも準優勝に終わった陸上一五〇〇メートル走のレースのことである。キビアットはこの話をしたとき九十一歳だった。試合自体はなんとその七〇年以上も前に行なわれていた。 Medvec, Madey, and Gilovich, “When less is more,” p. 609.

152　チャールズ・ダーウィンは十代のころ学業成績が振るわず、父親から「おまえの頭のなかには狩猟、犬、ネズミ捕りのことしかない。このままではおまえが恥をかくばかりか、家族も面目を失うことになるぞ」と言われるほどだった

→ 22歳のとき、チャールズ・ダーウィンはイギリス海軍のビーグル号に乗り組んだ。このときの航海が、人類史上もっとも重要な科学理論のひとつにつながった（Simonton, *Origins of Genius*, p. 109）。

152　好きなアーティストやアスリートが味わった苦しい体験をくわしく知れば、地図にない道やふつうでないアイデアがあとあとになって天才的であると認められた事実を、くりかえし思い起こすことになる。こういう体験は、傑作と呼ばれる小説、絵画、音楽アルバムが完成に至るまでの過程をじっくり観察すれば、いっそう大きな意味を持つようになる。

→ 偉大な作品の制作過程のおもな例。

●ピーター・F・ニューメイヤーの *The Annotated Charlotte’s Web*――E・B

・ホワイトの児童文学作品『シャーロットのおくりもの』の執筆過程を詳細に追った文献。

●ビートルズの伝説的なナンバー「ストロベリー・フィールズ・フォーエバー」のデモテープ。

152　**人が見て本当におもしろいと思うのは、クソみたいなものが美しい作品になっていく過程だろう**　Brian Eno, in the Daniel Lanois documentary *Here Is What It Is*.

153　**「たいていの学生は、ある学科に興味を持った理由として、彼らの興味を掻き立ててくれる教師に出会ったことを挙げる」**　Csikszentmihályi, Rathundem and Whalen, *Talented Teenagers,* p. 7.

→ 筆者に関して言えば、幸運にも、人生の転機をもたらしてくれた恩師たちがいる。

幼稚園のときの担任ベティ・グールド先生
３年生のときの担任ジョヴァンニ・ムッチ先生
８年生と11年生のときの担任ボブ・モーゼス先生
11年生と12年生のときの担任マリー・キング・ジョンソン先生
大学１年生のときのアンドリュー・ホフマン教授

第８章　そのやり方が子供をだめにする（あるいは発奮を促す）

●一次資料

Csikszentmihályi, Mihaly, Kevin Rathunde, and Samuel Whalen. *Talented Teenagers*. Cambridge University Press, 1993.

Gardner, Howard. "Do Parents Count?" *New York Review of Books*, November 5, 1998.

Harper, Lawrence V. "Epigenetic inheritance and the intergenerational transfer of experience." *Psychological Bulletin* 131, no. 3 (2005): 340-60.

Harris, Judith Rich. *The Nurture Assumption: Why Children Turn Out the Way*

They Do. Simon & Schuster, 1999.（『子育ての大誤解――子どもの性格を決定するものは何か』ジュディス・リッチ・ハリス著、石田理恵訳、早川書房刊、2000年）

Turkheimer, Eric. "Three laws of behavior genetics and what they mean." *Current Directions in Psychological Science* 9, no. 5 (October 2000): 160-64.

●注記

155　**才能があらわれる前に枯れてしまい、世間に存在を知られずじまいだった天才は、いったい何人いるだろう？　じつのところ、その数は計り知れない。**

Csikszentmihályi, Rathunde, and Whalen, *Talented Teenagers*, p. 2.

155　**一九九九年、オレゴン大学の神経科学者ジョン・C・クラッブの研究チームは、アルコールとコカインを摂取したときのネズミの反応を調べた。**

Crabbe, Wahlsten, and Dudek, "Genetics of mouse behavior," pp. 1670-72.

157　**この事態はまったく予想されておらず、多くの人びとの目を引きつけた。**

グーグル・スカラーによれば、この論文を参考文献にする科学的な論文／文献は556点にのぼる。

158　**わかっているのは、われわれの脳も身体も、いつでも柔軟に変化しうることだ。**

ボニー・ベナードは『弾力性〔*Resiliency*〕』にこう書いている。「過去10年の発見から、ヒトの脳は可塑性を有する［ことが示されている］（Bruer, 1999; Diamond & Hopson, 1998; Ericsson et al., 1998; Kagan, 1998）。ダニエル・ゴールマンは「変幻自在な脳」に関する主張でこう述べた。「脳および神経系統が、学習あるいは反復経験の要求するとおりに新しい細胞をつくることが判明してから、神経科学の分野では可塑性［傍点は引用者］というテーマが最重要視されるようになった」（2003, p. 334）。著名な発達心理学者のジェローム・ケイガンによれば、残念なことに、そのかわりに一般大衆には、「乳幼児期決定論」という「魅力的」（1998）な概念が残された。

ベナードが引用した資料

Benard, Bonnie. *Resiliency: What We Have Learned.* WestEd, 2004.

Bruer, J. *The Myth of the First Three Years*. Free Press, 1999.

Diamond, M., and J. L. Hopson. *Magic Trees of the Mind: How to Nurture Your Child's Intelligence, Creativity, and Healthy Emotions from Birth Through Adolescence*. Penguin, 1999.

Kagan, J. *Three Seductive Ideas.* Harvard University Press, 1998.

Goleman, Daniel. *Destructive Emotions: A Scientific Dialogue with the Dalai Lama*. Bantan, 2003.（『なぜ人は破壊的な感情を持つのか』ダライ・ラマ、ダニエル・ゴールマン著、加藤洋子訳、アーティストハウスパブリッシャーズ刊、2003年）

158　**「出生前後の脳発達に関する最近の研究報告によれば**　Johnson and Karmiloff-Smith, "Neuroscience Perspectives on Infant Development," p. 123. この章は、ぜひとも全体を読むことを推奨する。グーグル・ブックスを通じ、オンラインで入手可能である。Contentsから121ページをクリックする。

159　**「人間の赤ん坊は特別である」。**　Meltzoff, "Theories of People and Things."

159　**音楽の能力はどんな人にも備わっていて、幼いころからくりかえし呼び起こしてやれば、やがて表にあらわれる。**

295ページ17行めの注記を参照。

160　**こういう相互作用を見てとった親は、それをもとにして子供の環境をしかるべく整えてやる。**

小児科医のT・べリー・ブラゼルトンは、代表的な著書『タッチポイント〔*Touchpoints*〕』にこう書いている。

> 眠いときや泣いているとき周囲からの刺激にどう反応するかは、赤ん坊によってさまざまに異なる。なだめる方法は赤ん坊によって千差万別で、空腹なときや不快なとき、気温の変化を感じたとき、手で触れられたとき、保護者と交流するときの反応も、それぞれに異なる。親の仕事は……よく

目を配り、耳を澄ませ、わが子の独特な反応の方法を知ることである（Brazelton, *Touchpoints*, 1992）。

161　**仮説に異議をぶつけることは健全な行為である。ハリスの著書は、大学の心理学者を居心地のいい領域から引っ張り出した点で、歓迎するべき批判だった。**

ハワード・ガードナーはつぎのように記している。

> ハリスが抜かりなく指摘するように、養育仮説にはふたつの問題がある。第一に、批判的な目で見たなら、子供への親の影響についての経験的実証は根拠不十分であり、あいまいな部分も多い。これまでに数百もの研究が行なわれ、その多くがそれぞれ示唆に富む発見をもたらしているが、子供への親の影響の大きさについて正確に指摘することは、いまだ困難である。非常に極端な経験――離婚、養子受け入れ、虐待など――の影響でさえ、なかなかとらえられないのだ。ハリスは、この分野のおもな研究者であるエリナー・マコビーを引用している。マコビーの結論はつぎのとおりである。「400近い家庭の調査で、親の育児方法（くわしい聞き取り調査によって報告された）と、子供の性格的特徴の独立評価のあいだには、関連性がほとんどなかった。じっさい、関連性があまりにも少ないために、これら２種類のデータに関する論文は、実質的にいっさい発表されていない」（Gardner, "Do Parents Count?"）

161　**「遺伝子は、物理的な身体と脳の形成にかかわる指令を含んでいる」**
Harris, *The Nurture Assumption*, p. 30.

161　**非共有環境とは、遺伝学者のロバート・プロミンが未解明の環境影響を説明するために提案した用語である。**

キャサリン・ベイカーはつぎのように記している。

> 有名な遺伝学者ロバート・プロミンらの研究チームは、1987年に発表

した論文で、初めてこの問いを投げかけた（R. Plomin and D. Daniels 1987, *Behavioral and Brain Sciences* 10: 1-60）。そして、こんな答えを示した。こういう差異は、一緒に育てられたきょうだいが共有しない環境の様相によって生じる。彼らはこれを非共有環境と呼んだ。たとえば、貧困などの社会経済的ステータスは共有される環境影響で、病気、精神的な傷をもたらす出来事、きょうだいのそれぞれに対する親の態度などは、共有されない環境影響である。非共有環境の概念をきっかけに、数多くの研究が実施され、きょうだい間で異なる家庭環境の可変要素を特定する試みがなされている（Baker, Report on Eric Turkheimer's presentation "Three laws of behavior genetics and what they mean". ベイカーは参考文献として以下を挙げている。Plomin and Daniels, "Why are children in the same family so different from one another?" pp. 1-60）。

162　**ところが、ハリスの本が出版された年の二年後、共有ないし非共有の考え方には問題があるとわかった。ヴァージニア大学の心理学者で行動遺伝学を専門にするエリック・タークハイマーが二〇〇〇年に行なった分析で、共有と非共有は誤った区別であることが判明したのだ。「生まれ／育ち」が環境的影響ではないならば遺伝的影響であるという区別だったのと同じく、「共有／非共有」もまた二者択一を示唆する考え方だった。つまり、共有経験に対して同じ反応を示すか、非共有経験に対して異なる反応を示すか、いずれかひとつであるというわけだ。だが、タークハイマーの説得力あるメタ分析によって、もっとしばしば生じる第三の可能性が明らかになった。子供は、ほとんどの場合、共有経験に対して異なる反応を示すというのである**

タークハイマーの論文からの抜粋は以下のとおり。

　プロミンらの研究チームは、非共有環境の重要性に基づき、共有環境の可変要素をもって発達予後の説明とすることをそろそろやめるべきであると、くりかえし強調している。そして、現代の環境論者は、社会経済的ステータスなどが大雑把な尺度であることを見逃さないとしても、通常の家

庭に差異の原因をつくる効力があるという考えを捨てるかどうかは、まったくの別問題である。この点については、スカー（1992）、ロウ（1994）、ハリス（1998）の主張のとおりだ。しかし、予後における非共有環境の可変要素が、共有環境事象と非共有環境事象の両方の非体系的な帰結の結果である場合に、この分野は手ごわい方法論の問題に突きあたる——プロミンとダニエルの悲観的な見通しによれば——が、きょうだい間で共有する家庭の様相に、差異の原因になる重要な要素がないと結論する必要はない（Turkheimer, “Three laws of behavior genetics and what they mean”）。

162　ハーヴァード大学の心理学者ハワード・ガードナーは、親の影響はあまりないというハリスの主張には、もっと根本的な問題があると考えた。「ハリスの主張のうち、実験に基づく部分について考察した場合」と、彼は『ニューヨーク・レビュー・オブ・ブックス』誌に書いている。「親子のあいだの交流についての調査結果は、たしかにわれわれが思うようなものではない。だがこの調査結果から読み取れることは、親と子に関することというよりもむしろ、とりわけ愛情や意欲などの『比較的ソフトな変数』に関連する、心理学研究の現状である。心理学者は、視覚認知研究では間違いなく進歩し、認知研究でもある程度進歩しているが、性格特性、感情、動機、キャラクターのありかを突きとめ、それらを測定する方法については、本当にはわかっていない」

ガードナーはつぎのように続ける。

一例として、「個人特性質問表」の回答者が自己や他者を表現するのに必要なカテゴリーを考えてみよう……。［彼らは］自己をどんな言葉で表現するかを問われ、選択肢として「穏やか」「面倒見がいい」「活動的」「負けず嫌い」「世慣れている」を示される。これらの言葉は定義しづらく、回答者は好ましいと思うものを自分に当てはめる傾向にある。あるいは、異なる文化に育った子供たちの特徴について、観察者が選択肢の一覧から選択する場合を考えてみよう。「協力を申し出る」「社交的にふるまう」「攻撃的にふるまう」「支配しようとする」……。多様な文化に育っ

た子供、青年、成人自身にこれらの行動がどういう意味を持つのか、われわれには確実なところはわからない（Gardner, “Do Parents Count?”）。

163　**私ならば、親からの影響を示唆する数百にのぼる研究論文や、数百にのぼる文化で数千年のあいだに蓄積されてきた民衆の知恵をもっと重視する。**

ガードナーは論文のこの部分に脚注を付加している。

もうひとつ挙げる。1999年２月に出版される以下の文献である。Frank Furstenberg et al., *Managing to Make It: Urban Families and Adolescent Success* (University of Chicago Press). これはハリスの主張に真っ向から反論する社会学の論文で、青年の相対的な成功ないし失敗の獲得には、近隣の人びとの影響がごく少ないことを示している。社会通念にも、他のいくつもの心理学および社会学の研究にも一致するところだが、この研究チームの発見では、成功している青年の親は、「子供の青年期にも、相変わらず子供のために積極的に働きかけつづける」。そういう親は、どの手法を用いることが可能かを理解し、それを用いていた。子供の興味の対象について、あるものを奨励し、あるものを抑制していた。家族で一緒にする活動の計画を立て、子供と打ち解けた時間を過ごし、過度の干渉を控えるべきであることをわきまえていた（Gardner, “Do Parents Count?”）。

163　**そう、たしかに親はたいへん重要である。だが、子育てはすべてではないし、唯一でもない。親はあらゆるものを完璧に制御する力を持っていないので、何かよくない結果が生じたとしても、たいていは、その責任のすべてを背負いこむべきではない。とはいえ、子育てがたいへん重要であることはたしかだ。**

ローレンス・ハーパーは、この主張を支持するある研究論文をとくに指摘している。

一方では、証拠から明らかであるように、育児の影響はたしかに重要で

ある。たとえばスルーフ（2002）は、社会経済的ステータスの低い家庭を長期にわたって調査し、印象深い結果を報告している。彼の発見によれば、幼少期に受けた世話の質によって、仲間づきあいの能力、青年期の危険引受行動、感情の問題、学業の成功といった、さまざまな予後を予測できた。学業の成功について言えば、子育ての質、家庭環境、子供に与えられる刺激の質に関する6つの尺度の組み合わせから、77パーセントの確率で高校中退を予測できた（Harper, "Epigenetic inheritance and the intergenerational transfer of experience," pp. 340-60）。

164　**これもひとつの達成と呼べるのではないか**　Suzuki, *Nurtured by Love*, p. 1.（『愛に生きる――才能は生まれつきではない』鈴木鎮一著、講談社刊〔講談社現代新書〕、1966年）

164　**音楽のトレーニングは早期に始めるほうが圧倒的に有利であることと、早期の音楽教育は輝きに満ちた人生につながる道であることを、まもなく信じるようになった。**

鈴木の友人で伝記作家のエヴリン・ハーマンは、彼のこんな言葉を記している。「すでに演奏できる者に『修繕』をほどこすことには興味がない」と、彼は1945年に同僚の教師に書き送っている。「私は幼児教育をやってみたいのだ」（Hermann, *Shinichi Suzuki*, p. 38）『才能は愛で育つ――鈴木鎮一の人と哲学』（エヴリン・ハーマン著、畑野将顕訳、主婦の友社刊、1984年）

165　**能力は、遺伝によって生まれつき決まっているのではなく、訓練と指導によって身につく**　Hermann, *Shinichi Suzuki*, p. 40.

165　**彼の設立した才能教育研究会は全国に三五の支部を持ち、一五〇〇人の子供たちに音楽教育を施していた。**　"Personal History of Shinichi Suzuki."

165　**スズキ・メソードは世界中で大きな評判を呼び、幼い子供の能力の理解に変化をもたらした。**

→ 1969年に出版した自伝で、鈴木はピーコという名前の、咳をするインコのエピソードを伝えている。ピーコは鈴木が教わっていた東京の教師、宮沢先生の教室で飼われていた。先生はこのインコにせっせと言葉を教えていた。

「ワタシハミヤザワピーコデス」「ピーコイイコ」こういう言葉を覚えさせるには反復と忍耐が大切であって、子供にバイオリンを教えるのもそれと同じことだった。

しかし、おもしろいことになった。ある週のこと、宮沢先生は少し前からひどい風邪を引いていて、教室でしょっちゅう咳をしていた。するとどうだろう、インコのピーコが「ワタシハミヤザワピーコデス」と言ったあと、はっきり咳だとわかる音声を出した。この鳥は、生徒たちがバイオリンでくりかえし弾くのを聞いていて、「きらきら星」を口ずさむようにもなったのだ。

「才能を育てるのは才能である」と鈴木は結論した。「種がまかれれば、能力はぐんぐん育つ」（Suzuki, *Nurtured by Love* による）

これは、本書の第6章で触れた正のフィードバックループである。つまり、ローレンス・ハーパーの呼ぶところの「自己増幅サイクル」だ。

167　**そういう子供は、大人になってから（誰もがそうであるように）社会や感情にかかわる難題に突きあたったとき、自分には拠りどころにするべき感情の蓄積がないことに気づく。愛情と信頼という基盤は子供のころの経験によって損なわれている。自己愛的な親の犠牲になった子供は、安定した人間関係をなかなか築けないことが多い。**　ピーター・フリード博士との対話、2008年11月8日。

ジョーン・フリーマンも、同じ症候群に触れていると思われる研究に言及している。

> 中国で15年にわたって実施された、ＩＱのごく高い子供115人を対象にした調査研究では、子供の達成にも、感情面の発達にも、家族の備えによる影響が大きいとわかった。子供たちは、まずその能力を親に認められてから、才能があることを心理学者に確認された。彼らの親は、年数回の面談を受けた。多くの子供は3歳までに漢字20000字を認識し、4歳で文章や詩を正しく読み書きできた。しかし、これら「温室育ち」の子供は他人と気楽につきあうことができず、彼らの親向けの講習が実施され、子供が他人とうまくつきあえるよう手助けする方法が教授された（Freeman,

"Giftedness in the long term," 384-403)。

167　**成功の報酬や失敗の懲罰として愛情を利用してはいけない。**

エコー・H・ウーによる最近の研究に示されているとおり（Wu, "Parental influence on children's talent development," pp. 100-129）。

168　**粘り強さは「生まれつきの生物学的要素である」**　Von Károlyi and Winner, "Extreme Giftedness," p. 379.

168　**粘り強さのレベルを調整する脳回路は可塑性を持つ――つまり、変化させることができる。**

→ ＭＲＩスキャンを使えば、脳の特定の領域が白く浮かびあがるので、粘り強さのさまざまなレベルを目視することができる（Gusnard et al., "Persistence and brain circuitry," pp. 3479-84）。

ロバート・クローニンガーのコメントはポー・ブロンソンに向けたものである。ミズーリ州セントルイスのワシントン大学で教鞭をとるクローニンガーは、粘り強さにかかわる脳回路に注目したばかりではなく、マウスとラットを使って、粘り強さを育てるトレーニングをほどこす実験をした。クローニンガーによれば、動物はじっさいにトレーニングによって知力を発達させることができ、わくわくするような一瞬の満足よりも、ゆっくりとした、着実な進歩によって報われたと感じるようになるという（Bronson, "How Not to Talk to Your Kids."）。

168　**スタンフォード大学の心理学者ウォルター・ミシェルのよく知られる実験**

マシュマロの実験について、もう少しくわしく記す。

> 遅延報酬実験の被験者である子供たちの自発行動を観察したところ、遅延の持続にもっとも効果が見られた子供たちは、たとえば手で目を覆ったり、机に突っ伏したりし、報酬をわざと見ないようにしていた。多くの子供は、独自に気を散らす方法を編みだした。待っているあいだ小声で独り

言を言ったり、うたったり、手足を使うゲームを考えたり、なかには眠ろうとする子供までいた。遅延報酬という試みは、外部条件によって、あるいは遅延中の不満軽減の自発的努力によって容易になると考えられた。この自発的努力とは、報酬から注意と思考を逸らす選択のことである。しかし、状況によって生じた不満を抑えること、あるいはその不満から気を逸らすことは、この種類の自制の決定要因にすぎない。じっさい、ある種類の思考を集中的に報酬に向ければ、自制はずっと容易になる。気を散らす方法を用いるよりも容易になるのである。この点は、つぎの実験によって発見された。

これまでの調査結果の示すところでは、報酬の実物を見せつけたり、報酬を想起するよう仕向けたりすることで、遅延は続かなくなる。しかし、イメージが及ぼしうる影響や、報酬の象徴的表象については、研究によって直接確かめられてはいない。だが、おそらく後者の種類の表象――報酬自体ではなく、報酬として得られるだろうもののイメージ――が、幼い子供がどれだけ報酬を先延ばしにできるかに影響してくると考えられる。この可能性を調べるために、報酬の実物のイメージを見たときの効果が検証された。つまり、報酬をじかに目にしたときの効果と、スライド上の報酬のイメージを目にしたときの効果について、同じ実験が行なわれた。すると、遅延中にじっさいの報酬を見た子供は我慢が困難になったが、報酬のイメージを見た子供はかえって我慢が容易になった。受けとるのを心待ちにしている報酬のイメージを（スライドで、実物大の写真を）見せられた子供たちは、報酬ではない、対照用の物品のスライドや、何も映っていないスライドを見せられた子供たちにくらべ、待っていられる時間が２倍に延びた。したがって、報酬の見せ方の違い（すなわち、実物を見せるかそのイメージを見せるか）によって、自制が妨げられたり、促されたりすると考えられる（Mischel, Shoda, and Rodriguez, “Delay of gratification in children,” p. 935）。

170　**子供の懇願にすぐに応えてやらないこと。欲求不満や欠乏にどう対処す**

るかを学ばせる。自分の感情をなだめる方法を学ばせ、欲しいものが手に入るのをじっと待てば、やがてうまくいくことを理解させる。

→ このテーマについては、素晴らしい記事がある。

誰が責任を持つ？　子供に自制を教える

ジェニファー・カーン

初めのうちは、ハンドルを握っているのが誰なのか、容易にわかる。親がコックピットの正面に陣取り、乳児期から幼児期までのわが子を操縦するのである。親は、子供がどこへ行き、何を、誰とするのか、何を食べ、何を着るのかを管理する。行く手に乱気流をつくることもある——なかには、しょっちゅうそうする親もいる——ものの、体勢を立て直し、経路に戻してやるのが親たる者の仕事である。

しかし、子供が成長するにしたがい、親は、制御用のハンドルが少しずつ緩み、利かなくなる困難に直面する。最終的に飛行機を着陸させるのは、われわれ親ではなく子供であって、子供は自分で制御する方法を身につけ、正しく決断し、ネガティブな衝動に抵抗するすべを学ぶ必要がある。

子供に自制を教えることは、子供の人生の準備として親がする大切な仕事だが、もっとも難しい仕事でもある。児童心理学者で、オハイオ州ウェストレイクにあるファミリー・アチーブメント・クリニックの所長シルビア・リム博士は、人生に必要な自制というスキルを教えるには、いくつかの条項からなる育児の原則をうまく用いる必要があると述べる。

〈いいお手本になってやる〉

「子供はいつも親を見ている」とリムは言う。「自制といってもさまざまである。あなたは、値段も見ずに欲しいと思ったものを買うだろうか？　結果も考えずに何でも飲み食いするだろうか？」だからこそ、子供に自制を教えるには、親が手本を見せることが重要であるという。

〈子供に遅延報酬の訓練をさせる〉

研究によって、子供時代の報酬遅延の能力は、後日の成功の指標になることが示されている。リムによれば、「自制は遅延報酬によって構築され

る。つまり、幼児あるいは就学前児童のわが子が何かを欲しがって泣いたとき、親がすぐに応じてしまえば、自制を教えることにはならない」。

〈首尾一貫した育児を実践する〉

「育児にかかわる大人たちのチームは、限度を設けるにあたり、全員が団結しなければならない。一方の親が『イエス』と言い、もう一方の親が『ノー』と言えば、子供は自制を学ばない。親の操縦法を学ぶだけである」

〈年齢に応じて限度を設定する〉

リムは、子供の成長に応じて限度を設定するときのツールとして、「ＬＯＶＥ」の「Ｖ」の字を思い浮かべるよう推奨している。まず、乳幼児期には、子供の自由と選択の限度をあらわすラインは「Ｖ」のいちばん下に置く。子供の成長にしたがい、このラインを「Ｖ」の上方へ移動させるのだ。親は、自由と力の行使を少しずつ許す一方、親としてわが子に制限を設けつづける。

子供に自制を教えるのは、靴ひもの結び方やおまるの使い方を教えるのとはわけが違う。リムによれば、自制を教えることは段階的なプロセスであり、幼児期から始め、十代のうちはずっと続けることになる。レッスンのたび知識が上積みされるので、親にとっては、早期から自制の下地をつくりはじめることがきわめて重要である。

「自制能力の欠如、遅延報酬学習の欠如は、子供が十代でアルコール、セックス、ドラッグに関与することに直接につながる」とリムは言う。

リムは、発達の各段階で自制を教えるときのコツを紹介している。

〈幼児期および学齢前〉

「幼児期から学童期までの子供は、非常にはっきりしている」と彼女は言う。「ものごとを白か黒かでとらえる」この段階で限度を設定するときには、返事を「イエス」と「ノー」だけにし、あいまいな反応をしてはいけない。

この段階では、子供は親の行動をそのまま真似るので、親は早期から自制の手本を示すことが大切である。また、遅延報酬を教えはじめるには、

子供が何かを欲しがって泣いたとき、すぐに応じてやってはいけない。

〈学童期〉

「Ｖ」の範囲が少しずつ拡大するにつれ、学童はより多くの選択と自由を許され、発達しつつある自制能力を、日常生活に活用しはじめる。「子供は、大人の手伝いをして小遣いをもらうようになると、貯金を始め、クリスマスや自分の誕生日までの日数を指折りかぞえるようになる」とリム。「こうして遅延報酬を学習するのだ」この段階の子供は、欲しいものがあると、もっと幼いころのように泣くのではなく、買ってほしいとうるさくせがむ。

〈９歳から12歳まで〉

「ミドルスクールに通う年齢の子供の環境は、親の世代がハイスクールや大学で出会った環境に似ている」とリムは言う。昔よりも低年齢の子供たちがドラッグ、セックス、アルコールに関与するようになっていて、彼らの発達途上にある自制能力が試されることになる。「幼いころ好ましい方向に感化されなかった子供は、簡単にドラッグの世界に足を踏み入れてしまう。親は、子供がいい仲間を見つけ、楽しく過ごせるよう手助けしてやる必要がある。また、家族でする活動は、子供の学校での経験を補うものにする。いつも『ノー』と言うばかりの親ではいけない。楽しむことのできる親であるべきだ」

〈13歳から19歳まで〉

　この年齢の子供は、すでに「Ｖ」の上限いっぱいに至り、大人として自立し、決断する準備ができつつある。また、このころは仲間集団の影響が最大になる時期でもあって、自制を要するような好ましくない影響も大きくなる。

「親は、子供がティーンエイジャーのうちは、限度をしっかり設定しておく必要がある」とリムは言う。「この年齢ではホルモンがさかんに分泌され、子供は映画、テレビ、仲間に囲まれている。数世代前のほうが、自制はずっと容易だった」

　親は、それまでに自制の土台をつくってやっていないと、この年代に達

した子供に初めから手を焼くことになって、場合によっては助けが必要になる。「親は、問題がどこにあるかを理解していれば自分たちで解決できるが、もっと極端な場合には、家族療法を受けるべきである。『ノー』と言いたい親に、セラピストが力になってくれる」

あなたは新生児の親で、コックピットですべてを制御しているのかもしれないし、高校を卒業したての子供の親で、大学へ飛び立つわが子にハンドルを譲ろうとしているのかもしれない。いずれにせよ、わが子が大人としての人生に安全に着地するよう、親は自制能力というライフスキルをくりかえし教え、強化してやる必要があるのだ（Keirn, “Who’s in Charge? Teach Kids Self-Control”）。

171　**運動能力に何らかの問題があれば**　Reed and Bril, “The Primacy of Action in Development,” p. 438.

第9章　優秀さを求める文化

●一次資料

Durik, Amanda M., and Judith M. Harackiewicz. “Achievement goals and intrinsic motivation:coherence, concordance, and achievement orientation.” *Journal of Experimental Social Psychology* 39, no. 4. (2003): 378-85.

Gneezy, Uri, Kenneth L. Leonard, and John A. List. “Gender Differences in Competition: The Role of Socialization.” UCSB Seminar Paper. Published on the University of California, Santa Barbara, Department of Economics Web site. June 19, 2006.

Goffen, Rona, *Renaissance Rivals: Michelangelo, Leonardo, Raphael, Titian.* Yale University Press, 2004.

Mighton, John. *The Myth of Ability: Nurturing Mathematical Talent in Every Child.* Walker, 2004.

Tauer, John M., and Judith M. Harackiewicz. “Winning isn’t everything: competition, achievement orientation, and intrinsic motivation.” *Journal of*

Experimental Social Psychology 35 (1999): 209-38.

●注記

173　**ダ・ヴィンチは若い同業者のミケランジェロ・ブオナローティをあからさまに「見下して」いた――彼があまりにも激しく嫌うので、やがて巨匠ミケランジェロは、ダ・ヴィンチと同じ町に住むよりは、フィレンツェを離れることもやむを得ないと考えるようになったほどだ。**

ジョルジョ・ヴァザーリによればつぎのとおり。

> ミケランジェロ・ブオナローティと彼はひどく蔑みあっていて、それゆえにミケランジェロは、ジュリアーノ公の許しを得てフィレンツェを離れることにした。教皇のもとで、サン・ロレンツォ教会のファサードの設計競技に参加するよう求められていた。それを知ったレオナルドはフランスへ旅立った。フランス王は彼の作品をかねてから所有していて、彼にたいへん目をかけた。王はレオナルドに聖アンナの下絵を彩色してほしがったが、レオナルドはいつものように、長いあいだ口約束のままにしていた。
>
> やがてすっかり年老いた彼は、病のため何カ月も床につき、死期が近いことを悟って、カトリックの教え、善なる道および聖なるキリストの宗教をきちんと学びたいと願った。そして苦しい息の下から告解し、懺悔した。もはや立つこともおぼつかなかったが、友人や使用人に支えられて床を離れ、このうえなく神聖な秘跡をつつしんで受け、喜びを得たのである。そのとき、それまでにも贔屓にするレオナルドのもとを足しげく訪れていたフランス王が、彼の住まいにあらわれた。レオナルドは敬意をあらわすため床の上に身を起こし、自分の病気とその容体を伝えると、仕上げるべき作品を仕上げなかったことで、神にも、人にも背いてしまったと語った。そのとき、恐ろしい発作に見舞われた。死の使者がやってきたのだ。すると、王は立ち上がり、彼の頭の下に手を差しいれ、彼を支え、いたわりを示すとともに、彼の苦しみをやわらげようとした。神々しいレオナルドの魂は、これほど名誉なことはないと知りつつ、王の腕のなかで天に召され

た。75歳だった（Vasari, “Life of Leonardo da Vinci,” pp. 104-5）（『ルネサンス画人伝』ジョルジョ・ヴァザーリ著、平川祐弘、小谷年司、田中英道訳、白水社刊、2009年）。

173　**ダ・ヴィンチは彫刻という芸術形態――ミケランジェロの得意分野――を辛辣に批判し、仕事場が乱雑になるとか、制作が容易であるとか、見るからに価値が劣るなどと言い、彫刻は「肉体的努力をより多く必要とする［一方］、絵画は精神的努力をより多く必要とする」とした。**

これはすべてダ・ヴィンチ自身の『パラゴーネ』（芸術比較論）から（Goffen, *Renaissance Rivals*, p. 65）。

とくに「乱雑になる」と「容易である」については、Universal Leonardoのウェブサイト上のParagone: painting or sculpture? を参照。

173　**ある友人とサンタ・トリニータ橋の近くを歩いていると**　Symonds, *The Life of Michelangelo Buonarroti*, p. 173.

174　**「生まれつきの才能は競争によって伸ばす必要がある」とニーチェも書いている。**

ニーチェはさらにこう書く。「羨望、嫉妬、競いあう野心がなければ、ギリシャの人間と同様、ギリシャの国家も堕落する。邪悪で残忍になり、強い復讐心を抱き、神をも恐れぬようになる。つまり、「ホメロス以前」になるのだ（Nietzsche, “Homer’s Contest”）（「ホメロスの競争」の一節。以下に収録。『悲劇の誕生』ニーチェ著、塩屋竹男訳、筑摩書房刊〔ちくま学芸文庫〕、1993年）。

175　**バグダッドを中心に広がったイスラム・ルネサンスの文化**　Shenk, *The Immortal Game*, pp. 29-38.

175　**二十一世紀、アメリカには世界大学ランキングの上位一五校のうち一一校がある。**　*US News & World Report,* “World’s Best Colleges and Universities.”

176　**アメリカ・コネチカット州ニューヘイブン……の薄い、ぱりっとした食感の生地を持つピザ**

おもな店はサリーズとぺペズで、1938年以降、ウースター通りで競争を続

けている。

176 **古代ギリシャに関する自らの著書の中で、ニーチェはプラトンにこんなことを言わせている。「コンテストがあったからこそ、私は詩人にも、哲学者にも、雄弁家にもなれたのだ！」** Nietzsche, “Homer's Contest.”

176 **「古代ギリシャ人は競争を制度化し、それを基盤にして市民を教育した」と、国際オリンピック・アカデミーのクレアンティス・パレオロゴスは説明する。** Palaeologos, “Sport and the Games in Ancient Greek Society.”

さらに、つぎのような見解もある。「古代ギリシャ人は、多くの意味で、われわれが共有する、芸術面、知能面、運動面での凡庸さを克服する潜在能力の象徴となっていた」と、シカゴ州立大学のアレグザンダー・マケドンは記している（Makedon, “In Search of Excellence”）。

マケドンによれば、ギリシャ人の成功には17の理由があった。

> ギリシャ文化の研究者たちが挙げている理由の第１は民主制で、ギリシャでは言論の自由が大っぴらに行使され、民衆が世のありさまを批判した。それにともない、僭主政治、あるいはあらゆる種類の独裁政治への嫌悪感が表明された。第２は大衆の優越をめざす努力で、英雄的、あるいは「貴族的」理想が数百年かけて民衆に浸透したことによる。古典時代、「貴族的」は優越者による支配を意味した。第３は道徳的優越をめざす努力で、ギリシャ人は人生の価値をつねに問うたほか、説教されたとおりに行動した。第４はあらゆる場所での不正や汚職との闘いで、これは基本となる市民的価値観が数百年かけて浸透したことによる。たとえば、公的機関に任務を託された者は、些細な違反をした場合でも、罷免されるだけではなく、都市国家から追放される場合があった。第５は性格的弱点の克服の試みで、彼らが並はずれて熱心に優越をめざしたことの必然的な結果であると考えられる。第６は、直接に監督する者がいない場合でも、このうえない誠実さをもって行動すること。第７は、多くの場合はおもしろみのある競技および競技会を通じ、「好戦性」あるいは競争心を身につけること。第８は、

富、血縁、政界とのコネではなく、貢献度を基盤に報酬を与えること。そのことが古代ギリシャのオリンピック大会の誕生につながった。当時この大会では、運動だけではなく、文学、演劇、音楽の競技も行なわれた。第9は、遊びを通じた教育。第10は、都市全体を学校として設計したことだ。都市の建設の目的には、自然の猛威からの保護のほか、個人としての努力および向上のこともあった。第11は、公共施設を貧困者に無料開放することで、そのおかげで誰もが自己啓発の機会に恵まれた。第12は、大人の催事に若者を招くことで、青年には模倣を通じて学習する機会が豊富に与えられた。こういう機会に、大人はたいてい高潔の手本を示した。第13は、若者の隣人による監督である。フィリピンの地方自治単位であるバランガイごとに実施されている監督活動に似ているが、スポーツ、芸術、学術の競技を通じて若者特有のエネルギーを有益に昇華する機会は、こちらのほうがずっと多かった。第14は、多数の模範を通じた制度化で、街路に英雄像を並べることもその一環だった。第15は都市全域に広がる指導者のネットワークに多くの大人を組みいれること。こういう指導者は、無給だったばかりか、教え子の教育にかかる費用を負担することを名誉だと考えていた。第16は、専門分野を教える巡回講師の非公式な教育制度を利用することで、こういう巡回講師は「ソフィスト」と呼ばれ、高等教育をほどこすと同時に、すぐれた学習者の手本を示し、その職務によって十分な報酬を受けていた。そして第17は公共事業と慈善事業の優先で、公共の利益を犠牲にして個人の財産を蓄積することとは正反対である。たとえば、富裕者には大規模な公共事業費の大半の負担が期待された（Makedon, “In Search of Excellence”）。

177　**「アゴニズムは他者への深い敬意と配意をともなう」**　Chambers, “Language and Politics: Agonistic Discourse in the *West Wing*.”

177　**オランダの歴史学者ヨハン・ホイジンガによれば、人間はアゴニズムの精神がないと平凡から脱却できない。**

アレグザンダー・マケドンはつぎのように記している。

ヨハン・ホイジンガは著書『ホモ・ルーデンス』のなかで遊戯活動の文化への影響を明確にしている。ラテン語の「ホモ・ルーデンス」は「遊ぶ人」を意味する。彼がこの本の題名にこの言葉を選択したことは、現代人は「ホモ・サピエンス」すなわち「考える人」であるという従来の見方に反している。おそらく、文明の起源において遊びの要素が優先されていたことの強調のためだろう。ホイジンガによれば、偉大な「文化的」達成の土台には好戦性、あるいは競争心があって、これらがないと、人類はよくて「凡庸」に終わると思われる。首席を得るために競いあう人びとは、必要に迫られて自分の技能をいっそう高めると、ついには学業成績のより高い水準に到達する。競技会の開催日が近づくと、アスリートは準備にいそしむ必要に迫られ、いっそう激しくトレーニングをする。こうして、勝利のために努力する者が、最終的に優越性を獲得する。この点は、好戦性、あるいは「競争」心を、たんに文化の２、３の制度に取りいれるだけではなく、文化の全体に取りこんだときに、いっそう顕著になる（Makedon, “In Search of Excellence”; Huizinga, *Homo Ludens*）（『ホモ・ルーデンス』ヨハン・ホイジンガ著、高橋英夫訳、中央公論新社刊〔中公文庫〕、1973年）。

177　**ダ・ヴィンチ、ミケランジェロ、ラファエロ、ティツィアーノ、コレッジョはライバル同士であることを心得ていて**　Goffen, *Renaissance Rivals.*

177　**フェレンツェが壮大な「大聖堂」を建造するやいなや**　Goffen, *Renaissance Rivals*, p. 7.

177　**ラトガース大学の美術史学者ローナ・ゴフィンによれば、イタリア・ルネサンスはあるコンテストから始まった。**

「競争から始まったルネサンスは、本質的にライバル争いの時代だった」と、ローナ・ゴフィンは記している。「ライバル争いが制度化していたのである」（Goffen, *Renaissance Rivals*, p. 4）

178　**勝利したロレンツォ・ギベルティ**　Goffen, *Renaissance Rivals*, pp. 4-7.

178　**「競合者（コンバッティトーリ）」**

本書中の、筆者のお気に入りの言葉である——これまでに出会ったいちばんのお気に入りかもしれない。

178　**ピエロ・ソデリーニの依頼を受けたダ・ヴィンチとミケランジェロは、市庁舎の大広間の壁に、文字どおり隣りあって絵を描くことになった。**

Anuar, "Leonardo vs. Michelangelo."

178　**「芸術家はしょっちゅう盗みあっている」とゴフィンは記している。「十六世紀の特異なところは、巨匠たちが……たいていの場合、お互いのおもなパトロンと知り合いだった点である。巨匠同士もお互いを知っていて、友人同士や仕事仲間である場合もあれば、敵同士である場合もあった。だが、ライバル同士であることはつねに変わらなかった」**　Goffen, *Renaissance Rivals,* p. 26.

さらに、このようにも。「過去および現在のライバルを上回ろうとする意志こそが、それまでの時代にないルネサンスの特徴だった」（Goffen, *Renaissance Rivals*, p. 3）

178　**だが当初、ローマ教皇ユリウス二世に依頼されたこの天井画の制作——断れず、しぶしぶ引き受けた——について、ミケランジェロは本筋からの脱線になると考え**　Goffen, *Renaissance Rivals*, pp. 215-16.

179　**二〇〇六年、経済学者のユーリ・グニージー、ケネス・Ｌ・レナード、ジョン・Ａ・リストがまったく異なるふたつの社会における競争本能について比較した。タンザニアのマサイ族と、インドのカシ族の社会である。男性中心のマサイ族の社会では、競争を選択する男性の割合は、女性のそれの二倍だった。だが母系文化に根ざしたカシ族の社会では、遺産を継ぐのは女性であることや、子供の名づけの際には母方の親族の名前にちなむこともあってか、女性のほうが競争を選択する場合が多いのだ。**

グニージー、レナード、リストはつぎのように記している。

> われわれは興味深いデータパターンを観察した。たとえば、マサイ族男性の競争を選択する傾向は、マサイ族女性のそれの約２倍だった。異なる

タスクを用いる西洋社会でも、そこから得られたデータによって同じことが裏づけられている。ところが、カシ族ではその逆に、女性のほうが男性よりも競争的環境を選択することが多い。われわれはこの調査結果を踏まえ、観察された男女差の決定要因が、新しい洞察をもたらすと考えた。われわれのモデリングフレームワークのレンズを通せば、この調査結果は政策コミュニティ内において重要な意味を持つようになる。たとえば、政策立案者は男女の格差を緩和する効果的な手段を求めていることが多い。競争への反応の違いが、おもに生まれつきの性別に基づくとすれば、たとえば、教育制度および労働市場における競争性を減じれば、女性にもっと成功の機会を与えられるのではないか、という意見も出てくるかもしれない。一方、その違いが育ち、あるいは生まれと育ちの相互作用に基づくとすれば、公共政策は、競争に対する扱いの男女の格差を緩和するため、成長後だけではなく、幼少期からの社会化および教育を目標にすると考えられる（Gneezy, Leonard, and List, “Gender Differences in Competition: The Role of Socialization”）。

180　**長期的な目標に関連づけた短期的な課題を設けてやれば、ＬＡＭでさえ飛びつき、その挑戦を楽しむようになる。**　Tauer and Harackiewicz, “Winning isn’t everything,” pp. 209-38; Durik and Harackiewicz, “Achievement goals and intrinsic motivation,” pp. 378-85.

181　**それに対処するべく、マイトンはさまざまな数学的概念をできるだけ理解しやすいよう表現し、子供たちが技能と自信の両方を同時に高められるよう手助けした。**

『能力の神話〔*The Myth of Ability*〕』から以下に抜粋する。マイトンの手法が示されている。

Ｆ－１　計算

まず、児童が片手を使って２、３、５の倍数を数えられるかどうかを確かめる。数えられなければ教えてやる。その最適な方法は、つぎのような

図を書くことである。

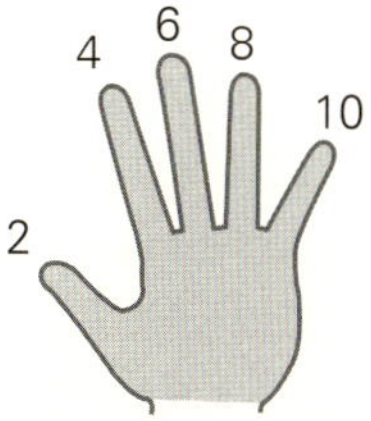

児童にこの図を使って1、2分ほど練習させたあと、図を使わずに数えさせる。2、3、5の倍数を数えられるようになれば、つぎは下記のように指を使って掛け算する方法を教える。

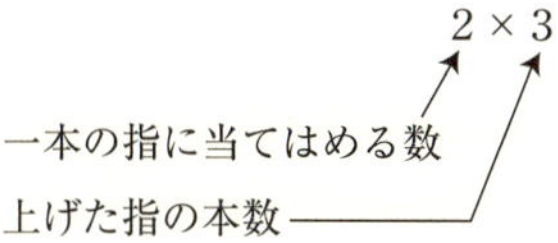

到達した数が掛け算の答えである。

児童に下記のような問題を出して練習させる。

4 × 5 =

2 × 3 =

3 × 3 =

3 × 5 =

5 × 2 =

2 × 3は、2回、3を加えるという意味であることを指摘する（指を使って数えるときの考え方である）。しかし、この点をくどくどと言ってはいけない——児童がもっと大きい数の計算に進んだとき、もっと深く説明してやればいい（Mighton, *The Myth of Ability*, pp. 64-65）。

181　**「適切な教育法を用いて教師がほんの少しサポートしてやれば**　Mighton, *The Myth of Ability*, p. 21.

182　**マイトンは彼自身の考案した教育法が唯一であるとか、最善であるなどとは言っていない。**　Mighton, *The Myth of Abilily*, p. 27.

→ ジョン・マイトンは俳優として映画『グッド・ウィル・ハンティング／旅立ち』に出演したことがある。皮肉にも、この映画のメッセージ——優秀な頭脳は生まれつきのもの——は彼の創設したＪＵＭＰの素晴らしい成果に反している。

182　**数えきれないほど多くの生徒が数学などの科目で落ちこぼれる理由は、どんな分野であれ、他人との競争を避けたがる人がいる理由とまったく同じである。**　Tauer and Harackiewicz, "Winning isn't everything," pp. 209-38; Durik and Harackiewicz, "Achievement goals and intrinsic motivation," pp. 378-85.

182　**「教育制度には問題がある。**　テッド・コッペルによるインタビュー、ＡＢＣの「ナイトライン・アップ・クローズ」。

182　**「知能や能力が一直線に進歩するものならば**　Mighton, *The Myth of Ability*, p. 19.

183　**「人間は——あらゆる人間は——自分自身が目的であって、他人の目的達成のための手段ではない」**　Rand, "Introducing Objectivism."

183　**コーチは彼らを限界いっぱいまで鍛える。**　Wolff, "No Finish Line."

第10章　遺伝子2.1——遺伝子も〝改良〟できる!?

●一次資料

Harper, Lawrence V. "Epigenetic inheritance and the intergenerational transfer of experience." *Psychological Bulletin* 131, no. 3 (2005): 340-60.

Jablonka, Eva, and Marion J. Lamb. *Evolution in Four Dimensions.* MIT Press, 2005.

Morgan, Hugh D., Heidi G. E. Sutherland, David I. K. Martin, and Emma Whitelaw. "Epigenetic inheritance at the agouti locus in the mouse." *Nature Genetics* 23 (1999): 314-18.

Watters, Ethan. "DNA Is Not Destiny." 2006年11月22日、科学雑誌*Discover*のウェブサイト上に発表された（みごとな論文で、これなしでは本章の執筆は不可能だった）。

●注記

185 **教科書などでは、ラマルク説はダーウィン以前にあらわれたお粗末な進化論であると定義（あるいは嘲笑）されている。経験によって遺伝的形質に変化を加えることが可能だなどとは、浅薄な考えではないか、と。**

ラマルクの遺産について、エバ・ヤブロンカとマリオン・ラムが重要な訂正を行なっている。

> しばしば言及されているこの進化論の歴史は、多くの意味で誤っている。つまり、ラマルクの説を過度に単純化している点、獲得形質は遺伝によって伝わるという説を最初に唱えたのはラマルクであると誤認している点、ダーウィンの考えにも用不用の概念が含まれていたのに、それを見落としている点、そして、自然選択説によって獲得形質遺伝説が進化論の主流から押しのけられたと示唆している点は、誤りである。真実を言えば、ラマルクの説は非常に洗練され、獲得形質遺伝説以上のものを包括していた。さらに、ラマルクは獲得形質遺伝説の考案者ではない。19世紀初頭には生物学者のほぼ全員がこの説を信じていて、19世紀末にもそれを信じている生物学者は少なくなかった（Jablonka and Lamb, *Evolution in Four Dimensions*, p. 13; Ghiselin, "The Imaginary Lamarck: A Look at Bogus 'History' in Schoolbooks"）。

185 **ラマルクはそれを「獲得形質の遺伝」と呼んだ――個体の行動は子孫に伝える遺伝的形質に変化をもたらすことがあるという考え方である。**

ラマルクはつぎのように記している。

> 個体のあらゆる獲得あるいは損失は、その個体の種が長いあいだ置かれ

ていた環境の影響を通じ、つまり、何らかの器官の圧倒的使用、あるいは恒久的不使用の影響を通じ、自然にもたらされたものである。あらゆる獲得あるいは損失は、繁殖によって新たな個体を生むことで保存される。ただし、獲得した変更はいずれの性にも共通する。あるいは少なくとも、子をつくる個体に共通する（Lamark, *Zoological Philosophy,* p. 113）（『動物哲学』ラマルク著、小泉丹、山田吉彦訳、岩波書店刊〔岩波文庫〕、1953年）。

185 **たとえばキリンは、ラマルク説によれば、高所の食物を食べようとすることで首が長くなっていった。**

ラマルクはつぎのように記している。

興味深いことに、キリン特有のすがたや大きさには、習慣の結果があらわれている。よく知られるように、哺乳類中もっとも背の高いキリンは、アフリカ大陸内陸部の、年間を通してほとんど乾燥し、草の生えない地方に生息しているため、樹木の葉を食べることを余儀なくされ、しょっちゅう首を上方へ伸ばす努力をしなければならない。この種では、長期間この習慣が保たれたことから、結果的に前脚が後脚よりも長くなり、首が伸び、前脚だけ立てた状態で6メートルの高さに届くほどになった（Lamarck, *Philosophie Zoologique.* 以下の資料に引用されている。Gould, *The Structure of Evolutionary Theory,* p. 188）。

186 **「古典的な」摂食態勢をとり、首と頭部と舌を延ばしてアカシアの木の葉を食べるキリンの画。ケニアのツァボ国立公園** Drawing by C. Holdrege. (Holdrege, *In Context* #10, pp. 14-19)

186 **ダーウィンが『種の起源』を発表し、やがてその他の学者たちが遺伝子を発見すると、科学者にも一般大衆にも、それ以前とはまったく異なる概念——自然選択説——が常識となった。**

→ じっさい、現在も「ダーウィン説」の進化の解釈として一般に言及されている概念は、「現代進化総合説」と呼ぶほうが適切である。ダーウィンの説と、

後年の遺伝学上の発見とを総合したものだからである。

現代進化総合説について、ダグラス・J・フツイマがすぐれた概要を記している。

> 進化の総合説の主な教義は、従って次のようなものとなる――個体群はランダムな（すなわち適応的な方向に向かうのではない）突然変異と組換えから生じる遺伝的な変異を含んでいる。個体群は、ランダムな遺伝的浮動、遺伝子流動、そして特に自然選択による遺伝子頻度の変化によって進化する。大部分の適応的な遺伝子変異は、それぞれわずかな表現型上の効果しか持たないので、表現型の変化は漸進的である（しかし、ある種の色彩多型のように、不連続効果を持ついくつかの対立遺伝子が適応的であることもある）。多様性は種分化によって引き起こされ、種分化に伴って、一般的に個体群間の生殖隔離が徐々に進化する。こうした過程は十分に長い期間継続するので、高次の分類レベル（属、科、その他）を認識することが許されるほど大規模な変化を引き起こすのである（Futuyma, *Evolutionary Biology*, p. 12）（『進化生物学』改訂第２刷、ダグラス・J・フツイマ著、岸由二ほか訳、蒼樹書房刊、1997年。上の引用部分も同書の訳文を引かせていただいた）。

187　**ホソバウンランの花の写真**　Emil Nilsson. Used by permission.

188　**二種類の花のあいだには、たしかに違いがあった。それぞれのエピゲノム――ＤＮＡのパッケージング――が異なったのだ。**　Jablonka and Lamb, *Evolution in Four Dimentions*, p. 142.

188　**ＤＮＡは、よく知られるように、二重らせん状の構造になっている。**

ＤＮＡの直径は約20オングストロームである（１オングストローム＝10のマイナス10乗メートル）。

189　**ヒストンは、ＤＮＡを保護し、小さくまとめて収納している。また、遺伝子の発現を媒介する。スイッチのオンとオフのタイミングを遺伝子に伝える役割をする、エピゲノムと称されるものである。ここ数年で知られるようにな**

ったことだが、こういうエピゲノム（「エピ」はラテン語で「上」あるいは「外」という意味を付加する接頭辞）は環境によって変化することがある。したがって、遺伝子と環境の相互作用にとっては重要なメカニズムとなる。

「2005年、スペイン・マドリードの生物学者マネル・エステレルらの研究チームは、一卵性双生児のなんと35パーセントに著しいエピジェネティックな違いが見つかったことを報告した。『これらの発見は、環境因子が遺伝子発現および罹病性に変化をもたらしうることを証明する助けになる』とエステレルは述べている」（Choi, “How Epigenetics Affects Twins”; Pray, “Epigenetics,” pp. 1, 4）
189　**同じ遺伝子を持つネズミの一群が、さまざまな毛色をもって生まれてきた**　Morgan, Sutherland, Martin, and Whitelaw, “Epigenetic inheritance at the agouti locus in the mouse,” pp. 314-18.
189　**妊娠している黄色い毛色のネズミは、葉酸の多い食物、あるいは豆乳を食べていると、茶色い毛色の子を生むエピゲノムの変異が生じる傾向にあった。そして、生まれた子にやる食物を通常のものに戻しても、茶色い毛色はその後の世代に受け継がれていった。**
　モーガンとホワイトローはつぎのように記している。

> 　妊娠中のメスの食物を変えれば、一腹分の子の黄色い毛色の割合は変化しうる。たとえば、食物をベタイン、メチオニン、葉酸などのメチル基供与体によって補えば、生まれる子の毛色は、黄色が減り、野鼠色が増える。また、豆乳に含まれるゲニステインを与えた場合にも、同様の効果が観察されている（Morgan and Whitelaw, “The case for transgenerational epigenetic inheritance in humans,” pp. 394-95）。

190　**ネズミを駆除剤にさらした場合にエピゲノムの変化が生じ**　Watters, “DNA Is Not Destiny.”
190　**ヒトの男性の加齢にともなうエピゲノムの変化**　Malaspina et al., “Paternal age and intelligence,” pp. 117-25.

190　**ヒトのある世代の栄養不良と喫煙が、その後の数世代にわたって影響を及ぼしつづける**　Watters, "DNA Is Not Destiny."

190　**ヒトにおいて遺伝によって受け継がれたエピゲノムの変化と大腸がんの発症に関連があること**　Hitchins et al., "Inheritance of a cancer-associated MLH1 germ-line epimutation," pp. 697-705.

190　**「エピジェネティクスはゲノムの健全性にわれわれ自身がいくらかの責任を負うことを証明している」と、デューク大学のエピジェネティクスとインプリンティング研究の権威であるランディ・ジャートルは言う。**　Watters, "DNA Is Not Destiny."

192　**「世代間の情報伝達は、相互作用する多くの遺伝機構によって行なわれる。**　Jablonka and Lamb, *Evolution in Four Dimensions*, p. 319.

192　**二月四日付のジャーナル・オブ・ニューロサイエンス誌に発表された新しい動物研究で、環境による働きかけは遺伝子異常による記憶障害を抱える若いマウスおよびその子孫の記憶力を高めるとわかった。**　Society for Neuroscience, "Mother's Experience Impacts Offspring's Memory"; 引用された論文は以下のとおり。Arai, Li, Hartley, and Feig, "Transgenerational rescue of a genetic defect in long-term potentiation and memory formation by juvenile enrichment," pp. 1496-1502.

193　**「以前、初期発達においてエピゲノムのコードが確定すれば、それは一生変わらないと考えられていた」と、マギル大学の教授で、エピジェネティクスのパイオニアのモッシュ・スジーフは言う。**　Watters, "DNA Is Not Destiny."

エピローグ　テッド・ウィリアムズ・フィールド

195　**彼が少年時代を過ごしたユタ通り四一二一番地の家**
http://bit.ly/9Bmml.

195　**そこから二ブロック足らずの距離には、彼がかつて練習場所にしていた野球用のグラウンドも残っていて**
http://bit.ly/yUGZs.

参考文献

※本リストのデータ版はgeniusbibliography.davidshenk.comを参照。

Abrams, Michael. “The Biology of... Perfect Pitch: Can Your Child Learn Some of Mozart’s Magic?” *Discover,* December 1, 2001.

American Institute of Physics. “Slam Dunk Science: Physicist Explains Basic Principles Governing Basketball.” November 1, 2007.

American Psychological Association. “Intelligence: Knowns and Unknowns. Report of a Task Force Established by the Board of Scientific Affairs of the American Psychological Association.” Released August 7,1995.

——. “Intelligence: knowns and unknowns.” *American Psychologist* 51, no. 2 (February 1996): 77-101.

Andersen, J. L., H. Klitgaard, and B. Saltin. “Myosin heavy chain isoforms in single fibres from m. vastus lateralis of sprinters: influence of training.” *Acta Physiologica Scandinavica* 151 (1994):135-42.

Anderson, Jesper L., Peter Schjerling, and Bengt Saltin. “Muscle, Genes and Athletic Performance.” *Scientific American*, September 2000.

Anderson, John R. *Cognitive Skills and Their Acquisition.* Lawrence Erlbaum, 1981.

Angier, Natalie. “Separated by Birth?” *New York Times,* February 8, 1998.

Anuar, A. H. “Leonardo vs. Michelangelo: The Battle Between the Masters.” Published on the Holiday City Web site, November 30, 2004.

Arai, J., S. Li, D. M. Hartley, and L. A. Feig. “Transgenerational rescue of a genetic defect in long-term potentiation and memory formation by juvenile enrichment.” *The Journal of Neuroscience* 29, no. 5 (February 4, 2009):1496-1502.

Baker, Catherine. Report on Eric Turkheimer's presentation "Three Laws of Behavior Genetics and What They Mean." *Program of Dialogue on Science, Ethics,& Religion,* April 10, 2003; published on the American Association for the Advancement of Science Web site.

Bale, John. Comment on *The Sports Factor* radio show, February 28, 1997.

——. *Sports Geography.* Routledge, 2003.

Baltes, Paul B. "Testing the limits of the ontogenetic sources of talent and excellence." *Behavioral and Brain Sciences* 21, no. 3 (June 1998): 407-8.

Bamberger, J. "Growing Up Prodigies: The Mid-life Crisis." In *Developmental Approaches to Giftedness and Creativity,* edited by D. H. Feldman. Jossey-Bass, 1982, pp. 61-67.

Bannister, R. G. "Muscular effort." *British Medical Bulletin* 12 (1956): 222-25.

Barlow, F. *Mental Prodigies.* Greenwood Press, 1952.

Bate, Karen. "'Dora the Explorer' Shows Pupils the Way." *Salisbury Journal,* September 30, 2006.

Bateson, Patrick. "Behavioral Development and Darwinian Evolution." In *Cycles of Contingency: Developmental Systems and Evolution*, edited by Susan Oyama et al. MIT Press, 2003, pp.149-66.

Bateson, Patrick, and Matteo Mameli. "The innate and the acquired: useful clusters or a residual distinction from folk biology?" *Developmental Psychobiology* 49 (2007): 818-31.

Bateson, Patrick, and Paul Martin. *Design for a Life: How Biology and Psychology Shape Human Behavior.* Simon & Schuster, 2001.

Baumrind, D. "Child care practices anteceding three patterns of preschool behavior." *Genetic Psychology Monographs* 75 (1967): 43-88.

Benard, Bonnie. *Resiliency: What We Have Learned.* WestEd, 2004.

Benn-Torres, J., et al. "Admixture and population stratification in African Caribbean populations." *Annals of Human Genetics* 72, no. 1 (2008): 90-98.

Berg, Kate, et al. (The Race, Ethnicity, and Genetics Working Group of the

National Human Genome Research Institute). "The use of racial, ethnic, and ancestral categories in human genetics research." *American Journal of Human Genetics* 77, no. 4 (October 2005): 519-32.

Bilger, Burkhard. "The Height Gap: Why Europeans Are Getting Taller and Taller—and Americans Aren't." *New Yorker,* April S, 2004.

Binet, Alfred. *Mnemonic Virtuosity: A Study of Chess Players.* 1893. Translated by Marianne L. Simmel and Susan B. Barron. Journal Press, 1966.

——. *Les idées modernes sur les enfants* (Modern Ideas on Children). Flammarion,1909. Reprinted in 1973.（『新しい児童観』アルフレッド・ビネー著、波多野完治訳、明治図書出版刊、1961年）

Birbaumer, N. "Rain Man's revelations." *Nature* 399 (1999): 211-12.

Blackwell, Lisa S., Kali H. Trzesniewski, and Carol Sorich Dweck. "Implicit theories of intelligence predict achievement across an adolescent transition: a longitudinal study and an intervention." *Child Development* 78, no. 1 (January/February 2007): 246-63.

Bloom, B. *Developing Talent in Young People.* Ballantine,1985.

Bloom, Marc. "Kenyan Runners in the U.S. Find Bitter Taste of Success." *New York Times,* April 16,1998.

Bottinelli, Roberto, and Carlo Reggiani, eds. *Skeletal Muscle Plasticity in Health and Disease.* Springer, 2006.

Bouchard, T. J., and M. McGue. "Familial studies of intelligence: a review." *Science* 212, no. 4498 (1981):1055-59.

——. "Genetic and environmental influences on human psychological differences." *Journal of Neurobiology* 54 (2003): 4-45.

Bradshaw, E., and M. A. McHenry. "Pitch discrimination and pitch matching abilities of adults who sing inaccurately." *Journal of Voice* 19, no. 3 (September 2005): 431-39.

Brazelton, T. Berry. *Touchpoints: Your Child's Emotional and Behavioral Development, Birth to 3.* Capo Lifelong Books,1992.

Brockman, John. "Design for a Life: A Talk with Patrick Bateson." EDGE 67, April 23, 2000.

Bronson, Po. "How Not to Talk to Your Kids: The Inverse Power of Praise." *New York,* February 12, 2007.

Brown, Kathryn. "Striking the Right Note." *New Scientist,* December 4,1999.

Bruer, J. *The Myth of the First Three Years.* Free Press,1999.

Brutsaert, Tom D., and Esteban J. Parra. "What makes a champion? Explaining variation in human athletic performance." *Respiratory Physiology and Neurobiology* 151 (2006): 109-23.

Budgett, R. "ABC of sports medicine: the overtraining syndrome." *British Medical Journal* 309 (1994): 465-68.

Burke, Ed. *High-Tech Cycling.* Human Kinetics, 2003.

Campitelli, G., and F. Gobet. "The role of practice in chess: a longitudinal study." *Learning and Individual Differences* 18, no. 4 (2008): 446-58.

Ceci, S. J. *On Intelligence: A Bio-ecological Treatise on Intellectual Development.* Harvard University Press, 1996.

Ceci, S. J., T. Rosenblum, E. de Bruyn, and D. Lee. "A Bio-Ecological Model of Intellectual Development: Moving Beyond h2." *In Intelligence, Heredity, and Environment,* edited by R. J. Sternberg and E. Grigorenko. Cambridge University Press, 1997, pp. 303-22.

Chambers, Samuel. "Language and Politics: Agonistic Discourse in *The West wing.*" Published on Ctheory.net, an online journal edited by Arthur Kroker and Marilouise Kroker, November 12, 2001.

Charness, Neil, R. Th. Krampe, and U. Mayr. "The Role of Practice and Coaching in Entrepreneurial Skill Domains: An International Comparison of Life-Span Chess Skill Acquisition." In *The Road to Excellence: The Acquisition of Expert Performance in the Arts and Sciences, Sports, and Games,* edited by K. A. Ericsson. Lawrence Erlbaum,1996, pp. 51-80.

Charness, Neil, M. Tuffiash, R. Krampe, E. Reingold, and E. Vasyukova. "The

role of deliberate practice in chess expertise." *Applied Cognitive Psychology* 19 (2005): 151-65.

Chase, David, and Terence Winter. "The Sopranos: Walk Like a Man." Season 6, episode 17. Original air date May 6, 2007.

Chase, W. G., and H. A. Simon. "The Mind's Eye in Chess." *Visual Information Processing: Proceedings of the 8th Annual Carnegie Psychology Symposium.* Academic Press,1972.

Chen, Edwin. "Twins Reared Apart: A Living Lab." *New York Times Magazine,* December 9,1979.

Choi, Charles Q. "How Epigenetics Affects Twins." *News from The Scientist,* July 7, 2005.

Clark, Matthew. "How Tiny Jamaica Develops So Many Champion Sprinters." *Christian Science Monitor,* June 27, 2008.

Clarke, Ann M., and Alan D. Clarke. *Early Experience and the Life Path.* Somerset, 1976.

Coetzer, P., T. D. Noakes, B. Sanders, M. I. Lambert, A. N. Bosch, T. Wiggins, and S. C. Dennis. "Superior fatigue resistance of elite black South African distance runners." *Journal of Applied Physiology* 75 (1993): 1822-27.

Colangelo, N., S. Assouline, B. Kerr, R. Huesman, and D. Johnson. "Mechanical Inventiveness: A Three-Phase Study." In *The Origins and Development of High Ability,* edited by G. R. Bock and K. Ackrill. Wiley, 1993, pp. 160-74.

Crabbe, John C., Douglas Wahlsten, and Bruce C. Dudek. "Genetics of mouse behavior: interactions with laboratory environment." *Science* 284, no. 5420 (June 4, 1999): 1670-72.

Cravens, H. "A scientific project locked in time: the Terman Genetic Studies of Genius." *American Psychologist* 47, no. 2 (February 1992): 183-89.

Csikszentmihályi, M., and I. S. Csikszentmihályi. "Family influences on the development of giftedness." *Ciba Foundation Symposium* 178 (1993): 187-200.

Csikszentmihályi, M., Kevin Rathunde, and Samuel Whalen. *Talented*

Teenagers: The Roots of Success and Failure. Cambridge University Press,1993.

Dalla Bella, Simone, Jean-François Giguère, and Isabelle Peretz. "Singing proficiency in the general population." *Journal of the Acoustical Society of America* 1212 (February 2007): 1182-89.

Deary, Ian J., Martin Lawn, and David J. Bartholomew. "A conversation between Charles Spearman, Godfrey Thomson, and Edward L. Thorndike: The International Examinations Inquiry Meetings,1931-1938." *History of Psychology* 11, no. 2 (May 2008):122-42.

de Groot, Adrianus Dingeman. *Thought and Choice in Chess.* Walter de Gruyter,1978.

Denison, Niki. "The Rain Man in All of Us." *On Wisconsin,* Summer 2007.

Deutsch, Diana. "Tone Language Speakers Possess Absolute Pitch." Presentation at the 138th meeting of the Acoustical Society of America, November 4,1999.

De Vany, Art. "Twins." Published on his blog, September 9, 2005.

Diamond, M., and J. L. Hopson. *Magic Trees of the Mind: How to Nurture Your Child's Intelligence, Creativity, and Healthy Emotions from Birth Thtrough Adolescence.* Penguin, 1999.

Dickens, William T., and James R. Flynn. "Heritabiliry estimates versus large environmental effects: the IQ paradox resolved." *Psychological Review* 108, no. 2 (2001): 346-69.

Dickinson, Amy. "Little Musicians." *Time,* December 13,1999.

Dingfelder, S. "Most people show elements of absolute pitch." *Monitor on Psychology* 36, no. 2 (February 2005): 33.

Dinwiddy, John Rowland. *Bentham.* Oxford University Press,1989.（『ベンサム』Ｊ・Ｒ・ディンウィディ著、永井義雄、近藤加代子訳、日本経済評論社刊、1993年）

Dodge, Kenneth A. "The nature-nurture debate and public policy." *Merrill-*

Palmer Quarterly 50, no. 4 (2004): 418-27.

Dornbusch, Sanford M., Philip L. Ritter, P. Herbert Leiderman, Donald F. Roberts, and Michael J. Fraleigh. "The relation of parenting style to adolescent school performance." *Child Development* 58, no. 5 (October 1987):1244-57.

Downes, Stephen M. "Heredity and Heritabiliry." Published online on the Stanford Encyclopedia of Philosophy Web site, first posted July 15, 2004; revised May 28, 2009.

Duffy, D. L., et al. "A three-single-nucleotide polymorphism haplorype in intron 1 of OCA2 explains most human eye-color variation." *American Journal of Human Genetics* 80, no. 2 (February 2007): 241-52.

Duffy, L. J., B. Baluch, and K. A. Ericsson. "Dart performance as a function of facets of practice amongst professional and amateur men and women players." *International Journal of Sport Psychology* 35 (2004): 232-45.

Durik, Amanda M., and Judith M. Harackiewicz. "Achievement goals and intrinsic motivation: coherence, concordance, and achievement orientation." *Journal of Experimental Social Psychology* 39, no. 4 (2003): 378-85.

Dweck, Carol. *Mindset: The New Psychology of Success.* Random House, 2006. （『「やればできる！」の研究――能力を開花させるマインドセットの力』キャロル・S・ドゥエック著、今西康子訳、草思社刊、2008年）

Edes, Gordon. "Gone: In Baseball and Beyond, Williams Was a True American Hero." *Boston Globe,* July 6, 2002.

Edmonds, R. "Characteristics of Effective Schools." In *The School Achievement of Minority Children: New Perspectives,* edited by U. Neisser. Lawrence Erlbaum, 1986, pp. 93-104.

Einstein, Alfred. Preface to Mozart, Leopold. *A Treatise on the Fundamental Principles of Violin Playing.* Oxford University Press, 1985.

Eisenberg, Leon. "Nature, niche, and nurture: the role of social experience in transforming genotype into phenotype." *Academic Psychiatry* 22 (December

1998): 213-22.

Elbert, Thomas, Christo Pantev, Christian Wienbruch, Brigitte Rockstroh, and Edward Taub. “Increased cortical representation of the fingers of the left hand in string players.” *Science* 270 (1995): 305-7.

Elliot, Andrew J., and Carol S. Dweck, eds. *Handbook of Competence and Motivation.* Guilford Publications, 2005.

Entine, Jon. *Taboo: Why Black Athletes Dominate Sports and Why We Are Afraid to Talk About It.* Public Affairs, 2000.（『黒人アスリートはなぜ強いのか？——その身体の秘密と苦闘の歴史に迫る』ジョン・エンタイン著、星野裕一訳、創元社刊、2003年）

——. “Jewish Hoop Dreams: 1920s and ’30s Ghetto Jews Transformed the Game.” *Jewish News of Greater Phoenix,* June 22, 2001.

Ericsson, K. Anders. “Superior memory of experts and long-term working memory.” Updated and extracted version. Published on the Florida State University Department of Psychology Web site, http://www.psy.fsu.edu//faculty/ericsson/ericsson.mem.exp.html.

——. “Deliberate practice and the modifiability of body and mind: toward a science of the structure and acquisition of expert and elite performance.” *International Journal of Sport Psychology* 38 (2007): 4-34.

Ericsson, K. Anders, and Neil Charness. “Expert performance—its structure and acquisition.” *American Psychologist,* August 1994.

Ericsson, K. Anders, Neil Charness, Paul J. Feltovich, and Robert R. Hoffman, eds. *The Cambridge Handbook of Expertise and Expert Performance.* Cambridge University Press, 2006.

Ericsson, K. A., W. G. Chase, and S. Faloon. “Acquisition of a memory skill.” *Science* 208(1980):1181-82.

Ericsson, K. A., and W. Kintsch. “Long-term working memory.” *Psychological Review* 102, no. 2 (1995): 211-45.

Ericsson, K. Anders, Roy W. Roring, and Kiruthiga Nandagopal. “Giftedness

and evidence for reproducibly superior performance: an account based on the expert performance framework." *High Ability Studies* 18, no. 1 (June 2007): 3-56.

Farber, S. L. *Identical Twins Reared Apart: A Reanalysis.* New York: Basic Books, 1981.

Farrey, Tom. "Awaiting Another Chip off Ted Williams' Old DNA?" Published on the ESPN.com Web site, http://espn.go.com/gen/s/2002/0709/1403734.htm1, July 9, 2002.

Feist, Gregory J. "The Evolved Fluid Specificity of Human Creative Talent." In *Creativity: From Potential to Realization,* edited by R. J. Sternberg, E. L. Grigorenko, and J. L. Singer. American Psychological Association, 2004, pp. 57-82.

Feldman, David Henry. "A follow-up of subjects scoring above 180 IQ in Terman's genetic studies of genius." *Council for Exceptional Children* 50, no. 6 (1984): 518-23.

Fest, Sebastian. "'Actinen A': Jamaica's Secret Weapon." Deutsche Presse-Agentur, August 14, 2008.

Field Museum. Gregor Mendel: Planting the Seeds of Genetics. Exhibition, September 15, 2006-April 1, 2007. http://www.fieldmuseum.org/mendel/story_pea.asp.

Flynn, J. R. "Massive IQ gains in 14 nations: what IQ tests really measure." *Psychological Bulletin* 101 (1987):171-91.

——. "Beyond the Flynn Effect: Solution to All Outstanding Problems Except Enhancing Wisdom." Lecture at the Psychometrics Centre, Cambridge Assessment Group. University of Cambridge, December 16, 2006.

——. *What Is Intelligence? Beyond the Flynn Effect.* Cambridge University Press, 2007.

Fox, Paul W., Scott L. Hershberger, and Thomas J. Bouchard Jr. "Genetic and environmental contributions to the acquisition of a motor skill." *Nature* 384

(1996): 356.

Freeman, J. “Families, the Essential Context for Gifts and Talents.” In *International Handbook of Research and Development of Giftedness and Talent,* edited by K. A. Heller, F. J. Monks, R. Sternberg, and R. Subotnik. Pergamon Press, 2000, pp. 573-85.

——. “Teaching for Talent: Lessons from the Research.” In *Developing Talent Across the Lifespan,* edited by C. F. M. Lieshout and P. G. Heymans. Psychology Press, 2000, pp. 231-48.

——. “Giftedness in the long term.” *Journal for the Education of the Gifted* 29 (2006): 384-403.

Friend, Tim. “Blueprint for Life.” *USA Today,* January 26, 2003.

Frudakis, T., T. Terravainen, and M. Thomas. “Multilocus OCA2 genotypes specify human iris colors.” *Human Genetics* 122, no. 3/4 (November 2007): 311-26.

Futuyma, D. J. *Evolutionary Biology.* Sinauer Associates, 1986.（『進化生物学』ダグラス・Ｊ・フツイマ著、岸由二ほか訳、蒼樹書房刊、1991年）

Galton, Francis. *Hereditary Genius.* MacMillan,1869.（『天才と遺傳』ゴールトン著、甘粕石介訳、岩波書店刊〔岩波文庫〕、1935年）

——. *English Men of Science: Their Nature and Nurture.* D. Appleton, 1874.

Galton, Francis, and Charles Darwin. Correspondence published on the Galton.org Web site.

Gardner, H. *Creating Minds: An Anatomy of Creativity Seen Through the Lives of Freud, Einstein, Picasso, Stravinsky, Eliot, Graham and Gandhi.* Basic Books, 1993.

Gardner, Howard. “Do Parents Count?” *New York Review of Books*, November 5,1998.

Gardner, Howard. *Intelligence Reframed: Multiple Intelligences for the 21st Century.* Basic Books,1999.（『ＭＩ——個性を生かす多重知能の理論』ハワード・ガードナー著、松村暢隆訳、新曜社、2001年）

Garfield, E. “High Impact Science and the Case of Arthur Jensen.” In *Essays of an Information Scientist,* vol. 3,1977-78, pp. 652-62. Current Contents 41, pp. 652-62, October 9,1978.

Gazzaniga, Michael S. “Smarter on Drugs.” *Scientific American Mind,* October 2005.

Geiringer, Karl. “Leopold Mozart.” *The Musical Times* 78, no. 1131 (May 1937): 401-4.

Ghiselin, Michael T. “The Imaginary Lamarck: A Look at Bogus ‘History’ in Schoolbooks.” *The Textbook Letter,* September/October 1994.

Gladwell, Malcolm. “Kenyan Runners.” Published on the Gladwell.com Web site, November 16, 2007.

Gneezy, Uri, Kenneth L. Leonard, and John A. List. “Gender Differences in Competition: The Role of Socialization.” UCSB Seminar Paper. Published on the University of California, Santa Barbara, Department of Economics Web site, June 19, 2006.

Gobet, F., and G. Campitelli. “The role of domain-specific practice, handedness and starting age in chess.” *Developmental Psychology* 43 (2007):159-72.

Godfrey-Smith, Peter. “Genes and Codes: Lessons from the Philosophy of Mind?” In *Biology Meets Psychology: Constraints, Conjectures, Connections,* edited by V. Q. Hardcastle. MIT Press,1999, 305-31.

Goffen, Rona. *Renaissance Rivals: Michelangelo, Leonardo, Raphael, Titian.* Yale University Press, 2004.

Goleman, Daniel. *Destructive Emotions: A Scientific Dialogue with the Dalai Lama.* Bantam, 2003.（『なぜ人は破壊的な感情を持つのか』ダライ・ラマ、ダニエル・ゴールマン著、加藤洋子訳、アーティストハウスパブリッシャーズ刊、2003年）

Gordon, H. W. “Hemisphere asymmetry in the perception of musical chords.” *Cortex* 6 (1970): 387-98.

——. “Left-hemisphere dominance of rhythmic elements in dichotically

presented melodies." *Cortex* 14 (1978): 58-70.

——. "Degree of ear asymmetry for perception of dichotic chords and for illusory chord localization in musicians of different levels of competence." *Journal of Experimental Psychology: Perception and Performance* 6 (1980): 516-27.

Gottlieb, Gilbert. "On making behavioral genetics truly developmental." *Human Development* 46 (2003): 337-55.

Gould, Stephen Jay. *The Mismeasure of Man.* Norton, 1996.（『人間の測りまちがい——差別の科学史』スティーヴン・J・グールド著、鈴木善次、森脇靖子訳、河出書房新社、2008年）

Grathoff, Pete. "Science of Hang Time." *The Kansas City Star,* November 29, 2008.

Green, Christopher D. Classics in the History of Psychology Web site.

Greulich, William Walter. "A comparison of the physical growth and development of American-born and native Japanese children." *American Journal of Physical Anthropology* 15 (1997): 489-515.

Griffiths, Paul. "The Fearless Vampire Conservator: Phillip Kitcher and Genetic Determinism." In *Genes in Development: Rereading the Molecular Paradigm,* edited by E. M. Neumann-Held and C. Rehmann-Sutter. Duke University Press, 2006.

Grigorenko, Elena. "The relationship between academic and practical intelligence: a case study of the tacit knowledge of native American Yup'ik people in Alaska." Office of Educational Research and Improvement, December 2001.

Gusnard, Debra A., et al. "Persistence and brain circuitry." *Proceedings of the National Academy of Sciences* 100, no. 6 (March 18, 2003): 3479-84.

Halberstam, David. *Playing for Keeps.* Broadway Books, 2000.（『ジョーダン』デイヴィッド・ハルバースタム著、鈴木主税訳、集英社刊、1999年）

Hall, Wayne D., Katherine I. Morley, and Jayne C. Lucke. "The prediction of

disease risk in genomic medicine." *EMBO Reports* 5, S1 (2004): S22-S26.

Hamilton, Bruce. "East African running dominance: what is behind it?" *British Journal of Sports Medicine* 34 (2000): 391-94.

Harper, Lawrence V. "Epigenetic inheritance and the intergenerational transfer of experience." *Psychological Bulletin* 131, no. 3 (2005): 340-60.

Harris, Judith Rich. *The Nurture Assumption: Why Children Turn Out the Way They Do.* Simon & Schuster, 1999.（『子育ての大誤解――子どもの性格を決定するものは何か』ジュディス・リッチ・ハリス著、石田理恵訳、早川書房刊、2000年）

Hart, Betty, and Todd R. Risley. "The early catastrophe: the 30 million word gap by age 3." *American Educator* 27, no. 1 (2003).

Hassler, M. "Functional cerebral asymmetric and cognitive abilities in musicians, painters, and controls." *Brain and Cognition* 13 (1990): 1-17.

Hassler, M., and N. Birbaumer. "Handedness, musical attributes, and dichaptic and dichotic performance in adolescents: a longitudinal study." *Developmental Neuropsychology* 4, no. 2 (1988):129-45.

Hattiangadi, Nina, Victoria Husted Medvec, and Thomas Gilovich. "Failing to act: regrets of Terman's geniuses." *International Journal of Aging and Human Development* 40, no. 3 (1995):175-85.

Hays, Kristen. "A Year Later, Cloned Cat Is No Copycat: Cc Illustrates the Complexities of Pet Cloning." Associated Press, November 4, 2003.

Hermann, Evelyn. *Shinichi Suzuki: The Man and His Philosophy.* Senzay, 1981.（『才能は愛で育つ――鈴木鎮一の人と哲学』エヴリン・ハーマン著、畑野将顕訳、主婦の友社刊、1984年）

Herrnstein, Richard J., and Charles Murray. *The Bell Curve.* Free Press,1994.

Hertzig, Margaret E., and Ellen A. Farber. *Annual Progress in Child Psychiatry and Child Development 1997.* Routledge, 2003.

Highfield, Roger. "Unfaithful? I'm Sorry Darling but It's All in My Genes." *Daily Telegraph,* November 25, 2004.

Hitchins, M. P., et al. "Inheritance of a cancer-associated MLH1 germ-line epimutation." *New England Journal of Medicine* 356 (2007): 697-705.

Holdrege, Craig. "The giraffe's short neck." *In Context* 10 (Fa112003): 14-19.

Holt, Jim. "Measure for Measure: The Strange Science of Francis Galton." *New Yorker,* January 24-31, 2005.

Howe, Michael J. A. "Can IQ Change?" *The Psychologist,* February 1998.

——. *Genius Explained.* Cambridge University Press,1999.

Howe, Michael J. A., J. W. Davidson, and J. A. Sloboda. "Innate talents: reality or myth." *Behavioural and Brain Sciences* 21 (1998): 399-442.

Huizinga, Johan. *Homo Ludens: A Study of the Play Element in Culture.* Roy Publishers, 1950.（『ホモ・ルーデンス』ヨハン・ホイジンガ著、高橋英夫訳、中央公論新社刊〔中公文庫〕、1973年）

Hulbert, Ann. "The Prodigy Puzzle." *New York Times,* November 20, 2005.

Human Genome Project. "How Many Genes Are in the Human Genome?" Published on the Oak Ridge National Laboratory Web site.

Humphrey, N. "Comments on shamanism and cognitive evolution." *Cambridge Archaeological Journal* 12, no. 1 (2002): 91-94.

Jablonka, Eva, and Marion J. Lamb. *Evolution in Four Dimensions.* MIT Press, 2005.

Johnson, Mark H., and Annette Karmiloff-Smith. "Neuroscience Perspectives on Infant Development." In *Theories of Infant Development,* edited by J. Gavin Bremmer and Alan Slater. Blackwell Publishing, 2003.

Johnston, Timothy D., and Laura Edwards. "Genes, interactions, and the development of behavior." *Psychological Review* 109, no. 1 (2002): 26-34.

Jones, H. E., and N. Bayley. "The Berkeley Growth Study." *Child Development* 12 (1941):167-73.

Joseph, Jay. *The Gene Illusion: Genetic Research in Psychiatry and Psychology Under the Microscope.* Algora Publishing, 2004.

Kagan, J. *Three Seductive Ideas.* Harvard University Press, 1998.

Kalmus, H., and D. B. Fry. "On tune deafness (dysmelodia): frequency, development, genetics and musical background." *Annals of Human Genetics* 43, no. 4 (May 1980): 369-82.

Keirn, Jennifer. "Who's in Charge? Teach Kids Self-Control." *Family Magazine,* July 2007.

Keller, Evelyn Fox. *The Century of the Gene.* Harvard University Press, 2002.（『遺伝子の新世紀』エヴリン・フォックス・ケラー著、長野敬、赤松眞紀訳、青土社刊、2001年）

Khoury, M. J., Q. Yang, M. Gwinn, J. Little, and W. D. Flanders. "An epidemiological assessment of genomic profiling for measuring susceptibility to common diseases and targeting interventions." *Genetics in Medicine* 6 (2004): 38-47.

Kliegl, Smith, and P. B. Baltes. "On the locus and process of magnification of age differences during mnemonic training." *Developmental Psychology* 26 (1990): 894-904.

Kohn, Tertius A., Birgitta Essén-Gustavsson, and Kathryn H. Myburgh. "Do skeletal muscle phenotypic characteristics of Xhosa and Caucasian endurance runners differ when matched for training and racing distances?" *Journal of Applied Physiology* 103 (2007): 932-40.

Kolata, Gina. "Identity: Just What Are Your Odds in Genetic Roulette? Go Figure." *New York Times,* March 8, 2000.

Koppel, Ted. *Nightline Up Close.* ABC, aired July 31, 2002.

Lamarck, Jean-Baptiste. *Philosophie Zoologicque,* 1809. Quoted in Stephen Jay Gould, *The Structure of Evolutionary Theory.* Belknap Press, 2002.

——. *Zoological Philosophy: An Exposition with Regard to the Natural History of Animals,* 1809, translated by Hugh Elliot. Macmillan, 1914. Reprinted by University of Chicago Press, 1984.（『動物哲学』ラマルク著、小泉丹、山田吉彦訳、岩波書店刊〔岩波文庫〕、1953年）

Lanois, Daniel. *Here Is What It Is.* Documentary film, 2007.

Lave, J. *Cognition in Practice: Mind, Mathematics, and Culture in Everyday Life.* Cambridge University Press, 1988.（『日常生活の認知行動――ひとは日常生活でどう計算し、実践するか』ジーン・レイヴ著、無藤隆ほか訳、新曜社刊、1995年）

Layden, Tim, and David Epstein. "Why the Jamaicans Are Running Away with Sprint Golds in Beijing." *Sports Illustrated* Web site, August 21, 2008.

Lee, Karen. "An Overview of Absolute Pitch." Published online at https://webspace.utexas.edu/ka1463/www/abspitch.html, November 16, 2005.

Lehmann, A. C., and K. A. Ericsson. "The Historical Development of Domains of Expertise: Performance Standards and Innovations in Music." In *Genius and the Mind,* edited by A. Steptoe. Oxford University Press,1998, pp. 67-94.

Lemann, Nicholas. *The Big Test: The Secret History of the American Meritocracy. Farrar,* Straus and Giroux,1999.（『ビッグ・テスト――アメリカの大学入試制度：知的エリート階級はいかにつくられたか』ニコラス・レマン著、久野温穏訳、早川書房刊、2001年）

Leslie, Mitchell. "The Vexing Legacy of Lewis Terman." *Stanford Magazine,* July-August 2000.

Levitin, Daniel J. *This Is Your Brain on Music: The Science of a Human Obsession.* Dutton, 2006.（『音楽好きな脳――人はなぜ音楽に夢中になるのか』ダニエル・J・レヴィティン著、西田美緒子訳、白揚社刊、2010年）

Lewontin, Richard. "The analysis of variance and the analysis of causes." *American Journal of Human Genetics* 26 (1972): 400-411.

——. *Human Diversity.* Freeman Press, 1982.

Lieber, R. L. *Skeletal Muscle Structure and Function: Implications for Rehabilitation and Sports Medicine.* Williams & Wilkins, 1992.

Locurto, Charles. *Sense and Nonsense About IQ.* Praeger,1991.

Longley, Rob. Column. *The Winnipeg Sun,* August 14, 2008.

Lowinsky, Edward E. "Musical genius: evolution and origins of a concept." *The Musical Quarterly* 50, no. 3 (1964): 321-40.（「音楽の天才」E・E・ロウィン

スキー著。以下に収録。『天才とは何か』G・トネリほか著、佐藤栄利子ほか訳、平凡社刊、1987年）

Ma, Marina. *My Son, Yo-Yo.* The Chinese University Press, 1996.『わが子、ヨーヨー——母が語る〝天才〟ヨーヨー・マの少年時代』マリナ・マ著、ジョン・A・ラロ編集、木村博江訳、音楽之友社、2000年）

MacArthur, Daniel. "The Gene for Jamaican Sprinting Success? No, Not Really." Published on the Genetic Future Web site, August 21, 2008.

Maguire, Eleanor A., David G. Gadian, Ingrid S. Johnsrude, Catriona D. Good, John Ashburner, Richard S. J. Frackowiak, and Christopher D. Frith. "Navigation-related structural change in the hippocampi of taxi drivers." *Proceedings of the National Academy of Sciences* 97, no. 8 (April 11, 2000): 4398-403.

Makedon, Alexander. "In Search of Excellence: Historical Roots of Greek Culture." 1995. Published on the Chicago State University Web site, http://webs.csu.edu/~amakedon/articles/GreekCulture.html.

Malaspina, Dolores, et al. "Paternal age and intelligence: implications for age-related genomic changes in male germ cells." *Psychiatric Genetics* 15 (2005): 117-25.

Manners, John. "Kenya's running tribe." *The Sports Historian* 17, no. 2 (November 1997): 14-27.

McArdle, W. D., F. I. Katch, and V. L. Katch. *Exercise Physiology: Energy, Nutrition and Human Performance.* Williams & Wilkins,1996.（『運動生理学——エネルギー・栄養・ヒューマンパフォーマンス』W. D. McArdle、F. I. Katch、V. L. Katch著、田口貞善ほか監訳、杏林書院刊、1992年）

McClearn, Gerald E. "Genetics, Behavior and Aging." Summary of BSR Exploratory Workshop, March 29, 2002.

——. "Nature and nurture: interaction and coaction." *American Journal of Medical Genetics* 124B (2004): 124-30.

McKusick, Victor A. "Eye Color 1." Published on the Online Mendelian

Inheritance in Man Web site, National Center for Biotechnology Information, updated January 31, 2007.

Meaney, Michael J. “Nature, nurture, and the disunity of knowledge.” *Annals of the New York Academy of Sciences* 935 (2001): 50-61.

Medvec, Victoria Husted, Scott F. Madey, and Thomas Gilovich. “When less is more: counterfactual thinking and satisfaction among Olympic medalists.” *Journal of Personality and Social Psychology* 69, no. 4 (1995): 603-10.

Meltzoff, Andrew N. “Theories of People and Things.” In *Theories of Infant Development,* edited by J. Gavin Bremner and Alan Slater. Blackwell Publishing, 2003.

“Men’s Fidelity Controlled by ‘Cheating Genetics. ’” *Drudge Report,* September 3, 2008.

Mighton, John. *The Myth of Ability: Nurturing Mathematical Talent in Every Child.* Walker, 2004.

Mischel, W., Y Shoda, and M. L. Rodriguez. “Delay of gratification in children.” *Science* 244 (1989): 933-38.

Mogilner A., J. A. I. Grossman,. and V. Ribary. “Somatosensory cortical plasticity in adult humans revealed by magnetoencephalography.” *Proceedings of the National Academy of Sciences* 90 (1993): 3593-97.

Montville, Leigh. *Ted Williams: The Biography of an American Hero.* Doubleday, 2004.

Moore, David S. *The Dependent Gene: The Fallacy of “Nature vs. Nurture.”* Henry Holt, 2003.（『遺伝子神話の崩壊――「発生システム的見解」がすべてを変える！』デイヴィッド・S・ムーア著、池田清彦、池田清美訳、徳間書店刊、2005年）

——. “Espousing interactions and fielding reactions: addressing laypeople’s beliefs about genetic determinism.” *Philosophical Psychology* 21, no. 3 (2008): 331-48.

Morgan, Daniel K., and Emma Whitelaw. “The case for transgenerational

epigenetic inheritance in humans." *Mammalian Genome* 19 (2008): 394-97.

Morgan, Hugh D., Heidi G. E. Sutherland, David I. K. Martin, and Emma Whitelaw. "Epigenetic inheritance at the agouti locus in the mouse." *Nature Genetics* 23 (1999): 314-18.

Morris, Edmund. *Beethoven: The Universal Composer.* HarperCollins, 2005.

Münte, Thomas F., Eckart Altenmüller, Lutz Jäncke, et al. "The musician's brain as a model of neuroplasticity." *Nature Reviews Neuroscience* 3 (June 2002): 473-78.

Murray, Charles. "Intelligence in the Classroom: Half of All Children Are Below Average, and Teachers Can Do Only So Much for Them." *Wall Street Journal*, January 16, 2007.

Murray, Charles, and Daniel Seligman. "As the Bell Curves." *The National Review*, December 8, 1997. Reprinted at http://eugenics.net/papers/mssel.html.

Murray, H. A. *Explorations in Personality.* Oxford University Press, 1938.（『パーソナリティ』マァレー編、外林大作訳編、誠信書房刊、1961-1962年）

Myhrvold, Nathan. "John von Neumann: Computing's Cold Warrior." *Time,* March 29, 1999.

National Skeletal Muscle Research Center. "Hypertrophy." Published on the UCSD Muscle Physiology Laboratory Web site.

Neisser, Ulric. "Rising Scores on Intelligence Tests: Test Scores Are Certainly Going Up All over the World, but Whether Intelligence Itself Has Risen Remains Controversial." *American Scientist,* September/October 1997.

Neisser, Ulric, et al. "Intelligence: knowns and unknowns." *American Psychologist* 51, no. 2 (February 1996): 77-101.

Neumeyer, Peter F. *The Annotated Charlotte's Web.* HarperTrophy, 1997.

New Scientist Editorial Board. "The Sky's the Limit." *New Scientist*, September 16, 2006.

Nichols, R. "Twin studies of ability, personality, and interests." *Homo* 29

(1978):158-73.

Nietzsche, Friedrich. “Homer’s Contest.” In *Five Prefaces on Five Unwritten Books* (posthumous writings), 1872. Available on The Nietzsche Channel Web site.（「ホメロスの競争」の一節。以下に収録。『悲劇の誕生』ニーチェ著、塩屋竹男訳、筑摩書房刊〔ちくま学芸文庫〕、1993年）

Nippert, Matt. “Eureka!” *New Zealand Listener,* October 6-12, 2007.

Noakes, Timothy David. “Improving Athletic Performance or Promoting Health Through Physical Activity.” World Congress on Medicine and Health, July 21-August 31, 2000.

November, Nancy. “A French edition of Leopold Mozart’s *Violinschule* (1756).” *Deep South* 2, no. 3 (Spring 1996).

Nowlin, Bill. *The Kid: Ted Williams in San Diego.* Rounder Records, 2005.

Nowlin, Bill, and Jim Prime. *Ted Williams: The Pursuit of Perfection.* Sports Pub LLC,1992.

Nunes, T. “Street Intelligence.” In *Encyclopedia of Human Intelligence,* edited by R. J. Sternberg. Macmillan, 1994, pp. 1045-49.

O’Boyle, M. W., H. S. Gill, C. P. Benbow, and J. E. Alexander. “Concurrent finger-tapping in mathematically gifted males: evidence for enhanced right hemisphere involvement during linguistic processing.” *Cortex* 30 (1994): 519-26.

Olympics Diary. “Jamaicans Built to Beat the Rest.” *Dublin Herald,* August 19, 2008.

Oyama, Susan. *The Ontogeny of Information: Developmental Systems and Evolution.* Cambridge University Press, 1985.

Oyama, Susan, Paul E. Griffiths, and Russell D. Gray. *Cycles of Contingency: Developmental Systems and Evolution.* MIT Press, 2003.

Pacenza, Matt. “Flawed from the Start: The History of the SAT.” Published on the New York University Journalism Web site.

Palaeologos, Cleanthis. “Sport and the Games in Ancient Greek Society.”

Published on the LA84 Foundation Web site.

Parable of the talents. Book of Matthew 25:14-30.

Pette, D., and G. Vrbova. "Adaptation of mammalian skeletal muscle fibers to chronic electrical stimulation." *Reviews of Physiology, Biochemistry and Pharmacology* 120 (1992): 115-202.

Phillips, Mitch. "Jamaica Gold Rush Rolls On, US Woe in Sprint Relays." Reuters, August 22, 2008.

Pigliucci, Massimo. *Phenotypic Plasticity: Beyond Nature and Nurture.* Johns Hopkins University Press, 2001.

——. "Beyond nature and nurture." *The Philosopher's Magazine* 19 (July 2002): 20-22.

Pinker, Steven. "My Genome, My Self." *New Yorh Times Magazine,* January 7, 2009.

Plomin, R., and D. Daniels. "Why are children in the same family so different from one another?" *Behavioral and Brain Sciences* 10 (1987): 1-60.

Pott, Jon. "The Triumph of Genius: Celebrating Mozart." *Books & Culture,* November-December 2006.

Powell, Diane. "We Are All Savants." *Shift: At the Frontiers of Consciousness* 9 (December 2005-February 2006):14-17.

Pray, Leslie A. "Epigenetics: genome, meet your environment." *The Scientist* 18, no. 13 (2004): 14.

Quinn, Elizabeth. "Fast and Slow Twitch Muscle Fibers: Does Muscle Type Determine Sports Ability?" Published on the About.com Sports Medicine Web site.

Raikes, Helen, et al. "Mother-child bookreading in low-income families: correlates and outcomes during the first three years of life." *Child Development* 77, no. 4 July/August 2006): 924-53.

Ramachandran, V. S. "Behavioral and magnetoencephalographic correlates of plasticity in the adult human brain." *Proceedings of the National Academy of*

Sciences 90 (1993): 10413-20.

Ramachandran, V. S., D. Rogers-Ramachandran, and M. Stewart. "Perceptual correlates of massive cortical reorganization." *Science* 258 (1992): 1159-60.

Rand, Ayn. "Introducing Objectivism." Times-Mirror, 1962.

Rastogi, Nina Shen. "Jamaican Me Speedy: Why Are Jamaicans So Good at Sprinting?" *Slate,* August 18, 2008.

Reed, Edward S., and Blandine Bril. "The Primacy of Action in Development." In *Dexterity and Its Development,* edited by Mark L. Latash et al. Lawrence Erlbaum, 1996.

Rennie, Michael J. "The 2004 G. L. Brown Prize Lecture." *Experimental Physiology* 90 (2005): 427-36.

Ridley, Matt. *Nature via Nurture.* HarperCollins, 2003.（『やわらかな遺伝子』マット・リドレー著、中村桂子、斉藤隆央訳、紀伊國屋書店刊、2004年）

Risley, Todd R., and Betty Hart. *Meaningful Differences in the Everyday Experience of Young American Children.* Paul H. Brookes Publishing,1995.

Rose, Tom. "Can 'old' players improve all that much?" Published on the Chessville.com Web site.

Russell, B., D. Motlagh, and W. W. Ashley. "Form follows function: how muscle shape is regulated by work." *Journal of Applied Physiology* 88, no. 3 (2000): 1127-32.

Rutter, M., B. Maughan, P. Mortimore, J. Ouston, and A. Smith. *Fifteen Thousand Hours.* Harvard University Press, 1979.

Rutter, Michael, Terrie E. Moffitt, and Avshalom Caspi. "Gene-environment interplay and psychopathology: multiple varieties but real effects." *Journal of Child Psychology and Psychiatry* 47, no. 3/4 (2006): 226-61.

Sacks, Oliver. "The Mind's Eye." *New Yorker,* July 28, 2003.（以下に収録。『心の視力——脳神経科医と失われた知覚の世界』オリヴァー・サックス著、大田直子訳、早川書房刊、2011年）

Sadie, Stanley. *The Grove Concise Dictionary of Music.* Macmillan, 1988.

Saretzky, Gary D. “Carl Campbell Brigham, the Native Intelligence Hypothesis, and the Scholastic Aptitude Test.” Educational Testing Service Research Publications, December 1982.

Sarkar, S. “Biological Information: A Skeptical Look at Some Central Dogmas of Molecular Biology.” In *The Philosophy and History of Molecular Biology: New Perspectives,* vol.183. Kluwer Academic Publishers,1996, pp. 187-232.

Schlaug G., L. Jancke, Y Huang, et al. “Asymmetry in musicians.” *Science* 267 (1995): 699-701.

Schönemann, Peter H. “On models and muddles of heritability.” *Genetica* 99, no. 2/3 (March 1997): 97-108.

Shanks, D. R. “Outstanding performers: created, not born? New results on nature vs. nurture.” *Science Spectra* 18 (1999): 28-34.

Shenk, David. *The Forgetting.* Doubleday, 2001.（『だんだん記憶が消えていく——アルツハイマー病：幼児への回帰』デヴィッド・シェンク著、松浦秀明訳、光文社刊、2002年）

——. *The Immortal Game.* Doubleday, 2006.

Sherman, Mandel, and Cora B. Key. “The intelligence of isolated mountain children.” *Child Development* 3, no. 4 (December 1932): 279-90.

Shiner, Larry. *The Invention of Art.* University of Chicago Press, 2003.

Simonton, Dean Keith. *Origins of Genius: Darwinian Perspectives on Creativity.* Oxford University Press, 1999.

Slavin, R., N. Karweit, and N. Madden. *Effective Programs for Students at Risk.* Allyn and Bacon,1989.

Snyder, A. W., and D. J. Mitchell. “Is integer arithmetic fundamental to mental processing? The mind’s secret arithmetic.” *Proceedings of the Royal Society of London. Series B, Containing Papers of a Biological Character* 266 (1999): 587-92.

Snyder, Allan W., Elaine Mulcahy, Janet L. Taylor, D. John Mitchell, Perminder Sachdev, and Simon C. Gandevia. “Savant-like skills exposed in normal

people by suppressing the left fronto-temporal lobe." *Journal of Integrative Neuroscience* 2, no. 2 (2003): 149-58.

Society for Neuroscience. "Mother's Experience Impacts Offspring's Memory." Press release, February 3, 2009.

Spearman, C. "General intelligence, objectively determined and measured." *American Journal of Psychology* 15 (1904): 201-93.

——. *The Abilities of Man, Their Nature and Measurement,* 1927. Cited in Schönemann, Peter H. "On models and muddles of heritability," *Genetics* 99, no. 2/3 (March 1997): 97.

Spencer, J. P., M. S. Blumberg, R. McMurray, S. R. Robinson, L. K. Samuelson, and J. B. Tomblin. "Short arms and talking eggs: why we should no longer abide the nativist-empiricist debate." *Child Development Perspectives* 3, no. 2 (July 2009): 79-87.

Steckel, Richard. "Height, Health, and Living Standards Conference Summary." Published on the Princeton University Web site.

Sternberg, Robert J. "Intelligence, Competence, and Expertise." In *Handbook of Competence and Motivation,* edited by A. J. Elliot and C. S. Dweck. Guilford Publications, 2005.

Sternberg; Robert J., and Janet E. Davidson. *Conceptions of Giftedness.* 1st ed. Cambridge University Press, 1986.

——. *Conceptions of Giftedness.* 2nd ed. Cambridge University Press, 2005.

Sternberg, R. J., and D. K. Detterman, eds. *What Is Intelligence? Contemporary Viewpoints on Its Nature and Definition.* Ablex,1986.

Sternberg, Robert J., Elena L. Grigorenko, and Donald A. Bundy. "The predictive value of IQ." *Merrill-Palmer Quarterly* 47, no. 1 (2001): 1-41.

Sterr, A., M. M. Muller, T. Elbert, et al. "Changed perceptions in Braille readers." *Nature* 391 (1998):134-35.

Stowell, Robin. "Leopold Mozart Revised: Articulation in Violin Playing During the Second Half of the Eighteenth Century." In *Perspectives on Mozart*

Performance, edited by Peter Williams and R. Larry Todd. Cambridge University Press, 1991.

Strickland, Bonnie R. “Misassumptions, misadventures, and the misuse of psychology.” *American Psychologvst* 55, no. 3 (March 2000): 33-38.

Subotnik, R. “A developmental view of giftedness: from being to doing.” *Roeper Review* 26 (2003): 14-15.

Suzuki, Shinichi. *Nurtured by Love.* Exposition Press, 1983.（以下を翻訳したもの。『愛に生きる――才能は生まれつきではない』鈴木鎮一著、講談社刊〔講談社現代新書〕、1966年）

Svendsen, Dagmund. “Factors related to changes in IQ: a follow-up study of former slow learners.” *Journal of Child Psychology and Psychiatry* 24, no. 3 (1983): 405-13.

Symonds, John Addington. *The Life of Michelangelo Buonarroti.* Biblio Bazaar, 2008.

Talent Education Research Institute. “Personal History of Shinichi Suzuki.” Published on the Suzuki Method Web site.

Tauer, John M., and Judith M. Harackiewicz. “Winning isn’t everything: competition, achievement orientation, and intrinsic motivation.” *Journal of Experimental Social Psychology* 35 (1999): 209-38.

Terman, Lewis M. *The Intelligence of School Children: How Children Differ in Ability, the Use of Mental Tests in School Grading, and the Proper Education of Exceptional Children.* Houghton Mifflin, 1919.

——. *Genetic Studies of Genius: Vol. I, Mental and Physical Traits of a Thousand Gifted Children.* Stanford University Press, 1925.

——. *Genetic Studies of Genius: Vol. II, The Early Mental Traits of Three Hundred Geniuses.* Stanford University Press, 1926.

——. *Genetic Studies of Genius: Vol. III, The Promise of Youth, Follow-Up Studies of a Thousand Gifted Children.* Stanford University Press,1930.

——. *Genetic Studies of Genius: Vol. IV, The Gifted Child Grows Up.* Stanford

University Press,1947.

——. "The Discovery and Encouragement of Exceptional Talent." Walter Van Dyke Bingham Lecture at the University of California, Berkeley, March 25,1954.

——. *Genetic Studies of Genius: Vol. V, The Gifted Group at Mid-Life.* Stanford University Press,1959.

Thayer, R., J. Collins, E. G. Noble, and A. W. Taylor. "A decade of aerobic endurance training: histological evidence for fibre type transformation." *Journal of Sports Medicine and Physical Fitness* 40, no. 4 (2000): 284-89.

Thistlethwaite, Susan Brooks. *Adam, Eve, and the Genome: The Human Genome Project and Theology.* Fortress Press, 2003.

Trappe, S., M. Harber, A. Crecr, P. Gallagher, D. Slivka, K. Minchev, and D. Whitsett. "Single muscle fiber adaptations with marathon training." *Journal of Applied Physiology* 101 (2006): 721-27.

Treffert, Darold A. "Is There a Little 'Rain Man' in Each of Us?" Published on the Wisconsin Medical Society Web site.

——. "Savant Syndrome: Frequently Asked Questions." Published on the Wisconsin Medical Society Web site.

Treffert, Darold A., and Gregory L. Wallace. "Islands of Genius." *Scientific American Mind,* January 2004.

Trost, G. "Prediction of Excellence in School, University and Work." In *International Handbook of Research and Development of Giftedness and Talent,* edited by K.A. Heller, F. J. Monks, and A. H. Passow. Oxford: Pergamon Press, 1993, pp. 325-36.

Turkheimer, Eric. "Three laws of behavior genetics and what they mean." *Current Directions in Psychological Science* 9, no. 5 (October 2000): 160-64.

Turkheimer, Eric, Andreana Haley, Mary Waldron, Brian D'Onofrio, and Irving I. Gottesman. "Socioeconomic status modifies heritability of IQ in young children." *Psychological Science* 14, no. 6 (November 2003): 623-28.

University of the Arts. “Paragone: Painting or Sculpture?” Published on the Universal Leonardo Web site.

Updike, John. “Hub Fans Bid Kid Adieu.” *New Yorker,* October 22, 1960.

USA Today editors. “In Every Sense, Williams Saw More than Most.” *USA Today,* June 6, 1996.

US News & World Report. “World’s Best Colleges and Universities.” Rankings based on the Times Higher Education-QS World University rankings, 2008. Published on the *US News & World Report* Web site.

Varon, E. J. “Alfred Binet’s concept of intelligence.” *Psychological Review* 43 (1936): 32-49.

Vasari, Giorgio. “Life of Leonardo da Vinci.” In *Lives of the Most Eminent Painters, Sculptors, and Architects,* translated by Gaston du C. de Vere. Philip Lee Warner, 1912-1914.（『ルネサンス画人伝』ジョルジョ・ヴァザーリ著、平川祐弘、小谷年司、田中英道訳、白水社刊、2009年）

Vineis, Paolo. “Misuse of genetic data in environmental epidemiology.” *Annals of the New York Academy of Sciences* 1076 (2006):163-67.

Von Károlyi, Catya, and Ellen Winner. “Extreme Giftedness.” In *Conceptions of Giftedness,* 2nd ed., edited by Robert J. Sternberg and Janet E. Davidson. Cambridge University Press, 2005.

Wade, Nicholas. “The Twists and Turns of History, and of DNA,” *New York Times,* March 12, 2006.

Wang, Yong-Xu, et al. “Regulation of muscle fiber type and running endurance by PPAR.”Published on the Public Library of Science Web site, August 24, 2004.

Ward, P., N. J. Hodges, A. M. Williams, and J. L. Starkes. “Deliberate Practice and Expert Performance: Defining the Path to Excellence.” In *Skill Acquisition in Sport: Research, Theory and Practice,* edited by A. M. Williams and N. J. Hodges. Routledge, 2004.

Wargo, Eric. “The myth of prodigy and why it matters.” Association for

Psychological Science's *Observer* 19, no. 8 (August 2006).

Watters, Ethan. "DNA Is Not Destiny." Published on the *Discover* Web site, November 22, 2006.

Weinberger, Norman M. "Music and the Brain." *Scientific American,* October 2004.

Weisberg, Robert W. "Case Studies of Innovation: Ordinary Thinking, Extraordinary Outcomes." In *The International Handbook on Innovation,* edited by Larisa V. Shavinina. Elsevier, 2003.

——. "Expertise in Creative Thinking." In *The Cambridge Handbook of Expertise and Expert Performance,* edited by K. Anders Ericsson et al. Cambridge University Press, 2006.

Whitwell, Giselle E. "The Importance of Prenatal Sound and Music." Published on the Life before Birth Web site.

Wierzbicki, James. "The Beethoven Sketchbooks." *St. Louis Post-Dispatch,* January 5, 1986. (Wierzbicki cites Johnson, Douglas, Alan Tyson, and Robert Winter, *The Beethoven Sketchbooks: History, Reconstruction, Inventory.* University of California Press,1985).

Wilkins, John. "Races, Geography; and Genetic Clusters." Posted on the Evolving Thoughts blog, Apri 122, 2006.

Willoughby, Ian. "Czech Ondrej Sosenka Sets New World One-hour Cycling Record of 49.7 km." Radio Praha, July 20, 2005.

Winner, Ellen. "The origins and ends of giftedness." *American Psychologist* 55, no. 1 (January 2000):159-60.

Winner, E., and M. Casey. "Cognitive Profiles of Artists." In *Emerging Visions: Contemporary Approaches to the Aesthetic Process,* edited by G. Cupchik and J. Laszlo. Cambridge University Press, 1993.

Winner, E., M. Casey, D. DaSilva, and R. Hayes. "Spatial abilities and reading deficits in visual art students." *Empirical Studies of the Arts* 9, no. 1 (1991): 51-63.

Wolff, Alexander. "No Finish Line." *Sports Illustrated,* November 5, 2007.

Wray, Herbert, Jeffrey Sheler, and Traci Watson. "The World after Cloning." *US News & World Report,* March 10,1997.

Wright, Lawrence. *Twins: And What They Tell Us About Who We Are.* Wiley, 1999.

Wu, Echo H. "Parental influence on children's talent development: a case study with three Chinese American families." *Journal for the Education of the Gifted* 32, no. 1 (Fall 2008): 100-29.

Wyatt, W. J., A. Posey, W. Welker, and C. Seamonds. "Natural levels of similarities between identical twins and between unrelated people." *Skeptical Inquirer* 9, no. 1 (1984): 64.

Yang, T. T., C. C. Gallen, and B. Schwartz. "Sensory maps in the human brain." *Nature* 368 (1994): 592-93.

Yang T. T., C. C. Gallen, V. S. Ramachandran, et al. "Noninvasive detection of cerebral plasticity in adult human somatosensory cortex." *Neuroreport* 5 (1994): 701-4.

Young, Bob. "The Taboo of Blacks in Sports." *Willamette Week,* April 1, 2000.

Zaslaw, Neal, and William Cowdery. *The Compleat Mozart: A Guide to the Musical Works of Wolfgang Amadeus Mozart.* W. W. Norton & Company, 1990.（『モーツァルト全作品事典』ニール・ザスロー、ウィリアム・カウデリー編、井手紀久子ほか訳、音楽之友社刊、2006年）

Zimmer, Carl. "Now: The Rest of the Genome." *New York Times,* November 11, 2008.

引用・図版クレジット

以下の再掲をご許可いただいた各所に感謝する。

●引用

Burkhard Bilger: Excerpts from "The Height Gap: Why Europeans Are Getting Taller and Taller—and Americans Aren't" by Burkhard Bilger (*The New Yorker*, April 5, 2004). Reprinted by permission of Burkhard Bilger.

Malcolm Gladwell: Excerpt from "Kenyan Runners" by Malcolm Gladwell (www.gladwell.com, November 16, 2007). Reprinted by permission of Malcolm Gladwell.

Jim Holt: Excerpts from "Measure for Measure: The Strange Science of Francis Galton" by Jim Holt (*The New Yorker*, January 24-31, 2005). Reprinted by permission of Jim Holt.

Jennifer Keirn: "Who's in Charge? Teach Kids Self-Control" by Jennifer Keirn (*Family Magazine*, July 2007). Reprinted by permission of Jennifer Keirn, www.jenniferkeirn.com.

Alexander Makedon: Excerpts from "In Search of Excellence: Historical Roots of Greek Culture" by Alexander Makedon (Chicago State University Web site, http://webs.csu.edu/~amakedon/articles/GreekCulture.html, 1995). Reprinted by permission of Alexander Makedon.

Sports Illustrated: Excerpts from "No Finish Line" by Alexander Wolff (*Sports Illustrated*, November 5, 2007), copyright © 2007 by Time, Inc. All rights reserved. Reprinted by permission of *Sports Illustrated*.

Darold A. Treffert, MD: Excerpts from "Savant Syndrome: Frequently Asked Questions" by Darold A. Treffert, MD (http://www.wisconsinmedicalsociety.org/savant_syndrome/). Reprinted by permission of Darold A. Treffert, MD.

Giselle E. Whitwell:Excerpt from "The Importance of Prenatal Sound and Music" by Giselle E. Whitwell (http://www.birthpsychology.com/lifebefore/sound1.html). Reprinted by permission of Giselle E. Whitwell.

●図版

Pages 33, 34, 41 (top and bottom), 52, 71, 188 (top and bottom), 241: Courtesy of Hadel Studio

Page 104: Courtesy of Joseph Keul

Page 186: Courtesy of Craig Holdrege

Page 187 (top: left and right): Courtesy of Emil Nilsson

根　拠

天才《てんさい》を考察《こうさつ》する
「生まれか育ちか」論の嘘と本当

2012年9月20日　初版印刷
2012年9月25日　初版発行

＊

著　者　デイヴィッド・シェンク
訳　者　中《なか》島《じま》由《ゆ》華《か》
発行者　早　川　　浩

＊

印刷所　株式会社精興社
製本所　大口製本印刷株式会社

＊

発行所　株式会社　早川書房
東京都千代田区神田多町2−2
電話　03-3252-3111（大代表）
振替　00160-3-47799
http://www.hayakawa-online.co.jp
定価はカバーに表示してあります
ISBN978-4-15-209322-6　C0045
Printed and bound in Japan
乱丁・落丁本は小社制作部宛お送り下さい。
送料小社負担にてお取りかえいたします。